“十二五”职业教育国家规划教材
经全国职业教育教材审定委员会审定
上海高校重点建设课程教材

复旦卓越·21世纪管理学系列

管理经济学基础与应用

（第三版）

毛军权 编著

MANAGEMENT

復旦大學出版社

内 容 提 要

企业经营管理者要在市场运作中取得主动地位，不仅必须掌握现代企业管理的各种理论和知识，更需要奠定管理经济学的扎实基础。管理经济学把微观经济理论与决策科学的方法和工具有机地融合起来，能够有力地阐释和分析企业管理决策的有关问题。

本书遵循“必需”“够用”“管用”“好用”的原则，深入浅出地对管理经济学的理论和方法进行了介绍，主要内容包括：管理经济学的内涵与分析方法、市场供求分析、需求弹性分析、投入—产出分析、成本—收益分析、市场结构与企业经营决策、企业定价与广告决策、企业投资决策分析、市场失灵与政府微观经济政策。

与现有同类教材比较，本书具有“定位准确、内容恰当、注重实践、体例新颖”的鲜明特色，主要表现为：①在内容上，突出应用性与实践性。选取具有较高应用价值的内容编入教材，并不追求系统全面，而且特别注重案例教学。②在表述上，兼顾通俗性与严谨性。基本没有运用高等数学，而是用文字、图表和少量中等数学的组合深入浅出地进行解说。③在体例上，采用“教辅合一型”，即把主教材、学习指导和学习参考融为一体。在每一章前都设有“学习目标”和“基本概念”，章后有“本章小结”“案例分析”和“练习与思考”，全书穿插了若干旁白，书后有相关“附录”。

本书适合于高职高专院校和应用型本科院校管理类专业作为教材，亦可作为各类相关培训的教材，也可供各级管理人员研修参考。此外，本书还配套编写了《管理经济学习题与案例指南》，开发了课程的学习光盘。

前言

对于企业经营管理者来说，掌握市场经济知识，把握市场发展的脉络，了解和分析竞争对手的状况，制定正确的企业发展战略与行动策略，对于企业的生存和发展毫无疑问具有至关重要的意义。而要在市场运作中取得主动地位，企业经营管理者不仅必须掌握现代企业管理的各种理论和知识，更需要奠定管理经济学的扎实基础。管理经济学把微观经济理论与决策科学的方法和工具有机地融合起来，能够有力地阐释和分析企业管理决策的有关问题。

鉴于管理经济学的应用性与务实性，近年来各高职高专院校和应用型本科院校在管理类专业中纷纷开设此课程，逐渐取代了纯理论的微观经济学，成为一门必不可少的专业基础课。根据教学的实际需要，作者结合多年的企业管理及教学实践的经验，遵循"必需""够用""管用""好用"的原则，在复旦大学出版社的鼎力支持下，潜心多年编写了一本管理经济学教程。教程于 2007 年 8 月首次出版，2011 年 8 月修订再版并重新定名为《管理经济学基础与应用》。历经六年多的实践检验，教材凭借其"定位准确、内容恰当、注重实践、体例新颖"的鲜明特色，受到了全国众多高职院校和应用型本科院校管理类专业师生的广泛欢迎，至今已经连续印刷了 16 次，61 870 册全部销售告罄。同时，该教材亦被遴选为上海高校重点建设课程教材。其间，还有不少读者来电或通过电子邮件向作者本人或出版社对该教材给予肯定，并反馈了许多宝贵的意见和建议。此外，上海高校重点建设课程验收专家组也反复叮嘱作者，希望不断研究该教材内容的更新机制，多方听取用户的意见反馈，持续保持其旺盛的生命力与品牌特色。在此，感谢广大读者和专家对本书的关心与厚爱！

令人欣喜的是，经过严格的评审，本教材又成功跻身于"十二五"职业教育国家规划教材的行列。为此，经过反复推敲，作者审慎地再次对原教材进行了升级和修订，既有文字的精炼和修改，也有内容的扩充和改编，更有案例的更新和补充，还选择添加了必要的附录材料。但是，此次修订仍然延续和保留了原教材一贯的基本结构和风格。

第一，在内容上，突出应用性与实践性。对管理经济学的基础理论，不作全面、系统、深入的展开,而是以应用性人才的培养定位为基准,选取具有较高应用价值的内容编入教材。特别地,每章后面都配合教学内容编排了若干来源于实践的案例(各章累计提供了34个教学案例),以进一步检验和提高学生运用管理经济学原理分析与解决企业管理决策实际问题的能力,也在一定程度上起到提供资料信息和拓宽视野的作用。

第二,在表述上,兼顾通俗性与严谨性。对于基本概念和基本原理的文字阐述力求严谨规范,而对运用的展开则力求通俗易懂,基本不运用高等数学(即便偶尔涉及某些初等微分的知识,书后附录中也有详细的分析论证),而是用文字、图表和少量中等数学的组合,深入浅出地解说课程的基本内容,增强了教材的可读性,体现它的基础性。

第三,在体例上,采用"教辅合一型"。即把主教材、学习指导和学习参考融为一体。为了更好地发挥"导学、助学、自学"的功能,在每一章的前面都设有"学习目标"和"基本概念",章后有"本章小结""案例分析"和"练习与思考",书中穿插了若干旁白,增强了学习的直观性与方便性,使本书更加生动活泼,更有益于学生理解和掌握本书的内容。另外,书后"附录"中的"数学附助""一元复利现值系数表""关键术语中英文对照表""'练习与思考'参考答案"等相关栏目安排,为学生自主学习提供了便利,也有利于教师根据学生的情况有选择地安排教学内容。

本书由上海行政学院毛军权教授撰稿编著,上海财经大学博士生导师王玉教授全面地审阅了本书初稿,并提出了许多有价值的修改意见。在此,向王玉教授表示由衷的谢意!这里,还要特别感谢教育部教材审定专家付出的智慧与辛劳!同时,在本书的撰写过程中,参阅、引用了有关著作和教材,其中大部分已在书后列出,但限于篇幅,可能会有遗漏,这里一并对这些著作和教材的作者表示衷心的感谢!

此外,为了帮助读者加深对本书内容的理解并学会运用,作者还编写了《管理经济学习题与案例指南》(复旦大学出版社,2014年版),并开发了配套的学习光盘。最后,必须指出的是,虽然本书的所有内容都经过作者的反复斟酌和分析,但问题和缺陷肯定还是难免的。对此,恳请广大读者谅解并不吝赐教,作者将认真加以改正。我的电子邮件地址是:maojqge@126.com。

毛军权

2014年8月于上海

目录

Contents

第一章

绪　　论

学习目标

学完本章，你应该能够：

（1）了解经济学的核心问题、微观经济学与宏观经济学的研究对象，以及企业管理决策的基本程序；

（2）熟悉管理经济学的含义和性质，掌握管理经济学与微观经济学的区别和联系；

（3）熟悉管理经济学常用的分析方法。

基本概念

自由物品　经济物品　企业　微观经济学　宏观经济学　管理经济学　边际分析法　最优化分析法

随着经济市场化程度的不断增强，企业面临的竞争态势必将越来越严峻。要在复杂多变、日益激烈的市场竞争中持续生存并求得发展，就必须依赖于企业正确的战略规划和有效的经营管理。在这个过程中，企业决策的科学性是关键。而在企业的各项管理决策背后，都有经济学原理在起作用。因此，现代企业管理者必须对市场经济的规律有深刻的认识和理解，不仅要把握企业外部环境的变化趋势，更要能够把握企业作为一个独立的经济组织的运行规律。尽管企业管理者的创新空间或许是无限的，但决策的科学性要求，无论怎样的创新，都不可违背基本的经济学原理，否则，就将受到惩罚。因此，如何将经济学原理和企业管理决策的实践有机结合起来，是企业经营管理者面临的一个重要课题。

作为绪论，本章将就管理经济学所涉及的一些基本问题进行介绍和阐述，为全书其他各章的展开奠定基础。

第一节　管理经济学的内涵

一、经济学的核心问题

1. 人类社会面临的基本经济矛盾

人类社会面临的基本经济矛盾是什么?

人类赖以生存的物质资料大体可以分为两大类:自由物品和经济物品。所谓自由物品,是指人们不用花钱就可以得到的物品,比如阳光、空气、水等,这是大自然对人类的恩赐。所谓经济物品,是指人们必须花费一定的代价才能得到的物品,比如食品、汽车、洋房等,这类物品是不能自由取用的,不是“免费的午餐”。相对于自由物品而言,经济物品才是经济学家所要研究的对象。当然,随着人类对自然界的过度开发和缺乏保护,污染正在全球蔓延,新鲜洁净的空气和水日益成为人们的一种奢望,而变得越来越具有经济物品的性质了。

我们知道,人类的欲望和需要是无限的、没有止境的。美国心理学家马斯洛将人们的需要归纳为生理需要、安全需要、社会需要、尊重的需要和自我实现的需要等五个层次。其中,生理需要处于最优先、最重要的地位,其余由低到高依次产生。通常,当前一个层次的需要满足之后,就会产生更高一级的需要,这一过程是永远没有止境的。所以,多多益善的偏好支配着人们的日常消费行为,人们的需要具有随资源丰富而不断发展的趋势。从这个意义上说,人类的需要是无限的。

资源主要是指用来生产能满足人们需要的经济物品的东西和劳务,一般包括劳动、资本、土地和企业家才能这四个要素,更为广泛一点,还可以把时间、机会、信息等看作资源的一部分。但是,可供人们使用的这些资源毕竟是有限的,有限的资源相对于无限的需要即构成了资源的稀缺性。

因此,人类社会面临的基本经济矛盾是人类的需要的无限性和用来满足需要的各种资源的稀缺性之间的矛盾。

2. 人类社会要解决的基本经济问题

人类社会要解决的基本经济问题是什么?

一般来说，人类社会的无限需要本身有轻重缓急之分，各种资源通常又有不同的用途。这样，在解决稀缺性问题时，人类社会就必须对如何使用资源作出选择。选择包括以下三个相关的问题。

(1) 生产什么与生产多少？即将现有资源用于哪些商品(包括服务)的生产？各种商品又分别生产多少？这是经济社会面临的首要问题。

(2) 如何生产？即用什么方法来生产？一般而言，每种商品的生产都可能采用多种不同的生产方法，任何生产都需要使用不同的生产要素，因此，选择生产方法的问题往往也就是选择何种生产要素并以怎样的比例使用生产要素的问题，而这又和所采用的生产技术密切相关。从这一意义上可以说，如何生产的问题就是选择什么样的生产技术的问题。例如，农民种地可以用人力、牛力、农具，但也可以大量使用现代化的农业机械和电力。

(3) 为谁生产？“为谁生产”就是生产出来的商品供哪些人消费的问题，即生产出来的商品怎样在社会成员之间进行分配的问题，因而也就是收入分配问题。

稀缺性是人类社会各个时期和各个社会所面临的永恒问题。因此，以上三个基本经济问题是任何社会都不能回避、任何经济组织都会遇到、所有类型的经济共同存在的问题。第一个问题是与效益有关的问题，即正确选择真正为人们所需要的物品进行生产以最大限度地满足人们的需要；第二个问题是与效率有关的问题，即怎样生产才能获得最大的投入产出；第三个问题是与公平有关的问题，即社会全体成员之间收入的合理分配与相对满足。

经济学的核心问题

经济学的核心问题就是如何将稀缺的资源进行有效的配置。

由此我们看到，经济学所研究的问题有如下四个方面的基本特征或基本条件：第一，人的欲望和需求是无限的；第二，这些需求的轻重缓急是不同的；第三，可以支配的生产资源是有限的；第四，每一种资源在大多数情况下都可以有两种或两种以上的用途。所有的经济问题都是以上述四个条件为前提的，因此，可以说经济问题也就是稀缺资源的配置问题，即如何有效地利用有限的、稀缺的资源来满足人们无限多样化的欲望和需要。经济发展就是要提高资源尤其是稀缺资源的配置效率。在资源稀缺的情况下，我们需要考虑用尽可能少的投入来得到尽可能多的产出；我们需要考虑哪些商品是最符合消费者需求的，需要分析社会需求的数量；需要考虑用怎样的技术来生产想要生产的那些商品并使成本较低；也需要考虑怎样进行收入的分配较为合理。因此,从根本上说,经济学最核心的问题就是如何将稀缺的资源进行有效的配置。理论和实践都证明,市场配置资源是最有效率的形式,市场决定资源配置是市场经济的一般规律,市场经济本质上就是市场决定资源配置的经济。

3. 微观经济学与宏观经济学

微观经济学和宏观经济学的研究对象分别是什么?

现代经济学最重要的两大分支是微观经济学与宏观经济学。宏观经济学着眼于国民经济的总量分析,它以整个国民经济的运作作为研究对象,通过研究经济中各有关总量的决定及其变化,来说明如何才能充分利用资源的问题。宏观经济学通过对国民收入形成的分析来研究资源的利用,基本内容包括国民收入决定理论、失业与通货膨胀理论、经济周期与经济增长理论、开放经济理论和宏观经济政策等,并以收入和就业为核心,因此,通常也被称为收入理论和就业理论。

微观经济学通过研究单个经济主体的经济行为和相应的经济变量数值的决定,来说明价格机制如何解决社会的资源配置问题。单个经济主体是指组成经济的最基本单位:家庭与企业。家庭是经济中的消费者,企业是经济中的生产者。微观经济学是建立关于这些单个经济主体行为的规律的理论,如市场运作的规律是什么,企业与消费者怎样在市场上相互作用,以及价格、产量如何确定,市场中企业之间如何竞争等。微观经济学解决的中心问题是资源的配置,即生产什么与生产多少,如何生产和为谁生产的问题,这些问题的解决靠的是价格机制。因此,价格理论是微观经济学的核心。微观经济学的基本内容包括:市场机制理论、消费者需求理论、生产者供给理论、市场结构理论、收入分配理论、一般均衡和政府微观经济职能理论。前五个理论是有关产品价格决定的理论分析,采用的是局部均衡分析,侧重资源配置的效率;最后一个理论采用一般均衡分析,并将公平与效率结合分析,同时针对市场失灵说明政府的一系列微观职能。

二、企业管理决策的程序

企　业

企业是组织资源进行生产并承担相应风险的经济组织。

我们可以把企业看成是一个专门生产和销售商品和劳务的经济单位,或者说得更加具体一点，企业就是以营利为目的，把各种生产要素组织起来进行生产并承担相应风险的经济组织。从这个定义中可以看出，企业这种经济组织具有两个方面的作用，即组织生产和承担风险。企业要想盈利，就必须依靠科学的管理决策。为了保证决策的科学性，决策工作必须按照自身的规律有序地进行。通常可以把管理决策过程分为七个步骤。

企业管理决策一般按照什么步骤进行?

1. 确定目标

决策是从众多的方案中选择最优方案，关键要看哪个方案最有利于实现企业的目标。所以，为了进行选择，首先应确立企业目标。目标的确立应尽可能具体，如果目标含糊不清，就不利于作出真正最优的决策。

2. 界定问题

企业之所以要进行决策，是因为生产经营中存在问题，决策就是为了解决问题。所以，在决策前就要对问题界定清楚。例如：企业销售量下降了，利润未达到预定目标等。

3. 找出问题产生的原因

问题界定之后，就要寻找问题产生的原因，即有哪些因素(变量)促使问题产生。不仅要找出影响问题的因素，还要估计这些因素影响问题的程度。

4. 提出可供选择的方案

产生问题的原因找到后，就可以提出有可能采用的解决问题的方案。首先被提出来的可能是那些最明显的方案，此时，不能就认为方案已经确定，不必再提了。这时，往往还需要开拓思路，通过调查研究，集思广益，看看还有没有其他更理想的方案可提。总之，务必不要遗漏先进的方案。

提出的方案可能很多，如果对这些方案一一进行精确的评价，往往要花费管理人员很多精力和时间。所以，首先要进行粗选，有些方案经过粗略的计算就可以明显看出其不实用、成本高等不足之处，则可以将其淘汰，最后只留下少数几个方案，准备进行精确的评估。

5. 收集和估计数据

为了对方案进行精确的评估，首先要收集和估计与方案有关的各种数据。这些数据有些在企业内部即可以收集到，例如，从企业内部的生产部门、销售部门、会计部门、人事部门、质量控制部门收集。但有些数据则要在企业外部收集，主要是从国家或某些信息机构发布的出版物中收集，或向有关信息公司购买相关数据。还有一些数据可能需要企业自己直接调查获得。

6. 对各种可能的方案进行评估，从中选出最优方案

数据收集到以后，就可以对提出来的可供选择的方案进行分析和评价，从中选出最优方案。

在对各种可能方案进行评价时，应当牢牢记住企业的目标。最优的方案应当是最有利于企业实现自己目标的方案。在评价过程中，既要有定量分析，也要考虑有些不能用数量表示的因素对决策的影响，即定性分析。

7. 实施和监控

最优方案选出之后，在实施过程中，要对方案实施的情况进行监控，以便了解方案实施的结果是否符合预定目标。原来在评价、选择方案时的疏忽，或者在实施方案过程中企业环境发生了变化，都可能使方案实施的结果偏离原来的目标，这就需要对选出的方案随时进行调整。

三、管理经济学的性质

管 理 经 济 学

运用经济学理论和决策科学的分析工具，研究企业生产经营决策系统行为的规律性，以寻求经济效益最佳的一门应用性经济学科。

管理经济学被定义为运用经济学理论和决策科学的分析工具，研究企业生产经营决策系统行为的规律性，以寻求经济效益最佳的一门应用性经济学科。

一般而言，管理经济学对企业管理者来说，可以在两个方面发挥作用：第一，在确定的现有经济环境中，管理经济学原理能为决定资源在企业内部的有效配置方案提供分析框架。例如，管理经济学能帮助企业管理者确定，把产品从一个市场转移到另一个市场进行销售能否为企业增加利润。第二，这些原理能帮助企业管理者对各种经济信号作出反应。例如，如果产品价格上涨，或产品生产成本下降，企业的正确反应就该是增加产量。又如，若某种投入要素(比方说，劳动)的价格上涨了，就应该用其他投入要素(如资本)在生产过程中替代劳动。

不难发现，就研究对象而言，管理经济学研究企业经营中所面对的经济决策问题，而这种研究主要建立在两个理论基础之上：一个是经济学理论，其中微观经济学的理论和方法构成主要理论支柱；另一个是基于定量分析的决策科学。管理经济学与经济学理论和决策科学之间的关系可以用图 1－1 来表示。

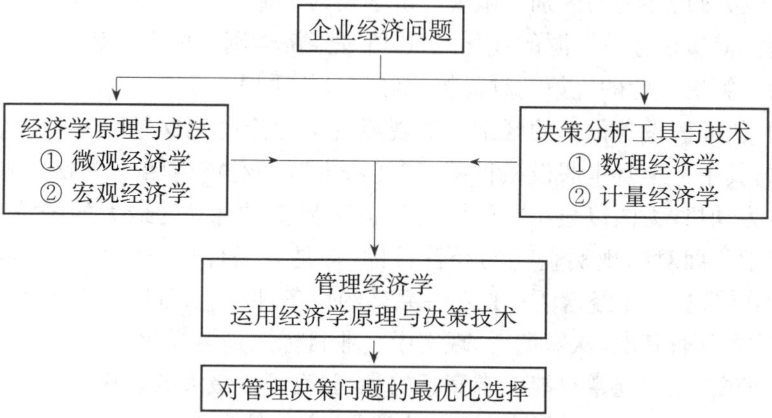

图 1－1 管理经济学与经济学理论和决策科学之间的关系

管理经济学与微观经济学之间的关系怎样?

管理经济学与作为其主要理论支柱的微观经济学在许多方面具有很多共同点，如研究内容、分析方法和逻辑推理等。在某种意义上，可以将管理经济学视为应用微观经济学，或者说管理经济学吸收了微观经济学中对企业及管理者而言最为重要的应用部分。当然，也有宏观经济学方面的内容，如市场失灵、政府干预等。但是，从学科属性上来讲，微观经济学是一门理论科学，而管理经济学是一门应用科学，它们在研究内容、范围、方式、目标等方面存在一些不同之处。

第一，内容、范围上的区别。微观经济学作为经济科学的一个主要分支，是站在整个社会的角度，考察和分析微观经济主体的行为及其结果——经市场供求波动从而变动价格去引导经济资源的优化配置问题；管理经济学则是站在企业管理者的角度，为企业的最优决策提供经济分析工具，因此，管理经济学论述的展开是紧紧围绕企业的决策问题而进行的。

第二，研究方式上的区别。微观经济学偏重于理论分析，其研究的角度更倾向于社会的与规范的，主要回答“应该是什么”的问题。相对而言，管理经济学偏重于应用分析，其研究的角度更倾向于企业的与实证的，主要回答“是什么”的问题。管理经济学是为管理者所用的经济学，是管理者的经济学，它研究微观经济学原理在企业经营中的应用，对问题的考察是从企业经营的角度出发的。因此，它又常常被人们称为企业经济学。

第三,研究目标上的区别。微观经济学是为了揭示微观经济主体的行为,理解价格机制如何实现经济资源的优化配置;管理经济学则是为企业管理者服务的,其目的是为了解决企业的决策问题而提供经济分析手段。

第四,研究假设条件上的区别。微观经济学理论的建立是以一定的假设条件为前提的,其中一个基本假设条件就是"经济人",即经济生活中一般人的抽象,都是以利己为动机,力图以最小的经济代价追逐和获得自身的最大的经济利益。但管理经济学所面对的现实企业的经营目标,多是有条件地谋求尽可能多的利润。这是因为:首先,企业经营活动是在一系列约束条件下进行的,企业不可能不顾一切地去追逐利润;其次,从短期看,现实中企业目标总是多样化的,为了在各种目标之间取得平衡,企业通常只能追求满意的利润,而不是最大的利润。

微观经济学的另一个基本假设条件就是"完全信息",即市场上每一个从事经济活动的个体都对有关的经济情况具有完全的信息。但是,管理经济学所研究的现实企业通常是在一个环境十分复杂,信息很不确定、不完全的状态下经营的。因此,在应用管理经济学研究企业决策问题时,还要借用微观经济学以外的其他理论与分析方法,如宏观经济学、信息经济学、管理决策学和市场营销学等,以便收集、分析必要的信息,并在不确定的条件下进行方案的比选。

第二节　管理经济学的分析方法

事实上几乎所有的微观经济学都包含了寻求最优化问题的解答,而边际分析是经济决策的关键。管理人员面临的最根本和最具挑战的问题就是求解目标函数的最大值或最小值。所以说,边际分析法和最优化分析法是管理经济学最常用的分析方法。

一、边际分析法

边 际 分 析 法

借助函数关系,研究因变量随着自变量的变化而变化的程度的经济分析方法。

边际分析方法的理论基础是各种经济现象之间存在一定的函数关系。在企业生产经营决策中，大量存在着某一因变量依存于一个或几个自变量的函数关系。边际分析法就是借助这种函数关系，研究因变量随着自变量的变化而变化的程度，以此分析经济效果的一种方法。在决策时，边际分析方法主要考虑的是由于决策而引起的投入量变化的边际效果，这种边际值更准确地反映了决策的直接后果。因而它成为以企业经营决策问题为主要研究对象的管理经济学的重要分析工具。

边际含有边缘、额外、追加的意味，在管理经济学中被用于揭示两个有因果或相关关系的经济变量之间的动态函数关系。在某种经济关系中，当自变量发生一个微小单位的数量变化时，因变量因此而发生的相应数量变化值，被称为该因变量的边际值。例如，在企业中总成本是产量的函数，在某一产量水平上，再增加或减少一个单位的产量而使总成本增加或减少的货币额，就成为特定产量水平下的边际成本。在企业经营决策中，除了成本，边际分析的方法还广泛应用于产量、收入、利润等经济变量的分析，此类问题将在后面章节详细论述。

边际分析的一种变形方法是增量分析法。边际分析法和增量分析法的相同之处是在判断一个方案对决策是否有利时，都要看由此引起的收入是否大于由此引起的成本，即看是否为企业带来利益。它们的区别仅在于边际分析法分析的是自变量变化微量时对因变量的影响，而增量分析法中自变量的变化量可能不是一个微小变化量，有时甚至不是一个数量化的变化量。在实际企业经营决策中，增量分析法也是一种常用的分析方法。

二、最优化分析法

最优化分析法

将数学中的最值方法应用到管理经济学中，也就是求出各种经济函数的最值。

管理经济学是为企业经营决策服务的，而决策就是要在所有可行方案中寻找一个最优的方案。这里的最优对企业而言无外乎两种情况：一是利润最大化；二是成本最小化。在市场经济条件下，企业存在的目的就是追求利润，同时为了获得更多利润而尽可能地缩减成本，因此，最优化的分析方法无疑是管理经济学的重要方法。

顾名思义，所谓最优化分析法，就是将数学中的最值方法应用到管理经济学中，也就是求出各种经济函数的最值(根据需要，求出最大或最小值)。下面以某企业的产量决策为例，简要说明最优化分析法在管理经济学中的应用。

根据常识可知企业的成本与其产量有关，现假设某企业总成本与产量的关系为：

$$TC = 80 + 4Q$$

总收益与产量的关系为：

$$TR = 24Q - Q^2$$

则利润函数为：

$$\pi = TR - TC = -Q^2 + 20Q - 80$$

式中：TC 表示总成本；Q 表示产量；TR 表示总收益；π 为利润。（至于它们之间的相互关系，将在以后章节详细介绍，这里只需根据函数关系，利用数学方法求出最值即可，以初步了解最优化方法在管理经济学中的运用。）

现在只需求出函数 $\pi = -Q^2 + 20Q - 80$ 的最大值即可。根据数学知识可知，函数的极值位于一阶导数为零的点上。令该企业的利润函数 $\pi(Q)$ 的一阶导数为零，即 $\frac{d\pi}{dQ} = -2Q + 20 = 0$，这时相应的利润为：$\pi(10) = -10^2 + 20 \times 10 - 80 = 20$。可以看到，当该企业生产 10 个单位的产品时，企业的利润达到最大值 20。为了验证这个结论，下面在表 1-1 中分别列出产量为 0～14 时的总收益、总成本和利润。可以发现：当产量为 10 时，企业的总收益为 140，总成本为 120，最大利润为 20。

表 1-1　某企业总收益、总成本和利润的相关数据

Q	TR	TC	π
0	0	80	−80
1	23	84	−61
2	44	88	−44
3	63	92	−29
4	80	96	−16
5	95	100	−5
6	108	104	4

续 表

Q	TR	TC	π
7	119	108	11
8	128	112	16
9	135	116	19
10	140	120	20
11	143	124	19
12	144	128	16
13	143	132	11
14	140	136	4

但是在很多情况下，企业的生产经营决策往往有一定的约束条件，使用最优化方法往往容易使问题变得简单化，这时候通常还需要考虑约束条件的限制。

本章小结

(1) 自由物品是指人们不用花钱就可以得到的物品；经济物品是指人们必须花费一定的代价才能得到的物品；资源则主要是指用来生产能满足人们需要的经济物品的东西和劳务，一般包括劳动、资本、土地和企业家才能这四个要素。

(2) 人类社会面临的基本经济矛盾是人类的需要的无限性和用来满足需要的各种资源的稀缺性之间的矛盾，由此可以得出"生产什么与生产多少、如何生产、为谁生产"这三个基本问题就是人类社会所要解决的基本经济问题。经济发展就是要提高资源尤其是稀缺资源的配置效率，以尽可能少的资源投入生产尽可能多的产品、获得尽可能大的效益。因此，从根本上说，经济学最核心的问题就是如何将稀缺的资源进行有效的配置。

(3) 现代经济学最重要的两大分支是微观经济学与宏观经济学。宏观经济学着眼于国民经济的总量分析，它以整个国民经济的运作作为研究对象，通过研究经济中各有关总量的决定及其变化，来说明如何才能充分利用资源的问题。微观经济学通过研究单个经济主体的经济行为和相应的经济变量数值的决定,来说明价格机制如何解决社会的资源配置问题。

(4) 企业是组织资源进行生产并承担相应风险的经济组织。企业管理决策过程,通常包括确定目标、界定问题、找出问题产生的原因、提出可供选择的方案、收集和估计数据、对各种可能的方案进行评估并选出最优方案、实施和监控七个步骤。

(5) 管理经济学被定义为运用经济学理论和决策科学的分析工具,研究企业生产经营决策系统行为的规律性,以寻求经济效益最佳的一门应用性经济学科。对企业管理者来说,管理经济学原理能在确定的现有经济环境中,为决定资源在企业内部的有效配置方案提供分析框架和帮助企业管理者对各种经济信号作出反应。就研究对象而言,管理经济学研究企业经营中所面对的经济决策问题,而这种研究主要建立在两个理论基础之上:一个是经济学理论,其中微观经济学的理论和方法构成主要理论支柱;另一个是基于定量分析的决策科学。

(6) 管理经济学与作为其主要理论支柱的微观经济学在许多方面具有很多共同点,如研究内容、分析方法和逻辑推理等。但是,从学科属性上来讲,微观经济学是一门理论科学,而管理经济学是一门应用科学,它们在研究内容、范围、方式、目标等方面存在一些不同之处。

(7) 边际分析法和最优化分析法是管理经济学中最常用的分析方法。所谓边际分析法,就是借助函数关系,研究因变量随着自变量的变化而变化的程度的经济分析方法;而最优化分析法则是将数学中的最值方法应用到管理经济学中,即求出各种经济函数的最值。

案 例 分 析

案例 1－1

经济学是使人生幸福的学问

经济学是什么?

从我国目前的情况来看,经济学的普及程度还相当低。建立市场经济的改革是一场革命,需要有广大民众的参与和支持。当群众对经济学有所了解时,他们会更好地理解改革。在改革中,所有的人都要转变观念,而普及经济学是有利于观念转变的。

网上有许多笑话都是嘲讽经济学家的。有一则笑话说,经济学的用处就是应付经济学这门课的考试。在许多人看来,经济学或者是经邦济世的学问,太深奥;或者是经济学家玩的游戏,与群众无关。其实这些都是误解。

经济学是一门选择的科学。每个社会、每个企业、每个人都会遇到欲望与资源的矛盾,必须作出选择。一个人每天只有24小时,既要工作又要休闲,把多少时间用于工作、多少时间用于休闲,这就是一个选择。一个企业资源是有限的,生产什么产品与提供什么劳务,也是一个选择。一个社会既要实现效率,又要实现公平,这还是一个选择。当然,经济学并不是为我们遇到的各种矛盾问题提供现成的答案,而是告诉我们分析与解决矛盾问题的方法和思路。

在《拉封丹寓言》中,有一头著名的布利丹毛驴,它面对两捆干草不知该吃哪一捆好,最后竟然饿死了。布利丹毛驴面临的其实就是经济学家所说的选择问题。在资源有限的情况下,作出某种选择必定要放弃另一些选择。为了某种选择而放弃的其他选择,称为某种选择的机会成本。例如,选择攻读研究生学位就要放弃工作机会。如果大学毕业可以找到年薪3万元的工作,攻读一年研究生学位的机会成本就是3万元,因为作出攻读研究生学位的选择,必须放弃工作的选择。

人们作出选择是为了实现最大化的目标,如个人幸福的最大化、企业利润的最大化、社会福利的最大化等。其实,最大化是所有动物的本能,是所有动物有意或无意的行为目的。仔细观察动物的行为,野兽捕猎物、蜜蜂建蜂房,都符合最大化规范。那么,人比动物强在什么地方呢?动物追求最大化是凭本能,人追求最大化是靠理性。这种理性就是经济学的分析方法。经济学家的研究发现,可以通过对增量的分析,来找出实现总量最大的方法。比如,企业追求利润最大化,利润是总收益与总成本之差。通过分析总收益与总成本增量的变动,可以找出实现利润最大化的正确方法。经济学家把产量增加一个单位而引起的收益增加称为边际收益,相应的成本增加称为边际成本。他们证明了,当边际收益等于边际成本时,产量就能实现利润最大化。这是对许多企业实践经验的理论总结,被实践证明是正确的。用这个原理去指导企业生产就可以少走弯路、少交学费。经济学家分析增量的方法称为边际分析法,现在已经得到了广泛运用。在追求最大化中,采用这种分析来作出决策,会使决策更加理性和正确。从这个意义上说,经济学是一门使人更理性、更聪明的学问,了解经济学能提高我们的分析与决策能力。

当人们谈到最大化时,往往有些误解。例如,把个人的目标定义为收入最大化,或者把社会的目标定义为GDP(国内生产总值)最大化。其实经济学家所说的最大化不是一元的最大化,而是多元的最大化。如果仅仅把个人的目标作为只包括收入的一元函数,为了使收入增加而不惜一切代价,其结果往往是人生并不幸福。只有把个人的目标作为包括收入、社会地位、家庭生活、人际关系等在内的多元函数,追求这种多元函数均衡的最大化,人才会幸福。同样,一个社会也不能把GDP作为唯一的目标。社会只有把GDP、社会公正、生态平衡等作为目标,求得这些目标的平衡,即全面协调发展,才有整个社会福利的提高,才是理想的社会。经济学家认为,只有达到多种目标的均衡才能实现最大化。当我们理解了这一切时,才能理性地设计人生与社会的目标。正是在这种意义上,英国大文豪萧伯纳把经济学称为"使人生幸福的学问"。

我们的社会正处于转型时期,我们的目标之一是建立有中国特色的社会主义市场经济。邓小平同志曾指出,我们的社会主义市场经济与资本主义市场经济在运行方式和调节方法上是一致的。要建成社会主义市场经济体制就必须了解市场经济的规律,而现代经济学正是对各国市场经济共同规律的总结。了解经济学可以使我们在建立市场经济体制中事半功倍。我们在改革中走了一些弯路的原因之一,正是对经济学了解太少。例如,现代经济学把产权明晰作为市场经济的基础,当我们没有认识到这一点时,国有企业让利放权、承包制等方法都没有成功;只有认识到这一点,把产权明晰、建立现代企业制度作为中心时,国企改革才能有突破性的进展。

一些企业家错误地认为,不学经济学照样能成功。应该说,企业家是天生的,不是学经济学学出来的。在经济发展之初,许多人尽管不懂经济学,甚至没有文化,但凭着他们对市场的敏感、胆识和勤奋成功了。然而在企业做大之后,还是这样干下去,就难免会有失败的危险。在改革开放之初,许多成功的企业家都先后倒下去了,其原因当然是多方面的,但不懂经济学、违背经济规律蛮干是一个重要原因。现代企业家需要文化,就包括要有经济学修养。一个天才的企业家可能会有一时的辉煌,却难得基业长青。天才企业家也必须学习,学习经济学和其他知识,经济学可以为天才企业家添翼。

在市场经济中,经济学是每个公民必须具备的素质之一。经济学从无到有,发展为今天的"显学",这说明经济学是有用的。从我国目前的情况来看,经济学的普及程度还相当低。建立市场经济的改革是一场革命,需要有广大民众的参与和支持。当群众对经济学有所了解时,他们会更好地理解改革。在改革中,所有的人都要转变观念,而普及经济学是有利于观念转变的。

经济学家该做什么?

经济学被称为"显学",说明社会对经济学的重视,但也产生了一些不好的后果。这就是一些经济学家以“经邦济世者”自居，到处指手画脚，大有“舍我其谁”的气势，其结果危害了他人与社会。所以，也有人把经济学家称为“乱世者”。

经济学家“乱世”的一个重要原因，是把理论当作放之四海而皆准的教条，不顾实际情况地照搬。在经济学中，任何理论都是有前提条件的，只有具备这种条件才适用。离开了这种前提条件，任何正确的理论都会产生不利的后果。一些经济学家强调用市场方式夹调控宏观经济，如用利率等手段来进行引导。这本来不错，但市场引导的前提是市场机制完善，企业是独立的决策主体。如果不具备这些条件，市场引导基本是无效的。就我国而言，市场经济体制还没有完全建立起来，国有企业控制着国计民生的关键部门，这些企业仍由政府控制，还没有成为真正意义上的企业。国企的决策在很大程度上还不取决于利率，或者说对利率的变动不敏感。许多民营企业无法从银行得到贷款或进入资本市场，利率的变动对它们的影响也很有限。尤其是地方政府的投资与利率关系更淡。在这种情况下，把利率作为宏观调控的工具，作用就极为有限了。20 世纪 90 年代后期，我国银行曾 7 次降息，但对经济的拉动作用并不大，前不久的加息对抑制经济过热作用也不明显。在经济手段作用有限的情况下，宏观调控不得不用行政手段。用经济手段来实现宏观调控是我们的目标，但目前还不能完全做到，这是国情决定的。西方那一套宏观调控方法现在也不一定适用于我国，一味强调市场方式调控，经济岂不失控？

其实，即使是完全的市场经济国家，经济政策也并不完全是根据经济理论（尽管是正确的理论）制定的。政策制定不仅要考虑经济，还要考虑社会、政治等多种因素，有时这些因素甚至比经济因素还重要。比较成本是公认的真理，由此得出的政策应该是自由贸易，但许多国家，甚至像美国这样的发达国家，仍然在实行某种贸易保护政策。这时起作用的不是经济理论，而是政治需要。小布什总统对进口美国的钢铁提高税率就是担心得罪美国的钢铁从业者（包括股东、经理人员和工人），从而失去选票。像日本和韩国这样的国家，拼命限制农产品进口，以至于国内农产品价格奇高，不是因为在经济上有利，而是怕得罪农民，导致社会不安定。

由此看来，如果经济学家死守那些自以为对的教条，是不能制定出好政策的。让经济学家治国，国家也许会乱。当然，我们这样说，绝不意味着经济学家在制定政策中一无所用。经济学家研究出来的理论总是政策制定的重要依据之一，没有正确的理论就没有正确的政策。只要不是教条式地照搬，理论还是有用的。同时，经济学家如果既精通理论又了解实际，仍然可以提出有益的政策建议或对某种政策提出批评。应该说，在中国经济改革过程中，一批精通现代经济理论又熟悉中国国情的经济学家起到了积极作用。这说明，经济学家只要摆对自己的位置，仍然是大有可为的。

经济学家近年来还热衷于为企业出谋划策。把经济学理论运用于企业实际是经济学家的作用之一,但要做到这一点更不容易。企业千差万别,一种理论不可能适用于所有企业。一些经济学家把某些成功企业的经验上升为理论,称为"模式",并向其他企业推广。这样的人大概十个有九个要失败。比如,有些企业是由一元化向多元化而做大做强的,另一些企业则是由多元化向一元化而做大做强的。如果不了解企业的实际情况,套用一个模式,哪有不败之理?一些经济学家理论懂得不少,但对企业实际并不熟悉,让这些经济学家去为企业咨询出招,企业会深受其害。经济学家只有深入企业才能为企业服务,可深入企业又谈何容易啊!

当前,经济学家正在走红,有的进入政府当官,有的进入企业发财,其实这并不是经济学家的正路。经济学家应该是学者,学者是做学问的,学问不是升官发财的工具,而是知识的积累。我认为,以做学问为目的的经济学家有两个任务:一是从事研究工作。经济学家的任务主要不是改造世界,而是认识世界。认识世界就是要不断深入对经济规律的认识,并将之上升为理论。也许在书斋中从事这种研究工作的人并不需要很多,但一定要有这种经济学家。从短期来看,这些经济学家也许没用,但从长期看,他们推动了经济学的进步,深化了我们对现实经济世界的认识,他们是人类世界精神文明的创造者。现在,这样的经济学家的确是太少了。经济学家的另一个任务是把经济学知识普及给大众。许多著名经济学家,如美国的弗里德曼、贝克尔、诺斯、曼昆、克鲁格曼等,不仅是经济学大师,而且也是普及经济学的高手。要把深奥的经济学道理讲给公众听,让他们听得懂、愿意听,不是一件容易的事。这首先要有深厚的经济学功底,其次还要有清新、生动、幽默的文风。普及经济学不是在课堂上讲课,而是让公众在轻松、活泼、有趣的阅读中了解经济学的真谛。

总之,我认为,只要给自己定位准确,经济学家就是有用的。

如何学习经济学?

许多人都很想学点经济学,但一看到满篇的数学方程式和图形,脑袋就大了,实在读不下去,也读不懂。还有不少人认为,现代经济学运用了数学,没有数学功底就没法学经济学,其实这也是一种误解。

现代经济学的确运用了数学工具,有些还相当高深,但经济学绝不等于数学。经济学是对人类社会经济行为与经济规律的认识,它来自现实生活,我们每个人也都在自觉或不自觉地运用经济学的道理。用一句话来说,经济学就在你身边。经济学家用抽象的推理、图形和数学工具来表述和论述经济学道理是理论化本身的需要，也有助于对世界的认识更深入、更准确。如果你立志做一名专业经济学家，抽象思维的能力和数学工具是必不可少的。但如果你只想了解经济学道理，完全可以不需要数学工具。经济学道理既可以用高深的数学工具进行表述，也可以用通俗、生动的语言来表述。所以，完全不用把经济学神秘化。

学习经济学当然要了解一点基本概念与理论，因此，学习经济学最好从系统地读一本教科书开始。教科书是一门科学全面、系统的总结与概述，从读教科书开始学一门科学是一条捷径。经济学的教科书非常多，一般读者只要选一本就可以。我写过《经济学是什么》，这是一本最简单的教科书。全书没有一个数学公式，也没有一张图，全部用文字表述。全书虽然只有15万字，但较全面、系统地介绍了当代经济学的基本知识。这本书的发行量在10万册以上。如果还想对经济学有更多的了解，可以读美国经济学家曼昆的《经济学原理》。这本书畅销全球，写得通俗、生动又有趣。

读经济学教科书是入门，但仅仅读教科书，对许多道理还不能理解得很深刻，因此还可以读一些其他的书。经济学家写的很好的普及经济学的著作，中外都有。这些书一般是用通俗的事例解释经济学道理。这类书不是系统的经济学教科书，但围绕某些重要问题，讲得会更深刻，或者更容易理解。类似的书市场上有不少，如美国经济学家贝克尔的《生活中的经济学》等。这方面，我自己也作了一些尝试，如最近出版的《寓言中的经济学》，我用古今中外65个寓言故事讲了65个经济学道理。乍看起来，产生于远古、流传于民间的寓言和产生于近代、讲授于课堂上的经济学，并没有什么相通之处。一个是下里巴人，一个是阳春白雪；一个具体生动，一个严肃抽象。但我在夜深人静读寓言和经济学时，总感到它们是相通的，在不同表述方式的背后都体现了相同的道理。寓言讲的是动物或人，反映的是人性以及做人的道理。经济学用的是逻辑推理和数学工具，分析的是人类行为。无论在寓言中还是经济学中，人性是共通的，做人或做事的道理也是相同的。寓言用原始质朴的方式表现了当代经济学中的许多深奥道理，经济学用现代精致的方式再现了寓言中的许多简单道理。我希望用大家喜闻乐见的寓言故事介绍一些基本经济思想，分析各种现实问题，能引起更多人学习经济学的兴趣，也使人们能更容易地接近、感悟和接受经济学。

近年来，很多经济学家在许多报刊上都开辟了专栏，用经济学道理点评各种经济事件，或大或小，或重要或不重要。许多专栏文风也清新、风趣，值得一读。读这些文章不仅可以增加自己的经济学知识，而且可以学习如何运用经济学来分析现实问题，这对提高自己的分析能力颇有帮助。

经济学是一个大范围，包括了不同的分支，在有了经济学的基本知识后，读者可以根据自己的兴趣与需要,有重点地读。从事企业管理的可以读一点管理经济学,关心国家大事的可以读一点宏观经济学,有志于个人理财的可以读一点金融学的书,从事国际贸易的可以读一点国际经济学,等等。

当然,对经济学著作不仅要读、要学,还要会用经济学知识。对大众来说,学的目的并不是从事这个专业,因此学的重点还是要学会像经济学一样思维,即用经济学的知识和方法来分析自己所遇到的各种问题,并解决这些问题。这就要边学、边思、边用,三者同时进行,你才会学得有趣,能学进去,并且学了有用。

从根本上说,学习经济学和学习其他科学一样,是为了提高自己的整体素质。也许在开始学习经济学时,你并不会感到它有多少用,起码不会立竿见影,学了就可以有效。但这个学习过程是一个逐渐提高自己整体素质的过程,有一天你一定会发现,自己分析问题的水平提高了,解决问题的能力也增强了。有了这种素质,什么工作都能做好,对人生也更充满了希望,你人生的路会走得更好。这时,你会更深刻地理解萧伯纳的那句话:

经济学是一门使人生幸福的学问。

资料来源:梁小民教授 2005 年 1 月 12 日在北京西单图书大厦的讲演。

【案例思考】

1. 结合案例回答:经济学是什么?如何学好经济学?
2. 为什么说“经济学是一门使人生幸福的学问”?

案例 1-2

讯息替代定律

生活中有很多事情都需要排队,比如观世博。2010 年上海世博会几乎每个场馆都需要排队一两个小时,一些热门场馆,比如沙特馆甚至经常需要排队七八个小时。

现有一个问题:应不应该有人可以不排队而获得优先招待呢?我们愿意多付一点钱购买不用排队的权利,但没有这样的安排。另一方面,如果所有人要排队,那么来自外国的政要等人物,没有一个会参观。这样衡量,某些人物是应该优先处理的。

曾经在网上建议过如下的收费方法,读者甚众,一般赞同。这建议是入场费从 160 元减至 50 元,入场后冷热不同的场馆收不同的进馆费,由计算机计算,随时调整，务求把每馆的人龙减至近于零。可惜此法提出时，入场票已预售了3 000万张。

这次亲历世博之境，发现一个新的经济学的排队大难题。首先，众所周知，排队的时间值钱——在炎夏不用排值很多钱。排队的本身没有产出收入。这样看，排队是一种浪费，代表着我研究了多年的租值消散。这是说，轮候者愿意出较高甚至高很多的进馆费来换取不排队，但没有这个选择，可以不排队的租值于是消散了。

这就带来我想不出解决办法的难题。所有排队的人在同一天迟早总可以进馆，所以原则上他们可以被安排在不用增加收费的情况下，全部进馆而没有一个需要排队。这样说，因为我到过的展馆皆事前知道每天可以容纳多少个参观者（不到场不会知道这个要点）。以中国馆为例，那里有一个重要项目是看大银幕影片。座位700个，片长8分钟，清场1分钟，进场1分钟，共10分钟。每天从开馆到闭馆12个小时不停地重复播出该影片，总人数约5万。这5万就是中国馆每天可容纳的人数了。台湾馆小很多，每天可容观众4 000～4 500人，也是个近于固定的人数。此量既知，估计排队前前后后的人数，达每天的总容量就不再容许排队了。

如下是难题。馆主知道每天可容纳5万人，排队先后加起来约5万会禁止再加进排队的人。所以原则上，馆主可以不加收费而安排所有5万人没有一个需要排队。只要讯息费用及跟来客洽商安排的费用是零，这安排不困难。但讯息与洽商费用存在，不增加入馆收费还有什么其他办法呢？这是说，人量限于每天5万，原则上不加价可以安排到不用排队之境。无奈讯息为祸，好些场馆要排队几个小时，导致庞大租值消散的浪费。增加或变动入馆的收费，是替代讯息费用为祸的方法。讯息与洽商费用存在，我想了一整天也想不出除了入馆之价变动还有什么有效的不排队而能使场馆常满的方法。

价格调整是讯息费用的替代！这理念是新的，可称为“讯息替代定律”。世博之游想到，乐也。1976年我发表《优质座位票价为何偏低了?》，异曲同工，指出优质座位票价偏低，于是先满，会减少进场后从劣座跳到优座的行为。这是说，优座票价偏低会减少监管费用。

资料来源：张五常. 新浪博客. 2010－07－27. http://zhangwuchang. blog. sohu. com/157094671. html.

【案例思考】

请你描述何谓“讯息替代定律”？在日常生活中，还有哪些现象可以对这个定律加以借鉴？

练习与思考

一、名词解释

自由物品　经济物品　企业　微观经济学　管理经济学　边际分析法　最优化分析法

二、单项选择题

1. 经济学可以定义为(　　)。
   A. 政府对市场制度的干预
   B. 研究如何最合理地配置稀缺资源于诸多用途
   C. 企业取得利润的活动
   D. 人们靠收入生活
2. 资源的稀缺性是指(　　)。
   A. 资源必须保留给下一代
   B. 相对于资源的需求而言,资源总是不足的
   C. 世界上大多数人生活在贫困中
   D. 世界上的资源最终将消耗光
3. 经济物品是指(　　)。
   A. 有用的物品　　B. 稀缺的物品
   C. 要用钱购买的物品　　D. 有用且稀缺的物品
4. 经济学研究的基本问题是(　　)。
   A. 如何生产　　B. 生产什么,生产多少
   C. 为谁生产　　D. 以上都是
5. 管理经济学涉及管理中的(　　)。
   A. 企业资源合理配置有关的经济决策方面
   B. 人事、组织决策方面
   C. 财务决策方面
   D. 销售决策方面

三、多项选择题

1. 下列选项中,属于经济物品的有(　　)。
   A. 食品　　B. 汽车　　C. 阳光
   D. 服装　　E. 空气

2. 下列选项中，属于资源配置问题的有(　　)。

A. 生产什么，生产多少　　B. 如何生产

C. 为谁生产　　D. 买入

E. 卖出

3. 管理经济学对于企业管理者能够发挥的作用是(　　)。

A. 为决定资源在企业内部的有效配置方案提供分析框架

B. 消除企业经营的风险

C. 对各种经济信号作出反应

D. 规范企业内部人事管理

E. 保证企业经营决策的准确性

四、判断题

1. 人类社会面临的基本经济矛盾是人类的需要的无限性和用来满足需要的各种资源的开放性之间的矛盾。(　　)

2. 经济学的核心问题就是如何将稀缺的资源进行均等的分配。(　　)

3. 管理经济学就是微观经济学。(　　)

4. 边际分析法是管理经济学的唯一分析方法。(　　)

5. 管理经济学是一门应用性科学，不能局限于对经济理论本身的探讨，其根本目的在于为企业的生产经营决策提供经济分析的方法和手段。(　　)

五、简答题

1. 人类社会要解决的基本经济问题是什么？

2. 企业管理决策一般按照什么步骤进行？

3. 管理经济学与微观经济学之间的关系怎样？

第二章

市场供求分析

学习目标

学完本章，你应该能够：

（1）掌握需求的概念和需求定理，把握影响需求的不同因素，熟悉需求变动和需求量变动的区别；

（2）掌握供给的概念和供给定理，把握影响供给的不同因素，熟悉供给变动和供给量变动的区别；

（3）理解供求相互作用怎样决定均衡价格和均衡产量，掌握供求定理，熟悉价格机制的作用；

（4）掌握价格管制的概念和政策类别，理解税赋的影响和归宿。

基本概念

需求　供给　需求定理　供给定理　供求定理　替代品　互补品　价格管制　最低限价　最高限价

在市场经济体制下，企业生存和发展面临的最重要的外部环境是市场。需求和供给是构成市场的两个方面，供求关系决定价格，价格机制使稀缺资源得以优化配置。因此，企业管理者必须十分了解市场及其运行规律，并使自己的管理决策能够随时适应市场的变化。本章要对需求与供给进行分析，并探讨二者实现均衡状态及均衡改变的内在机制，以便于读者了解和熟悉市场及其基本运行规律。

第一节　需　　求

一、需求和需求量

需　求

需求是指消费者在一定时期内，在每一价格水平上愿意并且能够购买的商品量。

需求是指消费者在某一特定时期内，在每一价格水平上愿意并且能够购买的商品量，即不同的价格与相应的需求量之间的关系就是需求。

在理解需求这个概念时，应该注意的是，需求是购买欲望和支付能力的统一，缺少任何一个条件都不能成为需求。只有购买欲望，表明消费者具有一种“不足之感、求足之愿”的购买动机和需要，但还不能成为需求。要成为需求，消费者还必须具有一定的货币支付能力。需求预测要同时考虑到需求的这两个条件，否则会作出错误的预测。

需求不同于需求量，它们是两个相互联系而又不同的概念。需求是价格与相应的需求量之间的关系，它不是单一的数量，而总是表现为一个表；需求量则是指按照某种给定的价格人们愿意并能够购买的商品的数量。

二、影响需求的因素

在市场上，一种商品的需求并不是一成不变的，会随着各种条件的变化而变化。它要受到很多因素的影响，概括起来主要有以下几种。

1. 商品本身的价格

需 求 定 理

在其他条件不变的情况下，某商品的需求量与价格之间呈反方向变动。即需求量随着商品本身价格的上升而减少，随着商品本身价格的下降而增加。

商品本身的价格是影响需求的一个最重要、最灵敏的因素。通常情况下,需求量随价格的变化而作相反方向的变化。商品的需求量随着价格的上涨而减少,随着价格的下降而增加,这就是需求定理。需求定理对于一般商品来说是普遍适用的,但它说明的是在假设需求只受价格影响而不受其他因素影响的情况下,价格与需求量之间的相互关系。在某些特殊的商品市场上,这一定理是不适用的,后面我们会加以说明。

2. 相关商品的价格

某种商品的相关商品可以分为两种类型,即替代品和互补品。

替代品就是指两种商品之间具有某种程度的相似性,即在某些方面具有相同或相似的使用价值,可以相互替代使用。比如馒头和包子、羊肉和牛肉、咖啡和茶叶等。一般而言,替代品之间具有正相关关系。在其他条件不变的情况下,如果 x 商品的替代品 y 价格上涨,则 y 的需求下降,人们就会把需求转移到 x 商品上去,从而使 x 商品的需求增加;反之亦然。即一种商品的需求与其替代品的价格是以同一方向变化的。

互补品是指两种商品之间存在着某种消费依存关系,即一种商品的消费必须与另一种商品的消费相配套。比如眼镜架与眼镜片、录音机和磁带、香烟与打火机等。一般而言,互补品之间具有负相关关系。在其他条件不变的情况下,如果 x 商品的互补品 y 商品的价格上涨,会引起 y 需求量的减少,从而也会使 x 的需求减少;反之亦然。即一种商品的需求与其互补品的价格是以相反的方向变化的。

3. 消费者的收入水平

一般而言,需求和消费者的收入水平呈相同方向变化。当消费者的收入水平提高,消费者购买商品或服务的能力增强,购买的数量也会增多,即需求增加;反之,消费者的收入水平下降,需求减少。例如,由于我国经济平稳发展,形成一种新的经济现象,称为“假日经济”,表现在节假日如“五一”“十一”和春节等重大节日,消费者对旅游及配套服务的需求增加。但应当注意的是,社会收入分配的平等程度会对需求产生不可忽视的影响。

4. 消费者的偏好

除了客观因素对商品的需求有影响外,主观因素对商品的需求也有影响。消费者的爱好或偏好即是一种主观因素。人们的偏好会因为商品的风格变化而变化,也会因为品位、时尚和习惯,乃至网络环境的变化而变化。在其他变量保持不变的情况下,消费者对一种商品的偏好增加,会提升市场上此类商品的需求;消费者的偏好降低,会导致商品的市场需求减少。例如,皮装在我国 20 世纪 90 年代非常流行,一路走俏;但目前,由于消费者时尚观的变化,对皮装的偏好降低,需求减少。又如,在我国,人们不习惯喝咖啡,对咖啡的需求很少,而对茶叶的需求却很大，这是因为我国居民普遍有饮茶的习惯。还有，当一个新的消费者购买某种产品时，对其他的使用者就有一种外部性作用。因为这种产品又多了一个使用者，对其他的现有使用者和潜在的使用者来说，这种产品变得更有吸引力了，从而消费偏好得到强化。因此，当更多的人使用这种产品时，形成的网络效应会进一步提升对这种产品的需求。人们的爱好和选择不是固定不变的，因此我们需要时刻关注这种变化，并及时根据这种变化来改进老产品、开发新产品，以及对需求的网络效应进行恰当引导和开发，只有这样才能经常保持人们对产品的高需求。

传媒常常会引起消费者偏好的变化，即广告会影响人们对产品的偏好和选择。一般来说，广告费支出越大，人们对某种商品的需求也就越大。但这里有一个限度：起初，增加广告费的投入会使产品的需求增加较多，但当广告费增加到一定程度以后，因增加单位广告费而引起的需求的增加将会递减，这时再增加广告费就不一定合算了。

5. 人口的数量与结构

一般而言，人口数量的增加会使需求增加，人口数量的减少会使需求减少。人口结构的变动主要影响需求的结构，进而影响某些商品的需求。例如，人口老龄化会减少对碳酸饮料和时髦服装等的需求，但会增加对保健用品、社区养老服务的需求。

6. 政府的经济政策

例如，偏紧的财政政策和货币政策会抑制消费需求，而鼓励消费的消费信贷制度则会刺激消费需求。

7. 消费者对未来的预期

消费者对自己的收入水平和商品价格水平的预期往往会改变他们当期的购买决策。如果预期未来收入水平上升，商品价格也看涨，则当期需求通常会增加；反之，当期需求通常会减少。例如，如果消费者预测房价会下降，则不太可能在现阶段去购房；如果消费者预测某些生活用品的价格将上涨，则会在涨价前多买一些，结果导致需求急剧上升。

以上只是影响商品需求的一般因素，不同的商品往往还有影响需求的特殊因素，如雨具、啤酒、空调等商品的需求与季节有关，等等。对这些因素进行分析，有助于读者形成一种认识，明白这些因素以及变化如何在现实生活中起作用，还应该让读者意识到企业管理者应如何预测这些变化，并且及时地作出调整，从而为企业谋得最大的利益。

三、需求函数

如果把影响需求的各种因素作为自变量，把需求作为因变量，则可以用函数关

系来表示“影响需求的因素与需求之间的关系”,这种函数称为“需求函数”。数学表示式记为:

$$Q_d = f(P_x, P_y, Y, T, A, E, \cdots) \tag{2-1}$$

式中:Q_d 为对某商品的需求;P_x 为该商品的价格;P_y 为其相关商品的价格;Y 为消费者的收入水平;T 为消费者的偏好;A 为广告费;E 为消费者对未来的预期。

需求函数是需求与影响需求的诸因素之间多维关系的数学描述。这些因素可归纳为价格因素和非价格因素两类。在这里,由于一种商品的价格是决定需求的最基本的因素,因此我们假定其他因素保持不变,只考虑商品本身的价格对该商品的需求量的影响,并以 P 代表价格,则基本需求函数为:

$$Q_d = f(P) \tag{2-2}$$

例如,某台灯生产厂,假设其台灯的需求函数是:

$$Q = 1\,800 - 20P + 0.6M - 50P_y$$

为了得出需求函数 $Q_d = f(P)$,变量 M 和 P_y 必须确定不变,即取定值。假设消费者的收入 M=20 000 元,相关商品的价格 P_y=250 元,代入上式中,得到:

$$\begin{aligned} Q &= 1\,800 - 20P + 0.6 \times 20\,000 - 50 \times 250 \\ &= 1\,300 - 20P \end{aligned}$$

这样,需求函数就表示为线性方程 $Q = 1\,300 - 20P$。

四、需求表和需求曲线

基本需求函数描述了一种商品的需求量和价格之间的一一对应的关系,它是在保持除价格外的其他所有因素不变的条件下得出的。这种函数关系可以分别用商品的需求表和需求曲线来加以表示。

某商品的需求表是用表格形式列出需求量与价格之间的关系。以上述需求函数为例,台灯的需求表如表 2-1 所示。

表 2-1　台灯的需求表

价格—数量组合	A	B	C	D	E	F	G
价格(元/台)	65	60	50	40	30	20	10
需求量(台)	0	100	300	500	700	900	1 100

从表 2-1 可以清楚地看到商品价格和需求量之间的函数关系。以表 2-1 中一一对应的价格和需求量数据为坐标画图,并且把这些点用直线连接起来,得到

图 2-1。它就是与需求函数 $Q=1\,300-20P$ 相对应的需求曲线。这条需求曲线完全满足关于需求函数的定义。

从图 2-1 可以看出,需求曲线是表示商品价格和需求量之间的函数关系的几何图形。曲线上的各点反映了台灯的价格与需求量之间的关系。例如,当价格为 40 元/台时,需求量为 500 台。

需求曲线向右下方倾斜,斜率为负。价格和需求量之间可以是线性关系,也可以是非线性关系。当二者之间存在线性关系时,需求曲线是一条向右下方倾斜的直线,直线上任意一点的斜率都相等,图 2-1 的需求曲线便是如此。而当二者之间存在非线性关系时,需求曲线是一条向右下方倾斜的曲线,曲线上各点的斜率是不同的,图 2-2就是一般意义上的需求曲线。

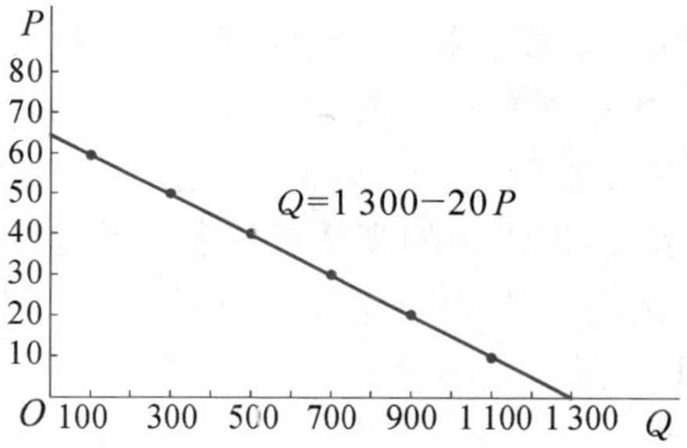

图 2-1 线性需求曲线

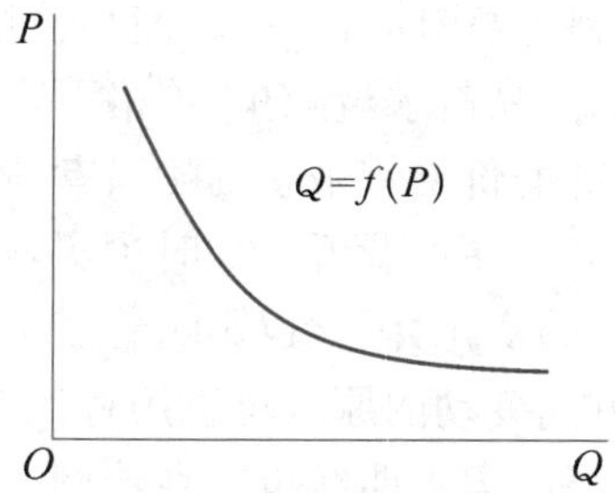

图 2-2 一般意义的需求曲线

需求曲线可以分为个人需求曲线和市场需求曲线。个人需求曲线表示单个消费者愿意购买某种产品的数量与其价格之间的关系。市场需求曲线表示市场上全体消费者愿意购买某种产品的总数与其价格之间的关系。市场需求曲线可由市场中众多个人需求曲线横向相加求得。如果市场中只有两个消费者,则个人需求曲线与市场需求曲线的关系如图 2-3 所示。

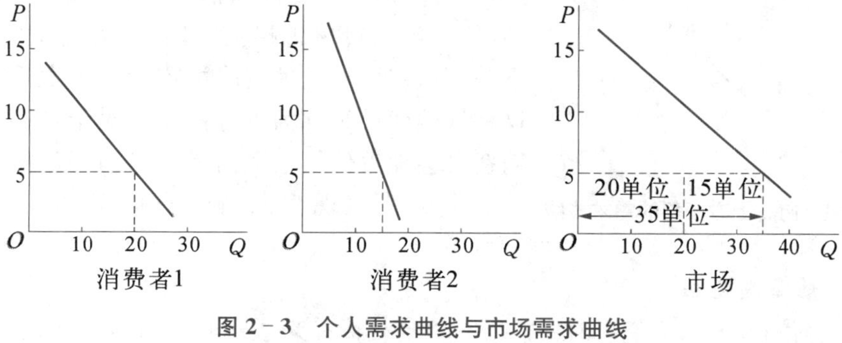

图 2-3 个人需求曲线与市场需求曲线

为什么需求曲线会向右下方倾斜呢？或者说，为什么需求量与价格反方向变动呢？

一般说来，需求曲线向右下方倾斜是替代效应和收入效应共同作用的结果。替代效应是指商品价格的变化使消费者在替代品中间的选择方向发生了变动，此时居民的实际收入并未发生变化。比如说，如果一种商品的价格上涨了，而其他商品的价格没变，实质就相当于其他商品的相对价格下降，消费者就会用其他商品来替代该商品，从而对这种商品的需求就减少了。收入效应是指价格变化导致消费者实际收入的变化，从而引起需求量的变化。当一种商品的价格下降时，引起消费者的实际收入水平提高，导致对该种商品的需求量的增加。

替代效应体现了一种商品价格变动对其他商品相对价格水平的影响，使价格上升的商品需求量减少，价格下降的商品需求量增加，即较高的价格挤走一些购买者，较低的价格带来新的购买者；收入效应体现了一种商品价格变动对实际收入水平的影响，使消费者价高时少买，价低时多买，即价格的高低意味着消费者实际收入水平的变化，因此也影响着需求量的变化。所以，需求定理所说明的需求量与价格反方向变动的原因可以用替代效应与收入效应来解释。

另外，需求曲线也存在特例。

1. 吉芬商品

1845 年，英国经济学家吉芬发现，在爱尔兰发生灾荒时，马铃薯的价格虽然不断上涨，但消费者的需求量并没有按照需求定理那样相应减少，反而是增加了。吉芬认为，马铃薯属于低档品，在饥荒发生时，虽然马铃薯的价格上涨，但消费者不得不在有限的收入范围内增加对这类生活必需品的需求来维持生计。一则是担心价格进一步上涨(由于灾荒)，二则是因为消费者无力消费其他商品，所以当马铃薯价格上涨时，消费者的需求量不跌反增。由于这种情况由吉芬首先发现，所以这种低档商品被称为吉芬商品。对于吉芬商品，消费者会随着价格上涨而增加其消费数量，所以其需求曲线表现为向右上方倾斜，如图 2－4 所示。

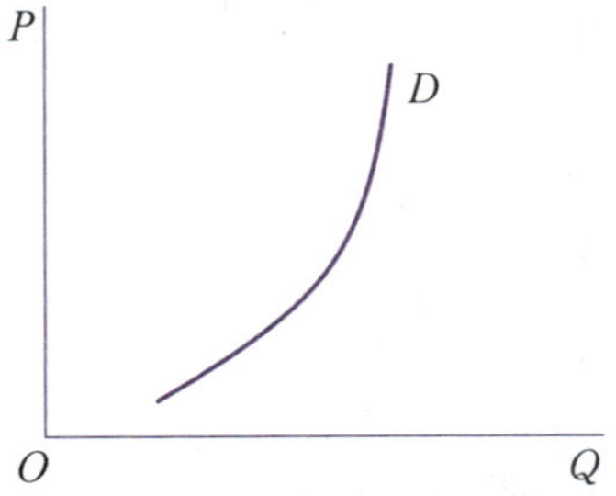

图 2－4　向右上方倾斜的需求曲线

2. 炫耀性商品

在经济社会中，人们有时候需要一些高档商品来显示其身份地位而达到某种满足，如名贵珠宝、高档别墅等。这些商品的价格越高，有经济能力的消费者的购买欲望就越强，因为这样高昂的价位代表着一般人无法拥有，从而凸显了购买者的财富和地位。但如果这类商品价格下降，就不能符合购买者的这类需求，于是其需求量便会下降。但是，这类商品的价格也不可能无限上升。任何商品的价格都脱离不了其自身的价值，而总是围绕价值上下浮动。另外，任何明智的消费者也不会在价格无限上涨时还增加对这类商品的需求。也就是说，当价格上涨到一定程度时，需求曲线还是会变回原来的形状，即由左上向右下倾斜，见图 2－5。

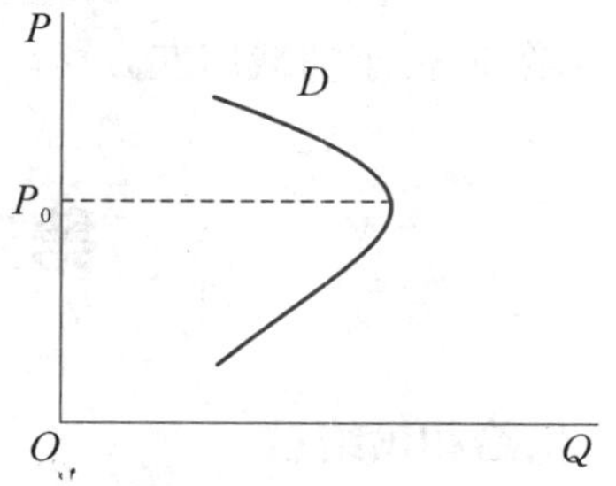

图 2－5　后弯的需求曲线

某炫耀性商品一开始需求量随着价格上涨而上涨，但当价格上涨到 P_0 时，需求量随着价格的上涨而下降。

此外，在某些投机性强的市场上（例如，股票市场、债券市场和邮票市场等），受人们心理和预期的影响，商品价格发生波动时，需求呈现出不规则的变化，有时甚至出现“追涨杀跌”的现象（即价格上涨时反而抢购，价格下跌时反而抛出）。

五、需求量的变动与需求的变动

需求量的变动是指在其他条件不变的情况下，商品本身价格变化所引起的需求量的变化。这种需求量的变化在需求曲线上表现为“沿曲线上的点移动”（点移动）。如图 2－6 所示，在需求曲线 D_1 上，价格由 P_1 下降到 P_2，导致需求量由 Q_{11} 增加到 Q_{12}，表现为在需求曲线上由 A 点移动到 B 点，即需求量的变动；反之，若价格由 P_2 上升到 P_1，导致需求量由 Q_{12} 减少到 Q_{11}，表现为在需求曲线上由 B 点移动到 A 点。

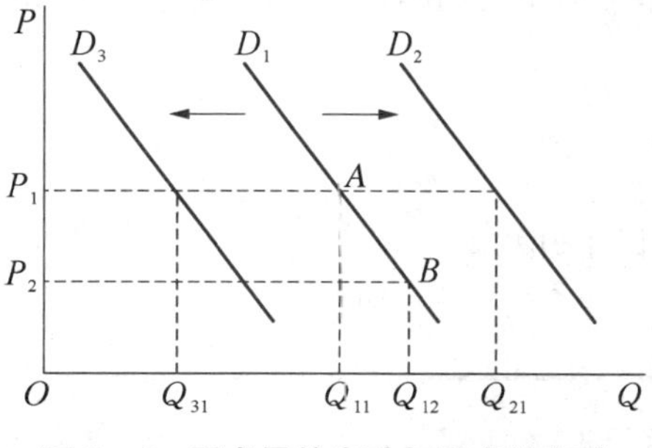

图 2－6　需求量的变动与需求的变动

与需求量的变动相对应的是需求的变动。所谓需求的变动，是指由于商品本身价格以外的因素发生变化而引起的整个需求关系的变化。这意味着消费者在每一价格水平上所愿意并且有能力购买的商品数量都与原来不一样了。在需求曲线图形上，表现为整个需求曲线的位移，即代之以新的需求曲线，形成“需求曲线的线移动”（线移动）。如图 2－6 所示，需求曲线由于某种因素（不是价格）由 D_1 向

右移动到 D_2，则在同一价格水平 P_1 下，需求量由 Q_{11} 增加为 Q_{21}；反之，若需求曲线由于某种因素(不是价格)由 D_1 向左移动到 D_3，则在同一价格水平 P_1 下，需求量由 Q_{11} 减少为 Q_{31}。

可见，在同一条需求曲线上，点向上方移动是需求量减少，点向下方移动是需求量增加；需求曲线向左方移动是需求减少，需求曲线向右方移动是需求增加。

第二节 供　　给

一、供给和供给量

供　　给

供给是指企业在一定时期内，在每一价格水平上愿意而且能够提供的商品量。

供给是指企业在一定时期内，在每一价格水平上愿意而且能够提供的商品量。供给也是供给欲望与供给能力的统一。供给能力既可以是当期新生产出来的产品，也可以是存货。应该指出的是，供给不同于某一价格水平或特定价格意义上的供给量，它反映的是价格与企业的供给量这两个变量之间的组合关系。

同样，供给也可分为个别供给和市场供给。个别供给是指单个企业对某种商品的供给。市场供给是指该商品市场中所有供给的总和，即与每一可能售价相对应的每个企业供给量的总和。

二、影响供给的因素

影响供给的因素很多，概括起来主要有以下几种。

1. 商品本身的价格

供 给 定 理

在其他条件不变的情况下，某商品的供给量与价格之间呈同方向变动。即供给量随着商品本身价格的上升而增加，随着商品本身价格的下降而减少。

由于企业的目标是追求利润最大化，在其他条件不变的情况下，如果某种商品的价格上涨，企业就会减少其他产品的生产而将生产资源更多地投入这种商品的生产，从而企业对这种商品的供给量就会增加。反之，企业就会将生产资源转用于其他相对价格较高的商品的生产，从而该商品的供给量减少。换言之，在影响供给的其他因素不变的情况下，商品的供给量与价格之间存在正向的依存关系。这种现象普遍存在，被称为供给定理。

2. 相关商品的价格

两种互补品之间，一种商品价格下跌会减少另一种商品的供给；而两种替代品之间，一种商品的价格下跌会使另一种商品的供给增加（请读者结合上一节中替代品和互补品的概念来思考为什么）。例如，一块地可种小麦也可种玉米，小麦价格下跌，农民就会不种或少种小麦而增大玉米的种植量，从而玉米的供给就会增加。

3. 生产要素的价格

根据传统的生产要素概念，企业生产各种产品所用到的生产要素一般包括劳动力、土地、资本和企业家才能四大类，它们是决定企业生产成本的重要因素。生产要素价格上升，会使产品成本提高，如果产品市场价格不变，企业的利润就会降低，则其供给就会相应减少；反之，供给会增加。

4. 生产技术的变动

在资源既定的条件下，生产技术的提高会使资源得到更为充分的利用，使生产过程更为经济有效，从而使供给增加。

5. 企业的目标

经济学一般都假设企业的目标是实现利润最大化，即利润大小决定企业供给的多少。如果企业以产量最大，或销售收入最大，或其他政治的或社会道义的责任为目标，那么供给就会与利润最大化目标下的供给有极大的不同。

6. 企业对未来的预期

如果企业对未来持乐观的预期，则会增加供给；反之，如果企业对未来持悲观的预期，则会减少供给。比如，“非典”期间，生产口罩的企业预期口罩价格上升就会增大口罩的生产，从而口罩的供给就会增加（这个例子特别的地方在于口罩价格上升，需求量也会增加，这是由于“非典”的特殊环境所致）。但是，还有一种可能是企业预期在今后一段时间内某商品价格上涨，其在提高产量的同时也可能选择囤积居奇，待价而沽，这样该商品的供给在短时间内反而会下降，但从长远来看，供给量还是会增加。

7. 政府的政策

若政府采用鼓励投资和生产的政策（例如实行减税、降低利率等政策），就可以刺激生产,增加供给;反之,若政府采用抑制投资和生产的政策(例如实行增税、提高利率等政策),则会抑制生产,减少供给。

另外,自然条件、社会条件、政治制度等因素也可能影响到企业的供给变动。

三、供给函数

如果把影响供给的各种因素作为自变量,把供给作为因变量,则可以用函数关系来表达影响供给的因素与供给之间的关系,这种函数便称为供给函数。记为:

$$Q_s = f(P_x, P_y, P_j, E, \cdots) \tag{2-3}$$

式中:Q_s 代表某种商品的供给;P_x 代表该商品的价格;P_y 代表相关商品的价格;P_j 代表生产要素的价格;E 代表企业对未来的预期,等等。

同需求一样,价格也是决定一种商品供给的最基本的因素。我们假定其他条件不变,只研究某种商品的供给与其价格之间的关系,则基本供给函数可记作:

$$Q_s = f(P) \tag{2-4}$$

四、供给表和供给曲线

基本供给函数是通过函数关系反映出一种商品的供给量和价格之间的一一对应的关系,供给表则是通过表格的方式直接反映供给随着价格的变化而变化的情况,因而供给表是描述在每一个可能的价格下商品供给量的列表。供给表直观地表明了价格和供给量之间的组合关系。

假定面包市场中只有 A,B,C,D,E 五个企业,不考虑其他因素,面包的供给表如表 2-2 所示。

表 2-2　面包的供给表

价格	供给量					
	个别企业供给					市场供给
	企业 A	企业 B	企业 C	企业 D	企业 E	
100	10 000	20 000	20 000	10 000	30 000	90 000
5	5 000	3 000	1 000	5 000	2 000	16 000
2	3 000	1 000	3 000	2 000	1 000	10 000
0.1	0	0	0	0	0	0

表 2-2 是既包括个别供给又包括市场供给的供给表,但其实供给表也可以简化,如表 2-3。

表 2-3 供给表

价格(美元/千克)	供给量(吨)	价格(美元/千克)	供给量(吨)
5	100.0	2	40.0
4	80.0	1	20.0
3	60.0		

用图示的方法把上述供给表表现出来,即得到该商品的供给曲线 S,如图 2-7 所示。

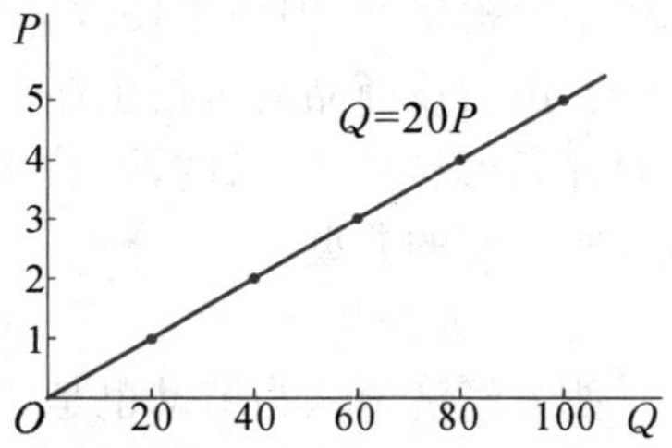

图 2-7 线性供给曲线

上述供给表和供给曲线只是我们假设出来的,在实际中,当价格很低已接近成本时,企业就会停止该商品的供给,这时供给量为 0,所以一般来说,供给曲线都与纵轴相交于一个最低价格。供给曲线也不可能无限向右上方延伸,因为社会的购买力有限,企业的生产资源有限,不可能出现无限供给的情况。

供给曲线的形状通常是向右上方倾斜的,表明价格与供给量同方向变动。价格和供给量之间可以是线性关系,也可以是非线性关系。当二者之间存在线性关系时,供给曲线是一条向右上方倾斜的直线,直线上任意一点的斜率都相等,图 2-7的供给曲线便是如此。而当二者之间存在非线性关系时,供给曲线是一条向右上方倾斜的曲线,曲线上各点的斜率是不同的,图 2-8 就是一般意义上的供给曲线。

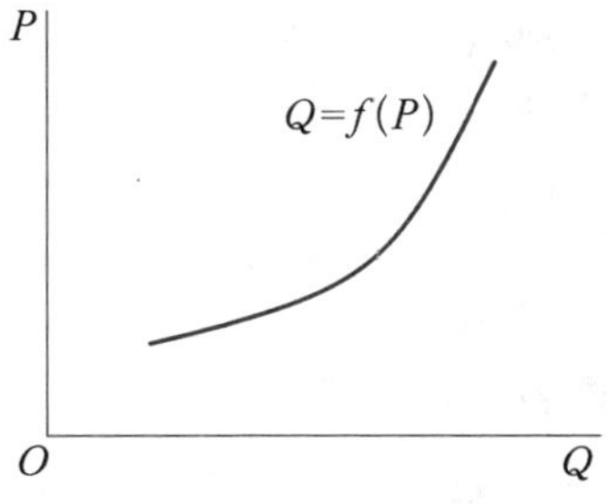

图 2-8 一般意义的供给曲线

用解析式反映价格和供给量之间的关系形成供给函数,通过表格的方式反映二者关系形成供给表,通过图形的方法描述二者关系形成供给曲线。其实这是一个问题的三种表述,它们之间并没有本质上的区别。

与需求曲线对应的供给曲线是否也存在特例呢?

同样,供给曲线也存在特例。

1. 某种无法再生产的商品

有一些商品即使价格再高,也无法增加供给的数量,比如土地、文物、古玩、名家字画等。大家都知道凡·高的名画《向日葵》,该幅作品世界上只有一件真品,所以其价格可以不断变化,但供给量却固定不变(赝品不算)。

2. 成本下降大于价格下降的商品

生产力随着人类社会的进步而不断进步。某些商品原来只能以手工单件生产或较小规模生产,但由于技术进步,现在可以大规模生产,由于规模经济,成本大幅下降。虽然该商品的价格也在下降,但是其成本下降得更多,所以市场上的供给量反而提高(只要有需求的话)。比如,个人电脑、手机、数码相机等消费类电子产品就具有一定的典型性。

3. 劳动的供给

西方经济学认为劳动也是一种商品。劳动的价格可用工资率来表示。在工资率较低的时候,劳动的供给符合供给定理,随着工资率(劳动价格)的上涨,劳动者愿意牺牲闲暇时间提供更多的劳动。但是,当工资率达到一定程度时,闲暇就相对宝贵了。这时候继续提高工资率,劳动者或许就不愿意牺牲更多的闲暇来赚钱,劳动的供给就随着工资率的提高而减少(或者不变),劳动的供给曲线就会表现为向后弯曲。

图 2-9 中的三种供给曲线分别对应上述三种情况。

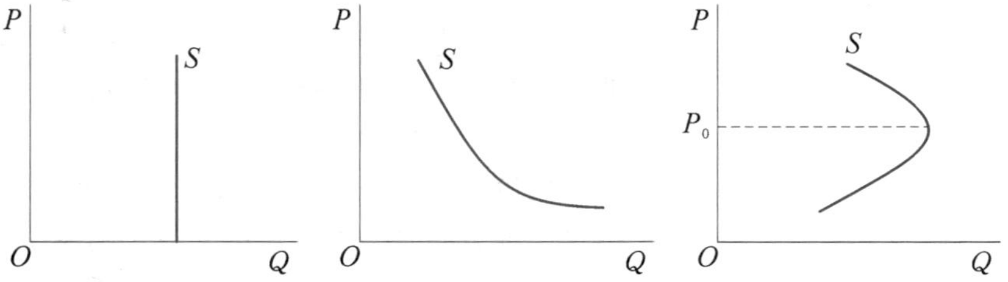

图 2-9　供给曲线的特例

五、供给量的变动与供给的变动

与需求量的变动和需求的变动一样,供给量的变动与供给的变动也是两个不同的概念。

供给量的变动是指在其他条件不变的情况下，商品本身价格变化所引起的供给量的变化。供给量的变动在图形上表现为在一条既定的供给曲线上点的位置的移动（点移动）。在图 2－10 中，对于供给曲线 S_1，价格由 P_1 下降到 P_2，导致供给量由 Q_{11} 减少到 Q_{12}，即在 S_1 上由 A 点移动到 B 点；反之，价格由 P_2 上升到 P_1，供给量由 Q_{12} 增加到 Q_{11}，即在 S_1 上由 B 点移动到 A 点。

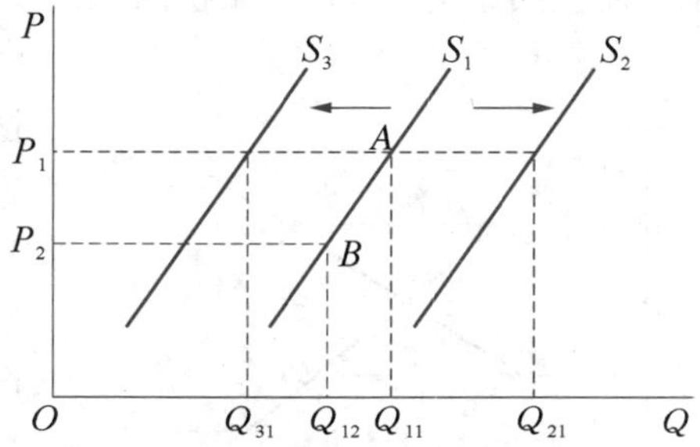

图 2－10　供给量的变动与供给的变动

所谓供给的变动，是指当商品本身价格既定时，由于其他因素的变化所引起的供给的变化。供给的变动在图形上表现为整条供给曲线的移动（线移动）。在图 2－10 中，供给曲线从 S_1 向右移动到 S_2，这时候在同样的价格 P_1 下，供给量从 Q_{11} 增加到 Q_{21}；反之，供给曲线从 S_1 向左移动到 S_3，这时候在同样的价格 P_1 下，供给量从 Q_{11} 减少到 Q_{31}。

可见，在同一条供给曲线上，点向上方移动是供给量增加，点向下方移动是供给量减少；供给曲线向左方移动是供给减少，供给曲线向右方移动是供给增加。

第三节　均衡理论及其运用

一、均衡价格的决定

均衡价格是如何形成的呢？

市场是由买者和卖者组成的，买者总想以更低的价格获得商品，而卖者总想以更高的价格出售商品，但讨价还价的最终结果将达到一种供求均衡：在某一价格下，买者愿意买这么多商品，卖者愿意卖这么多商品。

市场均衡就是指供给与需求达到了平衡的状态。这时，该商品的需求价格与供给价格相等，称为均衡价格；该商品的需求量与供给量相等，称为均衡产量。从几何意义上来说，市场均衡出现在该商品市场需求曲线和市场供给曲线相交的交点上，该交点称为均衡点。均衡点对应的价格和供求量分别被称为均衡价格和均衡产量。可以用图 2 - 11 来说明需求和供给这两种相反的力量是如何共同作用来决定均衡价格的。

如图 2 - 11,某一商品的初始价格为 P_1,在这一价格水平上市场需求量为 P_1F,而供给量为 P_1G,存在超额供给 FG(供过于求)。这时候企业之间就会产生激烈的竞争,结果使价格逐渐下降,供给量逐渐减少,而需求量逐渐增加。这个过程一直进行下去,直到价格下降到 P_E 时,需求量和供给量相等(均为 Q_E),市场达到平衡。相反,如果初始价格为 P_2,在这一价格水平上,市场需求量为 P_2K,而供给量为 P_2H,存在超额需求(供不应求)。这时候消费者之间就会有一部分人买不到自己需求的商品,于是就会出高价购买,导致产品价格上升,这就会刺激企业扩大生产,供给量上升。直到价格上升到 P_E 时,需求量和供给量相等(均为 Q_E),市场又达到平衡。所以,需求曲线和供给曲线的交点 E 即为均衡点,E 点对应的价格 P_E 为均衡价格,E 点对应的产量 Q_E 为均衡产量。

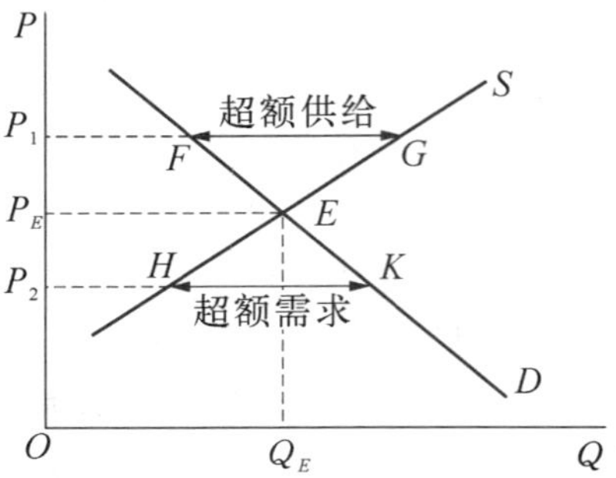

图 2 - 11 均衡价格的形成

从以上的分析我们知道,均衡价格的形成过程即是价格决定的过程,它是通过市场上供求双方的竞争过程自发地形成的。如果需求和供给之间没有达到均衡,市场就不会稳定,需求或供给就会朝均衡的趋势变动,直到达到均衡。在某种因素的作用下,如果价格背离了均衡价格,市场便又会朝着均衡的趋势运动,直到达到新的均衡。可见,在市场中,均衡是一种趋势,这不是由人的意志决定的,是客观存在的,是市场自发调节的结果。

二、均衡的变动与供求定理

前面分析表明,当市场价格高于均衡价格时,市场上就会存在超额供给,即产品过剩,但我们经常发现菜市场中菜价连续上涨时,摊主们的蔬菜不但不存在卖不出去的现象,反而有大批顾客络绎不绝地前来购买。同样,当发生禽流感时,鸡蛋价格大幅下降,但也没有出现人们排队购买鸡蛋的现象。前些年,我国开始提高普通高等院校收费标准,学费从原来的 200 多元上涨 20 倍至 4 000 元,我们也没有看到哪个高等院校教室空置、学校关门、教师下岗。这些现象是否说明均衡价格理论有错误呢?

答案是否定的。前面我们的分析是在考虑影响需求和供给的其他因素不变的情况下进行的，即需求曲线和供给曲线固定不变，只是分析商品本身价格变动对供求的影响。但是，当影响需求和供给的其他因素发生变化时，就会造成需求曲线和供给曲线本身的移动，这时在市场的调节下将形成新的均衡。下面我们分三种情况讨论。

1. 供给不变，需求发生变动

如前所述，需求变动是由于影响需求的非价格因素变动所引起的，这种变动在几何图形上表现为整条需求曲线的移动。假定供给曲线不变，我们可以用图 2－12 来分析新的均衡价格和均衡产量。

如图 2－12，需求曲线 D_0 与供给曲线 S 相交于 E_0 点，形成了均衡价格 P_0 和均衡产量 Q_0。当需求由于某种因素作用增加时，需求曲线向右移动，形成一条新的需求曲线 D_1，与原来供给曲线相交形成新的均衡点 E_1。我们可以发现，与原来的均衡点相比，均衡价格和均衡产量均提高了。新的均衡价格为 P_1，均衡产量为 Q_1；反之，当需求曲线向左移动，则新的均衡价格和均衡产量均会下降。因此，当供给不变时，均衡价格和均衡产量的变动方向与需求的变动方向一致。

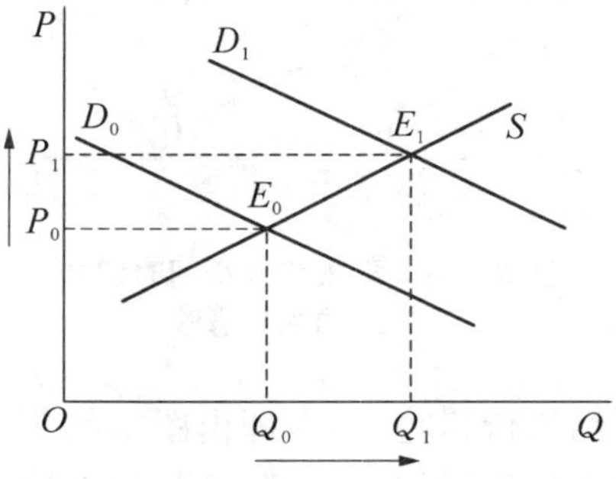

图 2－12　需求变动对均衡的影响

2. 需求不变，供给发生变动

同样，供给变动是由于影响供给的非价格因素变动所引起的，这种变动在几何图形上表现为整条供给曲线的移动。假定需求曲线不变，我们可以用图 2－13 来分析新的均衡价格和均衡产量。

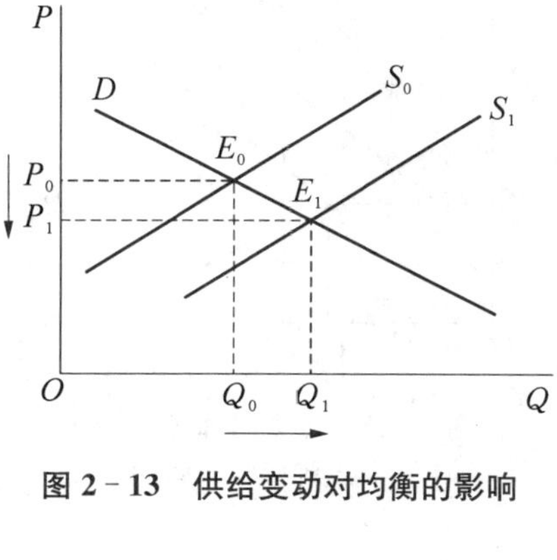

图 2－13　供给变动对均衡的影响

如图 2－13，需求曲线 D 与供给曲线 S_0 相交于 E_0 点，形成了均衡价格 P_0 和均衡产量 Q_0。当供给由于某种因素作用增加时，供给曲线向右移动，形成一条新的供给曲线 S_1，与原来的需求曲线 D 相交形成新的均衡点 E_1。我们发现，与原来的均衡点相比，均衡价格下降到了 P_1，均衡产量上升到了 Q_1；反之，如果供给曲线向左移动，则新的均衡价格上升，新的均衡产量下降。因此，当需求不变时，均衡价格与供给变动方向相反;均衡产量与供给变动方向一致。

3. 需求与供给同时发生变动

当需求和供给同时发生变动时,均衡价格和均衡产量的变动就相对比较复杂。需求和供给变动方向和程度的差异都会对均衡产生不同影响。

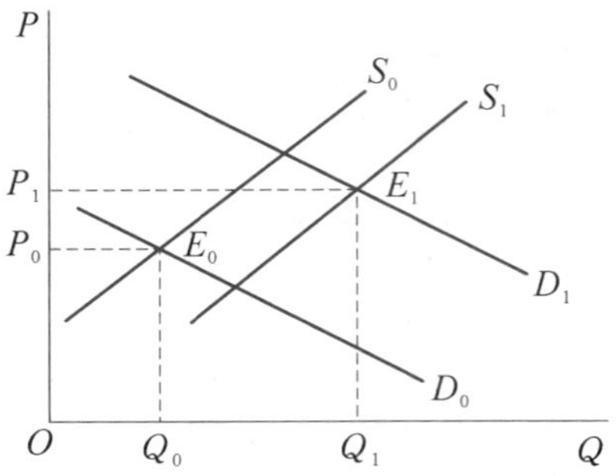

图 2-14 需求与供给同时增加对均衡的影响

现假定需求和供给由于各种因素的影响同时增加,如图2-14所示,需求曲线由 D_0 移动到 D_1,供给曲线由 S_0 移动到 S_1,均衡点随之由 E_0 移动到 E_1。根据前面的分析我们知道,需求和供给同时增加后,均衡产量一定也随之增加,即由 Q_0 增加到 Q_1。但是均衡价格的变化却不能肯定。因为需求增加导致均衡价格上升,而供给增加导致均衡价格下降。二者同时增加导致均衡价格如何变动将取决于二者增加的程度。如果需求增加的程度大于供给增加的程度,则均衡价格将上升,即由图中的 P_0 上升到 P_1;反之,则均衡价格下降。如果需求和供给增加的程度相同,那么均衡价格将保持不变。所以,在需求和供给同时增加的情况下,均衡产量一定上升,而均衡价格则不能确定,可能上升、下降或不变。

同样道理,如果需求和供给同时减少,均衡产量将一定减少,而均衡价格则不能确定。

现假定需求和供给由于各种原因发生了相反方向的变动,我们讨论需求增加、供给减少的情况。如图 2-15,需求曲线由 D_0 移动到 D_1,供给曲线由 S_0 移动到 S_1,均衡点随之由 E_0 移动到 E_1。根据前面的分析我们知道,当需求增加、供给减少时,均衡价格一定上升,即由图中的 P_0 上升到 P_1;但是均衡产量我们却无法确定,因为需求增加时,导致均衡产量增加,但是供给减少会导致均衡产量减少。这时候均衡产量就要取决于二者变动的程度。如果需求增加的程度大于供给减少的程度,则均衡产量就会增加,即由 Q_0 增加到 Q_1;反之,则均衡产量减

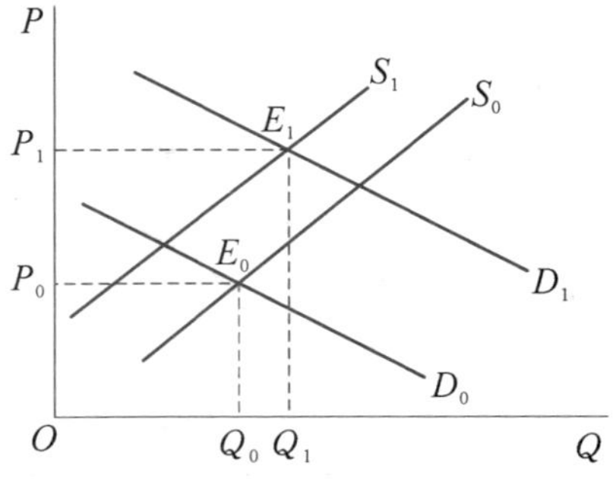

图 2-15 需求增加、供给减少对均衡的影响

少。如果需求增加的程度和供给减少的程度相同，则均衡产量不发生变化。所以，在需求增加、供给减少的情况下，均衡价格一定上升，但均衡产量的变动不能确定，可能上升、下降或不变。

同样道理，如果需求减少、供给增加，则均衡价格必然下降，均衡产量不能确定，可能增加、减少或不变。

综上所述，我们将需求变动和供给变动对均衡的影响归纳为表2－4。

表2－4 需求和供给变动对均衡的影响

需 求	供 给	均衡价格	均衡产量
增加	不变	上升	增加
减少	不变	下降	减少
不变	增加	下降	增加
不变	减少	上升	减少
增加	增加	不确定	增加
减少	减少	不确定	减少
增加	减少	上升	不确定
减少	增加	下降	不确定

以上就是经济学中供求定理的基本内容。

供 求 定 理

需求的变动引起均衡价格和均衡产量同方向变动；供给的变动引起均衡价格反方向变动，而引起均衡产量同方向变动。

需要说明的是，上述供求定理一般适用于完全竞争市场。所谓完全竞争市场，是指行业内企业数目很多，且生产同质产品，任何企业都是市场价格的接受者，单个企业行为对市场影响微不足道。关于完全竞争市场在后面章节还要详细介绍。另外，我们分析问题所用的需求曲线和供给曲线均指整个行业的曲线。

三、价格机制的作用

均衡价格的形成过程表明，供给、需求和价格的变动都是相互依存的，即供给和需求因价格的变动而变动，而供给和需求相互作用又决定价格，价格因供给和需求的变动而变动。在这个过程中，竞争性的价格机制处于核心地位，就像一只“看不见的手”指引着社会生产的协调运行。

在市场经济中，价格机制调节经济的功能或作用主要表现为以下三个方面。

第一，作为指示器反映市场的供求状况。市场的供求受各种因素的影响，每时每刻都在变化。这种变化是难以直接观察到的，但它反映在价格的变动上，人们可以通过价格的变动来确切了解供求的变动。某种商品的价格上升，就表示这种商品的需求大于供给；反之，这种商品的价格下降，就表示它的需求小于供给。价格这种作为供求状况指示器的作用是其他任何东西都不能代替的。

第二，调节消费者的需求和企业的供给。消费者和企业作为独立的经济实体，以“最大化”的原则(即消费者追求满足程度最大化，企业追求利润最大化)来作出自己的消费或生产决策。一方面，消费者按照价格的变动来调节需求，增加对价格下降商品的购买，而减少对价格上升商品的购买；另一方面，企业按照价格的变动来调节供给，增加对价格上升商品的生产，而减少对价格下降商品的生产。价格的这种作用也是其他任何东西所不能代替的。

第三，合理配置资源的功能。通过价格对需求与供给的调节，最终会使需求与供给相等或均衡。当需求等于供给时，消费者的欲望得到了满足，企业的资源得到了充分利用。价格变动的引导使得社会资源在各种用途之间有序流动、合理配置，从而实现消费者的效用最大化和企业的利润最大化。

具体地说，价格调节经济运行的机制就是：当市场上某种商品供大于求时，该商品的价格就会下降，从而一方面刺激了对该商品的需求，另一方面又抑制了对它的生产(供给)。当这种运行过程进入到对该商品的供与求大致相等时，资源也就得到合理配置了。同理，当某种商品供不应求时，也会通过价格的上升而使供求相等。价格的这一调节过程，把各个独立的消费者与企业的活动有机地联系在一起，使得整个经济和谐而正常地运行。

四、均衡理论的运用

1. 价格管制

价 格 管 制

由于外部力量强制干预市场，制定一个与市场均衡价格不等的价格，从而造成市场的需求和供给不再相等。

在市场经济中，经济的运行主要是由价格这只“看不见的手”调节的。但价格调节是在市场中自发进行的，存在一定的盲目性，在现实中所得出的结果并不一定符合整个社会的长远利益。为调节和稳定某些产品的供求，政府通常会采取一定的价格管制政策（限制价格政策和支持价格政策）。

（1）限制价格

限制价格（最高限价）是指政府对某种商品制定的低于均衡价格的最高市场价格。政府实行最高限价的目的在于：限制某些行业尤其是垄断性较强的行业的产品价格，以保护消费者的利益，维护经济秩序的稳定。在一般情况下，最高限价往往出现在一国的非常时期，比如战争时期或通货膨胀比较严重的时期。像在通货膨胀严重的时期，政府对于生活必需品、原材料实行最高限价，以保证经济秩序和社会的稳定。

图 2－16 表示政府对某种产品实行最高限价的情形。P_0 为市场均衡价格；P_1 为政府限制的该商品的最高价格；Q_0 为均衡时的供给量（即需求量）。我们看到，当价格为 P_1 时，企业的供给量为 Q_1，而消费者的需求量为 Q_2，Q_1Q_2 为供不应求的数量，即短缺。根据供求定理，在低于均衡价格的价格 P_1 上，企业不会生产更多的产量，这就可能实现政府限制某些行业生产的目的。同时，在价格水平 P_1 上，扩大了购买该商品的消费者群体，有更多的低收入者具备了购买该商品的能力，从而有利于社会产品更公平的分配。然而，有一个重要的问题是在最高限价上存在 Q_1Q_2 的短缺。为了相对公平地分配 OQ_1，配给和排队就成了常见的现象。20 世纪 70 年代末以前，我国商品的价格普遍偏低，由于价格偏离均衡价格，企业愿意提供的产品数量小于消费者愿意购买的产品数量，于是市场上出现供不应求的现象。为了解决供不应求的现象，政府就要实行配给制（发放票证）、排队购买的方式。

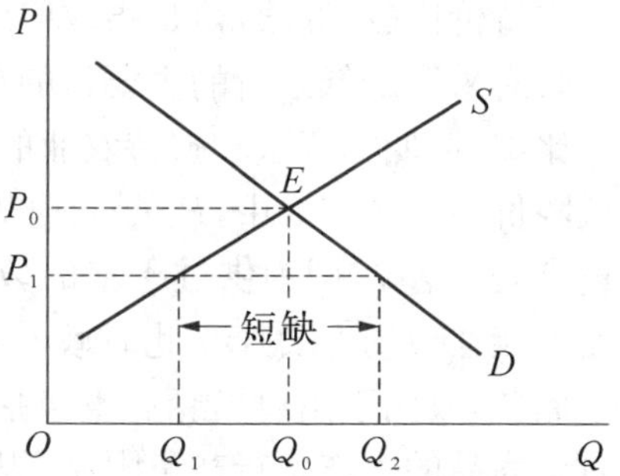

图 2－16　限制价格及其影响

配给制一般只适用于短期内的特殊情况，否则，一方面可能使购物券货币化，或是出现黑市交易；另一方面会挫伤企业的生产积极性，使短缺变得更加严重，一旦放弃价格限制，价格就会上升得更高。

所谓黑市，是最高限价引发商品短缺后延伸出来的一个非法市场。在黑市，人们用超过法律规定的价格上限进行交易。图 2－17 说明了这种情况：在黑市中，人们购买到了 Q_1 商品，却支付了高于均衡价格的价格 P_2，黑市销售者获得了高额收入,如阴影部分。

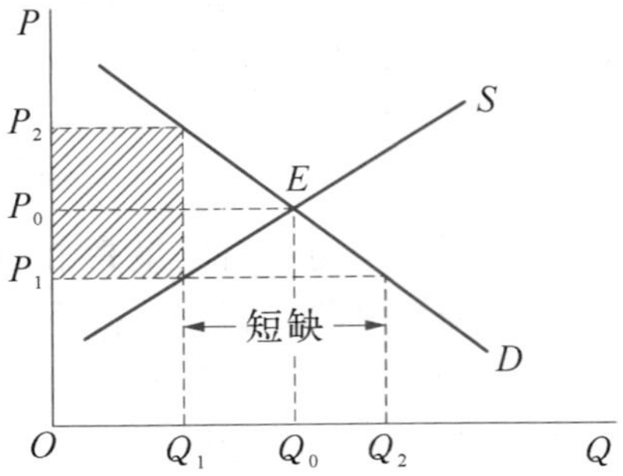

图 2-17　黑市及其影响

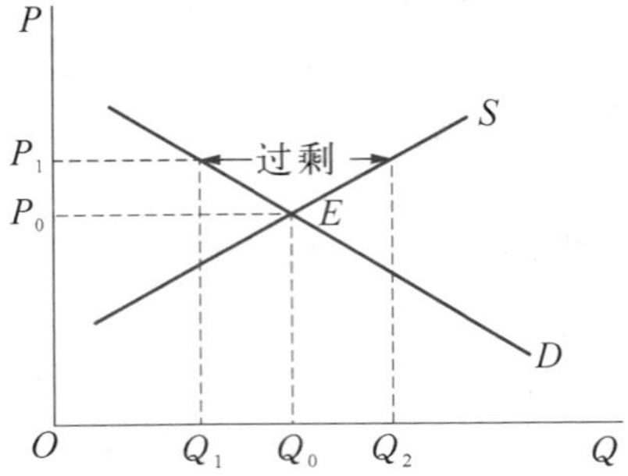

图 2-18　支持价格及其影响

(2) 支持价格

支持价格(最低限价)是指政府对某种产品制定的高于均衡价格的最低市场价格。政府采取最低限价的主要目的在于:扶持某一行业的生产和保护供给者的利益。比如,最低工资法和扶持农业的政策。政府为了扶持农业,常常实行农产品的最低限价。图 2-18 中,P_1 是政府规定的最低价格,对应于 P_1 的供给量是 Q_2,需求量是 Q_1,Q_1Q_2 即为供过于求的数量,也即过剩。为了维持最低限价,这些过剩商品不能在市场上卖掉。此时政府可采取的措施有:一是政府收购过剩商品,或用于储备,或用于出口(当然,也包括鼓励农产品企业积极拓展海外市场);二是政府对该商品的生产实行产量限制,规定将产量控制在 Q_1,实现人为的供求平衡。

2. 税赋的归宿

在商品的交易过程中,政府的税赋到底是由买方还是卖方来承担呢?

(1) 向消费者征税

政府向作为买者的消费者征税,税收最初影响需求。需求曲线向左下方移动,移动距离等于每单位商品的征税量。供给曲线并不受影响,因为在任何一种既定的价格水平下,企业向市场提供产品的激励是相同的。在图 2-19 中,消费者在购买商品时向政府缴纳了一定的税收,因此,需求曲线向左下方移动,移动距离为 P_2P_1,这时的均衡产量和均衡价格均下降。征税后,均衡价格从 P_0 降至 P_1,消费者购买每单位的商品,除了支付 OP_1 的价格给企业外,还必须缴纳 P_1P_2 的消费税,即消费者每单位商品支付的总价款是 OP_2。

表面上看，税收完全由消费者承担，仔细分析会发现，实际上，税收是由消费者和企业共同分担的。税收使单位商品价格从 P_0 降至 P_1，这样，在 P_1P_2 的税收中，消费者实际负担的是 P_0P_2，企业负担 P_0P_1。

（2）向企业征税

政府向作为卖者的企业征税，税收最初影响供给。供给曲线向左上方移动，移动距离等于每单位商品的征税量。这种征税对需求曲线不会有影响，因为税是由企业付给政府的，消费者对于价格中是否包括税金并不关心，他们关心的只是价格的高低。价格如果提高了，需求量就减少；反之，就增加。所以，征税对需求曲线没有影响。在图 2－20 中，政府向企业征收一定量税时，供给曲线向左上方移动相应的征税量，移动距离为 P_2P_1，这时的均衡产量下降，均衡价格上升。征税后，企业看起来得到的价格每单位是 OP_1，但其中一部分（P_1P_2）要交税，因而企业实际得到的价格就从 P_0 下降到 P_2。不难看出，虽然是对企业征税，但税收实际上是由企业和消费者共同分摊的，企业承担 P_0P_2，消费者承担 P_0P_1。

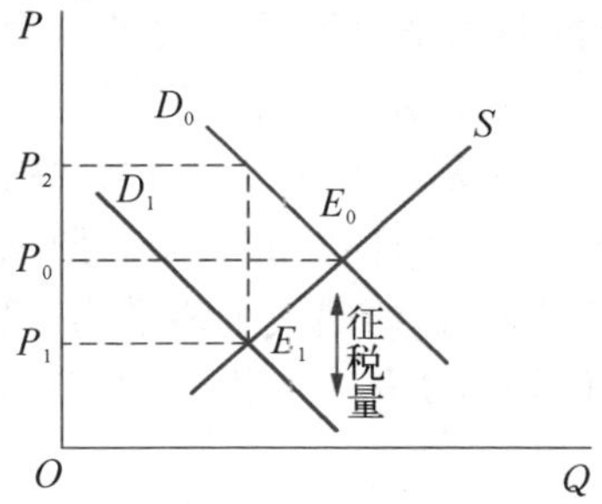

图 2－19　向消费者征税

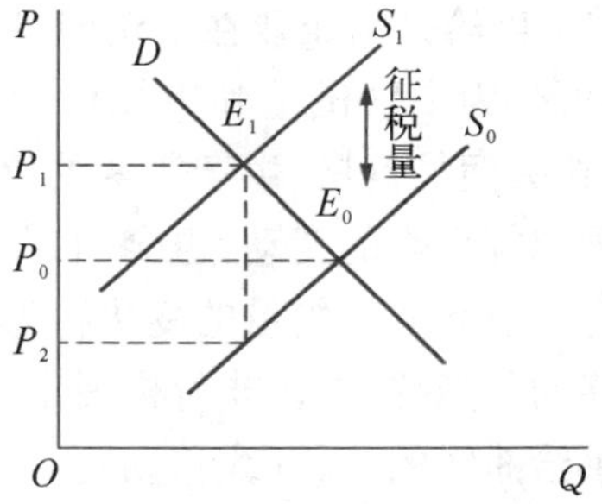

图 2－20　向企业征税

以上分析表明，政府不管是向作为买者的消费者征税，还是向作为卖者的企业征税，都会抑制市场活动，减少销售量，致使消费者支付的价格上升，企业得到的价格下降，并且无论如何收税，买卖双方都要分摊税收。到底是买方负担多一些还是卖方负担多一些，取决于需求和供给相对于价格变动反应敏感程度的对比，实际上就是需求和供给的相对弹性。本书第三章将会讲到“弹性”的概念，税收负担通常更多地落在敏感程度相对不够，即弹性相对缺乏的市场一方。这是因为，对于价格变动反应欠敏感（即弹性小），意味着或者买者对该种商品没有适当的替代品，或者卖者的退出成本较高，没有新的适合生产的替代品，退出困难，当对该商品征税时，市场中其他适合选择机会少的一方不能轻易地离开市场，从而必须承担更多的税收负担。

本章小结

(1) 需求是指消费者在某一特定时期内,在每一价格水平上愿意并且能够购买的商品量,可分为个人需求和市场需求。商品本身价格是影响需求的最主要因素。此外,相关商品价格、收入水平、消费偏好、未来预期和政府政策等因素的变动,也会引起需求不同方向和不同程度的变动。商品本身价格变化所引起的需求量的变化称为需求量的变动,在需求曲线上表现为"沿曲线上的点移动"(点移动)。非价格因素变动引起的需求的变化称为需求的变动,表现为整个需求曲线的位移(线移动)。

(2) 需求定理反映了商品的需求量与价格之间呈反方向变动的关系。即需求量随着商品本身价格的上升而减少,随着商品本身价格的下降而增加。需求定理在平面坐标图上表现为需求曲线向右下方倾斜,是替代效应和收入效应共同作用的结果。

(3) 供给是指企业在一定时期内,在每一价格水平上愿意而且能够提供的商品量,可分为个别供给和市场供给。商品本身价格也是影响供给的最主要因素。此外,相关商品价格、生产要素的价格、生产技术的变动、企业的目标、政府政策和企业预期等因素的变动,也会引起供给不同方向和不同程度的变动。商品本身价格变化所引起的供给量的变化称为供给量的变动,在供给曲线上表现为"沿曲线上的点移动"(点移动)。非价格因素变动引起的供给的变化称为供给的变动,表现为整个供给曲线的位移(线移动)。

(4) 供给定理反映了商品的供给量与价格之间呈同方向变动的关系。即供给量随着商品本身价格的上升而增加,随着商品本身价格的下降而减少。供给定理在平面坐标图上表现为供给曲线向右上方倾斜。

(5) 需求曲线和供给曲线相交,决定了均衡价格和均衡产量。在均衡点上,市场上的供求关系达到了平衡。均衡价格是通过市场上供求双方的竞争过程自发地形成的。

(6) 影响供求的因素变动,不仅会引起供求曲线的移动,同时还会引起均衡价格和均衡产量的变动。供求定理是指,需求的变动引起均衡价格和均衡产量同方向变动;供给的变动引起均衡价格反方向变动,而引起均衡产量同方向变动。

(7) 在市场经济中,经济的运行是由价格这只"看不见的手"调节的。在这个过程中,价格机制具有作为指示器反映市场的供求状况、调节消费者的需求和企业的供给,以及合理配置资源等作用。

(8) 为了纠正价格调节经济过程中所存在的盲目性，稳定某些产品的供求，政府通常会采取一定的价格管制政策。限制价格(最高限价)，是指政府对某种商品制定的低于均衡价格的最高市场价格；支持价格(最低限价)，是指政府对某种产品制定的高于均衡价格的最低市场价格。

(9) 政府不管是向作为买者的消费者征税，还是向作为卖者的企业征税，都会使消费者支付的价格上升，企业得到的价格下降，并且无论如何收税，买卖双方都要分摊税收。税赋分摊比例的大小，取决于需求和供给相对于价格变动反应敏感程度的对比(即需求和供给的相对弹性)。税收负担通常更多地落在敏感程度相对不够，即弹性相对缺乏的市场一方。

案 例 分 析

案例 2-1

海尔洗衣机为何能全球销量第一

2009 年 12 月 1 日，世界著名的消费市场研究机构 Euromonitor(欧洲透视)公布了 2009 年全球洗衣机行业最新市场调研数据：海尔洗衣机以全球品牌销售量份额 8.4%，并领先第二名 1.5 个百分点，跃居全球第一。2010 年 1 月 16 日，国务院发展研究中心市场经济研究所特意举办了“世界品牌成功之路——海尔洗衣机全球销量第一的启示”研讨会，专家学者们结合海尔洗衣机全球销量第一的案例，以“中国企业如何建立全球品牌、构建全球化市场”为主题进行了多方深入研讨。

产品即品牌

“在当前的全球市场，到底是品牌主导还是产品主导?”成为研讨会的一个热点话题。中国质量协会用户委员会部长樊天顺在谈到这个话题的时候表示：“产品即品牌，没有好的产品再庞大的品牌也是空中楼阁。”樊天顺以海尔“头发丝事件”举例：10 年前，一批海尔洗衣机出厂前，一位检测员在开箱检验时，发现一台洗衣机筒盖上有根头发丝，随之他们立即对整批机器都进行了开箱检验。一场以“质量高品质”为主题的大讨论，在海尔进行了一个月，其声势如同当年张瑞敏砸毁 76 台有缺陷的冰箱。“这些行为监督的是产品质量，而塑造的却是品牌口碑。”樊天顺如此总结产品与品牌的关系。

创新产品走向全球

海尔洗衣机获得全球销量第一与产品不断创新、迎合消费者需求不无关系。中国消费者协会副秘书长武高汉表示:"在海尔洗衣机全球第一这个案例中,我体会最深的是以产品创新来迎合消费者需求:从改变洗衣机动力的双动力方式,到健康、环保的不用洗衣粉洗衣机;从衣干即停,到洗净即停。再比如,海尔洗衣机创新的S-e复式平衡环技术,又再次推动了全球洗衣机行业迈上一个崭新的台阶,也让海尔洗衣机赢得了消费者的尊重。"

成套、变频家电成流行趋势

在国外,成套家电购买模式早已成为一种潮流。而在当下低碳生活的绿色风向指引下,高效节能的变频产品也为消费者所推崇。

海尔也顺应这一消费潮流,在行业内率先推出成套购买方案。同时,海尔集团很早就已涉足变频领域,从最初的变频技术在单一产品上的使用到今天成套变频家电的普遍推广……海尔变频系列家电真正具备噪声小、用电少、效果好、寿命长等优势。

"成套"和"变频"系列家电在购买舒适度、产品的长期实惠性上,都能全方位满足现代消费者的理性需求。

资料来源:根据2010年1月21日出版的《中国产经新闻报》和2010年1月22日出版的《成都商报》的相关报道整理而成。

【案例思考】

1. 试从满足消费者偏好的角度分析海尔洗衣机何以能全球销量第一?
2. 从本案例中,你还得到了什么启发?

案例2-2

猪肉价格为什么大涨

2007年4月中旬起,全国猪肉价格一路飙升,从每500克8元直到13元甚至更贵,有些城市的猪肉价格已经超过了历史最高水平。为此,广州上演了对特价猪肉的"抢夺大战"——队伍排出1 000多米,1吨鲜肉在40分钟内被瓜分完毕。北京市华润、万家等超市的低价促销,同样引来民众的疯狂购买。猪肉价格上涨在很大程度上影响到普通百姓的日常生活，也引起了政府决策层的关注。

业内人士分析，这次猪肉价格快速上涨的背后是多种原因的长期作用。其中，最重要的有三：一是生猪价格周期性波动影响。2006 年上半年，生猪市场价格持续低迷，5 月份生猪价格跌入最低谷，为 5.96 元/千克，养猪业处于亏损状态，使得一些地区农户的生猪饲养有所减少；下半年价格逐步回升，生产开始恢复，但由于繁殖饲养周期约需一年时间，目前的生猪价格仍处于运行周期的上升期。这次价格波动是 2006 年以来周期波动的反映。二是养殖成本增加。2006 年底开始，作为主要饲料原料的玉米价格持续攀升，到 2007 年 5 月份已达到每千克 1.55 元，比上年同期上涨 16%左右，为近 10 年来的历史高位。据调查，出栏一头肥猪，仅饲料成本就比上年同期增加 40～50 元。三是市场需求拉动。随着城乡居民收入的不断提高，国内猪肉消费呈增长趋势。据有关部门统计，2007 年 1—4 月，农村居民猪肉消费同比增长 15.1%，仅北京市猪肉消费同比就增长了 10%。

资料来源：根据 2007 年 5 月 24 日出版的《北京日报》和 2007 年 5 月 31 日出版的《南方周末》的相关报道整理而成。

【案例思考】

1. 运用管理经济学的相关知识分析猪肉价格为什么会大幅上涨？
2. 你认为政府应该采取哪些措施来平抑猪肉的价格？

案例 2-3

限购一年，京城楼市量价齐跌

2011 年 2 月 16 日，北京市公布了房地产调控“京版十五条”，暂停向已有 2 套及以上住房的京籍居民家庭、无连续 5 年(含)以上纳税或社保证明的非京籍居民家庭售房；金融机构和住房公积金管理中心对第二套住房贷款，首付比例要不低于 60%，贷款利率不低于基准利率的 1.1 倍。从 2011 年 2 月 16 日，到 2012 年 2 月 15 日，这一被称作史上最严厉的限购政策走过了整整一年的历程，它给京城的楼市带来了一系列新的变化。

投资投机几乎绝迹

从 2011 年 2 月起到 2012 年 1 月，北京市几乎每个月成交的新建普通住宅中，居民家庭首次购房占比都在 90%左右，最低为 88%，整年算下来，首套购房占比家庭超过了九成。来自多家中介机构的数据显示,京籍个人购房者占比为87.2%,相比新政实施前的一年上涨25.1%,外地个人购房者占比锐减25.7%,降至11.2%。限购一年期间,非京籍购房者购房仅6 500套,比前一年的3.22万套,大幅下降83.9%。

中原地产研究总监张大伟认为,北京市的限购、限贷等调控政策,使得购房的主流回归到自住,市场将以首次置业者为主,投资投机性购房已得到抑制。而在"京版十五条"颁布前,业内对北京市场的投资和自住性住房有一个"三七开"的判断。

房地产市场数月"量价齐跌"

按照北京市2010年的新建普通住房的成交均价为每平方米14 847元这一标准衡量,2011年每月成交价格均有所回落,一直到全年新建普通住房成交均价最终统计数据为每平方米13 173元,比2010年的价格下降11.3%。

在成交价下跌的同时,成交量也在减少。根据北京市房地产交易管理网统计数据显示,截至2012年2月15日,限购一年内市场住宅总成交量为18.177 5万套,同比之前一年的成交量下调幅度达到42.2%。其中,新建住宅成交量为8.411 4万套,同比限购之前一年,下调幅度达到21.4%。二手房住宅成交量仅为9.766 1万套,同比限购之前一年下调幅度达到52.9%。

保障房将继续影响供应市场

2011年,北京市新开工、收购了23万套保障房,保障房在新建普通住宅市场的成交占比由2010年的21%上涨到36%,2012年又再继续开工、收购超过16万套的保障房。北京房协秘书长陈志说,随着建设周期的逐步推进,这些房源将逐步走向市场,给北京的房地产业再打上一针"镇静剂"。

陈志说,"京版十五条"实行一年来,北京房地产结构发生了很大的变化,从供应层面看,保障房成交量占市场总成交量的比例大幅提高,从市场成交看,中小户型、新建普通商品房占比最高,满足的就是刚性需求。

"房地产宏观调控要求驱除投资投机性需求,遏制房价过快上涨,从贷款、利率、限购这些政策执行来看,可以说取得了很好的效果。"陈志说。

资料来源:根据2012年2月16日出版的《北京日报》和《京华时报》的相关报道整理而成。

【案例思考】

1. 试从供求角度分析京城楼市何以出现"量价齐跌"的现象?

2. 在房地产领域应该如何来正确把握和处理政府与市场的关系？请谈谈你的看法。

案例 2-4

农产品的价格保护

自20世纪30年代以来，美国联邦政府一直致力于稳定谷物、棉花、大米、糖、羊毛、花生和其他农产品的价格，为此设立了一些非常复杂的程序，成为农场法案的一部分。但随着时间的推移，这一做法遭到了来自农业州的国会议员和他们的政治说客的不满，被迫进行修订，以保证通过实施上述程序，农民最后可以享受的平均价格实际上稍高于市场平均价格。然而，这种做法引起了供给和政府农作物储备的过剩。以1987年为例，美国联邦政府拥有41亿蒲式耳谷物、13.3亿蒲式耳麦子和48亿包棉花，分别相当于当年产量的57%、63%和33%。

每过5年左右，农场法案就会进行一次比较大的修订。1990年11月，布什总统签署了一个新的农场法案，其目的之一就是降低价格下限，逐步减少储备，使价格向市场均衡价格移动。

资料来源：赵英军主编. 西方经济学习题集. 机械工业出版社，2006.

【案例思考】

1. 政府对市场干预的形式有哪些？
2. 本案例中，政府为什么会制定最低限价政策？
3. 政府的最低限价政策会直接导致哪些后果？政府可采取哪些办法解决这些问题？

练习与思考

一、名词解释

需求　需求定理　供给　供给定理　价格管制　最低限价　最高限价

二、单项选择题

1. 在得出某种商品的需求曲线时，下列因素中除(　　)外均保持常数。

A. 个人收入　　B. 其他商品价格
C. 个人偏好　　D. 所考虑商品的价格

2. 保持其他因素不变,某商品价格下降将导致(　　)。
A. 需求增加　　B. 需求减少
C. 需求量增加　　D. 需求量减少

3. 消费者预期某商品未来价格上涨,则对该商品的当前需求会(　　)。
A. 减少　　B. 增加
C. 不变　　D. 上述情况都有可能

4. 商品 X,Y 是替代品,则 X 的价格下降将导致(　　)。
A. X 的需求曲线向右移动　　B. X 的需求曲线向左移动
C. Y 的需求曲线向右移动　　D. Y 的需求曲线向左移动

5. 需求不变、供给变动会导致(　　)。
A. 均衡价格和均衡交易量按相同方向变动
B. 均衡价格按相反方向变动,均衡交易量按相同方向变动
C. 均衡价格按相同方向变动,均衡交易量按相反方向变动
D. 均衡价格的变动要视供求双方增减的程度大小而定

6. 供给的变动是指(　　)。
A. 非价格因素发生变化而导致供给曲线的位移
B. 供给量的变动
C. 价格变化引起供给曲线上点的移动
D. 价格水平的变动

7. 供给曲线是一条(　　)。
A. 水平线　　B. 向左上方倾斜的曲线
C. 向右上方倾斜的曲线　　D. 向右下方倾斜的曲线

8. 如果供给不变、需求增加,则(　　)。
A. 均衡价格和交易量都会提高
B. 均衡价格和交易量都会下降
C. 均衡价格会提高,交易量会下降
D. 均衡价格会下降,交易量会提高

9. 构成市场的两个基本因素是(　　)。
A. 竞争与协作　　B. 供求和价格
C. 国家和企业　　D. 需求和供给

10. 政府规定最高限价会导致(　　)。

A. 过分旺盛的需求得到遏制　　B. 供给不足现象消失
C. 供过于求现象　　D. 供不应求现象

三、多项选择题

1. 西红柿需求的变化可能是由于(　　)。
A. 西红柿涨价了　　B. 消费者得知西红柿有益健康
C. 消费者预期西红柿将降价　　D. 种植西红柿的技术有了改进
E. 生产者预期西红柿将涨价

2. 商品X、Y为互补品,则当商品Y的价格上升时,(　　)。
A. Y的需求量会减少　　B. Y的需求量会增加
C. X的需求量会减少　　D. X的需求量会增加
E. X的需求量不会变化

3. 如果需求保持不变,而供给由于某些因素影响减少,则(　　)。
A. 新的均衡价格会上升　　B. 新的均衡价格会下降
C. 新的均衡产量会增加　　D. 新的均衡产量会减少
E. 在市场上不会形成新的均衡

4. 当由于某种原因市场上存在超额供给时,会出现的情况是(　　)。
A. 由于商品过多导致商品价格下降
B. 如果商品质量好的话,价格就不会下降
C. 如果价格不下降,就会有部分商品卖不出去
D. 就算价格不下降,也不会影响商品销售,只是需要的时间久一些
E. 如果政府规定的价格高于均衡价格,可以采取收购市场上消化不掉的商品的手段保证生产者利益

5. 下列说法中,正确的有(　　)。
A. 需求和供给是构成市场的基本要素,二者缺一不可
B. 商品的自身价格是影响需求和供给的最基本因素
C. 一般来说,市场总会通过价格机制的调节形成均衡
D. 市场均衡一旦形成,就不会变动了
E. 市场千变万化,不过总是由一个均衡变向另一个均衡

四、判断题

1. 一般情况下,商品的价格与供给量之间是一种反向关系。(　　)
2. 需求定理告诉我们:商品的价格上升,需求量也会上升。(　　)
3. 收入效应是指消费者收入变化引起商品的价格变化和需求量变化。(　　)

4. 总的来说，区分需求的变动和需求量的变动，就是看商品本身的价格变化与否。(　　)

5. 在需求不变的情况下，供给的增加将导致均衡价格和均衡产量都上升。(　　)

6. 在市场上，如果没有政府的调控，均衡就不会实现。(　　)

7. 当某商品的替代品价格上升时，人们就会减少对这种商品的消费。(　　)

8. 政府向买者征税就肯定由买者独立承担，向卖者征税同样也就肯定由卖者独立承担。(　　)

9. 当供给不变、需求增加时，均衡价格会上升，但均衡产量不会变，因为供给没有变。(　　)

10. 我们通常所说的“看不见的手”指的就是价格机制。(　　)

五、简答题

1. 为什么需求曲线会向右下方倾斜？

2. 请解释需求量变动和需求变动之间的区别。

3. 画图说明均衡价格的决定。

4. 什么是供求定理？并请回答：教师是一个伟大的职业，担负着教书育人的重任，而 NBA 的球星也是众人瞩目的焦点。两种职业都有其特殊的意义，那为什么后者的收入远大于前者？

5. 价格机制调节经济的功能或作用主要表现在哪些方面？

6. 在许多城市，公共汽车和地铁都十分拥挤。有人主张通过提高票价缓和供求矛盾，有人不以为然。你看呢？

六、计算题

1. 某商品的市场需求曲线为 $Q_d = 200 - 30P$，供给曲线为 $Q_s = 100 + 20P$，求均衡价格和均衡产量。如政府实行限价，$P=1$ 时会出现什么情况？$P=3$ 时又会出现什么情况？

2. 某商品的需求曲线为 $Q_d = 10 - 2P$，供给曲线为 $Q_s = 0.5P$。其中，Q_d 和 Q_s 均以万米为单位，P 以元/米为单位。

(1) 求该商品的均衡价格和均衡销售量。

(2) 如果政府规定该商品的最高价格为 3 元/米，市场的供求关系会发生什么变化？

(3) 如果政府对生产该商品的企业直接征税，税额为每米 2 元，征税后均衡价格应是多少？

第三章

需求弹性分析

学习目标

学完本章,你应该能够:

(1) 掌握需求价格弹性的概念、计算方法,理解影响需求价格弹性的因素;

(2) 掌握需求收入弹性的概念、计算方法,理解影响需求收入弹性的因素;

(3) 掌握需求交叉弹性的概念、计算方法,理解影响需求交叉弹性的因素;

(4) 理解需求弹性对企业经营策略的影响,并能在实践中加以灵活运用;

(5) 了解需求估计的基本方法,并能初步加以运用。

基本概念

需求价格弹性　需求收入弹性　需求交叉弹性　恩格尔定律　点弹性　弧弹性　正常商品　奢侈品　必需品　低档商品

从上一章的分析中知道,一种商品的市场需求受许多因素的影响,我们可以用需求函数来描述商品需求与影响需求的各个因素之间的关系。那么,当这些作为自变量的需求的影响因素发生变化时,需求将如何变化呢?为此,我们需要引入"需求弹性"这个概念。需求弹性说明了需求对某种因素变动反应的敏感程度。一般用需求的弹性系数来表示弹性的大小,用公式表述如下:

$$E = \frac{Q_2 - Q_1}{Q_1} \Big/ \frac{X_2 - X_1}{X_1} \tag{3-1}$$

式中:E 为需求弹性系数;Q 为需求量;X 为某种影响需求的因素。

从式(3-1)我们看到:引起变化的量 X 在分母中;被影响的量 Q 在分子中。弹性系数 E 是通过比例得出的,这就有效地避免了由于不同商品计量单位不同而导致的不具可比性问题。因此,需求弹性系数的意义在于它可以超越不同商品性质和计量单位的差异,比较它们的需求对某一因素变动的反应程度。

从理论上来讲,影响商品需求的因素有多少,就有多少种需求弹性。但通常我们仅讨论那些最重要的需求影响因素,其他影响因素可以完全类似地分析。本章我们就着重介绍需求的价格弹性、需求的收入弹性和需求的交叉弹性,其中需求的价格弹性尤为重要。

第一节　需求的价格弹性

一、需求价格弹性的含义

需求价格弹性

需求价格弹性是指价格变动所引起的需求量变动的比率,即需求量变动对价格变动反应的敏感程度。

需求价格弹性是指价格变动所引起的需求量变动的比率,即需求量变动对价格变动反应的敏感程度。以 E_P 表示需求的价格弹性系数;Q 和 ΔQ 分别表示需求量和需求量的变动量;P 和 ΔP 分别表示价格和价格的变动量。那么,根据定义,我们可以得到:

$$E_P = \frac{\Delta Q/Q}{\Delta P/P} = \frac{\Delta Q}{\Delta P} \cdot \frac{P}{Q} \tag{3-2}$$

式中:$\Delta Q = Q_2 - Q_1$;$\Delta P = P_2 - P_1$。

由需求定理可知,在一般情况下商品需求量与价格呈反向变动关系。当价格提高时,需求量减少,即价格的变动为正值时,需求量的变动为负值;同理,当价格的变动为负值时,需求量的变动为正值。所以,需求价格弹性系数通常为负值。但在实际运用时,为了方便起见,一般都用绝对值比较弹性的大小。

例 3.1　某商品的价格从 20 元下降到 16 元,于是其销售量由原来的 25 件增加到现在的 40 件。则该商品的需求价格弹性为多少?

解: $\Delta P = P_2 - P_1 = 16 - 20 = -4$;$\Delta Q = Q_2 - Q_1 = 40 - 25 = 15$

于是由公式 $E_P = \frac{\Delta Q/Q}{\Delta P/P} = \frac{\Delta Q}{\Delta P} \cdot \frac{P}{Q}$,得 $E_P = \frac{15}{-4} \times \frac{20}{25} = -3$

例 3.2 将上面的问题倒过来,即该商品的价格从 16 元上升到 20 元,销售量由 40 件下降到 25 件,则该商品的需求价格弹性为多少?

解: $\Delta P = P_2 - P_1 = 20 - 16 = 4$; $\Delta Q = Q_2 - Q_1 = 25 - 40 = -15$

于是由公式 $E_P = \dfrac{\Delta Q/Q}{\Delta P/P} = \dfrac{\Delta Q}{\Delta P}\cdot\dfrac{P}{Q}$,得 $E_P = \dfrac{-15}{4}\times\dfrac{16}{40} = -1.5$

我们看到,上面两个题目中价格的变动幅度与需求量的变动幅度是相同的,但却得出了不同的价格弹性系数值。这是由于计算的出发点不同而造成的,式(3-2)只是需求价格弹性的计算式,在实际运用中是存在缺陷的。

二、需求价格弹性的计算方法

在具体应用中,如何计算需求价格弹性呢?

在具体应用中,需求价格弹性有两种:一种为点弹性;另一种为弧弹性。两种方法有着不同的计算公式,也有着不同的适用范围。

1. 点弹性

所谓点弹性,就是指计算需求曲线上某一点的弹性。这时候意味着原公式(3-2)中的 ΔQ 和 ΔP 都极微小,接近于零,见图3-1。

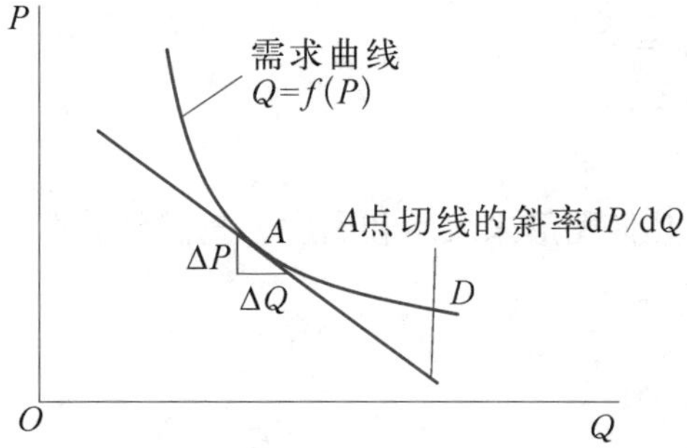

图 3-1 点价格弹性示意

点价格弹性的计算公式为:

$$E_P = \lim_{\Delta P\to 0}\frac{\Delta Q}{\Delta P}\cdot\frac{P}{Q} = \frac{\mathrm{d}Q}{\mathrm{d}P}\cdot\frac{P}{Q} \tag{3-3}$$

式中:$\mathrm{d}Q/\mathrm{d}P$ 表示 Q 对 P 求一阶导数。而 $\mathrm{d}Q/\mathrm{d}P$ 实际上是需求曲线上 A 点切线斜率的倒数(A 点为我们计算点弹性之点,A 点切线的斜率为 $\mathrm{d}P/\mathrm{d}Q$),而P/Q中的

P 与 Q 是需求曲线上 A 点的坐标,点价格弹性即为 dQ/dP 与 P/Q 二者的乘积。

很明显,价格弹性与需求曲线的斜率是两回事,但它们又有一定的联系:价格弹性与需求曲线的斜率成反比,与 P/Q 的值成正比。

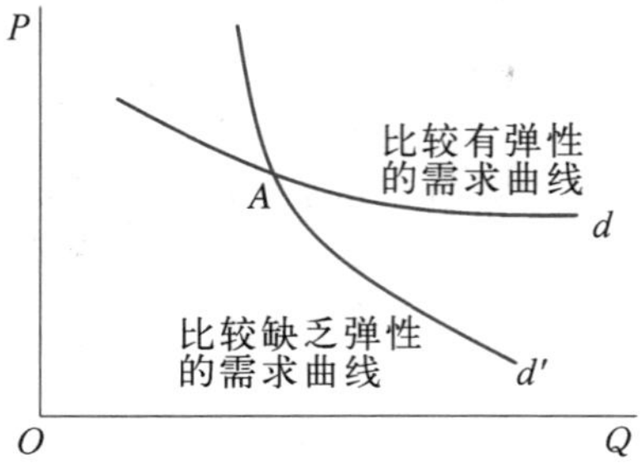

图 3-2 不同需求曲线弹性的比较

如果需求曲线是一条直线,尽管这条直线上各点的斜率不变,但是由于各点 P/Q 的值不同,在这条曲线上各点的价格弹性是不同的。但是,在其他条件相同的情况下,平坦的需求曲线弹性大,陡峭的需求曲线弹性小。在图 3-2 中,我们看到两条需求曲线 d 与 d' 相交于 A 点,A 点即符合如上所述其他条件相同的情况,这时在交点处,较平缓的需求曲线 d 的价格弹性比较大,而较陡峭的需求曲线 d'的价格弹性比较小。

例 3.3 已知需求函数为 $Q=120-20P$,则可用 P 的表达式来表示该需求曲线上各点的价格弹性。

解: $\dfrac{dQ}{dP}=-20$,则 $E_P=\dfrac{dQ}{dP}\cdot\dfrac{P}{Q}=-20\times\dfrac{P}{120-20P}=\dfrac{P}{P-6}$

在例 3.3 中,任意给出一个 P 的值,我们就可以求出一个相应的点价格弹性系数。比如,

当 $P=2$ 时, $E_P=-0.5$

当 $P=3$ 时, $E_P=-1$

当 $P=4$ 时, $E_P=-2$

点弹性还可以用几何图形来表示和测度。我们分需求曲线为直线和曲线两种情况来讨论,如图 3-3。

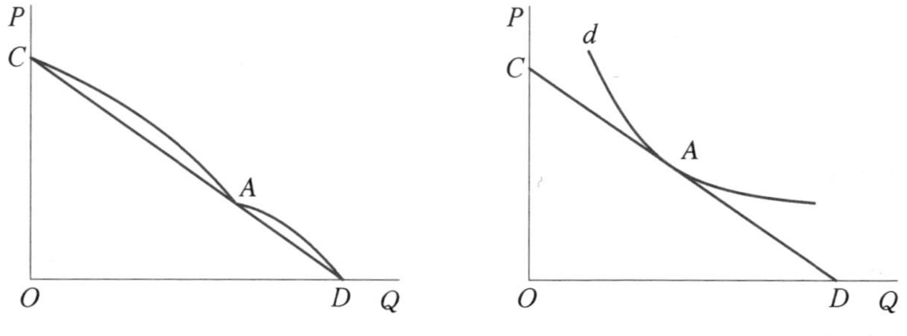

图 3-3 点弹性的几何测度

左边图形为需求曲线是直线的情况。这时我们根据给出的需求曲线画出图形，需求曲线交坐标轴于 C、D 两点，则 A 点的价格弹性的绝对值为线段 AD 的长度/线段 AC 的长度，即：$|E_P| = AD/AC$（有关证明请参考本书数学附助二）。

右边的图形为需求曲线是曲线的情况。这时我们先画出需求曲线 d，然后在 A 点作其切线交坐标轴于 C、D 两点，则 A 点的价格弹性的绝对值仍为线段 AD 的长度/线段 AC 的长度，即：$|E_P| = AD/AC$（证明略）。

若需求曲线为直线，则需求曲线上任意一点 A 的价格弹性的绝对值均可用 AD/AC 表示。如果 A 为需求曲线的中点，则该点弹性系数的绝对值为 1；如果 A 点位于中点以上，则该点弹性系数的绝对值大于 1；如果 A 点位于中点以下，则该点弹性系数的绝对值小于 1。由此，我们也可以看出，对于同一种商品而言，在不同的价格水平下，其需求弹性的大小是不同的。需求曲线为曲线的情况类似。

2. 弧弹性

由上面的分析我们可以看出，要计算需求曲线的点弹性，其前提是需求曲线的方程已知。但是如果我们不知道需求曲线的方程，而知道该需求曲线上两点的坐标，则我们可以计算这两点之间的平均弹性，即弧价格弹性。其计算公式如下：

$$E_P = \frac{\Delta Q \Big/ \frac{Q_1 + Q_2}{2}}{\Delta P \Big/ \frac{P_1 + P_2}{2}} = \frac{Q_2 - Q_1}{P_2 - P_1} \cdot \frac{P_1 + P_2}{Q_1 + Q_2} \tag{3-4}$$

式中：$\Delta Q = Q_2 - Q_1$；$\Delta P = P_2 - P_1$。

由于这一公式所用的两个价格和与之对应的两个需求量实质上代表了同一需求曲线上的两个点，这样计算出来的弹性系数也就是这两个点之间的一段曲线即弧线的弹性强度，所以式(3-4)称为弧价格弹性公式。这样计算也有效地避免了像例 3.1 与例 3.2 中所出现的问题。

例 3.4 假定在某企业的需求曲线上，当 $P=2$ 时，$Q=20$；当 $P=5$ 时，$Q=5$。求价格在 2 元与 5 元之间的弧价格弹性。

解： 已知 $Q_1=20, Q_2=5$；$P_1=2, P_2=5$

则 $E_P = \frac{Q_2 - Q_1}{P_2 - P_1} \cdot \frac{P_1 + P_2}{Q_1 + Q_2} = \frac{5-20}{5-2} \times \frac{2+5}{20+5} = -1.4$

三、需求价格弹性的分类

需求价格弹性分类

- 完全无弹性
- 完全弹性
- 单位弹性
- 缺乏弹性
- 富有弹性

不同商品的需求价格弹性是不同的,根据其弹性系数绝对值的大小不同,可以将之分为五类。

第一,$|E_P|=0$,即需求完全没有弹性(完全无弹性)。在这种情况下,无论该商品价格怎么变动,其需求量都不变。该商品的需求曲线为一条垂直于横轴的直线。一般来说,这样的商品在日常生活中很少见,通常认为像棺材、火葬、特效药、国家特殊战略储备等商品或劳务可近似看作这一类商品[图 3-4(a)]。

第二,$|E_P|=\infty$,即需求弹性无限大(完全弹性)。对于这类商品,在既定的价格水平上,它的需求量是无限的,一旦高于既定价格,则需求量立即变为零。该商品的需求曲线为一条垂直于纵轴的直线,这也是一种现实中很少见的情况。一般我们说完全竞争市场(关于完全竞争市场我们会在以后章节详细论述)中的商品若以低于市场价格出售,则立即销售一空;若定价高于市场价格,则销售量为零[图 3-4(b)]。

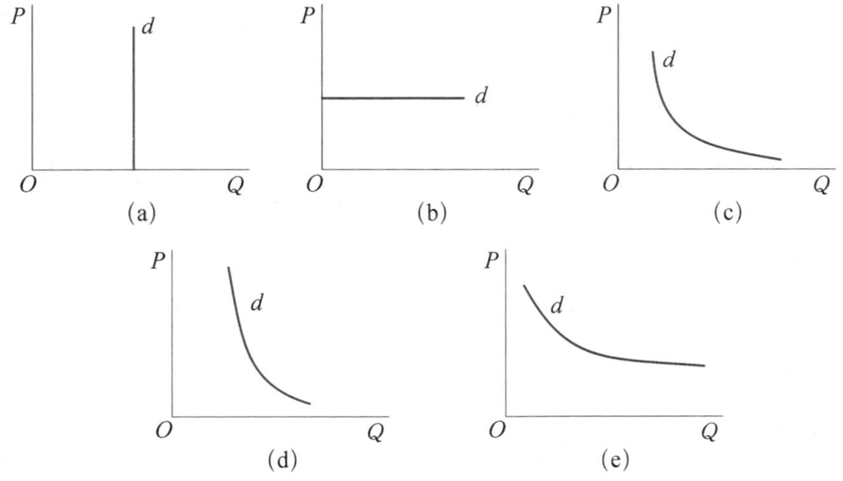

图 3-4 不同需求价格弹性的需求曲线

第三，$|E_P|=1$，即需求是单位弹性的(单位弹性)。这类商品在价格变动时，需求量也按照同一比例变动，即价格若上升1%，则需求量就下降1%，其需求曲线为直角双曲线(等轴双曲线)。这样的商品在现实中也很少见，我们只是在理论分析时才提到这种情况[图3-4(c)]。

第四，$|E_P|<1$，即需求缺乏弹性(缺乏弹性)。对于这种商品，需求量变动的比率小于价格变动的比率，其需求曲线相对比较陡。这样的商品在日常生活中很常见，比如食品、燃料、衣物等生活必需品[图 3-4(d)]。

第五，$|E_P|>1$，即需求富有弹性(富有弹性)。对于这种商品，需求量变动的比率大于价格变动的比率，其需求曲线相对较为平坦。这样的商品在日常生活中也很常见，比如珠宝、高档家电等奢侈品[图 3-4(e)]。

综上所述，可将需求价格弹性的取值范围归纳为如表 3-1 所示。

表 3-1　需求价格弹性取值的范围

弹 性 值	表 述 用 语	价格上升 1%时需求量的变动
0	完全无弹性 (垂直需求曲线)	0
0～1	缺乏弹性	下降小于 1%
1	单位弹性	下降等于 1%
>1	富有弹性	下降大于 1%
∞	需求弹性无限大 (水平需求曲线)	下降到 0

四、影响需求价格弹性的因素

为什么各种商品的需求价格弹性不同呢?

一般来说，需求价格弹性的大小(这里仍然指绝对值)主要取决于下列因素。

第一，商品的生活必需性。一种商品对消费者的生活越是必需，它的弹性就越是不足。比如，粮食、蔬菜、普通衣物等生活必需品，其价格上涨，只能在较小程度上影响其需求量。这是因为人们的基本生活要以此为基础，不会因为其价格上涨就大量减少其购买量。而对于珠宝、首饰、高档家电等非生活必需品，由于其在日常生活中是可有可无的，所以其价格上涨就会较大程度影响其需求量，故其需求价格弹性就大。

第二，商品的可替代性。商品的可替代性程度大小同其需求价格弹性成正比关系。如果一种商品的可替代性强，那么价格上涨，人们就会尽可能寻求购买其替代品，这样该商品的需求量就会较大幅度下降。比如，猪肉、牛肉、羊肉等肉类产品可以互相替代。如果猪肉的价格上涨，人们就会更多地购买牛肉、羊肉等其他肉类，猪肉的需求量就会明显下降。因此，可替代程度强的商品(如肉类)的需求价格弹性大。反之，可替代性程度弱的商品其需求价格弹性就小。

第三，商品消费支出在消费者预算中所占的比重。一种商品的消费支出在消费者预算中所占的比重小，则其需求价格弹性就小；反之，若所占比重大，则其需求价格弹性就大。比如，像一次性打火机、矿泉水这类商品的消费支出只占消费者预算的很小一部分，其价格上涨较高也不会影响人们对其的消费，从而需求量变化不大，即需求价格弹性小；而像汽车、住房等购买支出，占消费者预算很大的比重，其价格高低对人们经济状况的影响是举足轻重的，若其价格上涨较高，则其需求量就会较明显地下降，即需求价格弹性大。

第四，时间因素。同样的商品，从长期看，其需求价格弹性就大；从短期看，其需求价格弹性就小。比如你刚买了一辆小汽车，却碰上油价上涨，你是否会为了节省油价开支而卖了小汽车呢？一般不会。因此，在短期内，汽油的需求价格弹性可能是比较小的。然而从长期来看，你就有时间根据油价的高低来调整自己的行为。你可以选择购买节油型汽车、骑自行车或是乘公交车，这样汽油在长期内的需求价格弹性就会相对较高。同样，对许多消费品来说，消费者调整自己的消费模式意味着在长期内的需求价格弹性比短期大。关于管理经济学中长期与短期的概念，在以后章节中我们还要详细讨论。

除了上述因素外，商品的市场饱和度、商品用途的广泛性、地域差别、消费习惯和售后服务等因素也会影响需求的价格弹性。某种商品的需求价格弹性就是由上述这些因素综合决定的，不能只考虑其中的一种因素，而且还要根据不同的情况具体分析。例如，同样是对一种产品的需求，根据其价格的高低不同，得出的需求价格弹性可能也不同。如图 3－5 表示的铝的需求曲线就说明了这一点。在较低价位上，比如 B 点，铝被广泛用于食品包装、门窗外框和飞机制造等多种用

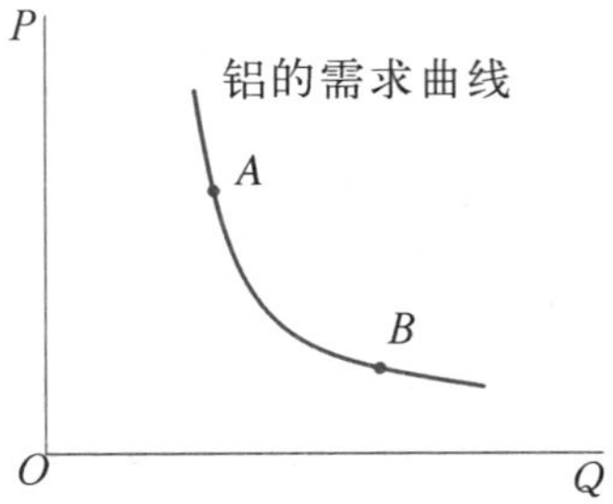

图 3－5　铝的需求曲线

途，需求量很大。随着价格上升，购买者会不断寻求替代品。由于价格较低时，铝有多种替代品，价格变化就比较容易引起其他产品对铝产品的替代，如用塑料来代替铝包装食品，用木材来代替铝做门窗外框等，从而引起对铝产品的需求大幅下降，此时铝表现出较大的需求弹性。然而，在较高价位上，比如 A 点，铝仅仅被用于飞机框架这类最能体现其重量轻等物理特征的场合，这时很难找到对铝的合适替代品，因而价格上升对铝的需求影响较小，此时铝的需求弹性就较小。

五、需求价格弹性与销售总收益的关系

需求价格弹性与销售总收益的关系

需求富有弹性的商品，其销售总收益与价格是反方向变动的；需求缺乏弹性的商品，其销售总收益与价格是同方向变动的。

由于不同商品的需求价格弹性不同，价格变动引起的销售量变动也就不同，而销售总收益又是价格与销售量的乘积（$TR = PQ$），所以销售总收益也就不同。那么，需求的价格弹性与销售总收益之间到底是什么样的关系呢？我们通过下面的例题给出说明。

例 3.5 假设某商品的价格为 500 元时，销售量为 100 件。现在由于某种原因，价格下跌了 10%，求当需求价格弹性分别为−2 和−0.5时的销售总收益，并与原来的总收益进行比较。

解： 当 $E_P=-2$ 时，价格下降 10%，则销售量上升 20%，即 $Q_1=100\times(1+20\%)=120$(件)。那么

$$TR_1 = P_1Q_1 = 500\times(1-10\%)\times120 = 54\,000(\text{元})$$

当 $E_P=-0.5$ 时，价格下降 10%，则销售量上升 5%，即 $Q_2=100\times(1+5\%)=105$(件)。那么

$$TR_2 = P_2Q_2 = 500\times(1-10\%)\times105 = 47\,250(\text{元})$$

而原来的总收益 $TR_0 = P_0Q_0 = 500\times100 = 50\,000$(元)。

于是，通过比较我们看出，当需求价格弹性为−2 时，价格下降使销售总收益增加了，增加的总收益 $\Delta TR_1=54\,000-50\,000=4\,000$(元)；当需求价格弹性为−0.5时，价格下降使销售总收益减少了，减少的总收益 $\Delta TR_2=50\,000-47\,250=2\,750$(元)。

上面的例题具有一般意义,因此我们得出:需求富有弹性的商品,其销售总收益与价格是反方向变动的。即提高价格,总收益下降;降低价格,总收益增加。需求缺乏弹性的商品,其销售总收益与价格是同方向变动的。即提高价格,总收益增加;降低价格,总收益下降。另外,很明显,单位弹性($|E_P|=1$)的商品,其销售总收益不随价格变动而变动。我们把需求价格弹性与销售总收益的关系归纳为表3-2(具体证明请参看本书数学附助三)。

表3-2 需求价格弹性与销售总收益的关系

需求价格弹性 E_P	价格变动	需求量变动	总收益变动
$\|E_P\|>1$(富有弹性)	上升	下降更多	下降
	下降	上升更多	上升
$\|E_P\|=1$(单位弹性)	上升	同比例下降	不变
	下降	同比例上升	不变
$\|E_P\|<1$(缺乏弹性)	上升	下降较少	上升
	下降	上升较少	下降

由于价格与总收益有如上变动关系,我们就不难理解,通常人们认为要增加收入就只有提高价格的说法是不正确的。有时候($|E_P|>1$时),降低价格也能够增加收入,即我们常说的"薄利多销"。同样,我们也可以理解经济学中著名的"丰收悖论"了。农业获得丰收,农民的收入反而下降。为什么呢?因为农产品是生活必需品,需求价格弹性小,丰收使其价格降低了,但是需求量却上升较小,总收益下降。这样,就出现了"增产不增收"的丰收悖论。

六、需求价格弹性与企业决策

对于企业的定价决策来说,上述需求价格弹性与销售总收益的关系具有十分重要的指导意义。通常而言,如果某种商品富有弹性,应采用适当降价的价格策略,以使销售总收益增加;如果某种商品缺乏弹性,应采用适当提价的价格策略,以使销售总收益增加。例如,明智的企业经理任何时候都不会轻易给需求缺乏弹性的商品大幅度降价,因为这样销售量也不会大幅度上升,总收益反而会下降。又如,飞机和轮船一般会分为头等舱、二等舱和三等舱。其中,头等舱的价格弹性最小，因为乘坐头等舱的乘客或者比较富有或者属于公务旅行，他们对价格昂贵并不在乎。所以，定价时头等舱就可以定得高些。另外，大量事实表明：企业在采取降价促销时，不可盲目降价，价格降到一定程度后，需求价格弹性会变为缺乏弹性，使销售总收益下降。因此，降价促销不应是企业的长期竞争策略，而应把竞争手段放在提高产品质量和降低成本上。

第二节 需求的收入弹性

一、需求收入弹性的含义

需求收入弹性

需求收入弹性是指收入变动所引起的需求量变动的比率，即需求量变动对收入变动反应的敏感程度。

对于有些商品，特别是耐用品和奢侈品，消费者的收入水平是影响其需求的重要因素。一般来说，收入水平提高，购买量会增加，市场需求增加；相反，收入水平下降，市场需求减少。

需求的收入弹性就是指收入变动所引起的需求量变动的比率，即需求量变动对收入变动反应的敏感程度。如果用 E_Y 表示需求的收入弹性系数，用 Y 和 ΔY 分别表示收入和收入的变动量，用 Q 和 ΔQ 分别表示需求量和需求量的变动，则需求的收入弹性的计算公式为：

$$E_Y = \frac{\Delta Q/Q}{\Delta Y/Y} = \frac{\Delta Q}{\Delta Y} \cdot \frac{Y}{Q} \qquad (3-5)$$

例 3.6 一项研究表明，对房屋的租赁长期需求的收入弹性在0.8～1 的范围内，而业主的收入弹性在 0.7～1.15 之间。现社会收入增加 10%，求收入提高对两个市场(租赁者租用与业主自己住)中房屋需求量的影响。

解： 根据 收入弹性$=\frac{\text{需求量变动的比率}}{\text{收入变动的比率}}$

得 需求量变动的比率＝收入弹性×收入变动的比率

所以 租赁者租用：

$$0.8\times10\%=8\%$$

$$1\times10\%=10\%$$

业主自己住：

$$0.7\times10\%=7\%$$

$$1.15\times10\%=11.5\%$$

那么，租赁者租用的需求量增长8%～10%；业主自己住的需求量增长7%～11.5%。

由例3.6我们看到，需求的收入弹性可以用来预测收入变动对需求量变动的影响。

二、需求收入弹性的计算方法

同需求的价格弹性计算类似，式(3-5)只是计算需求收入弹性的一般方法。在具体计算时，我们也利用点弹性法和弧弹性法计算需求的收入弹性系数。

点弹性是衡量需求函数某一个点上需求量对收入水平变动的反应程度，计算公式如下：

$$E_Y=\frac{dQ}{dY}\cdot\frac{Y}{Q} \tag{3-6}$$

式中：E_Y 为点收入弹性；dQ/dY 表示 Q 对 Y 求一阶导数。式(3-6)的给出与需求价格弹性的点弹性公式采用同样的方法。

弧弹性是计算两个收入水平之间收入弹性的一种方法，计算公式如下：

$$E_Y=\frac{Q_2-Q_1}{Y_2-Y_1}\cdot\frac{Y_1+Y_2}{Q_1+Q_2} \tag{3-7}$$

式中：E_Y 为弧收入弹性。

例3.7 某国的个人可支配收入从10亿美元增长到11亿美元，结果该国相应的私家车销售量从400万辆增加到450万辆。计算这个范围内的弧收入弹性。

解： 根据 $E_Y=\frac{Q_2-Q_1}{Y_2-Y_1}\cdot\frac{Y_1+Y_2}{Q_1+Q_2}$，代入相关数据，得出：

$$E_Y=\frac{450-400}{11-10}\times\frac{10+11}{400+450}=1.24$$

上例中我们得出弧收入弹性为1.24，即收入增加1%会使需求量增加1.24%。

但这个结论有个前提条件，那就是要保持其他影响需求的因素不变(这是个假设)。在经济学中，我们常常采用“假设其他条件不变”为分析的前提条件。这一点读者一定要牢记于心。

三、需求收入弹性的分类

对大多数商品来说，需求与收入是同方向变动的，需求的收入弹性 E_Y 是大于 0 的。这样的商品称为正常品。在正常品中，又可以区分出两类不同的商品：$E_Y>1$ 的商品称为奢侈品，比如珠宝、首饰、高档家电等，这类商品需求增长的百分比将大于收入增长的百分比；$0<E_Y<1$ 的商品称为必需品，比如粮食、蔬菜等，这类商品需求增长的百分比将小于收入增长的百分比。而 $E_Y=1$ 的商品比较特殊，这类商品需求增长的百分比将等于收入增长的百分比，收入与需求完全同步增减。

当然，也有少数商品的收入弹性 E_Y 是小于 0 的，即随着收入的提高，这些商品的消费反而减少，比如籼米、肥肉等，这类商品被称为低档品。

另外，还有一种特殊情况，即 $E_Y=0$ 的商品。收入无论怎样变动，对这类商品的需求量都不会产生影响，比较典型的例子是丧葬服务，一般不会受收入变动影响。

四、恩格尔定律

恩格尔定律

食品支出在总支出中所占比重与家庭收入成反比。

19 世纪德国统计学家恩格尔，根据经验统计资料，对需求与收入之间的关系进行了统计研究，发现这样一个规律，即食品支出在总支出中所占比重与家庭收入成反比，这就是著名的恩格尔定律。这个规律同样也适用于国家。它表明，食品消费的增长率低于收入的增长率。因此，对食品消费来说，应有 $0<E_Y<1$。

通常用恩格尔系数来表达恩格尔定律。恩格尔系数是用于食品的支出与总支出之比，它是衡量一国或一个家庭富裕程度与生活水平的重要标志。一般来说，恩格尔系数越大，富裕程度和生活水平越低；恩格尔系数越小，富裕程度和生活水平越高。

在分析各国经济生活水平时，经济学家通常用恩格尔系数来衡量。按联合国的有关标准，发达国家的恩格尔系数为 0.1～0.3，中等发达国家为 0.3～0.5，发展中国家为0.5～0.9。上海市城乡居民家庭恩格尔系数从2002年首次双双跌破0.4以来，一直呈稳步下降趋势，到2013年更是分别降至0.349和0.397，这也就说明上海目前已经达到或接近中等发达国家的水平。

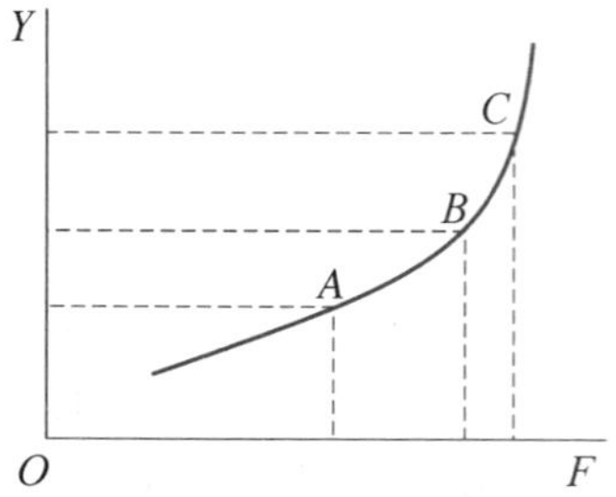

图3-6 恩格尔曲线

参考图3-6(*Y*表示收入，*F*表示用于食品的支出)可以更加确切地理解恩格尔定律。随着收入的增加，购买食品的支出增加缓慢，恩格尔系数下降。恩格尔系数下降是因为食品的需求收入弹性系数较小，随着人们收入水平的提高，对食品的需求量增加较慢，这样，收入中用于食品的比例将相对下降，即恩格尔系数下降。

五、需求收入弹性与企业决策

需求的收入弹性理论对于企业的经营决策具有十分重要的作用。企业的经营决策者在制定本企业经营策略时要充分考虑需求收入弹性(以下简称收入弹性)。

第一，制定合理的发展战略。正确分析产品的收入弹性，有利于企业根据国民经济的景气状况制定合理的产品发展战略。如果企业产品的收入弹性大于1，则企业在经济繁荣时期具有良好的发展机会，可不断扩大再生产，实行规模经营；而在经济萧条时期，企业应该缩减生产规模。如果企业产品的收入弹性在0～1之间，则企业在经济繁荣时期不宜过分扩大生产规模，有条件的企业甚至可适当将部分生产转向发展机会更好、投资回报更高的行业；而在经济萧条时期，可适当缩减生产规模或基本维持原有规模。对于生产低档品的企业，在经济繁荣时期应及时缩减生产规模或转产；而在经济萧条时期则可酌情扩大生产。

第二，制定正确的营销策略。收入弹性的大小对产品的营销策略有很大影响。一方面，需求收入弹性的大小影响着产品广告宣传的对象和营销活动的方式。不同收入弹性类型的产品应针对不同的收入阶层进行广告宣传或其他方式的促销活动。另一方面，不同收入水平的地区，其产品的收入弹性可能差别较大，这显然会影响产品的销售区域和销售策略。

第三，合理调整产品结构。企业可根据不同类型的收入弹性关系，实行产品多元化策略，以寻求收益和风险的合理组合，使产品品种多元化、档次多样化，以满足不同收入水平人群的不同需求。这样既有利于企业实现较好的综合经济效益，又可以避免由于人们收入水平的波动给企业带来的风险。

第三节 需求的交叉弹性

一、需求交叉弹性的含义与计算

需求交叉弹性

需求交叉弹性是指相关的两种商品中，一种商品的价格变动所引起的另一种商品的需求量变动的比率，即一种商品的需求量变动对另一种商品价格变动反应的敏感程度。

我们知道，一种产品的需求量会受到相关产品价格变动的影响。比如说猪肉的价格上涨，人们就可能更多地购买牛肉(如果牛肉的价格没有上涨的话)，而减少对猪肉的消费。这里牛肉的需求量就受到了相关产品猪肉价格变动的影响。由此我们可以引出需求交叉弹性的概念。需求交叉弹性是需求的交叉价格弹性的简称，它是指相关的两种商品中，一种商品的价格变动所引起的另一种商品的需求量变动的比率，即一种商品的需求量变动对另一种商品价格变动反应的敏感程度。

如果用 x 和 y 分别代表两种商品，用 E_{xy} 代表商品 x 的需求量对商品 y 价格变动的反应程度(即 x 商品的交叉弹性系数用 E_{xy} 来表示)，则需求交叉弹性的计算公式为：

$$E_{xy}=\frac{\Delta Q_x/Q_x}{\Delta P_y/P_y}=\frac{\Delta Q_x}{\Delta P_y}\cdot\frac{P_y}{Q_x} \tag{3-8}$$

同前面两种弹性一样，需求交叉弹性也有两种具体的计算方法，即点弹性和弧弹性。

点交叉弹性计算公式为：

$$E_{xy}=\frac{\mathrm{d}Q_x}{\mathrm{d}P_y}\cdot\frac{P_y}{Q_x} \tag{3-9}$$

弧交叉弹性计算公式为：

$$E_{xy}=\frac{Q_{x_2}-Q_{x_1}}{P_{y_2}-P_{y_1}}\cdot\frac{P_{y_1}+P_{y_2}}{Q_{x_1}+Q_{x_2}} \tag{3-10}$$

式(3-9)和式(3-10)与前面需求价格点弹性和弧弹性的计算公式给出的过程类似,这里不再赘述。

例 3.8 某地猪肉价格 P_y 从每千克 6.0 元增加到 7.5 元。结果,当地一家超市每月牛肉的需求量 Q_x 从 600 千克增加到 700 千克。请计算需求的弧交叉价格弹性。

解: 根据式(3-10),代入相关数据,得

$$E_{xy}=\frac{Q_{x_2}-Q_{x_1}}{P_{y_2}-P_{y_1}}\cdot\frac{P_{y_1}+P_{y_2}}{Q_{x_1}+Q_{x_2}}=\frac{700-600}{7.5-6.0}\times\frac{6.0+7.5}{600+700}=0.69$$

即猪肉价格上涨 1%将使牛肉需求量增加 0.69%。

二、需求交叉弹性的分类

根据需求交叉弹性系数值的不同,可将其分为三类,并据此来判断商品相关性的特性。

第一,$E_{xy}>0$。这表示随着 y 商品的价格提高,x 商品的需求量将增加。比如例 3.8 中的牛肉和猪肉。这样的两种商品互为替代品,即两种商品有相似的作用,可以在一定程度上互相替代。交叉弹性系数越大,替代性就越强。

第二,$E_{xy}<0$。这表示随着 y 商品的价格提高,x 商品的需求量反而下降。这样的两种商品称为互补品,即两种搭配着使用的商品,也就是说,将这两种商品搭配在一起使用,才能更好地发挥各自的功效。比如钢笔和墨水、汽车和汽油等。如果说钢笔的价格上升导致其需求量的一定下降,那么墨水的需求量相应也有一定程度的下降。交叉弹性系数越大(绝对值),互补性就越强。

第三,$E_{xy}=0$。这时候,y 商品的价格对 x 商品的需求量不会造成任何影响。在这种情况下,x 和 y 既不是替代品,也不是互补品,二者之间没有任何关系。比如面包和化妆品等。

要注意的是,需求交叉弹性的数值并不一定是对称的,即 E_{xy} 不一定等于 E_{yx}。而对互补商品来说,它们本来就不对称,二者之间就更可能存在较大的差异。

三、需求交叉弹性与企业决策

需求交叉弹性与价格弹性、收入弹性一样,对于企业制定正确的决策也是很有用的。

譬如说,企业同时生产多种产品,而且其中有替代品和互补品。那么,在制定价格时就要考虑到替代品和互补品之间的相互影响。就某一种产品本身而论,提

高价格可能对企业有利,但如果把它对相关产品的影响考虑进去,可能会导致企业总利润的减少。

在一个企业内,假设有两种产品,其交叉弹性为负值,说明两种产品为互补品。互补品往往可以分为基本产品和配套产品两种,通常的定价策略是对基本产品定低价,对配套产品定高价。例如,美国生产吉列牌剃须刀的公司是一家很著名的公司,它的起家就是靠对刀片和刀架制定不同的价格。吉列牌的刀架必须使用吉列牌刀片。该公司对刀架定低价,对刀片则定高价,顾客买了它的刀架就必须买它的刀片。产品存在互补关系的企业大致都可以采用这种定价策略。

如果替代品或互补品分别在不同的企业中生产,那么,交叉弹性可用来分析企业与企业之间产品相互的竞争或依赖关系。交叉弹性越大,说明两家企业的产品竞争越激烈,或依赖程度越大,一家企业必须密切注意另一家企业的经营动向,并及时采取相应策略。

第四节 市场需求的估计

通过前面的介绍,我们知道,如果一个企业能够明确地估计出其产品的需求函数,就可以更深入地分析各种因素的变化对其经营目标可能产生的影响。那么,需求函数本身又是如何得到的呢?为此,本节将简要介绍一些正确估计和测算市场需求的基本方法。

市场需求估计的基本方法

- 市场调查法
- 统计分析法
- 市场试验法

需求估计的方法很多,但基本可归为两大类:一类是直接估计市场需求的方法,包括市场调查法和市场实验法;另一类是统计分析法,即根据统计资料,运用统计方法估计需求函数。

一、市场调查法

顾名思义,市场调查就是通过对消费者的调查,来估计某种产品的需求量与各个变量之间的关系。具体来说,就是通过询问、观察和问卷等手段来向消费者了解其在不同价格、不同收入以及不同相关产品价格等情况下愿意购买某种产品的数量。

市场调查的具体方法有很多种,既可以是普查或典型调查,也可以是通过随机抽样进行调查。所谓普查,就是对调查对象进行逐一的、无遗漏的调查。该方法适用于市场容量较小、客户数目较少的情况。这时候,通过该方法,企业能够获得十分全面的市场需求信息,很容易据此作出正确的判断。但是,该方法往往成本较高,可行性不强,因为在大多数情况下,调查的总体数量十分庞大,而且地域较广且分散。所谓典型调查,就是在调查对象中有意识地选取一定数量的具有代表性的典型进行专门调查,以获得较为通用的市场需求信息。典型调查通常成本较低,但是由于"典型"往往是调查者主观选取的,因此具有一定的片面性和不准确性,而且存在统计意义上的误差。我们用这样的调查结果进行需求分析时,无法给出分析的准确度。随机抽样调查是指在总体中按照随机的原则抽取一定数目的样本进行调查,并用所得样本数据来推断总体的市场需求。因为这是在总体中抽取一部分个体进行调查,因而大大节省了调查成本,而且这些样本是按照随机的原则抽取的,当用样本的需求指标去推断市场的需求指标时,其平均误差是可以计算的,这意味着在调查前就可以把误差控制在一定的范围内。从这个意义上说,该方法明显优于典型调查。下面用例 3.9 来说明市场调查法。

例 3.9 某公司在 1 000 人中调查皮革钱包的需求量,调查表中列出了 5 种价格水平,要求被调查者在每一种价格上表示购买意见,共有 6 种意见可供选择:① 肯定不买;② 不一定买;③ 可能买;④ 较可能买;⑤ 很可能买;⑥ 肯定买。调查结果如表 3-3 所示。

表 3-3 不同价格水平下的皮革钱包需求量

价格(元/个)	各种意见人数					
	①	②	③	④	⑤	⑥
9	500	300	125	50	25	0
8	300	225	175	150	100	50
7	100	150	250	250	150	100
6	50	100	100	300	250	200
5	0	25	50	225	300	400

调查人员把每种意见的购买概率假定为:① 0;② 0.2;③ 0.4;④ 0.6;

⑤ 0.8;⑥ 1.0。为了获得需求估计所需要的数据,要根据概率计算每种价格水平上的期望需求量(关于数学期望的概念请参见本书数学附助四)。

例如,价格为 9 元/个时的期望需求量为:

$500\times0+300\times0.2+125\times0.4+50\times0.6+25\times0.8+0\times1.0=160$(个)

这样,我们就可以分别求出各种价格水平上的期望需求量数据,见表 3-4。

表 3-4　不同价格水平下的期望需求量

价格(P)(元/个)	5	6	7	8	9
需求量(Q)(个)	800	640	500	335	160

把这些数据描绘在坐标图上,可以得出一条需求曲线,它在纵轴(价格)的截距约为 10.07,斜率约为−0.006 3,见图 3-7。这条需求曲线的方程为 $P=10.07-0.0063Q$。

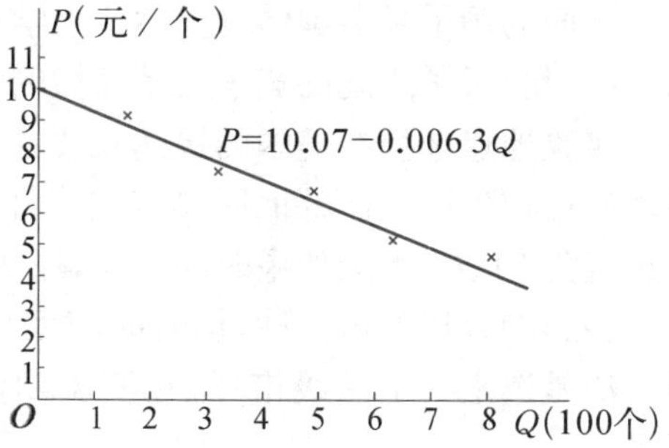

图 3-7　皮革钱包的需求曲线

不论采用哪一种市场调查方法,为了有效、准确地获得市场需求信息,我们应当注意如下两个方面的问题。

第一,注意选取有代表性的样本。市场调查所选取的样本应该有足够的代表性,否则,调查结果就会出现较大的偏差。例如,电话访问调查是一种便捷、成本低廉的市场调查手段。20 世纪 80 年代,美国大都会歌剧院曾创建了一个歌剧迷数据库,存储了 150 万名歌剧迷的资料,包括歌迷的联系方式、性格特点和爱好等。凭借这些资料,歌剧院用电话向歌剧迷了解他们的购票情况,并定期调查他们对各种歌剧的观后感想以及偏好,收到了良好的效果。但是,如果调查的总体是低收入、流动性人员,通过一般的电话访问获得的样本与总体相比可能就会缺乏代表性。

第二,仔细鉴别调查结果。在有些市场调查中,消费者的回答可能与其实际消费行为并不一致。特别是对于一些低档品,也许调查对象在调查中并不承认自己对这些产品的需求。

二、市场实验法

在经济多元化的今天,很多企业在开发产品或是产品进入市场之前都会进行大量的市场调查研究,以预测产品进入市场后的销售情况。这时通常采用市场实验法,也就是在一定的条件下进行小规模实验,用来调查某种因素对市场需求量的影响,它具有较大的客观性。市场实验法一般可分为两类:一类是在模拟市场的环境下进行实验室实验;另一类是在实际市场中(通常是特定选择若干城市或地区的市场),通过促销、试用等手段进行广告宣传,来观察价格变动等因素对需求量的影响。进行市场实验的目的可能是为了试验顾客对一种新产品的接受程度,也可能是在不同地域通过对一种产品定出不同的价格以确定其需求曲线和需求弹性。

市场实验的应用范围较广,凡是商品在改变品种、品质、包装、设计、价格和广告等因素时都可以应用这种方法,先作一个小范围的实验以了解顾客对此的反应。

下面的例子是美国佛罗里达州大学为了探讨佛罗里达州(佛州)橘子和加利福尼亚(加州)橘子之间的竞争关系而做的一次有名的市场实验。

实验地点选择在美国的锡达拉皮兹市。之所以选择这个城市,是因为该市的经济特征在美国中西部地区具有代表性,得出的结果适用于中西部地区。实验时间选定为31天,因为如果时间过长,那些影响需求的不可控因素有可能发生变化,从而会影响数据的可比性;但若时间太短,样本较小,也会降低实验的准确性。实验方法是选定9个超级市场,在实验期内每天改变橘子的价格,并把销售量记录下来。

通过实验得出了表3-5的结果。

表3-5　价格变动导致的不同产地橘子销售量的变化

价格变动1%	销售量变化率(%)		
	佛州印第安河流域产橘子	佛州内地产橘子	加州产橘子
佛州印第安河流域产橘子	**−3.07**	+1.56	+0.01
佛州内地产橘子	+1.16	**−3.01**	+0.14
加州产橘子	+0.18	+0.09	**−2.76**

通过以上结果,实验者得出了以下结论。

(1) 三种橘子的价格弹性都很大(分别为−3.07、−3.01和−2.76),说明为了增加销售收入,可考虑降价,实行薄利多销。

(2) 佛州的两种橘子之间的交叉弹性为1.16和1.56,说明它们之间有替代性，因而存在一定的相互竞争。

(3) 佛州和加州橘子之间的交叉弹性小，说明二者之间基本无竞争关系。

由于市场实验法的高成本和高风险，因此这种测验的持续性可能不长，可选参数的数量(如价格或广告支出)可能不多。所以，这种方法不适用于中、长期的需求估计与预测，必须以一些短期观察为基础来制定长期决策。

三、统计分析法

统计分析法是应用统计资料，整合数据，从而估计市场需求的方法，其中回归分析是估计市场需求最常见的方法。用回归分析进行需求估计，就是依据多组观察数据，根据最小二乘法的基本原理，找出拟合这些数据点的最佳拟合曲线，从而确定影响需求变化的诸因素对需求量变化的影响关系式，并用确切的需求函数描绘出来。

运用回归分析进行需求估计一般分为如下四个步骤。

第一，确定自变量。首先我们要确定有哪些因素会影响需求。影响需求的因素可能有很多，但在实际建立数学模型时，只需要确定主要的影响因素。主要因素一般指：商品价格、消费者收入和相关产品价格，也就是前面我们阐述需求弹性的三个角度。但不能忽略的是，某些商品可能有自己特殊的影响因素。例如，对雨衣、雨伞的需求与当地的天气状况或季节有很大关系，因此在进行回归分析时本地区的天气状况和季节就应该成为重要的自变量。

第二，收集数据。数据是一切统计分析的根本，没有数据一切都等于空谈。收集数据可以是同一调查对象在不同的时点(年、月、周、日和时)的数据，称为时间序列数据；也可以是不同调查对象(企业、家庭和地区)在同一时点的数据，称为截面数据。数据的收集是进行回归分析的基础。

第三，确定需求函数的方程形式。常用的需求函数方程形式有两种：线性函数和幂函数。

线性函数的表示式为：

$$y = \alpha + \beta_{1x_1} + \beta_{2x_2} + \cdots + \beta_{nx_n} \tag{3-11}$$

式中：y 为需求量；x_1，x_2，…，x_n 为函数的不同的自变量，分别代表影响需求的不同因素。函数中应当包含哪些自变量是根据不同的产品和市场环境具体确定的。α，β_1，β_2，…，β_n 为方程中待求的诸参数。

幂函数的表示式为：

$$Q = \alpha X^{\beta_1} Y^{\beta_2} Z^{\beta_3} \tag{3-12}$$

式中：Q 为需求量；X，Y，Z 为函数的诸自变量，分别代表影响需求的不同因素。函数中应当包含哪些自变量，是根据不同的产品和市场环境具体确定的。α，β_1，β_2，β_3 为方程中待求的诸参数。

第四，估计回归参数。利用最小二乘法可估计回归参数，具体请参阅本书数学附助五。

本章小结

(1) 需求弹性说明了需求对某种因素变动反应的敏感程度，一般用需求的弹性系数来表示它的大小。在实际运用中，需求弹性有两种：一种为点弹性，即计算需求曲线上某一点的弹性；另一种为弧弹性，即计算需求曲线上两点之间的平均弹性。

(2) 需求价格弹性是指价格变动所引起的需求量变动的比率，即需求量变动对价格变动反应的敏感程度，它的大小受到商品的生活必需性、商品的可替代性、商品消费支出在消费者预算中所占的比重、时间等因素的综合影响。需求价格弹性系数通常为负值。根据其弹性系数绝对值的大小不同，需求价格弹性可分为富有弹性($|E_P|>1$)、缺乏弹性($|E_P|<1$)、单位弹性($|E_P|=1$)、完全无弹性($|E_P|=0$)和完全弹性($|E_P|=\infty$)五种类型。

(3) 需求富有弹性的商品，其销售总收益与价格是反方向变动的。即提高价格，总收益下降；降低价格，总收益增加。需求缺乏弹性的商品，其销售总收益与价格是同方向变动的。即提高价格，总收益增加；降低价格，总收益下降。因此，在企业的定价决策中，对于富有弹性的商品应采用适当降价的价格策略，以使销售总收益增加；对于缺乏弹性的商品应采用适当提价的价格策略，以使销售总收益增加。

(4) 需求收入弹性是指收入变动所引起的需求量变动的比率，即需求量变动对收入变动反应的敏感程度。根据其弹性系数大小的不同，可将商品区分为正常品($E_Y>0$)和低档品($E_Y<0$)，而正常品中又可以区分出奢侈品($E_Y>1$)和必需品($0<E_Y<1$)。

(5) 恩格尔定律是指食品支出在总支出中所占比重与家庭收入成反比，通常用恩格尔系数来表达恩格尔定律。恩格尔系数是衡量一国或一个家庭富裕程度与生活水平的重要标志。一般来说，恩格尔系数越大，富裕程度和生活水平越低；恩格尔系数越小，富裕程度和生活水平越高。

(6) 需求交叉弹性是指相关的两种商品中，一种商品的价格变动所引起的另一种商品的需求量变动的比率，即一种商品的需求量变动对另一种商品价格变动反应的敏感程度。根据需求交叉价格弹性系数值的大小不同，可将商品的相关性分为替代关系（$E_{xy}>0$）和互补关系（$E_{xy}<0$）。

（7）需求估计的方法分为直接估计法（包括市场调查法和市场实验法）和统计分析法。在实践中，要注意这两种方法的交叉配合，并避免落入“直线思维”的陷阱。

案例分析

案例 3-1 根据“E_P”把生意做大——美国西南航空公司的发家故事

汉勃·凯莱汉是美国西南航空公司的执行总裁，他叙述了这样一个故事。

20 世纪 70 年代初期，美国民航界的领导人，包括当时的民航局，在关于低收入和中等收入的消费者对空中旅行抱什么想法的问题上，普遍认为，空中旅行主要是那些能支付得起高价机票的乘客们的事。他们或者是富人，或者是商务旅行者。普通美国人都宁愿乘火车、汽车，而不乘飞机。他们还认为，普通美国人都把空中旅行看成是一种奢侈行为，即使机票价格在可行的幅度内有所下降，也不会引起客运量的大幅增加。

凯莱汉和他的同事则看法相反。他们认为，机票降价一定能使一般公众参加空中旅行的人数大幅增加。“我们肯定，在民航市场上，价格弹性要比他们估计的大得多。”由于当时民航局对美国州际航班的价格实行管制，不允许价格竞争，凯莱汉和他的同事们只好选择州内飞行的航班进行试验。他们选择了得克萨斯州，飞行路线为从达拉斯到休斯敦，再到圣安东尼。他们向乘客提供了简单而充实的服务，点心是花生和饮料，只有经济舱，售票柜台给顾客的只是简单的现金收据和可重复使用的塑料登机卡，但航空公司把乘客送到目的地，效率很高，又很便宜。

消费者对西南航空公司的降价作出了很大反应。很快，在州内航线上，与其他航空公司的竞争加剧。西南航空公司坚持原方针不变。消费者懂得，如果西南航空试验失败，州内的航空旅行就会回到原来的高价。他们大量光顾西南航空，使航空量大增。西南航空公司不仅生存下来了，而且获得了相当多的盈利。

这场由西南航空公司挑起的价格竞争，开创了美国民航业的一个新时期，即有了更多的机票折扣,客运量大增和民航局逐渐放松管制。

资料来源:吴德庆,马月才,王保林编著. 管理经济学(第5版). 中国人民大学出版社,2010.

【案例思考】

1. 从需求弹性的角度分析西南航空公司挑起价格竞争的动因。
2. 从本案例中,你得到了什么启示?

案例 3-2

京沪高铁开通,航空票价"跳水"

举世瞩目的京沪高速铁路于2011年6月30日下午正式通车运营。作为新中国成立以来一次建设里程最长、投资最大、标准最高的高速铁路,京沪高铁全长1 318公里,沿途24个站,贯通"三市四省",途经北京、天津、河北、山东、安徽、江苏、上海7省市,最短旅行时间为4小时48分钟。

为最大限度方便沿线人民群众的出行,给旅客以充分的选择,京沪高铁实行时速300公里和250公里两种速度等级混跑与多级票价机制的运行模式。执行票价在410元至1 750元不等,其中时速300公里动车组列车从北京南站到上海虹桥站全程票价二等座555元、一等座935元、商务座(包括观光座、一等包座)1 750元;时速250公里动车组列车全程票价二等座410元、一等座650元。

面对京沪高铁横空出世的挑战,航空公司主动打响了价格战,机票价格随之应声下滑。订票网站的信息显示,在7月初的京沪航线上,不再是9折、全价票的天下,4折、5折的机票铺天盖地,个别航班甚至有400多元的3.5折机票,这样,加上税费基本和京沪高铁二等座的票价相差无几。同时,受惠于京沪高铁的沿线城市的机票价格也大幅回落,比如,上海至济南的机票价格最低跌至2.9折,上海至合肥的机票价格也跌至3.5折。

此外,除了对航空业产生冲击,京沪高铁还将对京沪高速公路的交通量起到明显的分流效应,尤其是200公里以上、500公里以内距离的高速公路,预计有20%左右的客流将会转向京沪高铁。

资料来源:根据2011年7月1日出版的《新华每日电讯》的相关报道整理而成。

【问题思考】

1. 在京沪运输走廊上，航空、高铁、公路这三种运输服务方式之间存在着何种相关性关系？可以用什么指标来衡量它们相互之间的这种关系？如何用这种指标来判断商品或服务的相关性特征？

2. 请简要说明航空公司主动降低票价对于保卫其市场份额有何作用。你认为航空公司还可以采取哪些应对措施呢？

案例 3-3

国际奢侈品价格为什么境内外倒挂

目前，像LV的女包或者国际品牌的衣服，在国内一线大城市专卖店的零售价的确高于在欧美市场出售的价格。据商务部近期调查的结果显示，手表、服装、酒等20种品牌的高档消费品，国内市场价格比美国高51%，比法国高72%。

为什么国内的价格反而更贵？即使在大城市，中国人的平均收入同样要比欧美低得多，关税也只能解释很小一部分原因。真正的原因在于这些品牌的跨境营销和区别定价策略。国际品牌公司非常清楚，在北京、上海这样的城市可以卖贵而不损害销量。

可是像LV这样的东西是典型的奢侈品，对奢侈品需求的价格弹性在中国应该很大才对呀？这是因为在中国的大城市，不仅那些真正有钱的人去买LV，而且那些月收入并不算很高，但愿意挤压其他开销而省出钱来的上班族女孩子也希望手上能挂着LV。因为这样，这些奢侈品其实在我们这里的特定市场上就几乎变成了必需品，价格弹性变小的道理便可解释。

在欧美发达国家，大多数奢侈品与必需品的消费者的“收入”界限一般而言是很清楚的。通常，一个人的收入达到了一个数量级(阈值)之后才会加入奢侈品消费的行列。所以，除非是在高级社交场合，你通常不会在纽约或者伦敦的街头遇见像北京、上海街头那么多的LV拎包者。

在发达国家，高档奢侈品的消费需求更多地产生于经济学家所说的“虚荣效应”(snob effect)。由于“虚荣效应”的驱使，某一品牌别人购买的越多，自己购买的欲望越小。高档奢侈品正好满足了这一条件。而在我们对一些高档奢侈品的消费需求中，起主导作用的是个人需求的“攀比效应”(bandwagon effect)。与“虚荣效应”不同，“攀比效应”是指消费者之所以对某个品牌产生消费欲望很大程度上是因为其他人也购买了这一品牌。实际上,"攀比效应"主导一些高档奢侈品的消费恐怕是新兴市场经济国家高端消费品市场的一个鲜明特征,"攀比效应"的主导使得发达国家的一些高档奢侈品不断演变成必需品。因此,在发达和新兴市场经济国家的市场上,国际一线品牌奢侈品的价格可以策略性地倒挂,就不奇怪了。

资料来源:张军.搜狐博客.2011-01-13. http://prozhang.blog.sohu.com/165891044.html.

【案例思考】

1. 如何根据需求收入弹性来判别奢侈品与必需品?
2. 为什么说国际奢侈品在国内的大城市"可以卖贵而不损害销量"?

案例 3-4 打印机搭售策略

通过把商品搭售营销,制造商可以获得更多的经济收益。例如,由于打印机市场竞争激烈,所以价格定得比较低,而这并不是打印机制造商的利润来源。

当你买了X公司生产的打印机后,一旦一起购买的墨盒墨水用完后,很多消费者都会购买X公司生产的同一型号的墨盒。这才是打印机制造商真正的盈利之处。像惠普在多个财务年度里,打印机集团一半以上的收入来自墨盒的销售。如果买了X公司打印机的消费者在更换墨盒时,觉得X公司墨盒太贵的话,他们会选择往原墨盒加墨水的方式。这样可以减少环境污染(如减少垃圾场的墨盒)、节约资源(如减少用于制造新墨盒的塑料用量),并降低消费者用于购买新墨盒的支出。对此,打印机制造商也变得聪明起来,在生产的墨盒内置一块芯片,以便阻止用户添加墨水。

为此,欧盟曾制定了一项新法案,禁止公司生产由于某些设计特点而不能再使用的产品(如内置芯片的墨盒)。目前,不可重复使用的墨盒仍然占据了相当的市场份额。

资料来源:毛蕴诗,张颖主编.管理经济学理论与案例.机械工业出版社,2012.

【案例思考】

1. 为什么说搭售墨盒才是打印机制造商真正的盈利之处?

2. 从本案例中,你得到了什么启示?

练习与思考

一、名词解释

需求价格弹性　需求收入弹性　需求交叉弹性　恩格尔定律

二、单项选择题

1. 若线性需求曲线 $Q=4-2P$,则当 $P=1$ 时,需求价格弹性(绝对值)为(　　)。
A. 2　B. 1　C. 0.5　D. 0.25
2. 若一条直线型需求曲线与一条曲线型需求曲线相切,则在切点处两曲线的需求价格弹性(　　)。
A. 相同　B. 不同
C. 可能相同也可能不同　D. 由切点所在位置决定
3. 下列选项中,用来度量沿着需求曲线移动,而不是曲线本身移动的弹性是(　　)。
A. 需求的价格弹性　B. 需求的收入弹性
C. 需求的交叉弹性　D. 都有可能
4. 如果某商品是富有需求价格弹性的,则其价格上升(　　)。
A. 会使销售总收益上升　B. 销售总收益不变
C. 会使销售总收益下降　D. 销售总收益或升或降
5. 如果某商品的需求收入弹性小于0,则该商品是(　　)。
A. 必需品　B. 奢侈品　C. 正常商品　D. 低档品
6. 如果人们收入水平提高,则食物支出在总支出中占的比重将(　　)。
A. 大大增加　B. 稍有增加　C. 下降　D. 不变
7. 若X和Y两种商品交叉价格弹性为−2.3,则X与Y是(　　)。
A. 替代品　B. 正常商品　C. 低档品　D. 互补品
8. 两种商品中,若当其中一种商品的价格变化时,这两种商品的购买量同时增加或减少,则二者的交叉价格弹性系数为(　　)。
A. 负　B. 正　C. 0　D. 1
9. 下列商品中,需求价格弹性最小的是(　　)。
A. 小汽车　B. 服装　C. 食盐　D. 化妆品

10. 若需求曲线为正双曲线，则商品价格的下降将引起买者在商品上的总花销(　　)。

A. 增加　　B. 减少

C. 不变　　D. 上述均有可能

三、多项选择题

1. 根据需求价格弹性系数绝对值的大小不同，商品的需求价格弹性可分为(　　)。

A. 富有弹性　B. 缺乏弹性　C. 单位弹性　D. 完全无弹性

E. 完全弹性

2. 下列说法中，正确的有(　　)。

A. 当需求价格弹性大于1时，商品销售总收益随价格上升而上升

B. 当需求价格弹性大于1时，商品销售总收益随价格下降而上升

C. 当需求价格弹性小于1时，商品销售总收益随价格上升而上升

D. 当需求价格弹性小于1时，商品销售总收益随价格下降而下降

E. 当需求价格弹性等于1时，商品销售总收益会随价格变动而变动，但不能确定变动幅度

3. 若某商品的需求曲线是向右下方倾斜的直线，则我们可以断定(　　)。

A. 该商品具有不变的弹性

B. 该商品的弹性不等于斜率，但等于斜率的倒数

C. 价格较高的点弹性比价格较低的点弹性大(绝对值)

D. 价格较高的点弹性比价格较低的点弹性小(绝对值)

E. 在该需求曲线与坐标轴交点的线段上，中点处的需求价格弹性为1

4. 如果两种商品的交叉价格弹性为正值，则说明(　　)。

A. 这两种商品是替代品

B. 这两种商品是互补品

C. 当一种商品价格上升时，另一种商品需求量会下降

D. 当一种商品价格下降时，另一种商品需求量会下降

E. 如果一种商品的价格不变，一般不会对另一种商品的需求量造成影响

5. 根据需求收入弹性的大小，正常商品可以区分为(　　)。

A. 奢侈品　B. 低档品　C. 必需品　D. 替代品

E. 互补品

四、判断题

1. 直线型需求曲线斜率不变，因此其需求价格弹性也不变。(　　)

2. 需求完全弹性是指商品价格变化对总收益没有影响。( )

3. 若某商品的需求价格弹性为—0.5,则当价格上升后,该商品的需求量会下降,销售总收益也会下降。( )

4. 需求富有价格弹性的商品,其销售总收益与价格的变动方向一致,而需求量与价格的变动方向相反。( )

5. 如果某种商品的需求收入弹性大于1,那么当收入增加时,这种商品的需求量反而下降。( )

6. 同样的商品,长期内的需求价格弹性比短期小。( )

7. 如果两种商品的交叉弹性为负,说明这两种商品为互补品,即一种商品的价格下降,将导致另一种商品的需求量下降。( )

8. 因为小麦等农产品一般为缺乏弹性的,所以会出现“增产不增收”的现象。( )

9. 一般来说,恩格尔系数越大,表明一国或一个家庭的富裕程度和生活水平越高。( )

10. 我们研究需求估计的目的从根本上说是为了估计需求曲线。( )

五、简答题

1. 需求价格弹性与销售总收益的关系如何?

2. 如果考虑到提高生产者收入,那么对农产品和高档次家电应分别采取提价还是降价的策略?请说明理由。

3. 为什么农民在丰收时收益反而会有可能降低?

4. 需求的收入弹性理论对于企业的经营决策有何启示?试举例说明。

5. 需求的交叉弹性理论对于企业的经营决策有何启示?试举例说明。

六、计算题

1. 某新型汽车的需求价格弹性 E_P 为—1.2,需求的收入弹性 E_Y 为3.0。试计算:

(1) 其他条件不变,价格提高3%对需求量的影响;

(2) 其他条件不变,收入增加2%对需求的影响;

(3) 如果今年的汽车销售量为800万辆,现假设明年价格提高8%,收入增加10%,请估计明年的汽车销售量。

2. 某地区公共汽车票价从1元提高到2元后,2010年8月的乘客为880万人次,与2009年同期相比减少了12%。求需求的弧价格弹性。

3. 假设汽油的需求价格弹性为—0.15,其价格现在为每加仑1.20美元。试问:汽油价格上涨多少才能使其消费量减少10%?

4. A公司和B公司是机床行业的两个竞争者,这两家公司的主要产品的需求曲线分别为:

公司A:$P_x=1\,000-5Q_x$;

公司B:$P_y=1\,600-4Q_y$。

这两家公司现在的销售量分别为100单位x和250单位y。

(1) 求x和y当前的需求价格弹性。

(2) 假定y降价后,使Q_y增加到300单位,同时导致x的销售量Q_x下降到75单位。试问:A公司的产品x的需求交叉价格弹性为多少?

(3) B公司的目标是追求销售收入极大,你认为当前其产品降价从管理经济学角度考虑是否合理?

5. 一家企业对其产品进行需求预测,得到了其产品的市场需求曲线$Q=10-2P$。在价格$P=3$的基础上,该企业打算增加销售收入。请根据弹性理论分析该企业应该提价还是降价。

第四章

投入-产出分析

学习目标

学完本章,你应该能够:

(1) 了解生产函数的概念,理解管理经济学中短期与长期的区别;

(2) 掌握总产量、平均产量和边际产量的概念、相互关系及其计算公式;

(3) 掌握边际收益递减规律以及单一可变要素下企业合理投入目标的确定;

(4) 了解等产量曲线、等成本曲线、边际技术替代率和生产扩张线的概念;

(5) 理解两种可变要素最优组合的条件和规模收益的规律;

(6) 了解技术进步的性质、作用、类型和实现机制。

基本概念

生产函数　总产量　平均产量　边际产量　边际收益递减规律　等产量曲线　等成本曲线　边际技术替代率　生产扩张线　规模收益　技术进步

前面分析了单个市场需求、供给及市场均衡后,对需求弹性及其应用也进行了较全面的讨论。那么,面对市场需求,企业应该如何组织生产呢?从本章开始,我们将对决定供给的企业生产行为作进一步的研究。

本章所涉及的主要问题是,在一定的技术条件下,企业产量的变动与其要素投入量变动之间的关系,以及生产要素的最优组合。这就是如何使用各种生产要素。另外,还对技术进步的影响和实现机制进行了介绍。

第一节　生产与生产函数

一、生产

所谓生产,从经济学角度讲,就是一切能创造价值的活动。它不仅包括物质产品的有形加工或制造,也包括运输服务、法律咨询、医疗服务和发明创造等各类服务性活动。

任何生产都有一个过程,从经济分析的观点来看,企业的生产就是将生产要素转换成产品或服务的过程。这里,生产要素是指在生产中投入的各种经济资源,包括劳动、资本、土地和企业家才能这四大要素。劳动是劳动者为了进行生产或为了获取收入而提供的劳务,包括体力劳动和脑力劳动;资本是指生产中使用的机器、设备、厂房、原材料等;土地是指生产中使用的各种自然资源,包括土地、水源、森林、自然矿藏等;企业家才能是指企业家把企业中的生产要素组织起来进行生产,并承担风险的能力。

二、生产函数

生 产 函 数

在既定的生产技术条件下,一定时期内各种可行的生产要素组合和可能达到的最大产出量之间的数量关系。

生产函数是指在既定的生产技术条件下,一定时期内各种可行的生产要素组合与可能达到的最大产出量之间的数量关系。其一般的数学表达式为:

$$Q = f(X_1, X_2, \cdots, X_n) \tag{4-1}$$

式中:X_1, X_2, …, X_n 表示各种生产要素的投入数量,如原材料、设备和劳动力等的投入数量;Q 表示在既定条件下,生产要素投入后所能产出的最大产量。

由此可知,生产函数表达了在某一技术水平下投入和产出之间的数量关系。有如下几点需要说明。

第一,生产函数说明的是一定时期内的投入和产出关系。如果时期不同,生产函数就有可能不同。

第二,生产函数反映的是一定的投入要素组合所可能达到的最大产量。也就是说,这种函数关系是以企业一切生产要素的使用都有效率为前提条件的。

第三，生产一定量的产品，各种生产要素的投入比例通常不是唯一固定的，而是存在多种组合。

第四，生产函数与技术水平相联系。在一个生产体系中，一定的投入量所能得到的产出数量取决于企业当时的技术条件。一旦生产技术条件发生变化，就会形成新的投入—产出关系，从而形成新的生产函数。因此，我们常常用不同的生产函数来表示不同的生产技术，用生产函数的改变来反映生产技术的改变。

第五，使用生产函数来分析企业的生产，仅仅涉及企业的产出和投入要素之间的关系，而完全不涉及一个企业作为一种生产性组织的内部结构、组织的具体运作以及生产的具体工艺过程。

谈到生产函数，离不开投入的生产要素。生产要素总的来说可分为两类：一类叫不变投入；另一类叫可变投入。不变投入是指在考察期间，要素的使用量不随产量的改变而改变，如机器、厂房等。可变投入是指在考察期间，要素的使用量随着产量的改变而改变，如劳动力、原材料等。但是为了分析方便，我们假定只有两种投入要素，即劳动 L 和资本 K，这样的假定对结论的有效性不会产生实质影响。于是，生产函数就可以表示成：

$$Q = f(L, K) \tag{4-2}$$

三、生产函数的分类

管理经济学中所讲的短期和长期与我们日常生活中的概念有什么不同？

一般来说，生产函数分为短期生产函数和长期生产函数，这是由投入要素在一定时期内所显示的静态和动态特性决定的。这里的短期和长期并不是指一个具体的时间跨度，而是指能否使企业来得及调整生产规模的时间长度。短期是指企业不能根据它所要达到的产量来调整其全部生产要素的时期。具体来说，在这一时期它只能调整原料、燃料及生产工人数量这类生产要素，而不能调整厂房、设备等这类生产要素。长期是指企业能有足够的时间根据所要达到的产量来调整其全部生产要素的时期。在这一时期，一切生产要素都是可以随着环境的变化作出相应调整的。

另外，短期和长期的区分是相对的。在有些生产部门中，如钢铁工业、大型机器制造工业等部门，所需设备、资本数量多，技术要求高，变动生产规模不容易，这样，几年时间可能也只是短期；相反，有些行业如普通服务业、食品加工业等所需设备、资本数量较少,技术要求较低,变动生产规模相对容易很多,这样,几个月也可能是长期了。所以,不能单从时间长短来区分短期和长期。

上面我们从短期和长期的角度区分生产函数为短期生产函数和长期生产函数,但从另一个角度我们还可以将生产函数区分为固定比例生产函数和可变比例生产函数。前者意味着在产品生产过程中各种投入要素之间的组合比例关系不可改变,各种要素无法相互替代。要改变产量,各种要素必须同比例改变。比方说,1 个单位的产量对应 1 个单位的要素 X 和 2 个单位的要素 Y,那么要得到 2 个单位的产量就必须投入 2 个单位的要素 X 和 4 个单位的要素 Y,企业无法利用其他比例的 X 和 Y 来得到 2 个单位的产量。而后者意味着各种要素之间的组合比例关系可以变动,各种要素可以相互替代。比如,为了生产一定数量的产品,可以采取多用劳动少用资本的劳动密集型生产方式,也可以采取多用资本少用劳动的资本密集型生产方式。在我们日常生活中,大多数产品的生产是属于可变比例生产函数类型的。

第二节　单一可变要素的合理投入

生产函数是分析企业技术经济活动的一个出发点,它给出了使用各种生产要素组合所能获得的最大产量。现在假定其他投入要素不变,只有一种要素(比如劳动)的投入量可变,研究这种要素的最优使用量问题就属于单一可变要素的最优利用问题。这类问题在短期生产决策中经常遇到。比如,短期内,现有的厂房和设备等要素均不能变动,要想使产量变动,只有改变劳动力要素的投入量。那么究竟怎么样改变才最合理呢?为了探讨这类问题,需要从总产量、平均产量和边际产量这三个概念及其相互关系说起。

一、总产量、平均产量和边际产量

1. 总产量、平均产量和边际产量的概念

总产量、平均产量和边际产量

• 总产量是指投入一定量的生产要素所得到的总产出量。

• 平均产量是指平均每单位生产要素投入的产出量。

• 边际产量是指增加或减少一单位生产要素投入量所带来的产出量的变化。

在给出这三种产量的概念之前，有必要再强调一下，本节所提到的总产量、平均产量和边际产量均是指在一定技术条件下，在其他要素固定不变的情况下，可变投入与固定要素（不变投入）相结合所能达到的总产量、平均产量以及边际产量。

总产量是指投入一定量的生产要素所得到的总产出量，简写成 TP（total product），它其实就是数学表达式(4－1)中的 Q。

平均产量是指平均每单位生产要素投入的产出量，简写成 AP（average product）。如果用 x 表示某种生产要素的投入量，则 $AP = TP/x$。

边际产量是指每增加或减少一单位生产要素投入量所带来的产出量的变化，简写成 MP（marginal product）。如果用 ΔTP 表示总产量的增加量，Δx 表示生产要素的增量，那么 $MP = \Delta TP/\Delta x$。如果已知总产量函数关系方程，则边际产量就是总产量函数的变化率，可用求函数的一阶导数的方法求出（$\lim\limits_{\Delta x \to 0} \dfrac{\Delta TP}{\Delta x} = \dfrac{\mathrm{d}TP}{\mathrm{d}x}$）。比如，如果总产量的函数方程为 $TP = 3L^3 + 10L^2 + 7L + 2$，则我们可对其求一阶导数来求得边际产量 $MP = 9L^2 + 20L + 7$。

2. 总产量、平均产量和边际产量的相互关系

为了说明三者之间的关系，我们假定只有一种可变投入要素 L，生产一种产品，生产函数的具体形式为：

$$TP = Q = f(\overline{K},\ L) = f(L) = 48\,L + 9\,L^2 - L^3$$

则劳动的平均产量为：

$$AP = \frac{f(L)}{L} = \frac{48\,L + 9\,L^2 - L^3}{L} = 48 + 9\,L - L^2$$

而劳动的边际产量为：

$$MP = \frac{\mathrm{d}f(L)}{\mathrm{d}L} = 48 + 18\,L - 3\,L^2$$

根据上述三个式子，我们可以用表 4－1 表述劳动的总产量、平均产量和边际产量的关系。

根据表 4－1，可画出总产量、平均产量和边际产量的曲线，如图 4－1 所示。

表 4-1 总产量、平均产量和边际产量的关系

L	TP	AP	MP
0	0	0	0
1	56	56	63
2	124	62	72
3	198	66	75
4	272	68	72
4.5	307.125	68.25	68.25
5	340	68	63
6	396	66	48
7	434	62	27
8	448	56	0
9	432	48	−33

从表 4-1、图 4-1 可以看出:

(1) 随着劳动 L 的增加,最初总产量、平均产量和边际产量都是递增的。比如当 $L=1$ 时,$TP=AP=56$,$MP=63$;当 $L=2$ 时,$TP=124$,$AP=62$,$MP=72$。

(2) 当 L 增加到 3 时,从边际产量曲线可以看出,这时 MP 达到最大,即在 D 点,$\max MP=75$。

(3) 当劳动量增加到 4.5 单位时,平均产量达到最大值 68.25,从表 4-1 中可见,这时边际产量也为 68.25。可见当 $AP=MP$ 时,即在图上的 E 点,平均产量达到最大。

(4) 当劳动量增加到 8 单位时,总产量达到最大值 448,这时边际产量为 0。若继续增加劳动量投入,不但不能使总产量增加,反而会使总产量减少,因为边际产量已经为负值了。如当 $L=9$ 时,$TP=432$,$MP=-33$。

由上面的分析,对照图 4-1、表 4-1,我们来进一步分析总产量、平均产量和边际产量之间的关系。

(1) 总产量和边际产量的关系。

对照图 4－1 中的(a)、(b)两幅图，当边际产量为正时，也就是在(b)图 L_3 点之前，总产量曲线一直是上升的，也就是说，总产量是一直增加的。当到达 L_3 点时，边际产量为 0，总产量达到最大，而在 L_3 点之后，边际产量曲线位于横轴以下，即边际产量为负，总产量曲线开始下降，即总产量开始减少。这一点从边际产量的定义也很好理解。所谓边际产量，就是要素投入量的边际增加使总产量增加的量，那么当边际产量为负时总产量自然会下降。

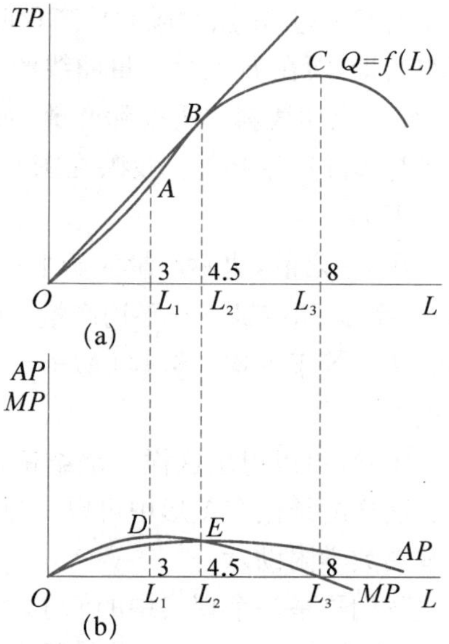

图 4－1　总产量、平均产量和边际产量的关系

由数学知识我们知道，总产量曲线 TP 上每一点的斜率 $\mathrm{d}Q/\mathrm{d}L$ 正是边际产量 MP。在图 4－1(b)中，我们看到当劳动投入量在 $0\sim L_1$ 之间时，MP 不仅是正数，而且是逐渐增加的，即图中的 OD 段，则总产量是以递增的速度增加的，即总产量曲线 TP 的 OA 段。在 D 点，边际产量达到最大，对应总产量曲线上的 A 点，这时 A 点斜率最大。在数学上，A 点称为 TP 曲线的拐点。

当劳动投入量在 $L_1\sim L_3$ 之间时，边际产量虽然是正数，然而是递减的，即 MP 是逐渐减小的。这表示每增加一个单位的劳动投入量所引起的总产量增量小于前一单位所引起的总产量增量，即图 4－1(a)中 AC 段的总产量是以递减的速度增加的。当劳动投入达到 L_3，边际产量为 0，总产量达到最大。

(2) 总产量与平均产量的关系。

由平均产量的定义 $AP=Q/L$ 可知，任一点平均产量可以用总产量曲线上该点与原点连线的斜率表示。从图 4－1(a)可以看出，总产量曲线上的 B 点与原点的连线 OB 斜率最大，所以此时平均产量最大(B 点对应平均产量曲线的最大点 E 点)。具体说来，就是当劳动的投入量在 $0\sim L_2$ 之间时，总产量和平均产量都是增加的。在 L_2 之前，每增加一个单位劳动后的平均产量大于前面投入劳动量的平均产量，而在 L_2 点平均产量达到最大，对应图 4－1(b)中的 E 点；而当劳动投入大于 L_2 时，总产量虽然不断增加，但平均产量已经处于递减阶段。

(3) 平均产量与边际产量的关系。

从图 4－1(b)中，我们看到，平均产量曲线和边际产量曲线相交于 E 点，因为前面我们说过，E 点对应的总产量曲线上 B 点与原点的连线 OB 的斜率就是 E 点平均产量，而在 B 点总产量曲线的切线与 OB 重合，即 B 点切线斜率与 OB 斜率相同，而 B 点切线斜率为边际产量，那么与 B、E 相对应的劳动投入量为 L_2 时，平均产量与边际产量相等。反映在图 4-1(b)上，就是平均产量曲线与边际产量曲线相交于 E 点。

在 L_2 之前，边际产量大于平均产量，即 $MP>AP$，平均产量处于递增阶段；在 L_2 之后，边际产量小于平均产量，即 $MP<AP$，平均产量处于递减阶段；在 L_2 上，边际产量等于平均产量，即 $MP=AP$，平均产量达到最大，这是平均产量曲线的最高点。

于是，可以得出这样一个结论：边际产量曲线必定通过平均产量曲线的最高点。这样的结论在图形中可以一目了然地看到，其实也可以给出严格的数学证明，见本书数学附助六。

我们再举一个现实中的例子来说明这个问题。假设某篮球队队员平均身高为 1.90 米，现在新加入一名队员身高大于 1.90 米，那么该名队员加入后该篮球队队员平均身高一定大于 1.90 米；反之，若新加入队员身高小于 1.90 米，那么该队员加入后该篮球队队员平均身高一定小于 1.90 米。即 $MP>AP$，AP 必然上升；$MP<AP$，AP 必然下降。那么，当 $MP=AP$ 时，AP 达到最大。

通过以上讨论可知，边际产量曲线和平均产量曲线都是呈倒 U 形的，边际产量曲线从上而下穿过平均产量曲线的最高点处。

二、边际收益递减规律

边际收益(产量)递减规律

在一定的技术水平条件下，若其他生产要素不变，连续地增加某种生产要素的投入量，在经过一定点之后，增加的产量必定会出现逐渐递减的趋势。

对一种可变要素的生产函数来说，随着可变投入要素的数量增加，其他投入要素保持不变，总会存在一点，在该点之后，可变投入的边际产量递减。比如，图 4-1 中的 L_1 点，在该点之后边际产量就递减了，即产出增加的比例小于投入增加的比例，这时候总产量以递减的速度增加。通过前面的分析，我们知道在 L_1 点之前，总产量以递增的速度增加。

由此,我们可以得出这样一条规律:在一定的技术水平条件下,若其他生产要素不变,连续地增加某种生产要素的投入量,在经过一定点之后,增加的产量必定会出现逐渐递减的趋势。这就是边际收益递减规律,也称为边际报酬递减规律。

边际收益递减规律是短期生产的一条基本规律,在农业中体现得最为明显,典型的例子就是土地的肥力作用。比如,对于一块给定的2公顷的玉米田来说,在技术和其他投入水平不变的情况下,考虑使用化肥的效果。如果使用1千克化肥,这1千克化肥所带来的总产量的增加量即边际产量是很小的。但随着化肥使用量的增加,其边际产量会逐步提高直至达到最佳使用量,而后如果继续增加化肥使用量,就会对玉米生产带来不利影响,化肥的边际产量会下降,过多的化肥甚至会烧坏庄稼,导致负的边际产量。

从理论上讲,边际收益递减规律成立的原因在于:对于任何产品的短期生产来说,可变要素投入和固定要素投入之间都存在一个最佳的数量组合比例。在开始时,由于不变要素投入量给定,而可变要素投入量为零,因此生产要素投入量远远没有达到最佳的组合比例。但随着可变要素投入量的增加,逐步接近最佳比例,相应的可变要素的边际产量呈现出递增的趋势。一旦生产要素的投入量达到最佳比例,可变要素的边际产量达到最大值。如果继续增加可变要素投入,这时候生产要素的组合比例又变得不恰当了,太多的可变要素投入与现有的固定要素投入搭配显得浪费,所以边际产量反而会下降。

边际收益递减规律发生作用必须具备以下前提条件:

(1) 生产要素投入量的比例是可变的。也就是说,只有在保持其他生产要素不变而仅增加其中某种生产要素投入量时,要素边际收益才会递减;如果各种生产要素的投入量按原来的比例同时增加,边际收益就不一定递减。

(2) 边际收益递减规律是以技术水平保持不变为前提的。如果技术水平同时提高,边际收益不一定递减,但这并不能说明边际收益递减规律失效。技术进步一般只会使边际收益递减的现象延后出现。

(3) 所增加的生产要素具有同样的效率。如果增加的第二单位生产要素比第一单位更为有效,则边际收益不一定递减。

(4) 边际收益递减是在投入的可变生产要素超过一定数量以后才会出现的。

边际收益递减规律告诉我们:并不是任何投入都能带来最大的收益,更不是投入越多,产出一定越大。在一定的技术条件下,生产要素的投入量只有按照一定的比例进行优化组合,才能充分发挥各生产要素的效率。如果片面地追加某一种生产要素的投入量,只能导致资源的浪费和生产报酬的减少。

值得指出的是，在经典的经济学理论中，边际收益递减规律被视为一个“公理”，它构成短期生产分析的基础。从图 4－1 中(a)、(b)的关系看，是倒 U 形的边际产量曲线决定总产量曲线及平均产量曲线的基本形状，而不是由总产量曲线的走向来决定边际产量曲线和平均产量曲线的形状，但决定边际产量曲线先上升后下降的倒 U 形的则是边际收益递减规律。

三、生产的三个阶段

在短期生产中，企业应该选择在哪一个生产阶段进行生产呢？

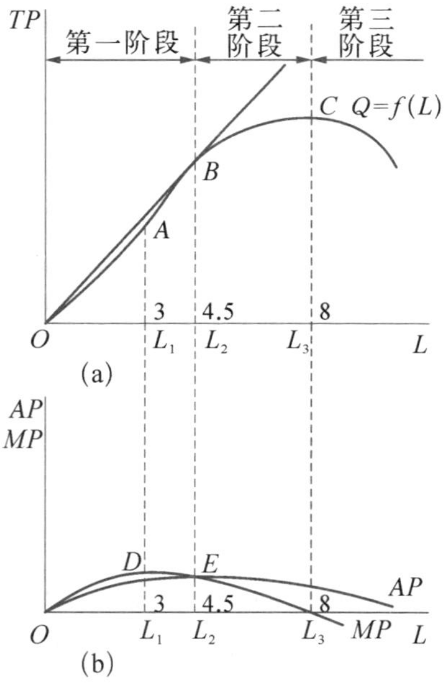

图 4－2 生产的三个阶段

当只有一种要素可变时，我们可以将生产划分为三个阶段。如图 4－2 所示。

第一阶段：这一阶段从生产的初始阶段开始，一直到平均产量最大点为止(OL_2)。在该阶段，可变要素投入量的增加会使平均产量增加，因为边际产量高于平均产量，所以每增加一个单位的可变要素都能提高平均产量。这表明，同可变要素投入相比，固定要素投入过多，很不经济。在这一阶段，增加可变要素投入是有利可图的，不仅能更充分地利用固定要素，而且使总产量以递增的比率增加。任何有理性的企业通常不会把可变要素的投入使用量限制在这一阶段。

第二阶段：这一阶段从平均产量最大点开始，到边际产量为 0 结束($L_2 L_3$)。在该阶段，随着可变要素投入的增加，边际产量虽递减但大于 0，故总产量仍然递增，直到达到最大点。同时，因为边际产量已经小于平均产量，平均产量开始递减。

第三阶段：这一阶段从边际产量为 0 处开始，再投入可变要素，边际产量为负值，总产量开始递减。这时，每减少一个单位的可变要素投入反而能提高总产量，这表明与固定要素投入相比，可变要素投入太多了，很不经济。显然，任何理性的企业也不会在这一阶段进行生产。

对比第一阶段和第三阶段可知：在第一阶段中，可变要素投入与固定要素投入比例太低；而在第三阶段，这一比例又太高。在第三阶段，企业必须支付那些多余的可变要素投入，而这些投入只会降低总产量；而在第一阶段，企业必须支付那些没有充分利用的固定要素投入。

第二阶段是可变要素投入和固定要素投入适当的阶段，理性的企业必然会选择在这一阶段进行生产。但是，企业究竟应该投入多少可变要素，这时还无法解决，因为这不仅取决于生产函数，还取决于成本函数。

如果不考虑要素投入的费用，仅以最大产量为目标，那么可变要素的投入量以 OL_3 为最合适，因为此时总产量最大；如果企业不是以最大产量为目标，而是追求单位产品的成本最小，那么可变要素投入量以 OL_2 为最合适，因为此时平均产量最大。

生产的三个阶段说明，在企业里，不变要素投入和可变要素投入之间应始终保持合理的比例，不变要素过多（第一阶段）和可变要素过多（第三阶段）都会导致经济效益的下降。

四、单一可变要素最优投入量的确定

在生产的第二阶段，企业是否能够在这一区间中找出最优的可变要素投入量？

在生产的第二阶段，企业到底应该投入多少可变要素才是最合适的呢？下面我们仍然假定企业的其他投入要素固定不变，来进一步探讨和分析劳动最优投入量的确定。

从企业的基本目标出发，所谓最优就是企业的利润最大化。企业最优劳动投入量的确定需要比较劳动投入产生的收入和劳动的成本，为此需要知道商品的价格和劳动的价格。

假定商品的价格为 P，劳动的价格为 ω，并简单假设二者都是给定不变的。采用边际分析方法，需要考虑劳动的边际产量收入（MRP_L）和劳动投入的边际成本。劳动的边际产量收入又等于劳动的边际产量与商品价格的乘积，即 $MRP_L = MP_L \cdot P$，而劳动投入的边际成本就是劳动的价格 ω。

一般地，劳动的最优投入量的确定应遵循下面的原则：

$$MRP_L = \omega \tag{4-3}$$

即劳动的边际产量收入与劳动的价格相等。在满足上述等式的条件下，企业的劳动投入量是使得利润最大化的最优投入量。

进一步地，在其他投入要素不变的情况下，企业的资本最优投入量的确定也是完全类似的。同样，其他单一可变要素亦可依此类推。即当某单一可变要素的边际产量收入等于它的价格时，则该可变要素的投入量为最优。

例 4.1 假设某企业的产量随工人人数的变化而变化，而且工人是该企业唯一的可变投入要素。二者之间的关系可用下列方程表示：$Q=165L-L^2$。式中：Q 指每天的产量；L 指每天雇用的工人人数。又假定产品无论生产多少，都能按市场单价 20 元售出，工人每天的工资均为 100 元。那么，该企业为谋求利润最大，每天应雇用多少工人？

解： 劳动的边际产量 $MP_L = \frac{dQ}{dL} = \frac{d(165L - L^2)}{dL} = 165 - 2L$

劳动的边际产量收入 $MRP_L = 20 \times (165 - 2L)$

根据劳动投入最优的必要条件 $MRP_L = \omega$，可得

$$20 \times (165 - 2L) = 100$$

容易解出 $L = 80$。即该企业为实现利润最大，每天应雇用 80 名工人。

第三节 两种可变要素的最优组合

上一节分析了单一可变要素的生产决策，而在长期中，各种投入要素都是可变的，企业在实际生产中，某一数量的产出可以用要素的不同组合方式生产出来。那么，理性的企业究竟应选择哪一种组合方式进行生产以实现资源的最优配置，即在产量既定的情况下实现成本最小或在成本既定的情况下达到产量最大？这就是生产要素最优组合的问题。为了讨论方便又不失代表性，在本节我们假定只有两种投入要素：资本 K 和劳动 L，并考察其最优组合，这并不影响我们所得结论的普遍意义。

一、等产量曲线

等 产 量 曲 线

在其他条件不变时，为生产一定的产量所需投入的两种生产要素之间的各种可能组合的轨迹。

假定劳动 L 和资本 K 是可以相互替代的，那么一定的产量可以通过不同的生产要素投入组合来实现。等产量曲线是指在其他条件不变时，为生产一定的产量所需投入的两种生产要素之间的各种可能组合的轨迹。

例如，现投入劳动 L 和资本 K 来生产某产品，生产函数为 $Q=\frac{1}{8}KL$，当产量 Q_1 等于 100 单位时，可采用的劳动和资本投入组合如表 4－2 所示。

表 4－2　劳动和资本的投入组合

组合方式	Q	L	K
A	100	10	80
B	100	20	40
C	100	40	20
D	100	60	13.33
E	100	80	10
F	100	100	8

我们看到，为了生产 100 单位某产品，可以采用多种劳动和资本的投入组合。现在把表 4－2 的内容描绘在以劳动 L 为横轴、资本 K 为纵轴的坐标图中，则得出一条生产函数为 $Q=\frac{1}{8}KL$，$Q_1=100$ 的等产量曲线，如图 4－3 所示。

等产量曲线具有如下性质：

第一，等产量曲线是一条向右下方倾斜的曲线，其斜率为负。这是因为等产量曲线是生产同一产量的两种投入要素的组合轨迹。在同一产量情况下，如果企业想少投入资本 K，则必须多投入劳动 L。试想，如果生产同一产量产品，若同时增加资本 K 和劳动 L，或者其中一种不变而另一种增加都会造成投入要素的浪费，这显然是无效率的。

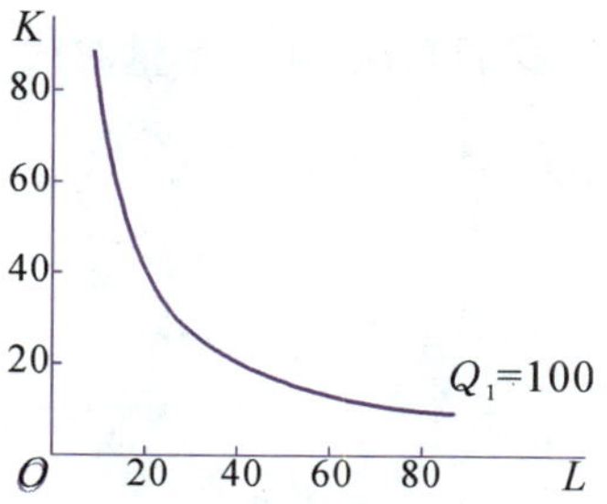

图 4－3　等产量曲线

第二，表示某一生产函数的等产量曲线图中，可以画出无数条等产量曲线，但任何两条等产量曲线都不能相交，否则不合逻辑。如图 4－4 所示，两条等产量曲线分别代表两种产量水平，如果它们相交于 a 点，根据等产量曲线的概念,a 和 b 两点都在等产量曲线 Q_1 上,则 b 点和 a 点的要素投入组合产量相同,同理,c 点和 a 点的要素投入组合产量也相同,则 b 点和 c 点的要素投入组合产量相同,这就与 b、c 两点在不同的等产量曲线上相矛盾。(其实我们还看到,b、c 两点投入的资本相同,劳动不同,则产量也不会相同。)

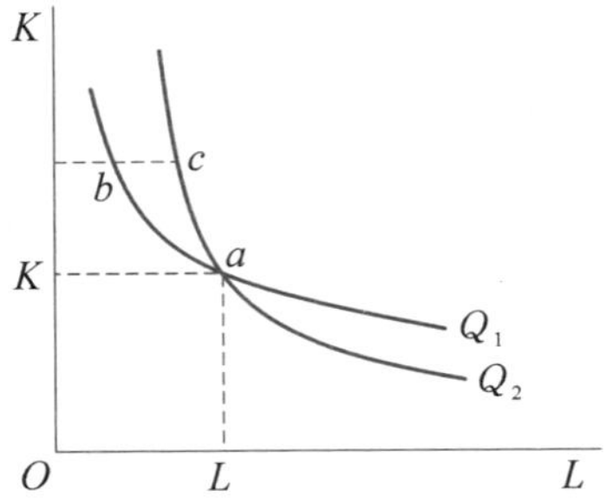

图 4-4 等产量曲线相交产生矛盾

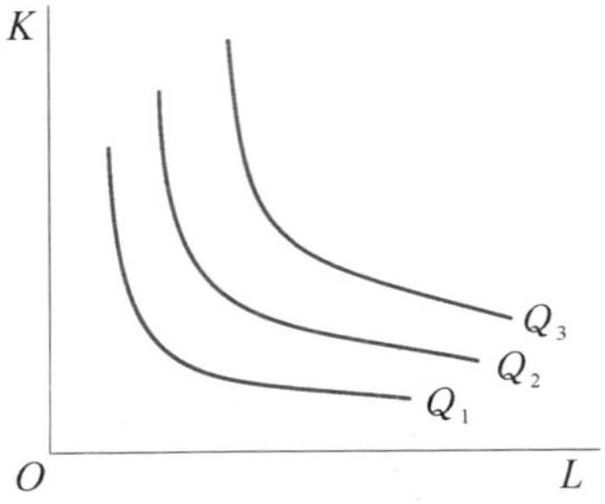

图 4-5 等产量曲线族

第三,如果在同一幅坐标图中画出多条等产量曲线,则距离原点较远的等产量曲线代表的产出水平较高,如图 4-5,产出水平 $Q_3 > Q_2 > Q_1$,原因显而易见,较大的产出需要较多的要素投入。

边际技术替代率

在维持产量不变的情况下,减少一种生产要素的数量与增加另一种生产要素的数量之比。

我们知道,在等产量曲线上,所谓产量维持不变,实际上是两种要素互相替代的结果。为了表达两种要素互相替代的能力,经济学家提出了边际技术替代率的概念,也称为生产要素的边际替代率,简写为 $MRTS$。所谓边际技术替代率,是指在维持产量不变的情况下,减少一种生产要素的数量与增加另一种生产要素的数量之比。

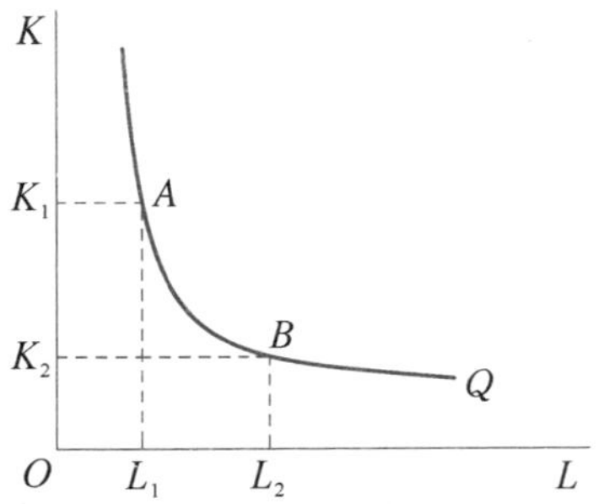

图 4-6 边际技术替代率示意

如图 4-6 所示,在等产量曲线 Q 上,将劳动投入量从 L_1 增加到 L_2,要维持产量不变,就要减少资本的投入量,资本的投入量从 K_1 减少到

K_2，要素组合点则从原来的 A 点转移到 B 点。此时，劳动 L 对资本 K 的边际技术替代率为：

$$MRTS_{LK}=\frac{K_2-K_1}{L_2-L_1}=\frac{\Delta K}{\Delta L}<0 \qquad (4-4)$$

我们发现，等产量曲线上任何一点的边际技术替代率，从几何意义上看，是过该点的等产量曲线的切线的斜率。边际技术替代率的值应为负值，但我们通常取其绝对值。

另外，在两种要素互相替代的过程中，为使产量保持在原来的水平上，企业因多投入一些劳动而增加的产量必须恰好等于因少投入一些资本而损失的产量。那么，设 MP_L 为劳动的边际产量，MP_K 为资本的边际产量，则 $MP_L\times\Delta L=-MP_K\times\Delta K$ 成立，从而可以推导出这样一个关系式：$MRTS_{LK}=\frac{\Delta K}{\Delta L}=-\frac{MP_L}{MP_K}$。

为了更清楚地认识等产量曲线，下面再介绍两种特殊情况。

第一，如果投入的要素之间具有完全不可替代性，并且要以固定比例配合使用，那么这种情况下的等产量曲线是直角折线型的。比如，有一项工作是用铁锹挖洞，并且挖洞唯一的办法就是一人使用一把铁锹。这样的话，多一把铁锹或多一个人都是没有用的。所以，最后所能挖成的洞数就是所有的人数和铁锹数中较小的那个。这种等产量曲线具有如图 4－7 所示的形状。

图 4－7 说明，假如劳动和资本的投入只有一种增加，一种保持不变，则增加的劳动或资本的边际产量为零。只有二者同时同比例增加，产量才能按比例增加。

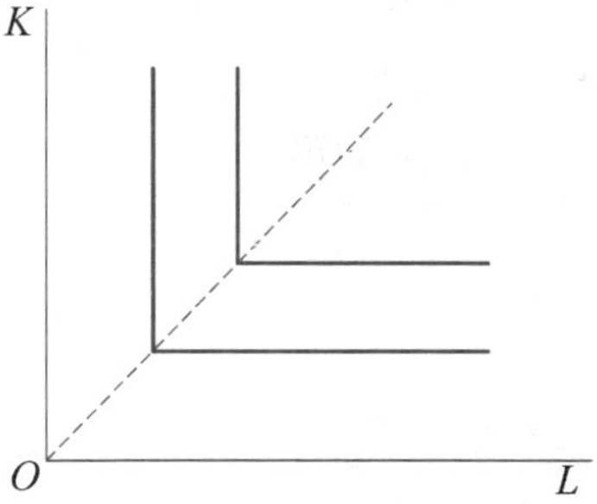

图 4－7　投入要素完全不能替代的等产量曲线

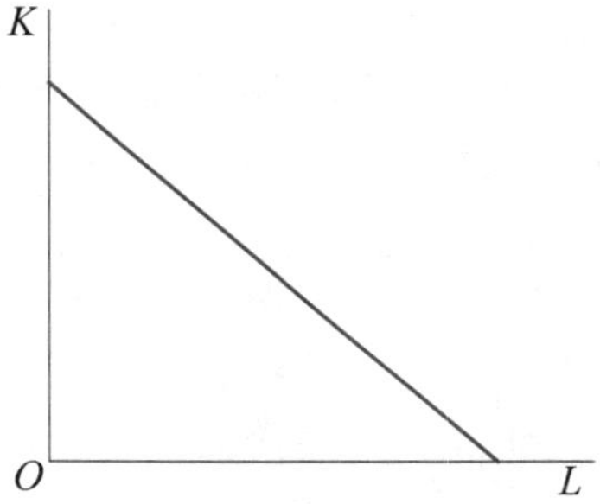

图 4－8　投入要素可完全替代的等产量曲线

第二，如果两种投入要素之间可以完全替代，那么等产量曲线是一条向右下方倾斜的直线，如图 4－8。这种等产量曲线表明，资本和劳动能够以一个固定的比例互相替代,也就是边际技术替代率 $MRTS_{LK}$ 为常数。

二、等成本曲线

等成本曲线

生产要素价格一定时,花费一定的总成本所能购买的两种生产要素组合的轨迹。

等产量曲线上任何一点都代表生产一定产量的要素组合,企业生产过程中选择哪一种要素组合取决于生产这些产量的总成本,而成本依存于要素价格。为此,要讨论要素的最优组合需要引入等成本曲线的概念。

等成本曲线是指生产要素价格一定时,花费一定的总成本所能购买的两种生产要素组合的轨迹。我们还是假定只投入劳动 L 和资本 K 两种要素,价格分别为 P_L 和 P_K,总成本为 C,则等成本曲线方程可表示为:

$$C = P_K \cdot K + P_L \cdot L \tag{4-5}$$

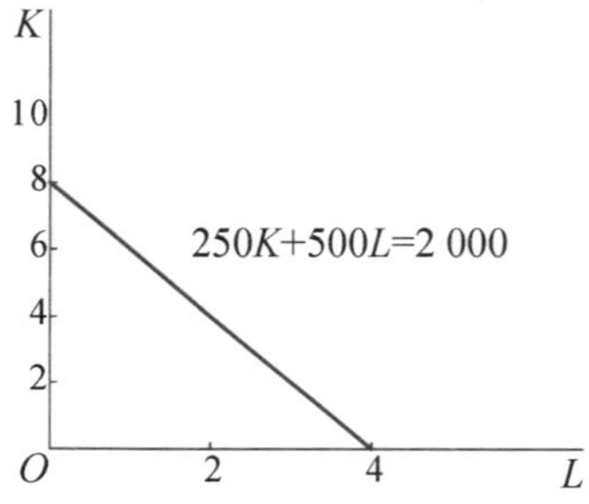

图 4-9 等成本曲线

这个方程说明了用一定成本所能购买的投入要素 L 和 K 的各种组合。当已知总成本为 C 和投入要素价格为 P_L 和 P_K 时,我们就可以作出等成本曲线。例如,若 $P_K = 250$, $P_L = 500$, $C = 2\,000$,则可得等成本曲线,如图 4-9。这个等成本曲线表明了在总成本为2 000时,所能购买的投入要素 L 和 K 的各种数量。

从等成本方程(4-5)可得:

$$K = \frac{C}{P_K} - \frac{P_L}{P_K} \cdot L \tag{4-6}$$

这样,我们知道等成本曲线的斜率为 $-\frac{P_L}{P_K}$。例如,图 4-9 的等成本曲线斜率为:

$$-\frac{P_L}{P_K} = -\frac{500}{250} = -2$$

显然,等成本曲线的斜率是一个负数,所代表的经济意义是:要增加某一种要素的投入量而保持总成本不变，就必须相应地减少另一种要素的投入量。

如果投入要素的总成本发生变化，但两种要素的价格比例保持不变，那么，等成本曲线会发生平行移动：若总成本增大，等成本曲线向右上方平行移动；反之，向左下方平行移动。这样，其斜率保持一个常数。

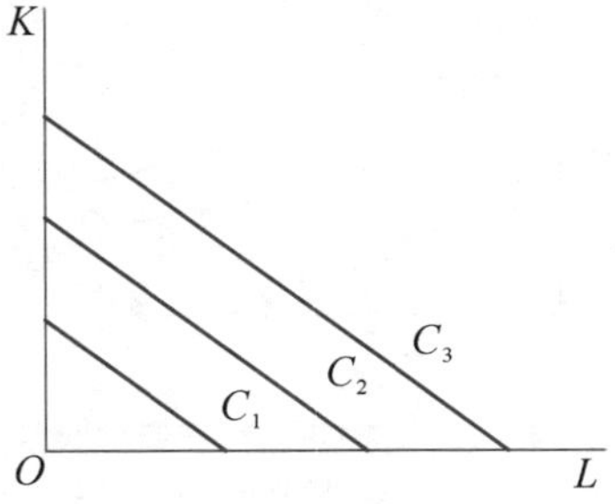

图 4－10　等成本曲线族

如果两种投入要素的价格发生不同步的变化，则等成本曲线的斜率就会发生变化。

离原点越远的等成本曲线代表的成本水平越高；反之，代表的成本水平越低。如图 4－10所示，总成本 $C_3 > C_2 > C_1$。同样，同一等成本曲线图上的任意两条等成本曲线不能相交。

三、两种投入要素的最优组合

生产要素最优组合的必要条件是什么？

等产量曲线和等成本曲线分别展示了其特定的经济意义。等产量曲线表明各种不同的要素组合所得到的产量是相等的；等成本曲线表明各种不同的要素组合所付出的成本是相等的。前面说过，企业生产过程中选择哪一种要素组合取决于生产这些产量的总成本，只要把等产量曲线和等成本曲线的坐标系重合，就可以得出要素最优投入组合。我们分两种情况讨论。

1. 产量既定、成本最小的要素组合

如图 4－11 所示，给定等产量曲线 Q，显然生产者只能选择 K_2L_2 等成本曲线。低于 K_2L_2 的等成本曲线（比如 K_1L_1）不能使生产达到 Q 的产量水平；高于 K_2L_2 的等成本曲线（比如 K_3L_3）虽然能使生产达到 Q 的产量水平，如在 A，B 两点的生产，但这样的生产总成本没有得到充分利用，不符合经济原则。只有 E 点代表的 K_E 单位的资本和 L_E 单位的劳动才是生产 Q 单位产量时成本最低的要素组合。

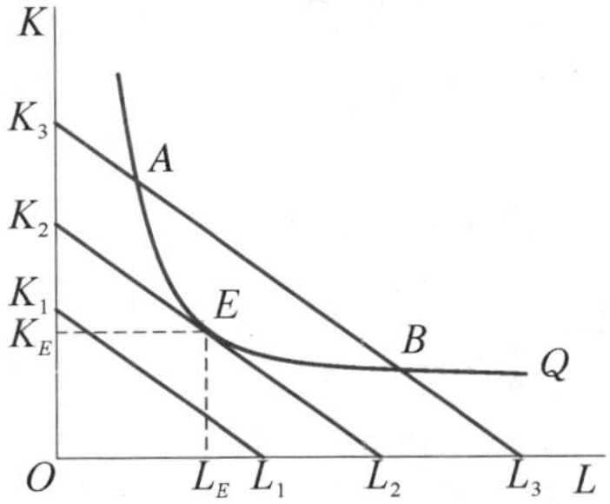

图 4－11　产量既定、成本最小的要素组合

2. 成本既定、产量最大的要素组合

如图 4－12 所示，给定 K_1L_1 等成本曲线，Q_1、

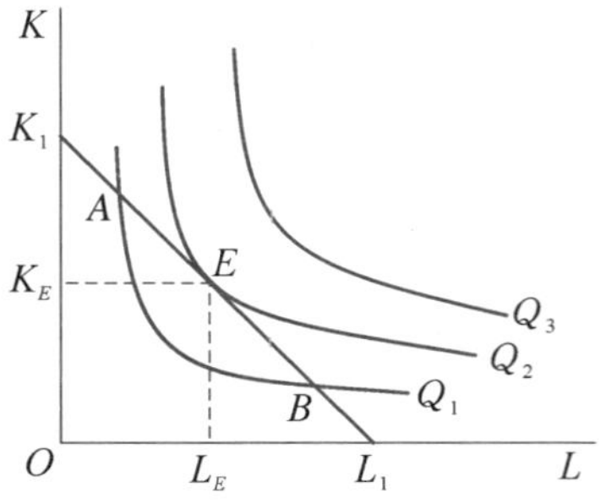

图 4-12 成本既定、产量最大的要素组合

Q_2、Q_3 代表三条不同的等产量曲线。很显然，生产者在 K_1L_1 资金约束下，不可能达到 Q_3 产量；生产者可以达到 Q_1 产量，如在 A、B 两点的生产，但这样的生产不能使产量达到最大，不符合经济原则。沿着 K_1L_1 直线，将 A、B 两点向 E 点移动，就可以达到 K_1L_1 资金约束下的最高产量 Q_2 了。

经过对图 4-11 和图 4-12 的分析，我们知道在等成本曲线和等产量曲线相切之点，生产者要素投入与产出量达到最优配合，故切点 E 也被称为生产者均衡点。我们还可以进一步得到生产要素最优组合的必要条件。

不论是产量既定求最小成本的情况，还是成本既定求最大产出的情况，生产要素的最优组合都发生在等产量曲线与等成本曲线相切之点，即等产量曲线的切线斜率与等成本曲线的斜率相等。而等产量曲线的切线斜率为 $\frac{\Delta K}{\Delta L}$，等成本曲线的斜率为 $-\frac{P_L}{P_K}$，因此在切点处 $\frac{\Delta K}{\Delta L}=-\frac{P_L}{P_K}$ 成立。由前面我们又知道 $\frac{\Delta K}{\Delta L}=-\frac{MP_L}{MP_K}$，因此很容易推导出：

$$\frac{MP_L}{MP_K}=\frac{P_L}{P_K} \tag{4-7}$$

或者

$$\frac{MP_L}{P_L}=\frac{MP_K}{P_K} \tag{4-8}$$

即生产要素最优组合的必要条件为投入要素的边际产量之比等于其价格之比，也可表述为：单位价格的各种生产要素所得的边际产量相等就是生产要素最优组合的必要条件。

这一条件可以推广到多种可变投入要素的最优化的必要条件：

$$\frac{MP_{X_1}}{P_{X_1}}=\frac{MP_{X_2}}{P_{X_2}}=\cdots=\frac{MP_{X_n}}{P_{X_n}} \tag{4-9}$$

例 4.2 某企业目前使用 70 个单位的劳动和 110 个单位的资本进行生产，劳动和资本可以相互替代。假定再增加 1 个单位的劳动可以增加 800 个单位的产出，而增加 1 个单位的资本可以增加 960 个单位的产出，劳动的价格 ω 为 80 元，资

本的价格 r 为 120 元。请问该企业的投入要素的组合比例是否合理？如果不合理，应如何调整？

解： 由 $MP_L=800$，$MP_K=960$，$\omega=80$，$r=120$，可得

$$\frac{MP_L}{\omega}=\frac{800}{80}=10,\ \frac{MP_K}{r}=\frac{960}{120}=8$$

由于 $\frac{MP_L}{\omega}\neq\frac{MP_K}{r}$，说明该企业目前使用 70 个单位的劳动和 110 个单位的资本的组合是不合理的。因为 $\frac{MP_L}{\omega}>\frac{MP_K}{r}$，所以该企业应增加劳动的使用量，同时减少资本的使用量。

四、生产扩张线

生产扩张线

在生产要素的价格为既定的条件下，不同产量水平的最优投入组合点的轨迹。

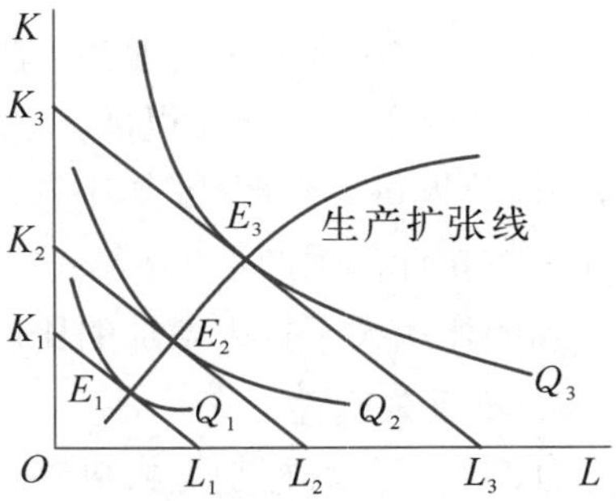

图 4-13 生产扩张线

当一个企业扩大生产时，必然要从一条等产量曲线移动到另一条等产量曲线上。我们仍假设：无论产量是多少，企业都以成本最小为目标，这样，企业就面临着重新选择投入要素组合的情况。图 4-13 给出了这一问题的解决方法。E_1、E_2、E_3 分别表示产量为 Q_1、Q_2、Q_3 时的最佳投入组合。它们都是不同产量的等产量曲线与等成本曲线相切的切点，把这些切点连接起来所形成的曲线就是生产扩张线。所谓生产扩张线，就是指在生产要素的价格为既定的条件下，不同产量水平的最优投入组合点的轨迹。企业就是沿着 E_1，E_2，E_3 这样使成本最小的投入组合点来扩张自身的生产的。

五、规模收益

在一定的技术条件下，一定的要素投入组合总会形成一定的生产规模。经验

表明，一定的生产规模总是和一定的产出联系在一起的。但是，当所有的要素同时增加或减少，从而引起生产规模的扩大或缩小，产出却未必和生产规模同比例增加或减少。对于所有投入同比例变化时产出比例变动的情况，就是规模收益或规模报酬问题。

规模收益变化的三个阶段

- 规模收益递增
- 规模收益不变
- 规模收益递减

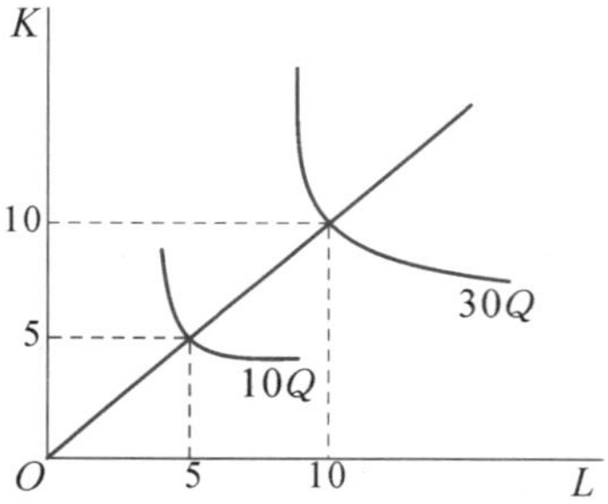

图 4－14 规模收益递增

依据投入与产出之间数量关系的不同，规模收益变动可以分为三个阶段。

第一阶段是规模收益递增，即产出增加的比例大于生产规模扩大的比例。例如，所有投入要素都增加1倍，而产出的增加大于1倍。如图4－14所示。

形成规模收益递增的原因大致如下。

1. 专业化协作

生产规模的扩大为分工协作的精细化创造了条件。劳动分工是人类进步的动因，也是形成规模收益递增的原因之一。亚当·斯密在《国富论》中阐述了一家扣针工厂的情况。在那里，尽管工人的士气很低，但由于分工的缘故，专门有人拉丝、切割、抛光和包装，平均每人每天生产4 800枚扣针。如果一个人从头到尾都由自己生产，恐怕每天连一枚扣针都生产不出来。这说明专业化协作生产会产生强大的生产力，使产出增加的比例大于投入增加的比例。

2. 不可分割性

有的生产工具特别是大机器，是有一个生产产量的起点的，只有在生产达到这个规模时才能采用。比如，大型的播种机和收割机，承包小块田地的农民不可能使用，只有大型农场才会使用。同样，像自动化流水生产线等先进的工艺和技术也具有类似的规模要求。

3. 管理更合理

生产规模扩大时，容易实现现代化管理。现代化管理会形成一种新的生产力，合理的、先进的管理可以进一步充分发挥各要素的组合功能，带来更高的效率和收益。

第二阶段是规模收益不变，即产出增加的比例与生产规模扩大的比例相同。例如，所有投入要素都增加 1 倍，产出也增加了 1 倍。见图4－15。

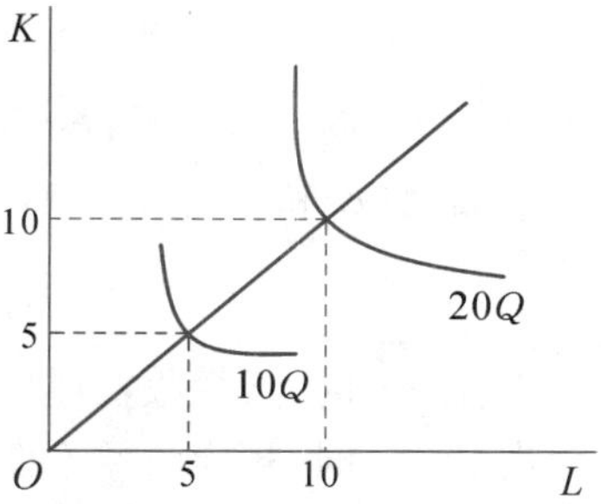

图 4－15 规模收益不变

一般说来，规模收益不变是由规模收益递增到规模收益递减的一个过渡阶段，这个阶段是不可能长久的。

第三阶段是规模收益递减，即产出增加的比例小于生产规模扩大的比例，或者产出绝对减少。例如，所有投入要素都增加 1 倍，而产出的增加小于 1 倍。见图4－16。

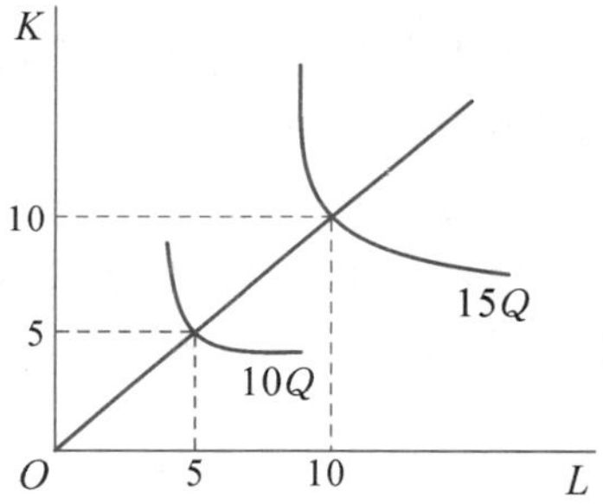

图 4－16 规模收益递减

对于形成规模收益递减的原因通常从以下几个方面来解释。

（1）管理效率递减。企业不是规模越大越好。企业的规模越大，管理层次增多，传达信息的渠道往往受阻，从上到下的管理力度会逐渐减弱。企业的规模大到一定程度后，就会产生管理效率递减现象。我国某些国有企业之所以效率不高，除了管理体制方面的原因外，规模过大也是一个原因。

工业生产的特点之一就是实行专业化分工，但专业化分工的结果使工人专门负责某道具体的工序，生产动作十分单一，这种简单的重复容易使人感到枯燥无味，有的工人甚至不知道自己生产的东西是为了什么，因而缺乏工作的积极性和主动性。从这个角度讲，规模过大会产生效率递减现象。

另外，大规模生产要求企业各部门和各道工序之间紧密衔接，不能相互脱节，一旦某一环节发生故障，就会带来严重的影响。

（2）生产条件恶化。自然资源是有限的，特别像矿产资源，是不可再生的。随着生产规模的扩大，资源开发的难度会越来越高。比如，开采原油和煤，先开采浅层的，后开采深层的。显然前者的难度会比后者要低。比如，大庆油田在开采初期，钻井打成后，原油是喷射的，但现在该油田已开采 50 多年，钻井打成了，油再也不会喷射了，而是要用抽油机抽油，有的还要向油层注水。

下面用生产函数的概念来说明上述规模收益变化的三个阶段。

假设企业的生产函数为：

$$Q = f(L, K)$$

式中：L 为劳动的投入量；K 为资本的投入量。一般地，如果劳动、资本由 L 和 K 分别增加到 αL 和 αK，$\alpha > 1$，产出由 Q 增加到 βQ，即生产函数为：

$$\beta Q = f(\alpha L, \alpha K)$$

当 $\beta > \alpha$ 时，规模收益递增；

当 $\beta = \alpha$ 时，规模收益不变；

当 $\beta < \alpha$ 时，规模收益递减。

理解规模收益规律需要注意如下四点：第一，这一规律的前提是技术条件不变。第二，规模变动引起收益变动显然不同于边际收益递减规律中的收益变动，前者的收益变动是由所有要素同时并按同比例增减引起的，而后者的收益变动则是在只有一种要素发生增减时引起的。第三，企业在扩展过程中可能会经历一个阶段规模收益递增，再经过一个阶段规模收益不变，然后遇到规模收益递减阶段。但是，不同行业、不同企业的具体情况会有所不同，每个阶段的持续时间长短区别也较大，这要求我们具体问题具体分析，不能一概而论。第四，企业生产规模不能过小，也不能过大，应当实现适度规模，即当产出递增到最大时就不再增加生产要素，并使这一生产规模维持下去。

第四节　技术进步与生产函数

以上对生产函数以及生产要素组合等问题进行了分析，这些分析都有一个前提：技术水平不变。然而在现实生活中，科学技术正以突飞猛进的速度发展，管理水平也日益提高。科学技术在某种意义上是最重要的生产要素，是第一生产力。根据有关统计资料，当今发达国家国民生产总值的增长中，80%以上来自技术的进步。技术水平在经济中所起作用的大小，是衡量一个国家发达水平的重要标准。

一、技术进步导致生产函数改变

技 术 进 步

从经济学分析角度观察，技术进步可以被定义为新的生产方法，以及新的管理组织方式。

从经济学分析角度观察，技术是整个社会生产知识的总和，包括技术发明、创造、模仿和扩散等硬技术知识，也包括组织、管理和经营等方面的软技术知识。因此，技术进步包括两层含义：一是生产某种产品的新的更有效方式（包括生产新产品的方法）；二是经济组织、营销和管理方式的改进。这样，技术进步就可以被定义为新的生产方法，以及新的管理组织方式。随着新技术被纳入生产，直接改变了生产系统各种生产要素的结构、性质和要素间的组织管理方式，生产要素的这种改变又会使生产系统的生产函数的具体形式随之改变并提升生产效率，进而推动经济发展和社会进步。技术进步对生产函数的影响主要体现在如下几个方面（从要素投入角度分析）：

（1）技术进步使在原有投入要素组合不变的情况下产出更大；

（2）技术进步使在产出一定的情况下，所有投入要素的数量都减少；

（3）技术进步使在产出一定的情况下，一种投入要素的数量减少，而另一种投入要素数量不变；

（4）技术进步使在产出一定的情况下，一种投入要素的数量减少，而另一种投入要素数量增加，但总成本减少。

技术进步导致生产函数的变化可以用等产量曲线的移动来说明，如图 4－17 中有两条等产量曲线，它们代表的产量都是 Q。其中一条代表的是期初的要素投入水平，即用较多的投入要素组合才能生产出 Q 的产量；另一条代表的是期末的要素投入水平，即用较少的投入要素组合就可以生产出 Q 的产量。这就说明在这个过程中，技术进步了——在期末，只要用比期初少的劳动和资本投入就可以生产出与期初同样多的产品。这种技术进步的速度可以用等产量曲线的位移程度来说明，位移越大，说明技术进步越快。

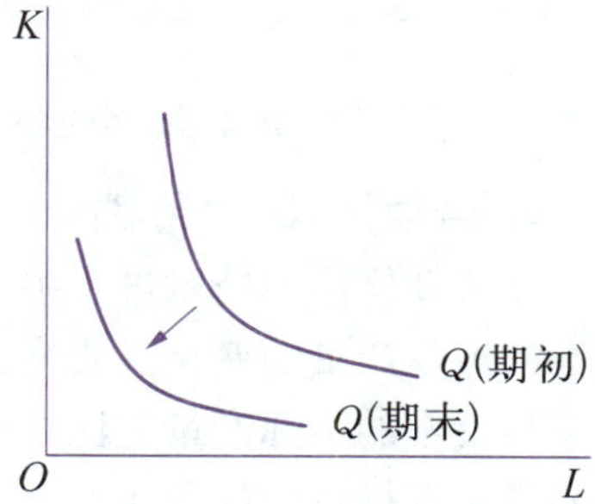

图 4－17　技术进步与等产量曲线

二、技术进步的类型

技术进步的三种类型

- 资本使用型技术进步
- 劳动使用型技术进步
- 中性型技术进步

技术进步的结果往往会导致生产过程中投入要素的优化组合发生变化，使投入要素比例发生变动。为了便于比较，假定在技术进步前后投入要素价格相对不变，而且是在产量相同情况下比较。如果生产中投入要素包括资本与劳动，则技术进步必然引起资本与劳动边际产量变动，而且变动比例不一定相同。根据资本边际产量和劳动边际产量的不同，将技术进步分为资本使用型技术进步(劳动节约型)、劳动使用型技术进步(资本节约型)和中性型技术进步。

1. 资本使用型技术进步

在资本使用型技术进步中，技术进步的结果是使资本边际产量的变化大于劳动边际产量的变化，资本的边际产量提高得更快。如图 4－18 所示，在资本和劳动力价格保持不变的情况下，原来的生产者最优选择点(E_0)不合适了，应当增加资本的投入，减少劳动的投入，使资本的边际产量有所下降，劳动的边际产量有所提高，直到资本的边际产量与劳动的边际产量之比再次等于资本与劳动价格之比时，生产者达到新的最优选择点(E_1)。由 E_0 移到 E_1 时，投入资本与劳动之间的数量比例发生了变化，资本比例增加，劳动比例减少，此即资本使用型技术进步，又称劳动节约型技术进步。

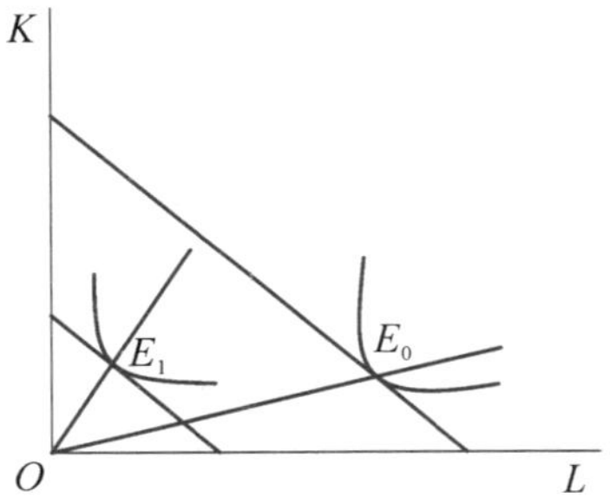

图 4－18　资本使用型技术进步

2. 劳动使用型技术进步

在劳动使用型技术进步中，技术进步的结果是使劳动的边际产量的变化大于资本的边际产量的变化。要增加劳动力的投入，减少资本的投入，直到劳动的边际产量与资本的边际产量之比再次等于劳动与资本的价格之比时，生产者就达到了新的最优选择点。如图 4－19 所示，从 E_0 移到 E_1，劳动所占的比例增加，资本所占的比例减少，此即劳动使用型技术进步，又称资本节约型技术进步。

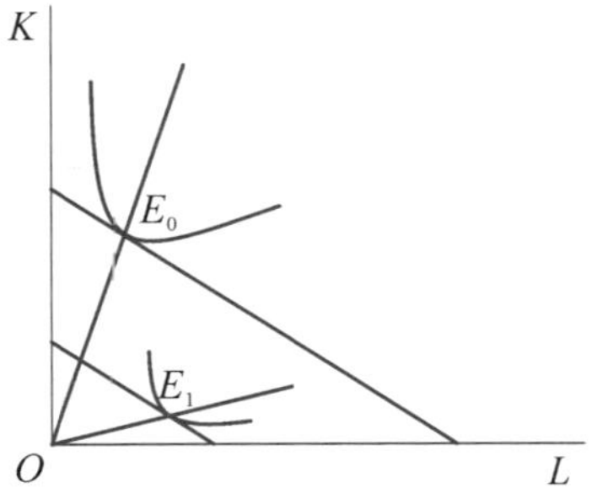

图 4－19　劳动使用型技术进步

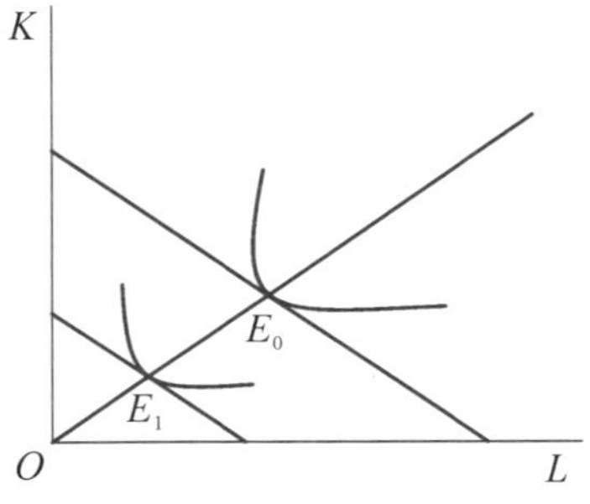

图 4－20　中性型技术进步

3. 中性型技术进步

中性型技术进步的结果是资本和劳动的边际产量的变化相同。如图 4 - 20 所示，虽然资本的边际产量与劳动的边际产量之比仍然与资本和劳动的价格之比相等，但是由于二者的边际产量的水平已经提高了，所以如果仍维持原来的产量水平，则所需投入的资本和劳动的数量都可以减少了，且减少的比例相同，此时最优选择点从 E_0 移到 E_1。这种类型的技术进步称为中性型技术进步。

三、技术进步的实现途径

在实践中，技术进步是通过什么途径来实现的呢？

当代经济生活实践表明，研究与开发（research and development，R&D）是实现技术进步的基本途径。科学研究作为人类的一种特殊思维和认识活动方式，其目的在于获得对客观事物真相、实质、关系和规律的认识。研究可分为基础性研究和应用性研究两种类型。

基础性研究的目的在于提供纯粹的作为人类共有精神财富的新知识。例如，生物学领域关于人类基因谱系的研究，物理学领域关于微电子理论的研究，经济学领域关于需求和市场机制一般原理的研究等，都具有基础性研究的性质。基础性研究有两个基本特征：一是研究动机的非营利性；二是研究成果的开放性。因而，不能仅仅依靠私营部门来进行基础性研究，而是需要公共部门对其给予资金投入支持。

应用性研究的一般含义，是把具有较大普遍性的基础科学知识运用到某个专门领域对象。在经济分析意义上，它经常表现为在基础性研究成果基础上进行的与获得市场收益回报动机相联系的研究。例如，在生物学和基因理论基础上进行转基因技术的研究，互联网电话（IP）通讯技术的研究，用经济学理论对牛奶、棉花等某个特定产品市场的研究等，都属于应用性研究范畴。

开发是把研究提供的知识结果或发现运用到商业经营活动中，因而可以理解为知识产业化或商业化的过程。例如，棉花转基因种子产品的开发和商业化运用，IP 技术的经营性利用，估计纺织品需求函数并用于提高企业经营决策效率水平（科学决策能力的开发）等，都可以看作是不同形态的开发活动。

此外，还可以利用发明和创新这两个概念范畴来描述技术进步的途径。它们与研发概念具有交叉性。发明（invention）一般被理解为创造出全新的事物或方法。在与经济和商业活动相关的意义上,发明一般指全新技术、工艺或者全新管理和组织资源方式的产生或提供,它往往表现为应用性研究的结果形态,并有可能得到专利的保护。例如,转基因应用技术成果可以被看作是技术发明。与其相对应,基础科学研究成果一般被称为发现(discovery)。

创新则可以理解为把某项发明成果第一次运用到商业和经营活动中。在时间上第一次运用转基因技术来生产和销售抗虫棉种子是创新,把其他地区已经成熟的技术运用到新的地区即技术推广和扩散,也具有创新性质。因而,可以把创新看作是开发实施过程的一个关键性环节。无论对于一个企业还是一个国家,创新能力高低是在当今商业竞争中极为重要的因素。然而,应当注意的是,由于创新是商业性或市场性开发的一部分,又由于真实商业世界总是充满了大量的不确定性和风险,因而创新活动又注定与事先计划或"工程化"思维方式格格不入。

可以用一个简单图形来概括我们对技术进步性质、作用和实现机制的理解。在图 4 - 21 中,技术进步被定义为新的生产方法以及新的管理组织方式。技术进步导致生产函数改变和生产率提高,并推动经济发展和社会进步。技术进步主要通过人们的研究与开发、发明和创新活动来实现,而经济发展水平越高,对研发的需要和投入也就越大,从而推动技术进步速率加快和经济加速发展。

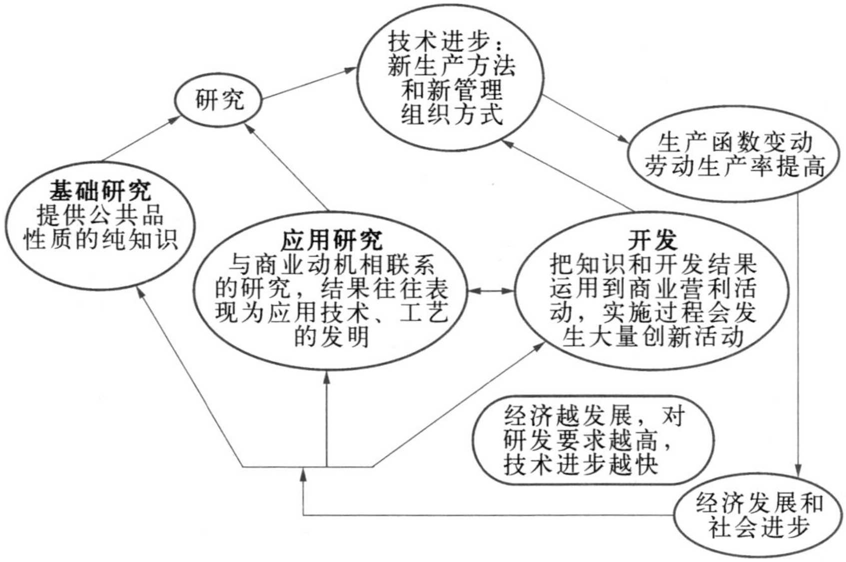

图 4 - 21　技术进步的性质、作用和实现机制

本章小结

(1) 生产函数是指在既定的生产技术条件下，一定时期内各种可行的生产要素组合和可能达到的最大产出量之间的数量关系。我们常常用不同的生产函数来表示不同的生产技术，用生产函数的改变来反映生产技术的改变。

(2) 在管理经济学中，短期和长期并不是指一个具体的时间跨度，而是指能否使企业来得及调整生产规模的时间长度。短期是指企业不能根据它所要达到的产量来调整其全部生产要素的时期。长期是指企业能有足够的时间根据所要达到的产量来调整其全部生产要素的时期。

(3) 总产量是指投入一定量的生产要素所得到的总产出量；平均产量是指平均每单位生产要素投入的产出量；边际产量是指增加或减少一单位生产要素投入量所带来的产出量的变化。总产量、平均产量与边际产量三者之间存在密切联系。这里的总产量、平均产量和边际产量均是在一定技术条件下，在其他要素固定不变的情况下，可变投入与固定要素(不变投入)相结合得到的。

(4) 边际收益递减规律是指在一定的技术水平条件下，若其他生产要素不变，连续地增加某种生产要素的投入量，在经过一定点之后，增加的产量必定会出现逐渐递减的趋势。在边际收益递减的情况下，企业投入生产要素的合理选择是在平均产量等于边际产量与边际产量为零(即总产量最大)的区域内。在这一区域内，当某单一可变要素的边际产量收入等于它的价格时，该可变要素的投入量为最优。

(5) 等产量曲线是指在其他条件不变时，为生产一定的产量所需投入的两种生产要素之间的各种可能组合的轨迹。等成本曲线是指生产要素价格一定时，花费一定的总成本所能购买的两种生产要素组合的轨迹。管理经济学通过等产量曲线和等成本曲线的图形组合，来表现要素的最优投入组合，即生产要素的最优组合发生在等产量曲线与等成本曲线相切之点。

(6) 当单位价格的各种生产要素所得的边际产量相等时，企业的生产要素组合是最优的，即产量达到了最大(当成本给定时)，或者成本达到了最小(当产量给定时)。沿着代表不同产量水平的最优投入组合点的轨迹的生产扩张线扩大生产时，可以始终实现生产要素的最优组合，从而使生产规模扩大的方向最有利。

(7) 在一定的技术条件下，一定的要素投入组合会形成一定的生产规模。其中，所有投入成比例变化时产出比例变动的情况，就是规模收益或规模报酬问题。依据投入与产出之间数量关系的不同，规模收益变动可以分为规模收益递增、规模收益不变和规模收益递减三个阶段。企业生产规模不能过小,也不能过大,应当实现适度规模。

(8) 从经济学分析角度观察,技术进步可以被定义为新的生产方法,以及新的管理组织方式。随着新技术被纳入生产,生产函数会发生变化,并提升生产效率。技术进步可分为资本使用型技术进步、劳动使用型技术进步和中性型技术进步三种类型。技术进步主要通过人们的研究与开发、发明和创新活动来实现。

案例分析

案例 4-1 三季稻不如两季稻

"大跃进"是个不讲理性的年代,时髦的口号是"人有多大胆,地有多高产"。于是,有些地方把传统的两季稻改为三季稻。结果总产量反而减少了。从经济学的角度看,这是因为违背了一个最基本的客观经济规律:边际产量递减规律。

四川省把三季稻改为两季稻之后,粮食产量反而增加了。江苏省邗江县 1980 年的试验结果表明,两季稻每亩总产量达 2 014 斤,而三季稻只有 1 310 斤。更不用说两季稻还节省了生产成本。群众总结的经验是"三三见九,不如二五一十"。这是对边际产量递减规律的形象说明。

资料来源:于卫东主编. 管理经济学. 化学工业出版社,2006.

【案例思考】

1. 请用边际收益递减规律解释上述现象。
2. 举例说明现实生产生活中还有哪些现象与案例所反映的规律相近。

案例 4-2 吉利的通用零件

"够用就好"可能是"吉利制造"的范式评价。这与吉利在车型研发阶段就全面推行车型平台化不无关系。平台化并不是一个新概念,德国的大众汽车就是率先在全球推行平台化战略的汽车制造商之一。虽然平台化这个概念通俗易懂，但是在具体的车型研发工作中会遇到极大的阻力。车型研发人员都希望按照自己的思路制订设计方案以彰显自己的风格。如果要求他们必须在设计方案中使用某些通用零部件，开发人员就需要不断修改设计，以让其他零部件去配合。

这是一个枯燥而艰苦的过程。例如，如果要求开发工程师必须使用某一规格的水泵，那么水泵周边的所有阀体管路都得依据水泵设计。对于开发工程师来说，不仅增加了工作复杂程度，而且自己的工作只是把现有的零部件应用配合起来，自己没有任何创新或者独树一帜的地方可谈，这是他们很难接受的。但对于吉利来说，一个已经使用了10年的水泵，如果能够在新车型内使用，就意味着无需重新开发这个零部件，节省了相当的成本。更重要的是，这个成熟的零部件在10年使用过程中，各种故障问题隐患都已基本解决，使用它意味着质量更加可靠，对于售后服务的便捷性和降低维修成本方面也有很大帮助。更何况，消费者也不会因为一辆新车使用了和别人尺寸截然不同的水泵而购买。

赵福全曾在克莱斯勒担任高级工程师，他的平台开发理念打动了吉利集团董事长李书福。为此，吉利成立了汽车研究院，并于2006年底任命赵福全为院长。赵福全得到了充分的授权和资源，以全面贯彻车型研发平台化。此前，吉利在平台化上最大的成果只是在研发部门建立了一个标准件科，在车型开发中使用了一些诸如螺丝、螺母这样的标准零件。

赵福全上任后第一个动作是把原有的标准件科，改名为标准化科，向开发人员逐步灌输平台化的概念。一年半之后，这个科室的名称被正式改为通用化科。这个由20多名工程师组成的部门并不进行设计开发，唯一的工作就是为每一个新车型开发项目设置“障碍”。通用化科在每一个新车型前期策划时与开发项目小组一起工作，为其规划应该使用的通用化平台零部件，力求在各款新车型中尽可能使用相同的门把手、遮阳板、门锁、玻璃升降器等部件。当开发项目小组反对采用通用化零部件时，通用化科的工程师就有权在绩效考核上扣除该项目的分数，他们得到了赵福全的充分授权。

“能通用就通用，不能通用的也得整成通用。”“所以他们是一个绊脚石，会阻碍很多项目的正常运作，但就得这么干。”赵福全如是说。

资料来源：孔英编著.管理经济学.北京大学出版社，2012.

【案例思考】

1. “吉利”通用零件背后的管理经济学原理是什么？
2. 从技术创新的角度如何来看待生产过程中的成本控制？

案例 4-3

规模经济与企业竞争优势

20世纪60年代和70年代,企业竞争优势一般与规模经济紧密相关。当时,许多成功的企业,如通用汽车、IBM等都具有较大的生产规模,从而获得了低于竞争对手的生产成本。据统计,当时IBM公司拥有70%的市场占有率,而其年利润则占到了整个主机制造业的95%;同样,通用汽车公司以55%的市场占有率,获得了整个汽车制造业80%的利润。

规模经济之所以能够给企业带来竞争优势,是因为在某些行业的经营运作模式中,固定成本同可变成本的比值很高,大规模生产更有利于分摊高昂的固定成本。行业中规模经济的存在,使众多企业因无法消化固定成本而在竞争中处于不利地位。

直到今天,规模经济仍是Intel, Boeing, Microsoft等世界知名大企业的盈利远远高于同行业一般水平的重要因素之一。但我们也看到,在当今许多行业中,由于技术进步,固定成本大大降低,基于规模经济建立起来的竞争优势已不复存在。

日本Toyota公司通过长期实践证明,企业采用的特定技术和管理方式是形成高额固定成本的重要原因,采用新技术或改变管理方式完全可以降低或避免许多固定成本的发生。20世纪80年代以来,Toyota通过减少在制品、机械装备次数,以及批量生产的管理费用,降低了汽车装备过程中的日常管理开支。计算机辅助设计系统的应用,也大大降低了新款汽车设计过程中的固定成本和直接成本。固定成本的降低弱化了企业规模同竞争优势之间的关联。

固定成本的降低削弱了既有的竞争优势,这一变化在钢铁、电力生产和计算机等其他行业中也普遍存在。Intel公司用于设计新型家用微软处理器的70亿美元,以及建造新生产设备的3亿美元投资,曾经对潜在竞争者构成了难以逾越的进入壁垒,但新技术的出现改变了这一状况。例如,Tensilica公司开发的标准微软处理器大大降低了微软处理器的设计费用,并且从此小型甚至微型设备也能胜任微软处理器的生产,设备投资也大大减少,进入壁垒自然降低了。

制药业发生的变化又是一个典型的例子。由于新药的临床试验需要巨额资金,并存在极大的不确定性,从而导致企业规模越大、竞争优势越强的局面。但是,随着技术进步,这一状况已成为历史,其中,人类基因之谜的逐步揭开使临床试验的规模经济大大降低。例如,过去一直认为白血病只有一种。在进行白血病新疗法的临床试验时,各种白血病患者混在一起,药物对有些患者有用,对另一些患者则不起作用。为了检测令人满意的临床试验效果,需要大量患者参与试验,且试验周期很长,造成了临床试验的高昂成本和制药业的规模经济。但现在我们知道至少存在六种不同的白血病,医生只要抽取一份血样进行基因分析就能确诊患者得的是哪种白血病,从而对症下药,临床试验的规模大大缩小。可以预言,在不久的将来,临床试验的规模将更小,周期将更短,临床试验的结果将更精确。这一发展趋势,必将导致大规模制药企业在竞争中失去原有的优势。今天,企业规模的扩大并不一定会给企业带来竞争优势。因此,企业必须在制定发展战略时对"规模"和"经济"之间的关系进行重新思考,盲目扩大规模可能反而会给企业未来的发展造成不利影响。

资料来源:池仁勇主编. 管理经济学. 科学出版社,2005.

【案例思考】

在不同的行业中,应该怎么去确定企业的适度规模?请就你熟悉的一个行业(或企业)为例加以分析。

案例 4-4

微信带给企业的变革

微信的出现,第一次让企业可以如此容易、便捷、深度地连接到自己的客户。

网站、APP 的问题是门槛较高,微博倒是一个容易使用的工具,但是太嘈杂,很难建立深度连接。微信所提供的公众平台则是目前为止最合适的一个场所,它能产生巨大价值。

海口美兰国际机场(下称"美兰机场")对此体会很深。对一家机场而言,旅客是流动的,在此之前要与他们建立连接格外困难。在用两个月时间开发完公众号后,从 2013 年 9 月 20 日上线后的两个月时间里已经有 1 万多关注数。它建立连接的切入点是微信值机。

美兰机场在当初设计时吞吐量为 900 万旅客,如今已经接近 1 200 万,这增加了旅客排队时间,也给值机柜台造成了巨大压力。尽管一直以来美兰机场都在尝试新的值机方式,比如网上值机和移动值机,但前者的问题是用户习惯,后者则操作起来人力成本太高,微信值机解决了这两个难点。

借此与用户建立连接只是第一步,之后有很多延展空间。作为一个旅游城市的机场,客户都以旅游客为主,这些人对海南、对美兰机场都不熟悉,所以美兰机场还会给他们提供当地的天气、交通和旅游信息。在微信开放了地理位置接口后,美兰机场将会直接提供导航服务,告诉旅客如何以最便捷的方式到达机场,路途中应该注意什么,引导旅客分配好时间。在此过程中还诞生了新的商业机会,比如为旅客提供接机引导服务。

“我们想给旅客提供与机场这个场景相关的延伸服务”,美兰机场运行保障部信息管理中心经理邓超透露,接下来美兰机场还会提供飞航业务和餐饮服务,比如让旅客能在隔离区内点隔离区外的餐饮,给旅客在高价餐馆和泡面二者之外提供更多选择。当然,美兰机场也可以成为机场商区的线上导航,向旅客提供商户的优惠、打折信息。

微信所提供的连接降低了门槛,连接之后也用微信的方式降低信息的输入和输出成本,增加信息的流动效率,企业要做的只是用微信的方式去思考——用户第一,在服务用户的同时与客户建立深度连接,自然也会给企业带来新机会。

在微信连接一切的路上,其实迎来的是一个全新的世界,这是企业观察微信时不能忽视的视角。微信能在短短3年时间内吸纳2.7亿月活跃用户,其公众平台能在15个月里诞生200多万个公众号,不只是微信的能量,而是背后移动互联网爆发的推动力。

科技作者凯文·凯利发现,技术创新是有方向的,带有倾向性。这种倾向性一定程度上独立于人类发明者。微信这款真正诞生于移动互联网的产品,它充分理解移动互联网,用移动互联网的方式理解世界,它是被移动互联网这股科技力量选中的幸运儿。

没人会怀疑移动互联网将带来一个新时代,微信是一个开始,它会推动一些企业前进,也会阻挡一些企业。可以肯定的是,没人能够错过它。

资料来源:纪云.新浪博客.2013-12-11.http://content.businessvalue.com.cn/post/16343.html.

【案例思考】

请就技术进步如何改变生产,以及如何影响边际收益递减规律发挥作用等方面展开讨论。

练习与思考

一、名词解释

总产量　平均产量　边际产量　边际收益递减规律　等产量曲线　等成本曲线

二、单项选择题

1. 如果连续地增加某种生产要素，在总产量达到最大时，边际产量曲线(　　)。

   A. 与纵轴相交　　B. 经过原点

   C. 与平均产量曲线相交　　D. 与横轴相交

2. 如图 4－22 所示，企业的理性决策区域应是(　　)。

   A. $3<L<8$

   B. $4.5<L<8$

   C. $3<L<4.5$

   D. $0<L<4.5$

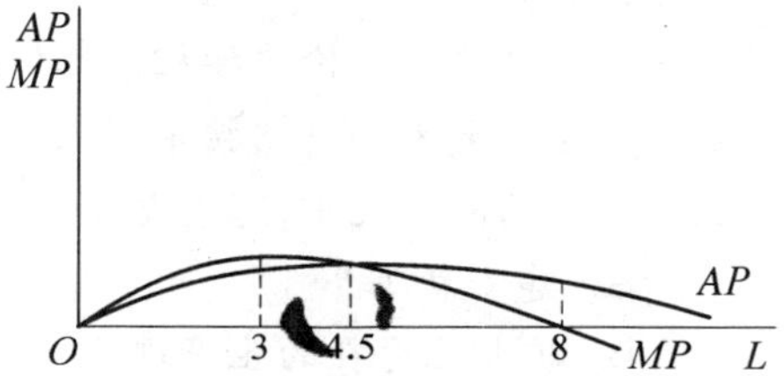

图 4－22

3. 下列说法不正确的是(　　)。

   A. 只要总产量减少，边际产量一定是负数

   B. 只要边际产量减少，总产量也一定减少

   C. 边际产量的下降一定先于平均产量

   D. 边际产量曲线一定在平均产量曲线的最高点处与之相交

4. 如果以横轴表示劳动，纵轴表示资本，则等成本曲线的斜率是(　　)。

   A. P_L/P_K　　B. P_K/P_L　　C. $-P_L/P_K$　　D. $-P_K/P_L$

5. 如果某企业增加 1 单位劳动使用量能够减少 3 单位资本使用量，而仍生产同样多的产出量，则 $MRTS_{LK}$ 为(　　)。

   A. -3　　B. -6　　C. $-1/3$　　D. -1

6. 等产量曲线是指在这条曲线上的各点代表(　　)。

   A. 为生产同等产量，投入要素的各种组合比例是不能变化的

   B. 为生产同等产量，投入要素的价格是不变的

   C. 为生产同等产量，投入要素的成本是不变的

   D. 投入要素的各种组合所能生产的产量都是相等的

7. 规模收益递减是在下列哪种情况下发生的(　　)。

   A. 按比例连续增加各种生产要素

   B. 不按比例连续增加各种生产要素

   C. 连续地投入某种生产要素而保持其他生产要素不变

   D. 以上都正确

8. 假如某企业在现有的生产要素投入量下产量为 100 万件，当所有生产要素

投入量同时增加到2倍时产量为150万件，则该企业生产是(　　)。

A. 边际收益=边际成本　　B. 规模收益递增

C. 规模收益不变　　D. 规模收益递减

9. 等成本曲线平行向外移动表明(　　)。

A. 产量提高了

B. 成本增加了

C. 生产要素的价格按相同比例提高了

D. 生产要素的价格按不同比例提高了

10. 在下面的情况中，可能是企业选择的短期调整是(　　)。

A. 建立新工厂

B. 扩大已存在的生产规模

C. 雇用工人以加长总工作时间

D. 关闭生产设备

三、多项选择题

1. 关于生产函数，下列说法中正确的有(　　)。

A. 生产函数说明的是一定时期内的投入和产出关系，时期不同，生产函数就有可能不同

B. 生产函数反映的是一定的投入要素组合所可能达到的最大产量

C. 生产函数与技术水平相联系

D. 生产一定量的产品，各种生产要素的投入比例通常不是唯一固定的，而是存在多种组合

E. 生产函数所表示的投入量与产出量之间的依存关系在任何企业都是客观存在的

2. 下列关于边际收益递减规律发生作用的前提条件的说法中，正确的有(　　)。

A. 生产要素投入量的比例是可变的

B. 以技术水平保持不变为前提

C. 所增加的生产要素具有同样的效率

D. 边际收益递减在投入的可变生产要素超过一定数量以后才会出现

E. 只有在大企业才适用，小企业不适用

3. 当平均产量达到最大时，则(　　)。

A. 边际产量等于平均产量

B. 边际产量大于平均产量

C. 边际产量小于平均产量

D. 边际产量曲线穿过平均产量曲线最高点

E. 边际产量曲线与横轴相交

4. 规模收益递增的原因有(　　)。

A. 生产专业化协作

B. 某些生产要素具有不可分割性

C. 规模扩大便于管理

D. 规模扩大后企业就相对更具有竞争优势

E. 企业员工技能随企业规模扩大而提高

5. 技术进步的类型有(　　)。

A. 劳动使用型　　B. 资本使用型

C. 中性型技术进步　　D. 硬件进步

E. 软件进步

四、判断题

1. 反映投入与产出之间关系的数学函数是利润函数。(　　)

2. 只要边际产量减少,总产量一定也减少。(　　)

3. 在一条等成本曲线上,上部代表的成本大于下部代表的成本。(　　)

4. 等产量曲线斜率为负,表明要素合理投入区域应是一种要素在生产中可以替代另一种要素。(　　)

5. 在一定技术水平下,只要增加某种生产要素投入量,总产量就一定增加。(　　)

6. 边际技术替代率是负的,并且呈递增趋势。(　　)

7. 生产者均衡点是在等产量曲线和等成本曲线相切的切点处。(　　)

8. 生产扩张线上的各点并不一定都是生产者均衡点。(　　)

9. 若两种投入要素可以完全替代,则等产量曲线是一条向左下方倾斜的直线。(　　)

10. 管理经济学中的短期与长期,并不能完全按照时间划分。(　　)

五、简答题

1. 简要回答总产量、平均产量和边际产量三者之间的关系。

2. 生产的三个阶段是如何划分的?为什么企业应该选择第二个阶段进行生产?

3. 试用边际收益递减规律说明我国农村剩余劳动力转移的必要性。

4. 企业要招聘工厂流水线操作工,在平均劳动产出与边际劳动产出中,一般企业更关心哪一个?如果企业发现平均产出开始下降,企业会雇用更多的工人吗?

这种情况下,意味着企业之前雇用的工人的边际产出如何?

5. 边际收益递减规律和规模收益递增原理是否矛盾?为什么?

6. 如果生产中用的某种投入要素是免费的,而且可以用之不尽、取之不竭,那么,企业使用这种投入要素是否越多越好?为什么?

六、计算题

1. 已知生产函数为 $Q=f(K,L)=KL-0.5L^2-0.32K^2$,求当 $K=10$ 时劳动的平均产量函数和边际产量函数。

2. 假设某企业产出一定量的某种产品需要的劳动 L 和资本 K 的数量可以采用下述 A, B, C, D 四种组合中的任何一种,如表 4-3 所示。

表 4-3 劳动和资本的投入组合

组合方式	L/单位数	K/单位数
A	18	2
B	13	3
C	11	4
D	8	6

(1) 若每单位劳动价格为 6,每单位资本价格为 12,则该企业为使要素组合最优应该采用哪种方法?

(2) 若资本价格不变,每单位劳动价格上升到 8,则该企业又应该采用哪种方法?

3. 已知某企业的生产函数为 $Q=21L+9L^2-L^3$,其中,L 代表劳动力的数量。

(1) 求该企业的平均产出函数和边际产出函数。

(2) 如果企业现在使用 8 个劳动力,试问是否合理?合理的劳动使用量应在什么范围内?

(3) 如果该企业产品的市场价格为 6 元,劳动力的市场价格为 126 元,该企业的最优劳动投入量是多少?

4. 假定某企业的生产函数为 $Q=8L^{0.5}K^{0.5}$,劳动力(L)的价格为每单位 90 元,资金(K)的价格为每单位 160 元。问:

(1) 如果企业希望生产 2 592 单位的产品,它应该投入 L 和 K 各多少才能使成本最低?此时的成本是多少?

(2) 如果企业打算在 L 和 K 上总共投入 103 680 元,那么,它在 L 和 K 上应各投入多少才能使产量最大?最大产量是多少?

第五章

成本-收益分析

学习目标

学完本章，你应该能够：

(1) 熟悉管理经济学的成本、收益和利润的概念及其相互关系；

(2) 了解成本函数的概念及其主要类型；

(3) 掌握短期成本的主要度量指标，熟悉各类短期成本的变化规律及其相互关系；

(4) 了解边际成本递增规律，掌握等边际成本原理及其简单应用；

(5) 了解长期成本分析的方法，掌握规模经济的变化规律；

(6) 掌握成本-收益分析方法中贡献分析法和盈亏平衡分析法的原理与具体应用；

(7) 掌握利润最大化原则。

基本概念

经济成本　会计成本　机会成本　增量成本　沉没成本　总收益　平均收益　边际收益　会计利润　经济利润　正常利润　固定成本　可变成本　平均成本　边际成本　规模经济

上一章分析了各生产要素之间以及投入与产出之间的物质技术关系。但是，生产者为了实现利润的最大化，不仅要考虑这种物质技术关系，还要考虑成本与收益之间的经济关系。

成本又称生产费用，是指企业生产中所用的各种生产要素支出的货币形态。收益则是出售产品所得到的收入，是产量的货币形态。本章将首先介绍管理决策中所强调的一些成本概念，以及相关的收益和利润概念，进而讨论企业的成本函数；接着，依次进行短期成本分析和长期成本分析；然后，从应用性和实务性出发，介绍了一些常用的成本-收益分析的方法,并给出了利润最大化的原则。

第一节　相关概念与成本函数

一、显性成本与隐性成本

显性成本与隐性成本

- 显性成本是指企业从事一项经济活动时所花费的货币支出。
- 隐性成本是指企业使用自有生产要素时所花费的成本。

企业生产经营活动中实际发生的成本往往包含两部分：显性成本和隐性成本。

显性成本,是指企业从事一项经济活动时所花费的货币支出。它包括员工工资、购买原材料及辅助材料所支付的费用、借入资本的利息、保险费、广告费以及税金等。这些成本都会在企业的会计账册上显示出来,因此又称为会计成本。

隐性成本,是指企业使用自有生产要素时所花费的成本。这种成本之所以被称为隐性成本,是因为企业使用自有的生产要素看起来不用花钱,即不发生货币费用支付,比如,使用自有原材料不用花钱购买,使用自有资金不用支付利息,企业主为本企业劳动不用支付工资,使用自有厂房不用支付房租,等等。但是,不支付费用使用自有要素并不等于没有成本。因为这些要素如果不是自用,完全可以给其他的企业使用从而得到报酬。这种报酬就是企业使用自有要素的机会成本。关于机会成本,后面还要详细讨论。

二、经济成本与会计成本

经济成本是企业生产产品或提供劳务时,对使用的生产要素所作的支付。它包括显性成本和隐性成本,即:

$$经济成本 = 显性成本 + 隐性成本$$

会计成本就是指显性成本,即:

$$会计成本 = 经济成本 - 隐性成本$$

三、机会成本

机会成本

如果一种生产要素被用于某一特定用途，它便放弃了在其他各种用途上可能获取的收益，这其中的最大收益就是这种生产要素用于这一特定用途的机会成本。

所谓机会成本，是指如果一种生产要素被用于某一特定用途，它便放弃了在其他各种用途上可能获取的收益，这其中的最大收益就是这种生产要素用于这一特定用途的机会成本。机会成本的存在需要两个重要的前提条件：第一，生产要素是稀缺的；第二，生产要素是具有多种用途的。从更为广泛的意义上来说，机会成本的概念也可以表述为：作出一项决策时所放弃的其他可供选择的最好用途。例如，在农场同样的资源（饲料、房屋、劳力）既可以用来养鸡，又可以用来养猪。如果某人选择用这些资源养鸡，那么他如果养猪所能得到的最大收益就是其养鸡的机会成本。现假定猪肉价格提高或养猪成本降低，使养猪的收益增加了，那么，养鸡的机会成本就会提高，资源便会从养鸡转移到养猪，猪肉的供给就会增多。由此，我们看到机会成本并不是实际发生的成本，但在经济决策时又不能不考虑，有时甚至要“斤斤计较”。

四、增量成本与沉没成本

在进行面向未来的决策时，对待“沉没成本”应该持什么态度？

增量成本与沉没成本也是管理经济学中的重要概念。增量成本是因作出某一新的决策而引起的全部成本的变化。它是企业进行短期决策时最重要的成本概念。如果决策前的成本是 C_1，决策后的成本是 C_2，那么增量成本即为 $\Delta C = C_2 - C_1$。与此对应，有的成本不因新的决策而变化，比如决策前已经支出的成本或已经承诺支出的成本，决策对它没有影响，即与决策无关的成本，这种成本称为沉没成本。

运用增量成本进行决策分析时，要把增量成本与增量收入相比较（增量收入就是因作出某一新的决策而引起的全部收入的变化），如果增量收入大于增量成本，说明这一新的决策会导致总利润增加，因而是可以接受的。否则，就是不可以接受的。

沉没成本是已经沉到“海底”而无法收回的成本。比如,在不少城市中,有时我们可以看到一些“半吊子”项目。比方说,一座楼房建了一半,留下半截空架子就停止了建设。如果这不是因为房地产商没有资金,也不是因为建筑质量不合格,而是因为房地产商认为继续建设在经济上是不合算的,那么,这些“半吊子”项目工程如果无人问津就完全是沉没成本了,如果还能转让,那多少还可以收回一些资金,沉没成本就会降低。但无论如何,沉没成本是过去的成本了,它与面向未来的企业决策是无关的,应采取“随它去”的超脱态度。正所谓“沉没成本已经沉没,过去的就让它过去吧”!

五、个体成本与社会成本

个体成本是企业按市场价格支付的一切费用。它是从企业角度考虑的成本,也就是我们常说的企业生产经营成本。

社会成本是生产者投入的成本与社会为此付出的代价之和。它是从全社会的角度考虑的成本,不仅包括企业为生产经营活动所必须投入的成本,还包括整个社会为此付出的代价,这种代价成为社会的外在成本,当然也包括全社会从中得到的利益。

最典型的社会成本是对环境污染的治理费用。比如,一个企业在生产经营过程中,对环境造成了污染。也许企业已经支付了一部分排污费,但往往还不够,社会必须再支付一笔费用来治理这些污染,以维持广大百姓的健康。

六、企业的收益

总收益、平均收益、边际收益

• 总收益是企业出售一定量产品所得到的总收入。

• 平均收益是企业出售单位产品的收入。

• 边际收益是企业每增加或减少一单位产量所引起的总收益的变化量。

收益是企业出售产品所获得的收入,有总收益、平均收益和边际收益之分。

总收益是企业出售一定量产品所得到的总收入,用 TR 表示。它等于产品的单价 P 乘以销售量 Q,即 $TR = PQ$。

平均收益是企业出售单位产品的收入，用 AR 表示。它等于总收益（TR）除以销售量（Q），即 $AR=\frac{TR}{Q}$。

边际收益是企业每增加或减少一单位产量所引起的总收益的变化量，用 MR 表示。它等于总收益的变化量（ΔTR）与销售量的变化量（ΔQ）之比，即 $MR=\frac{\Delta TR}{\Delta Q}$。

七、会计利润、经济利润与正常利润

会计利润、经济利润与正常利润三者之间存在什么样的关系？

由上述分析可知，会计学意义上的成本和经济学意义上的成本有着鲜明的区别。一般地，企业的利润等于企业的收益减去成本，用 π 表示。收益总是等于产量与价格的乘积，但成本却可以不同，因此，使用不同的成本概念就得到不同的利润概念。

会计利润＝收益－会计成本

经济利润＝收益－经济成本

在通常情况下，经济成本比会计成本要大，因此经济利润一般比会计利润要小。这样，就很可能出现对企业盈利状况的不同评价：按会计师的核算结果一家公司是盈利的，即企业的会计利润是大于零的，但企业的经济利润却可能是负的，按经济师的观点就是亏损的。经济利润是企业所追求的目标，我们平常所说的“企业的目的是追求利润最大化”，就是指的这个利润。在实践中，经济利润和会计利润的差异主要来自经济成本中企业使用自有生产要素的机会成本，尤其是企业家人才资源的机会成本。

由此，我们再引入正常利润的概念。在一般意义上，所谓正常利润，就是经济成本超过会计成本的部分。如果忽略其他因素，正常利润主要就是通常所说的企业家才能的报酬，其数值大小等于企业家人才的机会成本。因此，正常利润包括在经济成本之中，是经济成本的一部分。

当企业的会计利润恰好等于正常利润的时候，其经济利润就等于零，我们说企业不亏不盈；当企业的会计利润超过正常利润的时候，它就有正的经济利润，此时我们就说企业获得了超额利润；而当企业的会计利润低于正常利润的时候，这一企业在经济分析的意义上就是亏损的。

八、成本函数

成本函数等同于成本方程吗?

成本理论离不开成本函数。成本函数反映的是产品的成本 C 与产量 Q 之间的关系,用数学式表示即:$C = f(Q)$。

成本理论之所以要讨论成本函数,是因为企业决定生产多少产量,必须比较收益和成本的关系以求利润最大化。而收益和成本都是随着产量变化而变化的。因此,必须研究成本和产量的关系。

成本函数主要取决于生产函数和要素价格这两个因素。生产函数表明投入的要素与产量的关系,若结合要素的价格,就能决定产品的成本函数。

具体分如下三种情况来讨论。

第一,假如在整个生产时期投入的要素价格不变,且生产函数属于规模收益不变,即产量变化与投入要素量变化成正比关系,那么,它的成本函数,即成本与产量之间也是正比关系,如图 5-1 所示。

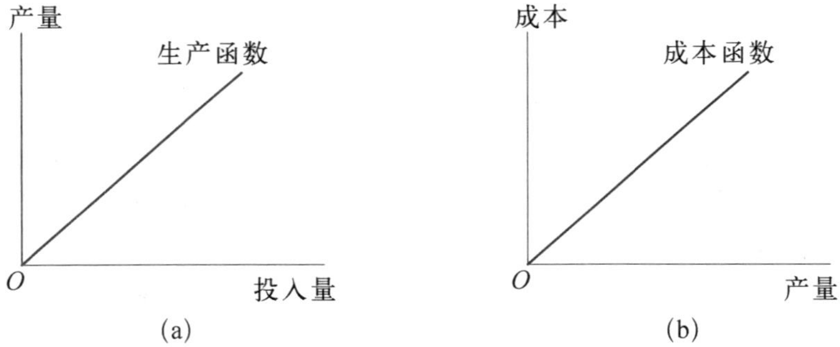

图 5-1　规模收益不变条件下的成本函数

第二,如果要素价格不变,而生产函数属于规模收益递增,即产量的增加速度随要素投入量的增加而递增,那么,它的成本函数表现为成本的增加速度随着产量的增加而递减,如图 5-2 所示。

第三,如果要素价格不变,而生产函数属于规模收益递减,即产量的增加速度随要素投入量的增加而递减,那么,它的成本函数表现为成本的增加速度随着产量的增加而增加,如图 5-3 所示。

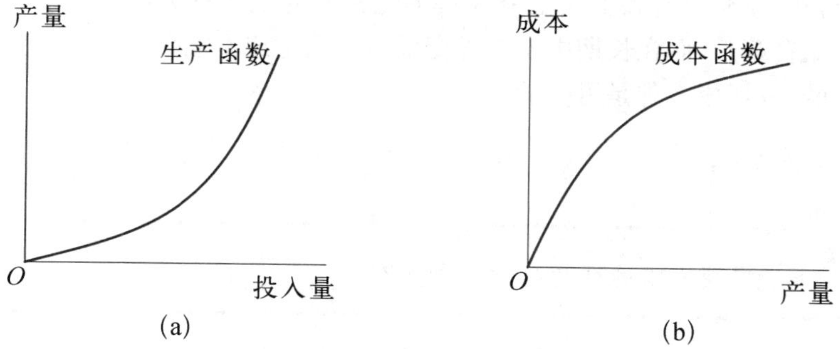

图 5-2 规模收益递增条件下的成本函数

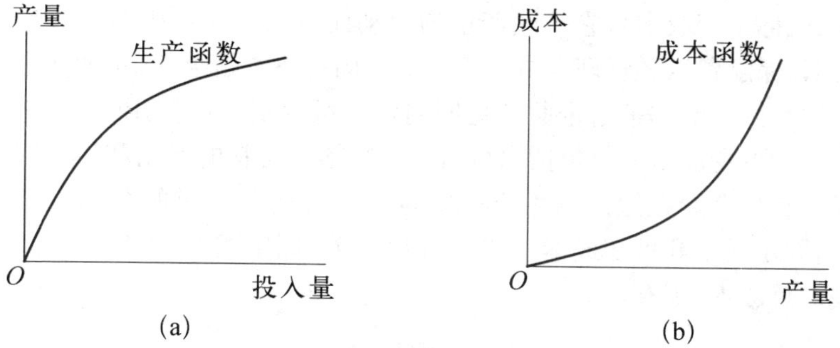

图 5-3 规模收益递减条件下的成本函数

由上可见,成本函数源于生产函数,只要知道某种产品的生产函数以及投入要素的价格,就可以推导其成本函数。

另外还要注意的是,成本函数并不同于成本方程。成本函数说的是成本和产量之间的关系,成本方程说的是成本等于投入要素成本的总和。比如,投入要素为资本 K 和劳动 L,其价格分别为 P_K 和 P_L,则成本方程为 $C=L\cdot P_L+K\cdot P_K$。成本方程是一个恒等式,而成本函数是一个自变量为产量的函数式。

第二节 短期成本分析与长期成本分析

从上一章我们知道,管理经济学上所说的短期是指企业不能根据它所要达到的产量来调整其全部生产要素的时期;长期是指企业能有足够的时间根据所要达到的产量来调整其全部生产要素的时期。在短期内,可以调整的成本称为可变成本(如燃料费、原材料费和工人工资等),不能调整的成本称为固定成本(如厂房和设备的折旧费等)。而在长期中没有可变成本和固定成本之分,一切生产要素都是可以调整的,一切成本都是可变的。

一、短期成本分析

短期成本的度量指标有哪些?

1. 固定成本、可变成本与总成本

在短期中,投入要素分为不变要素和可变要素,购买不变要素的费用支出就是固定成本(或称不变成本),它不随产量的变动而变动。固定成本一般包括厂房和设备的折旧、保险费以及管理人员的工资等。固定成本是个常数,即使企业停产也要照常支付。可变成本是指企业在短期内购买可变要素的费用支出,它随产量的变动而变动。可变成本一般包括原材料、燃料、辅助材料的费用和生产工人的工资等。总成本是指企业在短期内生产一定量的产品所要支付的全部生产要素的费用,它包括固定成本和可变成本。如果用 FC 表示固定成本,用 VC 表示可变成本,用 TC 表示总成本,则有:

$$TC = FC + VC \tag{5-1}$$

或者也可以这样表示:

$$TC = b + f(Q) \tag{5-2}$$

式中:$f(Q)$表示可变成本,它是产量 Q 的函数;b 表示固定成本,为常数。

2. 平均成本与边际成本

在成本分析中,也需要使用平均量和边际量的概念。上述 TC、FC和 VC 分别除以产量 Q 就得到平均成本、平均固定成本和平均可变成本。

平均固定成本(AFC)是每单位产品上分摊的固定成本,等于固定成本除以产量,即:

$$AFC = \frac{FC}{Q} = \frac{b}{Q} \tag{5-3}$$

AFC 曲线是一条等轴双曲线,每一端无限趋近于纵轴或横轴。随着产量的增加,AFC 逐渐变小,这是很显然的事,因为产量越大,分摊到每一单位产量上的固定成本就越少。

平均可变成本(AVC)是每单位产品上分摊的可变成本，等于可变成本除以产量，即：

$$AVC = \frac{VC}{Q} = \frac{f(Q)}{Q} \tag{5-4}$$

平均成本(AC)是每单位产品的成本，等于总成本除以产量，也等于平均固定成本与平均可变成本之和，即：

$$AC = \frac{TC}{Q} = \frac{FC + VC}{Q} = \frac{b + f(Q)}{Q} = AFC + AVC \tag{5-5}$$

边际成本(MC)是每增加或减少一单位产量所引起的总成本的变化量，等于总成本对产量的导数或总成本曲线的斜率，即：

$$MC = \frac{\mathrm{d}TC}{\mathrm{d}Q} = f'(Q) \tag{5-6}$$

这里需要说明的是，短期中固定成本并不随产量的变动而变动，所以，短期边际成本实际上是相对于可变成本而言的。

3. 各类短期成本的变动规律及其关系

各类短期成本之间存在什么样的关系？

为了便于分析起见，把总成本、可变成本、固定成本与平均成本、平均固定成本、平均可变成本、边际成本曲线分别画在了图 5-4(a)和图 5-4(b)中。

(1) 总成本曲线 TC、可变成本曲线 VC 与边际成本曲线 MC 的关系。

由边际成本的定义可知，边际成本就是总成本曲线的切线的斜率。又知，总成本曲线由可变成本曲线和固定成本曲线加总而成，而固定成本是一常数，因此，事实上，总成本曲线是将可变成本曲线向上平移 FC 这段距离而得到的。由此可知，边际成本同时也是可变成本曲线的切线的斜率，也就是说，总成本曲线与可变成本曲线在每一个产量水平上都具有相同的切线斜率。

(2) 总成本曲线 TC 与平均成本曲线 AC 之间的关系。

将总成本曲线上的任意一点与原点连成一条直线，这条连线的斜率就等于该点的总成本与该点对应的产量相除，即等于 TC/Q，而这正与平均成本的定义相符。因此，平均成本曲线即由总成本曲线上相应点与原点连线的斜率所决定。这一结果适用于短期总成本 TC 与短期平均成本 AC 之间的关系，也适用于总的可

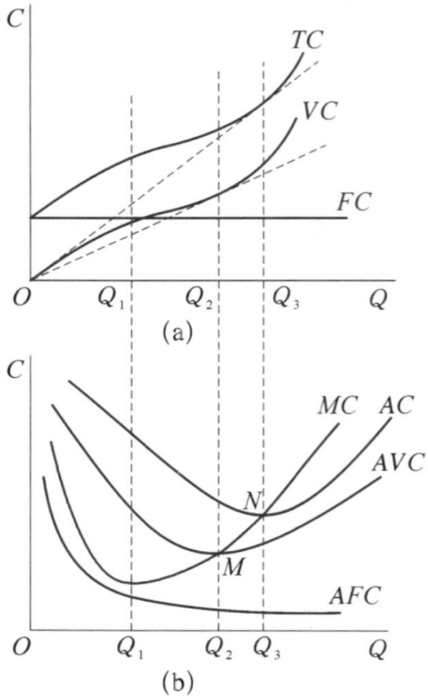

图 5－4 各类短期成本曲线及其相互关系

变成本 VC 与平均可变成本 AVC 的关系，同样适用于总的固定成本 FC 与平均固定成本 AFC 之间的关系。

从图 5－4 中可以看出，当产量为 Q_2 时，可变成本曲线 VC 与原点连线的斜率达到最小值，相应地，平均可变成本曲线 AVC 在 Q_2 点达到最低点；当产量为 Q_3 时，总成本曲线 TC 与原点连线的斜率达到最小值，则平均成本曲线 AC 相应地在 Q_3 点达到最低点。

需要说明的是，Q_3 必定大于 Q_2，即平均成本 AC 的最低点必定在平均可变成本 AVC 最低点的右上方。这是因为，当平均可变成本 AVC 达到最低点之后开始上升的时候，起初上升速度缓慢，并不能抵消仍在下降的平均固定成本 AFC，因而使得作为二者之和的 AC 在 Q_2 与 Q_3 之间仍呈下降趋势。当产量继续增加，超过 Q_3 之后，AVC 上升的幅度超过了 AFC 下降的幅度，这才使得总的平均成本 AC 开始上升。

平均成本曲线 AC，平均可变成本曲线 AVC 和边际成本曲线 MC 均呈 U 形，为什么是这样呢？

AC 曲线、AVC 曲线和 MC 曲线均呈现 U 形，造成这种形状的原因都是可变投入要素的边际收益递减规律在起作用，下面以 AVC 曲线为例具体加以说明。

平均可变成本 AVC 曲线呈 U 形，其原因是：它在生产的最初阶段向下倾斜，是因为在连续追加可变要素以后，边际产量会以较大幅度递增，平均产量随之增加，与此相应，平均可变成本曲线向下倾斜。当产量达到较高水平时，由于机器设备的生产效率已得到充分发挥，再增加可变生产要素，边际产量就会递减，从而平均产量就会降低，因此平均可变成本曲线就会向上倾斜。

(3) 边际成本曲线 MC 与平均成本曲线 AC，平均可变成本曲线 AVC 的关系。

当边际成本分别小于平均成本和平均可变成本，即曲线 MC 在 AC 及 AVC 下方时，平均成本曲线 AC 和平均可变成本曲线 AVC 是下降的；当边际成本分别大于平均成本和平均可变成本，即 MC 曲线位于 AC 及 AVC 上方时，平均成本曲线 AC 和平均可变成本曲线 AVC 呈上升趋势；而当边际成本分别和平均成本及平均可变成本相等时，AC 和 AVC 分别达到最低点。对于边际成本与平均成本曲线之间的关系，可以通过简单的数学推导加以证明，具体可参见本书数学附助七。

企业亏损时停不停产？

图 5-4 中的 N 点被称为收支相抵点。在 N 点上 $MC = AC$，如果此时价格等于平均成本，即 $P = AC = MC$，企业的成本与收益相等，但仍然获得正常利润。

图 5-4 中的 M 点为停止营业点。在 M 点上 $MC = AVC$，如果此时价格等于平均可变成本，即 $P = AVC = MC$，则企业可生产也可不生产。因为，此时生产与不生产的损失相同，都是不生产也要支付的平均固定成本。如果价格小于平均可变成本，则不能生产，因为生产的损失不仅是固定成本，而且还要蒙受可变成本的损失。

容易看到，边际成本与平均成本、平均可变成本之间的关系和第四章所分析的边际产量与平均产量之间的关系是完全类似的。在第四章中，边际产量曲线和平均产量曲线均是呈倒 U 形的，边际产量曲线 MP 在平均产量曲线 AP 的最高点从上到下穿过平均产量曲线。而在这里，边际成本曲线、平均成本曲线与平均可变成本曲线均呈 U 形，边际成本曲线 MC 分别从平均可变成本曲线 AVC 的最低点与平均成本曲线 AC 的最低点自下而上穿过。

事实上，总成本曲线与边际成本曲线之间的关系也类似于总产量曲线与边际产量曲线的关系；而总成本曲线和平均成本曲线的关系亦与总产量曲线和平均产量曲线的关系相类似。

4. 边际成本递增规律

是什么规律决定了短期成本曲线的形状？

从第四章的讨论中已经知道，是边际产量曲线的形状决定了总产量曲线及平均产量曲线的走向，而决定边际产量曲线呈现先上升后下降的倒 U 形形状的则是边际收益递减规律。这里需要说明的是，作为边际成本曲线的基础的也仍然是边际收益递减规律，而总成本曲线、平均成本曲线与平均可变成本曲线的走向亦由边际成本曲线的形状决定,因此边际收益递减规律既是短期生产函数分析的基础,也是短期成本分析的基础。

容易发现,在短期中,边际成本与边际收益呈相反的方向变动。因此,由边际收益递减规律,可以得到这么一个推论:在一定的生产技术条件下,随着产量的增加,边际成本开始时逐渐下降,当边际成本下降到一定程度时再继续增加产量,边际成本反而会大幅度地上升。这就是边际成本递增规律。

5. 产量分配——等边际成本原理

等边际成本原理

在企业所属每个工厂的边际成本都随产量的增加而增加的情况下,当各个工厂的边际成本都相等时,各个工厂之间的产量的分配,能使企业的总成本最低。

现代大企业往往拥有几个工厂,这些工厂可以生产相同的产品,这样,企业就可能需要解决这样的问题:接受了一批新的订货,如果几个工厂都能生产,应如何分配产量?或者原来各厂都已有相当的产量,但企业是否有必要在内部调整各厂的产量?如果需要,应如何调整?这两个问题的实质是一样的。

按照关于企业目标的基本假定,产量的分配或调整应以利润最大化为目标。如果订货的总量已经确定,价格也给定不变,那么,整个企业的销售收入也就确定了,此时要实现利润最大化就等价于成本最小化。于是,在每个工厂的边际成本都随产量的增加而增加的情况下,产量的分配应当遵循等边际成本原理,即当各个工厂的边际成本相等的时候,就可以使得企业的总成本达到最低。

二、长期成本分析

1. 长期成本曲线

长期成本曲线是如何得到的?

在长期中,企业可以通过改变各种要素投入,在每一个产量水平上选择成本最低的生产规模进行生产,此时不再有固定成本之说,只区分为长期总成本、长期平均成本和长期边际成本。这里,长期总成本是指企业在长期内,在每一个产量水平上通过改变生产规模所能达到的最低总成本;而长期平均成本则表示在长期内,企业自由选择最优规模时按产量平均计算的单位最低成本。那么，企业的长期成本曲线将如何变化呢?

由上一章可知，生产扩张线上的每一点都代表在相应的产量水平下最低成本的要素投入组合。而企业在长期中同样追求利润最大化，当然对任何产量水平都试图以最低成本进行生产。因此，通过计算生产扩张线上的各点成本，就可以得到长期总成本曲线。

如图5-5(a)所示，假定生产扩张线上的E_1，E_2和E_3分别代表当产量水平为Q_1，Q_2和Q_3时的最优投入组合。从E_1点可以得到对应于产量水平为Q_1时的总成本，即$C_1 = P_L \cdot L_1 + P_K \cdot K_1$。同理，可以得到产量为$Q_2$和$Q_3$时的总成本分别为$C_2 = P_L \cdot L_2 + P_K \cdot K_2$和$C_3 = P_L \cdot L_3 + P_K \cdot K_3$。据此，我们就可以推导出长期总成本曲线，如图5-5(b)所示。

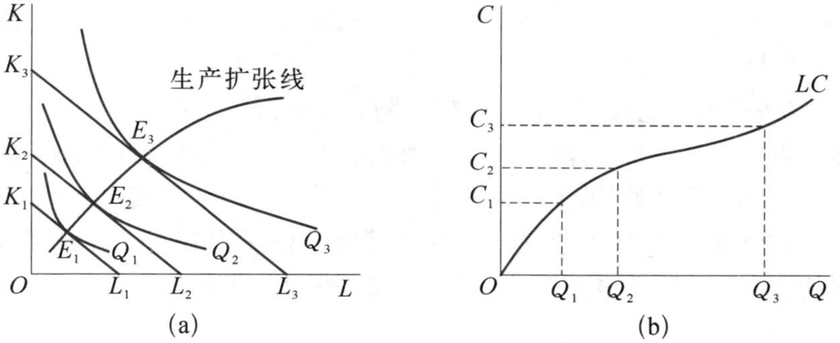

图5-5　长期总成本曲线的导出

与短期成本曲线类似，从长期总成本曲线即可进一步得出长期平均成本曲线和长期边际成本曲线。当然，长期成本曲线也可以根据短期成本曲线求得(这里就不详细展开了，有兴趣的读者可以参阅相关的经济学教材)。长期平均成本曲线与长期边际成本曲线一般也都呈现先下降后上升的U形形状，但它们和长期总成本曲线一样，也分别比相应的短期成本曲线更平坦，并且长期边际成本曲线亦相交于长期平均成本曲线的最低点。

是什么规律决定了长期成本曲线的形状?

有必要明确的是，对短期成本曲线而言，边际收益递减规律是其基础，是使得短期边际成本曲线先下降后上升的原因，并由此决定了其他短期成本曲线的形状；

而对长期成本曲线来说，决定其形状的则是规模经济性。长期内不存在任何固定投入，长期边际成本涉及所有投入的变动，要素组合比例不再受到任何不可改变的要素投入的限制，因此边际收益递减规律不再起作用。在长期成本分析中，更具有实质性含义的是长期平均成本曲线，它能更准确地反映规模经济的作用。

2. 规模经济

规模经济与规模收益之间是一种什么样的关系？

上一章讨论了规模收益的概念，用来分析产出变化与成比例投入变化之间的关系，但在实践中同比例改变所有投入要素的情况比较少。因此，这里更为一般地提出“规模经济性”的概念，即从长期平均成本变化的角度来分析企业生产规模扩大的效应，而不管在规模扩大过程中是否改变要素投入的比例。规模收益可以理解为规模经济的一个特例。

规模经济性也可能有三种情况：如果随着企业规模的扩大，生产的平均成本降低，效率得以提高，即企业能够以低于加倍成本获得加倍产出，管理经济学称之为存在规模经济；反之，如果企业规模的扩大使得生产的平均成本上升，即加倍成本只能获得低于加倍的产出，则存在规模不经济；第三种情况是企业规模扩大的时候，其平均成本既不降低也不上升，即加倍成本获得加倍的产出，这时就可以称之为规模经济不变。

我们可以从企业U形的长期平均成本曲线中读出规模经济的变化信息：当成本曲线反映出平均成本随着产量上升而下降的趋势，规模扩张就存在规模经济；当平均成本随着产量上升而上升时，就存在规模不经济；当成本曲线保持水平趋势时，就是规模经济不变。长期平均成本曲线的最低点(即平均成本最小值)对应的产出量称为有效规模产量。

第三节 成本-收益分析的方法

在企业决策分析中，成本-收益分析是作出有效决策的基础。在此基础上，才能进行价格和产量等各种决策。企业决策分析中，常用的成本-收益分析的方法有贡献分析法和盈亏平衡分析法。这两种方法都可用于对现有企业状况的经营决策，因而要运用到短期成本进行分析。这两种分析方法使用简便，在企业经营决策中得到了广泛的应用。当然，无论应用哪种分析方法，企业都应该遵循利润最大化的原则。

一、贡献分析法

贡献分析法

通过贡献（增量利润）的计算和比较，来判断一个决策方案是否可以被接受。

1. 贡献分析法的概念

贡献是指一项决策能够为企业增加的利润，即由决策引起的增量利润，它等于由决策引起的增量收入减去由决策引起的增量成本，即

贡献（增量利润）＝增量收入－增量成本

通过贡献的计算和比较，来判断一个决策方案是否可以被接受的方法，称为贡献分析法。如果贡献大于零，说明这一决策能使利润增加，因而是可接受的；反之，则不可接受。如果有两个以上的方案，它们的贡献都是正值，则贡献大的方案就是较优的方案。

在产量决策中，常常使用单位产品贡献这个概念，即增加一个单位产量能给企业增加多少利润。在固定成本保持不变的前提下，如果产品的价格不变，增加单位产量的增量收入就等于价格，增加单位产量的增量成本就等于单位变动成本。此时，单位产品贡献就等于价格减去单位变动成本，即

单位产品贡献＝价格－单位变动成本

由于价格是由变动成本、固定成本和利润三部分组成的，因此，贡献也等于固定成本加利润，这就是说，企业得到的贡献，首先要用来补偿固定成本的支出，剩下部分就是企业的利润。当企业不盈不亏（利润为零）时，贡献与固定成本的值相等。

2. 贡献分析法的应用

贡献分析法可以应用于企业哪些方面的决策？

贡献分析法主要用于短期决策。所谓短期决策，是指对一个已经建立起来并正在运营的企业进行经营决策。在这里，设备、厂房的折旧和管理人员的工资等是固定成本，即使企业不生产，也仍然要支出，属于沉没成本，在决策时不应加以考虑。正因

为这样,在短期决策中,决策的准则应是贡献(增量利润)而不是利润。贡献是短期决策的根据,但这并不等于说利润就不重要了,利润是长期决策的根据。贡献分析法被企业广泛运用于是否接受订货、选择自制还是外购、发展何种新产品、亏损产品是继续经营还是转产、有限资源怎样最优使用以及最低可接受价格等方面的决策。

例 5.1 某微型企业单位产品的变动成本为 3 元/件,总固定成本为15 000元,产品原价为 4 元/件。现有人愿按 3.5 元/件的价格订货6 000件,如不接受这笔订货,企业就无活可干。企业是否应承接此订货?

解: 如果企业接受订货,则接受订货后的利润为:

$$\begin{aligned} \text{利润} &= \text{销售收入} - (\text{变动成本} + \text{固定成本}) \\ &= 3.5 \times 6\,000 - (3 \times 6\,000 + 15\,000) \\ &= -12\,000(\text{元}) \end{aligned}$$

企业接受订货后的贡献将为:

$$\begin{aligned} \text{贡献} &= \text{单位产品贡献} \times \text{产量} \\ &= (3.5 - 3) \times 6\,000 \\ &= 3\,000(\text{元}) \end{aligned}$$

如果根据有无利润来决策,那么企业接受订货后要亏损 12 000 元,所以,就不应该接受订货。但这是错误的,因为在计算中,把固定成本考虑进去了,而固定成本在这里是沉没成本。

应当按有无贡献来作决策,贡献不是利润,而是指利润的变化。如果不接受订货,企业仍然要支出固定成本,即企业利润为-15 000 元;接受订货后,企业的利润为-12 000 元。二者比较,企业若接受订货可以减少亏损 3 000 元,这就是利润的变化量,即贡献,有贡献就应该接受订货。

例 5.2 某企业原来只生产产品 A,现有 B、C 两种新产品可以上马,但因剩余能力有限,只允许将其中之一投入生产。公司每月总固定成本为 50 000 元,并不因上新产品而需要增加。新、老产品的有关数据如表 5-1 所示。

表 5-1 新、老产品的有关数据

项　目	A 产品	B 产品	C 产品
产销数量(月平均)(件)	20 000	10 000	50 000
单价(元/件)	5	10	3
单位变动成本(元/件)	2	5.4	2

在这种情况下，该企业应该增加哪种新产品的生产？

解：

产品B的总贡献 $=(10-5.4)\times 10\,000=46\,000$(元)

产品C的总贡献 $=(3-2)\times 50\,000=50\,000$(元)

产品C的贡献比产品B的贡献大4 000(=50 000−46 000)元，所以应发展产品C，它比发展产品B可多得利润4 000元。

这个决策的正确性，可通过比较两种方案(一个是生产产品A和B，另一个是生产产品A和C)的利润得到印证。

$$\begin{aligned}\text{生产产品 A 和 B 的总利润}&=(5\times 20\,000+10\times 10\,000)-\\&\quad(2\times 20\,000+5.4\times 10\,000)-50\,000\\&=56\,000(\text{元})\end{aligned}$$

$$\begin{aligned}\text{生产产品 A 和 C 的总利润}&=(5\times 20\,000+3\times 50\,000)-\\&\quad(2\times 20\,000+2\times 50\,000)-50\,000\\&=60\,000(\text{元})\end{aligned}$$

增加生产新产品C比新产品B可多得利润4 000(=60 000−56 000)元。这个答案和前面计算贡献的答案相同，但不如贡献法简捷。

需要指出的是，按下面的方法，即先在各种产品上分摊固定成本，然后计算每种产品的利润，再根据利润大小来决策是错误的。

按销售收入的大小来分摊固定成本，则：

$$\begin{aligned}\text{产品 B 应负担的固定成本}&=\frac{\text{B 的销售收入}}{\text{A 和 B 的总销售量}}\times\text{总固定成本}\\&=\frac{10\,000\times 10}{5\times 20\,000+10\times 10\,000}\times 50\,000\\&=25\,000(\text{元})\end{aligned}$$

$$\begin{aligned}\text{产品 C 应负担的固定成本}&=\frac{\text{C 的销售收入}}{\text{A 和 C 的总销售量}}\times\text{总固定成本}\\&=\frac{50\,000\times 3}{5\times 20\,000+3\times 50\,000}\times 50\,000\\&=30\,000(\text{元})\end{aligned}$$

$$\begin{aligned}\text{产品 B 的利润}&=10\times 10\,000-5.4\times 10\,000-25\,000\\&=21\,000(\text{元})\end{aligned}$$

$$\begin{aligned}\text{产品 C 的利润}&=3\times 50\,000-2\times 50\,000-30\,000\\&=20\,000(\text{元})\end{aligned}$$

21 000 元 > 20 000 元，所以应增加产品 B 的生产。

这个答案之所以错误，是因为它先在各种产品中分摊固定成本有很大的随意性。例如，可以按销售收入分配，也可以按工人工资、工时数分摊，等等。所以，把作为沉没成本的固定成本牵涉进去，实在是吃力不讨好的事，而贡献分析法则可以免去分摊固定成本。

例 5.3 在例 5.2 中，如果增加产品 C 的生产，需要增购一台设备，使固定成本每月增加 10 000 元。在这种情况下，企业应发展哪种新产品？

解：

产品 B 的总贡献 = (10 − 5.4) × 10 000 = 46 000(元)

产品 C 的总贡献 = (3 − 2) × 50 000 − 10 000 = 40 000(元)

产品 B 的贡献比产品 C 的贡献大 6 000(= 46 000 − 40 000) 元，所以应发展产品 B，它比发展产品 C 可多得利润 6 000 元。

需要特别指出的是，在例 5.3 中，发展产品 C 所需要增加的固定成本不是沉没成本，而是属于增量成本。

二、盈亏平衡分析法

盈亏平衡分析法

对企业在不同产量水平上的收益、成本和利润之间关系进行分析的方法。

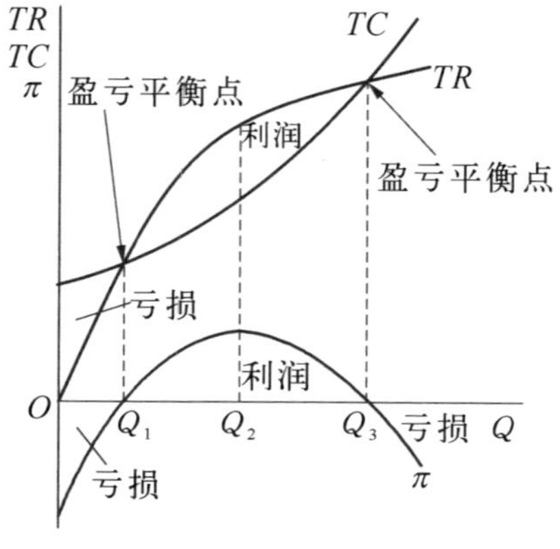

图 5-6 盈亏平衡分析法示意

许多企业的计划活动都是建立在对产量水平的预测的基础之上，企业关注的是：什么样的产量和价格组合可以收回成本，开始盈利。对企业在不同产量水平上的收益、成本和利润之间关系的分析就称为盈亏平衡分析，也可以被称为量-本-利分析。

我们知道，总收益 TR 等于单位价格 P 乘以销售量 Q，假设单位价格随着销售量的增加而下降，则 TR 曲线是一条斜率递减的曲线，如图 5-6 所示。另外，图中的总成本曲线 TC 则是一条典型的短期总成本曲线，表示某个具有固定投入要素的生产过程的成本与产量的关系。短期总成本包含固定成本和可变成本，而可变成本又等于单位可变成本乘以产量，即 $TC = FC + VC = FC + AVC \cdot Q$。显然，当 $TR = TC$ 时，企业就实现盈亏平衡（$\pi = 0$）。从图 5－6可以看出，在两个不同的产量水平 Q_1 和 Q_3 上，都存在盈亏平衡。所以，Q_1 和 Q_3 都称为盈亏平衡产量。当产量低于 Q_1 时，出现亏损，因为 $TR < TC$；产量在 Q_1 到 Q_3 之间时，将获得利润，因为 $TR > TC$；产量高于 Q_3 时再次出现亏损。利润在 Q_1 到 Q_3 的范围内达到最大，即在 Q_2 产量水平上，TR 曲线与 TC 曲线之间的垂直距离最大。

一般可以采用哪些方法来进行盈亏平衡分析？

在实际决策中，盈亏平衡分析常常用线性函数代替经济理论中的非线性的收益-产量关系和成本-产量关系，具有单位销售价格和单位变动成本不变的假设。一般而言，既可以采用图解法，也可以采用代数法。

1. 图解法

盈亏平衡分析法的图解法就是用图形来分析产量、成本等各种变量和利润之间的关系。假定单位销售价格不变，单位变动成本也不变，那么销售收入曲线、总变动成本曲线和总成本曲线都是直线。但需要注意的是，这些线性关系只在产量水平的某些相关范围内是有效的，比如图 5－7 中从 Q_1 到 Q_2 的范围内（产量的相关范围就是盈亏平衡分析的线性假设存在的范围）。盈亏的平衡点出现在图中的 Q_2 水平上，总收益曲线和总成本曲线在此处相交。如果企业的产量水平低于这个盈亏平衡点，即 $TR < TC$，就会出现经营亏损；如果企业的产量水平高于这个盈亏平衡点，即 $TR > TC$，就可实现经营利润。

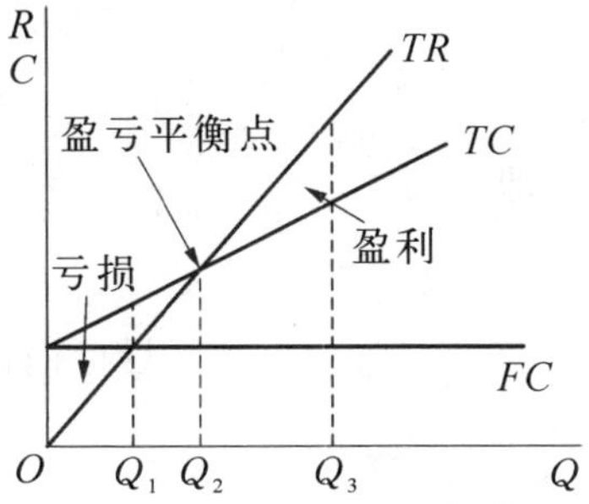

图 5－7　盈亏平衡分析图解法

用图解法进行盈亏分析的优点是能够形象地看到产量、成本、收入和利润之间的相互关系。

2. 代数法

用代数法确定企业的盈亏平衡点，必须使总收益和总成本函数相等，通过解方程来求出盈亏平衡产量。设 P 为单位产品价格，Q 为销售量（产量），FC 为固定成本，AVC 为单位变动成本，π 为利润，则总收益为：

$$TR = PQ$$

总成本为：

$$TC = FC + AVC \cdot Q$$

由 $TR = TC$ 求解，则盈亏平衡产量为：

$$Q_0 = \frac{FC}{P - AVC}$$

单位售价与单位变动成本之差 $P-AVC$ 为单位产品贡献，用来衡量每一单位产量对于固定成本和经营利润作出多少贡献。因此，盈亏平衡产量又等于固定成本除以单位产品贡献。

盈亏平衡点也可以用销售额来表示，其销售额为盈亏平衡产量与单位产品价格之积，即$\frac{FC}{P-AVC} \cdot P$，我们以 TR_0 表示盈亏平衡销售额，则 $TR_0 = \frac{FC}{P - AVC} \cdot P = \frac{FC}{1-AVC/P}$，式中，$1-AVC/P$ 称为产品的边际贡献率。实际上，边际贡献率就是单位产品贡献与单位产品价格之比。

有时候，企业分析人员希望预测实现一定目标利润的产量或销售额，计算公式分别如下：

$$目标产量=\frac{固定成本+目标利润}{单位产品贡献}$$

即：
$$Q = \frac{FC + \pi}{P - AVC}$$

$$目标销售额=\frac{固定成本+目标利润}{边际贡献率}$$

即：
$$TR = \frac{FC + \pi}{1 - AVC/P}$$

例 5.4 某企业生产 A 产品，其市场销售价格为 60 元/件，固定成本为 60 000 元，单位产品变动成本为 35 元/件，要求计算：

(1) 盈亏平衡产量和盈亏平衡销售额。

(2) 实现目标利润 40 000 元时的目标产量和目标销售额。

解：(1) 盈亏平衡产量 $Q_0 = \dfrac{FC}{P - AVC}$

$= \dfrac{60\,000}{60 - 35}$

$= 2\,400$(件)

盈亏平衡销售额 $TR_0 = PQ_0$

$= 60 \times 2\,400$

$= 144\,000$(元)

盈亏平衡销售额还可以直接利用 $TR_0 = \dfrac{FC}{1 - AVC/P}$ 来计算得到，即

盈亏平衡销售额 $TR_0 = \dfrac{60\,000}{1 - 35/60}$

$= 144\,000$(元)

(2) 目标产量 $Q = \dfrac{FC + \pi}{P - AVC}$

$= \dfrac{60\,000 + 40\,000}{60 - 35}$

$= 4\,000$(件)

目标销售额 $TR = PQ$

$= 60 \times 4\,000$

$= 240\,000$(元)

目标销售额也可以直接利用 $TR = \dfrac{FC + \pi}{1 - AVC/P}$ 来计算得到，即

目标销售额 $TR = \dfrac{60\,000 + 40\,000}{1 - 35/60}$

$= 240\,000$(元)

应该如何进行多品种盈亏平衡分析呢？

例 5.5　某个体企业从事 A，B，C，D 四种产品的生产，已知该企业的固定成本为 12 000 元。现给出该企业各产品的销售量、单位产品价格、单位产品贡献(见表 5-2)，试计算该企业盈亏平衡销售额。

表 5－2　企业相关产品的数据

产　品	销售量(件)	单位产品价格(元/件)	单位产品贡献(元/件)
A	100	50	30
B	100	60	30
C	100	80	44
D	100	60	24

解：(1) 计算各产品的销售额。

$TR_A = 50 \times 100 = 5\,000$(元)　　$TR_B = 60 \times 100 = 6\,000$(元)

$TR_C = 80 \times 100 = 8\,000$(元)　　$TR_D = 60 \times 100 = 6\,000$(元)

(2) 计算各产品的贡献额。

$M_A = 30 \times 100 = 3\,000$(元)　　$M_B = 30 \times 100 = 3\,000$(元)

$M_C = 44 \times 100 = 4\,400$(元)　　$M_D = 24 \times 100 = 2\,400$(元)

(3) 计算各产品的边际贡献率。

$m_A = \frac{30}{50} \times 100\% = 60\%$　　$m_B = \frac{30}{60} \times 100\% = 50\%$

$m_C = \frac{44}{80} \times 100\% = 55\%$　　$m_D = \frac{24}{60} \times 100\% = 40\%$

(4) 按照各产品边际贡献率的高低依次排列，并计算有关参数，得表 5－3。

表 5－3　按各产品边际贡献率高低排序的有关参数　　单位：元

产　品	TR	$\sum TR$	M	$\sum M$	$\sum M-FC$
A	5 000	5 000	3 000	3 000	−9 000
C	8 000	13 000	4 400	7 400	−4 600
B	6 000	19 000	3 000	10 400	−1 600
D	6 000	25 000	2 400	12 800	800

(5) 计算该企业盈亏平衡销售额。

分析：企业盈亏平衡时，$\sum M-FC=0$。如果只生产 A，C，B 三种产品，企业亏损。如果全部生产 A，C，B，D 四种产品，企业就会盈利。很显然，企业的盈亏平衡销售规模在 19 000 元和 25 000 元之间。

解决问题的方法有两个：① 在 19 000 元的基础上，加上填补生产 A，C，B 三种产品亏损 1 600 元所必需的销售额，亏损部分从 D 产品的生产中弥补；② 在 25 000元的基础上，减去生产 A，C，B，D 四种产品盈利 800 元所必需的销售额，盈利部分从 D 产品的生产中扣除。

因此，企业盈亏平衡销售额为：

① $TR_0=19\,000+\dfrac{1\,600}{40\%}=23\,000$(元)，或 ② $TR_0=25\,000-\dfrac{800}{40\%}=23\,000$(元)

根据上例，对于多品种生产的盈亏平衡分析可以归纳为以下几点：

(1) 边际贡献率是计算的一个重要指标。在计算过程中，必须按边际贡献率的高低进行排序，优先安排边际贡献率高的产品的生产与经营。

(2) 在列表计算中，$\sum M-FC>0$ 与 $\sum M-FC<0$ 之间存在一条分水岭。计算中所使用的数据均在该分水岭的两侧。

(3) 根据以上计算过程，可以推算出盈亏平衡销售规模的计算公式：

$$TR_0=\sum_{i=1}^{n}TR_i+\frac{\left|\sum_{i=1}^{n}M_i-FC\right|}{m_{n+1}}$$

或

$$TR_0=\sum_{i=1}^{n+1}TR_i-\frac{\left|\sum_{i=1}^{n+1}M_i-FC\right|}{m_{n+1}}$$

(4) 与上述分析思路和计算过程类似，还可以用该方法来分别预测企业获得一定盈利或产生一定亏损的情形下的多品种产销规模。

比如在上题中，盈利 600 元的销售规模为 $19\,000+\dfrac{600-(-1\,600)}{40\%}=24\,500$(元)，亏损 1 800 元的销售规模为 $13\,000+\dfrac{-1\,800-(-4\,600)}{50\%}=18\,600$(元)。

三、利润最大化原则

利润最大化原则

边际收益等于边际成本，即 $MR=MC$。

在经济分析中,利润最大化的原则是边际收益等于边际成本,即 $MR = MC$。这是因为:

(1) 当 $MR > MC$ 时,企业每多生产一单位产品所增加的收益大于生产这一单位产品所增加的成本。这时,继续增加产量,企业能获得更多利润。因而,企业会不断扩大产量。

(2) 当 $MR < MC$ 时,企业每多生产一单位产品所增加的收益小于生产这一单位产品所增加的成本。这时,继续增加产量,企业所获得利润会减少。因而,企业会逐渐缩小产量。

由此可知:只有当 $MR = MC$ 时,企业才能实现最大利润。其实,这个结论在数学上也是能够得到证明的,具体请参见本书数学附助八。

企业在利润最大化的产量上是不是肯定就有盈利呢?

在生产决策过程中,企业通常根据利润最大化的原则来确定产量或规模。但是,在利润最大化的产量上,企业是不是肯定就有盈利呢?答案是否定的。利润最大化并不意味着一定就有利润,企业在短期内既可能盈利,也可能亏损,当然还可能是持平的,即不亏不盈。所谓利润最大化仅仅表明企业在现有的生产技术条件下,已经做到了最好。但即使做到最好,由于在短期内并非所有的生产要素都是可以及时得到调整的,因而也就可能无法保证企业必然获得利润,甚至还可能要遭遇亏损。换言之,在利润最大化的产量上,企业若获得利润,则利润最大;若遭遇亏损,则亏损最小。

在利润最大化的产量上,企业到底能不能真正获得利润,不是看边际收益和边际成本,而是看总收益和总成本,或者看平均收益和平均成本。如果在利润最大化的产量上,企业的总收益大于总成本(或者平均收益大于平均成本),则企业就是盈利的;如果在利润最大化的产量上,企业的总收益小于总成本(或者平均收益小于平均成本),则企业就是亏损的,此时的利润最大化意味着亏损最小化;最后,如果在利润最大化的产量上,企业的总收益等于总成本(或者平均收益等于平均成本),则企业就正好不亏不盈。

这里需要再次强调的是,所谓企业既不亏也不盈,并不是说企业就没有得到任何东西。实际上,企业此时获得的是正常利润。

本章小结

(1) 管理经济学中的机会成本,是指如果一种生产要素被用于某一特定用途,它便放弃了在其他各种用途上可能获取的收益,这其中的最大收益就是这种生产要素用于这一特定用途的机会成本。机会成本的存在需要两个重要的前提条件:第一,生产要素是稀缺的;第二,生产要素是具有多种用途的。

(2) 经济成本是企业生产产品或提供劳务时,对使用的生产要素所作的支付,它包括显性成本和隐性成本,一般大于作为显性成本的会计成本。而收益是企业出售产品所获得的收入,有总收益、平均收益和边际收益之分。由此,我们可以计算出经济利润和会计利润,经济利润一般比会计利润要小。正常利润就是经济成本超过会计成本的部分,如果忽略其他因素,正常利润主要就是通常所说的企业家才能的报酬,其数值大小等于企业家人才的机会成本。

(3) 在短期中,企业成本分为总成本、固定成本、可变成本、平均成本、平均固定成本、平均可变成本和边际成本。其中,总成本等于固定成本加可变成本,平均成本等于平均固定成本加平均可变成本。

(4) 短期总成本曲线由可变成本曲线和固定成本曲线加总而成,固定成本是一常数,总成本曲线与可变成本曲线在每一个产量水平上都具有相同的切线斜率。平均成本曲线由总成本曲线上相应点与原点连线的斜率所决定。边际成本曲线、平均成本曲线与平均可变成本曲线均呈U形,边际成本曲线 MC 分别从平均可变成本曲线 AVC 的最低点与平均成本曲线 AC 的最低点自下而上穿过。其中,边际成本曲线与平均可变成本曲线的交点为停止营业点,与平均成本曲线的交点为收支相抵点。

(5) 在长期中,企业成本分为总成本、平均成本和边际成本。其中,长期总成本是指企业在长期内,在每一个产量水平上通过改变生产规模所能达到的最低总成本;而长期平均成本则表示在长期内,企业自由选择最优规模时按产量平均计算的单位最低成本。长期成本曲线可以根据短期成本曲线求得,但比相应的短期成本曲线平坦;长期平均成本曲线与长期边际成本曲线一般也都呈现先下降后上升的U形,并且长期边际成本曲线亦相交于长期平均成本曲线的最低点。

(6) 企业决策分析中,常用的成本-收益分析的方法有贡献分析法和盈亏平衡分析法。无论应用哪种分析方法,企业都应该遵循利润最大化的原则,即边际收益等于边际成本。在利润最大化的产量上,企业若获得利润,则利润最大;若遭遇亏损,则亏损最小。

案例分析

案例 5-1
排队等待加油的机会成本

由于1980年春汽油价格管制的原因,契夫隆加油站被要求将汽油价格降低至低于其他主要加油站的水平,从而使得一项实验得以进行。在这项实验中,消费者们揭示了有关他们购买汽油所用时间的机会成本的信息。

在这项实验中,有109位在契夫隆加油站的消费者和61位在附近其他加油站的消费者接受了调查。消费者可以在无需等候或稍等片刻购买高价汽油和在契夫隆加油站等待15分钟左右购买廉价汽油之间作出选择。

许多被调查者选择排队等待购买契夫隆加油站的汽油,可能是因为他们认为其等待的时间价值低于购买廉价汽油所节省的钱。假定某人在契夫隆加油站需等待20分钟,购买10加仑汽油,每加仑汽油节省0.25美元,则共计可以节省2.5美元,其时间成本是每20分钟2.5美元,或者是每小时7.5美元。假设另外一个人选择了在其他加油站购买汽油,而无需等待,可见他购买汽油所用时间的机会成本必定高于每小时7.5美元。可以预计,个人的收入越高,他排队购买汽油的时间机会成本就越高。

这个例子表明:消费者或者企业的决策,是典型的基于经济成本或者机会成本的,而并非是基于会计成本的。每个人都可以在契夫隆加油站节约钱,从而产生会计利润,但许多人并不这样做,因为机会成本太高。

资料来源:http://jpkc. hnu. cn/xfjjx/Html/Root/Index. htm.

【案例思考】

1. 结合本案例说明什么是机会成本?
2. 机会成本对我们日常生产、生活中的经济决策有什么样的影响?

案例 5-2

裁员的短期成本和长期成本

通常，当财务状况艰难时，企业会采用裁员这样一个简便的方法以期改善财务状况。砍掉一些管理费用以图回报，对吗？不一定。根据一家人力资源顾问公司的创立人 Bill Bliss 的看法，裁员通常并不能有所回报，他说："裁员实际上最终将付出更大的代价。"

一个公司该如何评估裁员所涉及的所有短期和长期成本，从而确保其是一项正确的措施呢？从短期来看，公司将发生遣散费和福利费用，其他间接和直接的费用也随之出现，这些成本将使得解雇变得不那么吸引人。从长远看，一旦公司业务再次转暖，较之企业主将要花在重新招募员工上的费用，所节省的成本就太微不足道了。

"执行解雇的公司发现，要想降低成本，在短期内会付出一定的代价。" Center for Workforce Effectiveness 的合伙创始人 N. Fredric Crandall 这样说。除了遣散费和福利费，还要付应计的休假和新职介绍费。

根据 Bliss 的看法，还有其他短期成本需要考虑。他说："辞退员工需要花费时间。"经理们不得不花费时间坐下来，委婉地把坏消息告诉给员工、整理书面报告、重新安排工作给留下的员工，并培训他们如何完成新分配的工作，而且还要处理其他与解雇直接有关的员工问题。所有这些既费时，又费钱。

裁员对幸运地留下的员工的影响不是很明显，但仍有很重要的短期财务影响。"士气直接影响生产率。"Bliss 说。他估计，每个被解雇员工每周将花费公司该空缺职位薪酬和福利的 50%，即便有人在行使这些职责。如果该职位完全空缺的话，这个比例会上升到 100%。其他间接的成本包括损失知识、技能、联络人以及顾客。这些都很难量化，但是在决定解雇员工的短期成本方面却是真实的因素。

从长远看，一个企业最初节省的成本可被随之发生的费用所抵消。"我所见到的最可笑的事情是，公司也许在短期内使得平衡表看上去很漂亮，但是后来又不得不重新雇用员工。" HR Advice. com 公司的负责人、高级人力资源专家 Bob Hoffman 说。本质上，只有当公司不需要重新雇用员工时，成本节约才真实。而在大多数情况下，这段时间并不长。Crandall 说："解雇员工后，大多数公司发现，在 18 个月内它们又回到了解雇员工前的用工水平。"他补充说，几乎没有公司可以从裁员上获得长远的利益。

从裁员产生的长远影响可以看出，它使公司产生了一些重要费用，尤其是当组织决定需要重新雇用员工时。老板将为吸引有价值的人才而支付额外费用,包括招聘和筛选应聘人员的成本。老板还必须使新员工适应新的工作环境,并且在这些新员工变得老练起来的过程中,还得让主管人员提供其他指导和支持。

根据 Crandall 的看法,这就产生了机会成本。"如果公司保留已解雇员工可获得的生产率与新人在熟悉工作中的生产率之间的差额,该费用可以达到 2 倍或者 3 倍于被解雇人员的年薪,是新人年薪之外的一项额外费用。"他补充道。所以,裁员真的值得一试吗?乍一看,裁员似乎是个简便的解决办法,但是从长期看,其实不是一个合算的战略性决议。

资料来源:于卫东主编. 管理经济学. 化学工业出版社,2006.

【案例思考】

1. 结合案例回答:裁员是企业的有益之举吗?
2. 你认为企业可以采取哪些措施来替代裁员,从而实现对人工成本的控制?

案例 5－3

薄利多销与涨价滞销

某街道面包厂,已有几十年生产面包的经验,主要向本市居民区、车站、码头和中小学供应新鲜面包,建立了一定的销售网点,也赢得了顾客们的信任。面包厂的主要竞争对手是蛋糕厂和盒式快餐厂,它们分别占有了自己的顾客群,建立了各自的销售渠道。

国家调高粮食价格 10%,面包厂获悉后,召开公司领导会议,讨论对策。经过激烈的争论,最后决定面包基本上不涨价,把原材料涨价引起的成本上升,通过扩大销售规模消化,结果每只面包的固定成本下降,可变成本仅上升 5%(涨价前每只面包固定成本与可变成本之比约 1∶9),日销售量从原来的 5 万只上升到 8.5 万只。与面包厂相反,蛋糕厂不假思索地在原来价格上加上 10%。结果,消费者同样花 1 元钱,购买面包的效用,粮食调价前后不变,而购买蛋糕的效用下降 10%,面包的相对效用上升,消费者的选择发生了变化,蛋糕购买者大幅度减少,面包消费者大幅度增长。面包厂采用不涨价的策略,实现了薄利多销,帮助企业渡过了难关。虽然成本利润率从 10%下降到 5.8%,但是,总利润反而增加约 2%。这是为什么?

资料来源:池仁勇主编. 管理经济学. 科学出版社,2005.

【案例思考】

1. 在粮食涨价的背景下，蛋糕厂的应对策略存在什么不妥当的地方？
2. 请用盈亏平衡分析法对案例中的现象作出解释。

案例 5－4

闲暇时间产品(LTP)公司的决策

闲暇时间产品(LTP)公司制造草坪和天井家具。大多数产品卖给批发商和五金百货零售连锁店(如 True Value 和 Montgomery Ward)，再由它们按相关品牌分销这些产品，LTP 不直接参与零售。去年该公司的销售额为 3 500 万美元。

LTP 的一个事业部制造折叠椅，这种椅子销售的季节性很强，80％的销售量集中在 1—6 月。正常的生产集中在 9 月至次年 5 月，在 6—8 月的减产期内，大约 75％的小时工(非技术工人和半技术工人)被解雇(或去度有薪假期)，余下的劳动力包括拿薪水的工厂管理人员(线上经理和工长)、维修人员和职员，他们在销售淡季内被保留下来。比如，维修人员在夏天淡季中要完成机器大修。

LTP 公司计划在来年生产并销售 500 000 把这种椅子，计划销售价格为每把 7.15 美元，单位成本估算如表 5－4 所示。

表 5－4 单位成本估算表 单位：美元

直接人工	2.25
原材料	2.30
工厂间接费用	1.15
管理和销售费用	0.80
合计	6.50

在单位成本上加上 10％的加成额(0.65 美元)，就得到该厂的销售价格 7.15 美元(加上运费)。

LTP 公司 5 月间收到来自东南百货公司的要求，称有可能购买这种折叠椅，并要求在8月份送货。东南公司声明,若单价不超过5.50美元(加上运费),就会下一个30 000把椅子的订单,这些椅子可以在淡季用该企业现有的设备和劳动力进行生产,完成这个订单也不必向工人支付加班工资,公司手上拥有完成此订单的足够原材料(或者也可以按现行市价购买)。

LTP公司的管理人员正在考虑是否接受这个订单。该企业的总会计师认为,不该接受此订单,因为每把椅子的价格低于总成本,对企业的利润没有丝毫贡献。该厂的总经济师认为,只要增量收益超过增量成本就应该接受这个订单。

下面的成本会计定义有助于分析这个决策:

(1) 直接人工——把原材料转换成最终产品时所发生的劳动成本。

(2) 原材料——进入最终产品并成为最终产品一部分的各种材料。

(3) 工厂间接费用——与产品有关的、直接人工和原材料以外的所有成本,包括支付给不直接制造产品,但其服务与生产过程有关的员工(如直线经理、维修人员和看门人)的工资和薪金、取暖、照明、动力、供应、折旧、税收,以及生产过程中所使用资产的保险等。

(4) 推销和分销成本——产品营销时发生的成本(如广告和推销员的薪酬),储存产品和把产品运给顾客的费用。(在此例中,顾客支付所有的运输成本。)

(5) 行政管理成本——上面没有列出的项目,包括总经理和主管人员的成本,研究、开发、工程成本,以及杂项支出。

资料来源:许玖平,黄云歌主编.管理经济学概论.高等教育出版社,2006.

【案例思考】

1. 计算LTP公司接受东南百货公司订单后,每把椅子的增量(边际)成本是多少?

2. 在计算问题的增量成本时,你作了什么假设?在进行计算过程中还有什么其他信息对你有帮助?

3. 根据上面两个问题的答案,LTP公司是否应该接受东南百货公司的订单?

4. 还有什么其他因素可能使LTP公司拒绝这个订单?

练习与思考

一、名词解释

机会成本　增量成本　边际成本　边际收益　经济利润　正常利润

二、单项选择题

1. 管理经济学中短期与长期的划分取决于(　　)。
   A. 时间长短　　B. 可否调整产量
   C. 可否调整产品价格　　D. 可否调整生产规模
2. 在长期中，下列成本中不存在的是(　　)。
   A. 不变成本　　B. 平均成本　　C. 机会成本　　D. 隐性成本
3. 在短期中，边际成本低于平均成本时，则(　　)。
   A. 平均成本上升
   B. 平均可变成本可能上升也可能下降
   C. 总成本下降
   D. 平均可变成本上升
4. 短期平均成本曲线呈U形的原因与(　　)。
   A. 规模报酬有关
   B. 规模经济性有关
   C. 要素的边际生产率有关
   D. 固定成本和可变成本所占比重有关
5. 长期平均成本曲线呈U形的原因与(　　)。
   A. 规模经济性有关　　B. 边际收益递减规律有关
   C. 要素的边际生产率有关　　D. 边际成本递增规律有关
6. 长期总成本曲线是各种产量的(　　)。
   A. 平均成本变动的轨迹　　B. 最低平均成本点的轨迹
   C. 最低边际成本点的轨迹　　D. 最低成本点的轨迹
7. 成本函数反映(　　)。
   A. 产品的成本与价格之间的关系
   B. 产品的成本与收入之间的关系
   C. 产品的成本与产量之间的关系
   D. 产品的成本与投入量之间的关系
8. 利用增量成本作决策，那么(　　)。
   A. 增量收入等于增量成本时，方案可接受
   B. 增量收入大于增量成本时，方案可接受
   C. 增量收入小于增量成本时，方案可接受
   D. 无论在什么情况下，方案均可接受
9. 用贡献分析法进行决策分析时，固定成本属于(　　)。

A. 机会成本　　B. 边际成本　　C. 增量成本　　D. 沉没成本

10. 企业利润最大化发生在(　　)。

A. $MR < MC$　B. $MR = MC$　C. $MR > MC$　D. 上述都有可能

三、多项选择题

1. 总成本在短期内可划分为(　　)。

A. 半年以内的成本　　B. 1 年以内的成本

C. 固定成本　　D. 可变成本

E. 边际成本

2. 在短期中,下列要素当中属于可变成本的是(　　)。

A. 设备、厂房　　B. 工人的工资

C. 原材料、燃料　　D. 管理人员的工资

E. 产品包装费用

3. 经济成本是指(　　)之和。

A. 显性成本　　B. 隐性成本

C. 短期成本　　D. 长期成本

E. 边际成本

4. 企业在 $MR = MC$ 的产量上(　　)。

A. 必然得到盈利　　B. 不可能亏损

C. 必然不亏也不盈　　D. 并不意味着一定就有利润

E. 若获得利润,则利润最大;若遭遇亏损,则亏损最小

5. 下列说法中,错误的有(　　)。

A. 在产量的某一变化范围内,只要边际成本曲线位于平均成本曲线的上方,平均成本曲线一定向下倾斜

B. 短期边际成本曲线在达到一定产量水平后趋于上升,是由边际收益递减规律造成的

C. 长期平均成本曲线在达到一定产量水平后趋于上升,是由边际收益递减规律造成的

D. 边际成本曲线与平均可变成本曲线相交于其最高点

E. 边际成本曲线与平均可变成本曲线相交于其最低点

四、判断题

1. 利润就是收益,收益最大化就是利润最大化。(　　)

2. 只要总收益小于总成本,企业就应该停产。(　　)

3. 平均成本曲线 AC,平均可变成本曲线 AVC 和边际成本曲线 MC 均呈倒 U

形。( )

4. 短期边际成本实际上是相对于可变成本而言的。( )

5. 企业盈亏平衡时,获得的是经济利润。( )

6. 边际成本就是总成本曲线的切线的斜率,但不是可变成本曲线的切线的斜率。( )

7. 边际成本曲线相交于平均成本曲线和平均可变成本曲线的最高点。( )

8. 长期平均成本曲线的最低点所对应的产出量,被称为最佳工厂规模。( )

9. 会计成本就是指隐性成本。( )

10. 在一定的生产技术条件下,随着产量的增加,边际成本开始时逐渐下降,当边际成本下降到一定程度时再增加产量,边际成本反而会大幅度地上升。( )

五、简答题

1. 企业在进行面向未来的决策时,应该如何对待沉没成本?请联系实际加以说明。

2. 试解释为什么短期平均成本曲线和长期平均成本曲线都呈U形。

3. 利润最大化原则是什么?为什么?

4. 企业在利润最大化的产量上是否肯定就有盈利?试解释之。

5. 在短期生产决策中,企业为什么不应使用利润而要用贡献来作为决策的依据?

六、计算题

1. 设某企业的短期成本函数为 $TC = 5Q^4 + 4Q^3 + 3Q^2 - 10Q + 2\,000$,试求:固定成本函数、可变成本函数、边际成本函数、平均成本函数、平均固定成本函数和平均可变成本函数。

2. 有一种产品,其市场价格为4元/件,可用三种不同的技术方案进行生产。A方案技术装备程度最低,所以固定成本较低,为20 000元,但单位可变成本较高,为2元/件。B方案技术装备程度中等,固定成本为45 000元,单位可变成本为1.0元/件。C方案技术水平最高,固定成本为70 000元,单位可变成本为0.5元/件。问:

(1) 若预计销售量为12 000件,则应选择哪个方案?

(2) 三种方案各适合什么产量范围?(考虑方案间的最优情况)

3. 某企业正在考虑建造一个工厂。现有两个方案,方案A的短期生产成本函

数为 $TC_A=80+2Q_A+0.5Q_A^2$,方案B的短期生产成本函数为 $TC_B=50+Q_B^2$。问:

(1) 如果市场需求量仅有8单位产量,企业应该选择哪个方案?

(2) 如果选择方案A,市场需求量至少应该达到多少?

(3) 如果该企业已经采用两个方案建造了两个工厂,目前的总生产任务为40单位产量,那么应如何在两个工厂之间分配产量以使总成本最低?

4. 某企业生产B产品,其市场销售价格为600元/件,固定成本为50万元,单位产品变动成本为100元/件。要求计算:

(1) 盈亏平衡产量。

(2) 实现目标利润15万元时的目标产量。

5. 某企业从事A, B, C, D, E, F六种产品的生产,已知该企业的固定成本为1 500万元。现给出该企业各产品的销售额与贡献额(见表5-5),试计算该企业盈亏平衡销售规模与盈利1 000万元时的销售规模。

表5-5　企业相关产品的数据　单位:万元

产　品	销售额	贡献额
A	800	400
B	1 000	550
C	1 200	300
D	800	600
E	1 500	300
F	1 600	640

6. 某企业生产所需要的配件可以由本企业自己生产,每件配件的生产成本为9元,其中包括材料费3.9元、人工费2.4元、分摊的间接费用2.7元。假如明年生产所需要的这种配件比往年增加1.5万件,由于本企业生产这种配件的设备能力有富余,因此不需要增加设备投资和管理费用等分摊的间接费用,但需增加材料费和人工费。另外,这1.5万件配件也可以每件5.8元的价格外购。请问:该企业是自制还是外购?

7. 某公司使用同一设备既可生产甲产品,也可生产乙产品。假如设备的最大生产能力为12 300定额工时,生产甲产品每件需80定额工时,生产乙产品每件需90定额工时,甲产品最大销售量为120件,乙产品最大销售量为145件,这两种产品的销售单价和成本数据如表 5 - 6 所示。试问该公司应该如何来安排甲、乙两种产品的生产呢?

表 5 - 6　两种产品的相关数据　　单位:万元

产　品	销售单价	单位变动成本	固定成本总额
甲产品	185	125	20 000
乙产品	110	65	

第六章

市场结构与企业经营决策

学习目标

学完本章,你应该能够:

(1) 掌握市场的概念和市场结构的分类,熟悉不同市场结构的各自特征;

(2) 熟悉完全竞争市场的企业需求曲线,了解完全竞争市场行业的长期供给曲线;

(3) 掌握完全竞争条件下企业的短期产量决策,熟悉完全竞争条件下企业的长期产量决策;

(4) 熟悉完全垄断市场企业的需求曲线和收益曲线及其相互关系;

(5) 熟悉完全垄断市场的企业短期均衡,了解完全垄断市场的企业长期均衡;

(6) 了解垄断竞争市场的企业均衡和寡头垄断市场的企业均衡;

(7) 了解垄断的产生原因,熟悉垄断竞争企业的非价格竞争策略;

(8) 从经济学角度分析和评价完全竞争市场结构和完全垄断市场结构的经济效率。

基本概念

完全竞争市场　完全垄断市场　垄断竞争市场　寡头垄断市场

每一个企业在面对市场时,都要进行两种决策:生产多少和以什么价格在市场上销售。企业决策受到技术约束(由生产函数表示)、经济约束(由成本函数表示)和市场约束(由需求函数表示)的影响。在技术条件和资源状况许可的情况下,企业可以生产它所愿意生产的数量,并对其生产的产品制定它所希望的价格,但企业只能销售市场愿意购买的数量。在企业以利润最大化为目标的前提下，市场结构决定了企业决策的主要内容、决策方式以及企业自主决策的能力。本章在对市场结构进行考察的基础上，分别探讨在不同的市场结构下企业的经营决策问题。

第一节　市场与市场结构

一、市场的概念

市　　场

市场是买卖双方借以进行交易或交换的场所。

按最简要的定义，市场是买卖双方借以进行交易或交换的场所。对买者来说，市场是购买其所需消费的商品的场所或中介；对卖者来说，市场是出售其生产的商品的场所或中介。

任何一种商品都有一个市场，有多少种商品，就有多少个市场。市场可以是有形的场所（如证券交易所），也可以是一个利用现代通讯工具进行商品交易的无形的接触点（如国际外汇交易市场）。在形形色色的市场中，有一点是共同的，即：市场作为商品交换的基本机制，通过竞争形成的商品价格体现出买卖双方的偏好和自由作出的决策。

从不同的角度出发，对市场可以进行不同的分类。例如：从交易方式来看，可以分为现货市场和期货市场；从市场范围来划分，可以分为区域市场、国内市场和国际市场；从交易对象来区分，可以分为消费品市场和要素市场；按商品流通的顺序又可分为批发市场和零售市场。

另外，与市场这一概念紧密联系的另一个概念是行业。行业是指为同一个商品市场生产和提供产品的所有生产企业的总体。

二、市场结构的分类

在经济学中，通常从市场的竞争程度着眼，依据市场中存在的企业数目、产品差别程度、企业对价格的控制能力，以及企业进入市场的难易程度等标准，将市场划分为完全竞争、完全垄断、垄断竞争和寡头垄断这四种市场结构类型。

1. 完全竞争市场

完全竞争市场

一种竞争不受任何阻碍和干扰的市场结构。它的最大特点是市场价格完全由供求关系决定,任何市场主体都是既定价格的接受者。

完全竞争又称纯粹竞争,是指一种竞争不受任何阻碍和干扰的市场结构。完全竞争市场必须满足以下四个条件。

(1) 市场上有许多生产企业与消费者,而且规模都很小。市场中任何一个经济主体都无法通过自己的买卖行为来影响市场价格,只能是由市场供求关系决定的既定价格的接受者,而不是这一价格的决定者。

(2) 市场上的产品是同质的,即不存在产品差别。这里所说的产品差别不是指不同产品之间的差别,而是指同种产品在性能、质量、包装和销售条件等方面的差别。由于每一个企业的产品都无法与另一个企业的同种产品相区别,因而市场中任何企业都难以通过自己产品的特殊性来影响市场的价格。

(3) 生产要素完全自由流动。市场上不存在任何形式的限制和勾结的行为,企业可以根据自己的意愿自由转移各种生产要素。

(4) 市场信息充分畅通。任何生产企业和消费者对这一市场中的产品价格以及生产成本、销售渠道等相关信息有充分的了解。这时,消费者只会按照应有的市场价格购买产品,而生产企业也只能按照应有的市场价格出售产品。

在现实经济中,完全符合上述四个条件的市场是不存在的,因而完全竞争市场是理想状态下的市场结构,是市场的一种极端情况。比较接近于完全竞争市场条件的市场是农产品市场,如大米、小麦和棉花等市场。然而,对完全竞争市场的分析仍是十分重要的,它是我们研究市场运行机制和其他市场结构理论的基础。

2. 完全垄断市场

完全垄断市场

整个行业的市场完全处于一家生产企业所控制状态的市场结构。

完全垄断又称垄断,是指整个行业的市场完全处于一家生产企业所控制状态的市场结构。完全垄断市场具备以下三个特征。

(1) 一个行业中只存在一家生产企业,企业与行业完全重合。换言之,在这种市场结构中，企业就是行业，行业就是企业。一家生产企业独家定价，市场价格完全取决于企业在高价少销和低价多销之间所作的选择，消费者只是既定价格的接受者。

(2) 企业的产品没有任何相近的替代品，即需求交叉弹性等于零。消费者没有其他的选择，要么购买垄断者的产品，要么放弃消费。

(3) 由于某些原因，其他企业进入这个市场存在着极大的障碍，几乎是不可能的，即使勉强进入也难以生存。也就是说，市场的进入被封锁，市场当中没有竞争的存在。

与完全竞争一样，完全垄断也只是理论上的抽象，是市场的另一种极端情况。严格来说，在市场经济中除了个别行业外，完全垄断并不多。事实上，除了古玩、名家字画等少数产品外，大多数产品都在某种程度上可以找到替代品。与此相联系，进入的封锁也只是相对于被垄断的商品而言的，并不意味着竞争者就不能进入其一定程度上的替代品的市场。在此意义上，任何垄断都是相对的，垄断者实际的市场势力的强弱与其被替代的可能性的大小是密切相关的。在现实经济中，多数企业都同时兼备了垄断者和竞争者这两种身份和行为特征，加之许多生产新产品的企业也都具有谋求垄断地位的经济企图和短期垄断的可能性，因此，完全垄断理论还是具有一定的实际意义的，它有助于人们全面理解各类企业的经济行为，并为政府制定相应的政策提供依据。

产生完全垄断或者说近似完全垄断的原因有哪些呢？

进入的封锁是垄断形成的必要条件，进入封锁的原因往往也就是垄断产生的原因。一般而言，垄断的产生主要有以下几个原因。

(1) 对资源的控制。如果某个企业控制了生产某种商品所必需的全部或部分资源，该企业就可能成为该商品市场的垄断者。最典型的例子是第二次世界大战前美国的铝制造业，从 19 世纪末到 20 世纪 40 年代，美国的铝矾矿一直由美国铝业公司所控制，所以，它能在较长时间内垄断美国的铝行业。

(2) 专利所有权。专利权是受法律保护的发明创造者的权益，某企业拥有某项新产品、新工艺的专利权，在有效期内，其他企业不得仿制，这样对一项技术排他性的占有可能使企业成为垄断者。

(3) 显著的规模经济性。如果一个企业能满足全部市场需求，而且其平均成本低于同一市场所有其他小企业的平均成本，那么，该企业就能以价格战胜其他企业,成为该行业的唯一生产者。即使行业中初始有几个企业,在成本竞争下,大企业通过扩大生产规模,降低生产成本,进行低价竞争,结局只能在行业中保留一个胜利者。这种行业的垄断是通过自由竞争机制形成的,行业产品生产具有规模越大、成本越低、效益越好的特点,因此,有时称之为自然垄断。自然垄断的观点一直被用来说明只由一家供应商提供电力销售服务、电话服务(过去)、天然气分销服务、城市交通服务和供水服务的合理性。

(4) 特许权。在某个行业,政府出于控制和管理的原因,赋予某企业市场专营权,获得这种特许权的企业,在授权期限内垄断市场。例如烟草公司、有线电视等。

(5) 品牌忠诚度。长期形成的广告和品牌忠诚会使得竞争者进入一个市场的费用相当高。强大的品牌忠诚常常与高质量产品和竞争者难以战胜的服务保证相联系。广告宣传活动和顾客服务规划的目的就是为了加强企业的垄断力量。当这些规划获得成功时,企业常常因垄断力量形成的越来越强的定价灵活性而获利。

3. 垄断竞争市场

> **垄断竞争市场**
>
> 一种既有垄断又有竞争,既不是完全竞争又不是完全垄断的市场结构。

在现实经济中最为常见的市场是垄断竞争市场,它兼有竞争和垄断两种性质,既有垄断又有竞争,既不是完全竞争又不是完全垄断。垄断竞争市场一般具有以下四个特点。

(1) 有足够多的买者和卖者。虽然不像完全竞争市场条件下那样足够大量以至相互之间毫无影响,但是这些中小企业对市场的影响程度是有限的,竞争仍然是不可避免的,而且竞争还相当激烈。

(2) 产品之间存在差别。这种差别所指的并不是不同产品之间的差别,而是相对同一类的产品而言,是前面所指的同种产品在性能、质量、包装和销售条件等方面的差别。这种差别可以区分为"真实"和"人为"两种。"真实"是指产品在自然属性方面所具有的差别;"人为"是指产品在本质内容上完全相同,但在外包装以及品牌等方面存在差别。比方说,甲、乙两企业生产两种品牌的化妆品,这两种品牌一种用于保湿,另一种则用于增白,这就是真实的产品差别;而当甲厂生产一种产品,却使用了两种不同的包装时,这时的差别就是人为的。任何一种产品与其他产品之间,最低程度细微的差别总是会有的。而正是由于这种差别的存在,使得生产这些差别产品的企业成为垄断者。同时,又由于各种产品之间存在某种程度的可替代性,所以,各种差别产品之间形成了竞争。于是,在垄断竞争市场上形成了企业的这样一种地位:既是一定程度的垄断者,也是市场中的竞争者。

(3) 进入该行业比较容易。市场中阻碍新企业进入的障碍较小,因而新企业进入某一行业较为容易。

(4) 信息是不完全的。

4. 寡头垄断市场

寡头垄断市场

少数几家企业控制了一个行业的全部或大部分产品的供给,而且每家企业的产量都占有相当大份额的市场结构。

如果少数几家企业控制了一个行业的全部或大部分产品的供给,而且每家企业的产量都占有相当大的份额,我们就可以认为该市场是寡头垄断市场。寡头垄断市场一般具有如下四个特点。

(1) 寡头垄断企业之间的相互依存性。在完全垄断市场上,仅有一个垄断企业,因而不存在与其他企业相互联系的问题。在完全竞争以及垄断竞争市场上,企业的数量相当多,一家或几家企业根本无法影响行业当中的商品价格,各个企业之间也不存在什么必然的联系。在寡头垄断市场上,企业数目屈指可数,即少数几家企业垄断了某一行业的生产,对于市场来说,任何一家企业都占有举足轻重的地位,这些垄断企业各自生产决策当中的变化都会影响整个市场以及其他企业的行为。因此,寡头垄断市场上各企业之间具有相当强的相互依存性。任何一家企业在进行决策的同时,都必须考虑其他企业的决策对自己的影响,以及在自己作出决策之后其他企业的反应。

(2) 各个垄断企业行为的结果具有不可预知性。在寡头垄断市场上,相互依存的任何一个企业作出的决策,其结果自己不能左右,而取决于竞争对手的反应。这种反应是企业无法预测的,这就导致了各个企业对自己的决策结果具有很大的不可预知性,要想判断出垄断企业的均衡产量和均衡价格几乎是不可能的。

(3) 寡头垄断市场的相对稳定性。在寡头垄断市场上,势均力敌的各个垄断企业之间相互依存,如果一方欲以降价来夺取市场的更高占有率,就必然引致同行业其他企业的强烈抵制和报复行为。为了避免两败俱伤的结果,在寡头垄断市场上,各个企业一般均不以激烈的价格竞争作为一种提高市场占有率的方式,而是多采用比较平和的非价格竞争策略,如提高产品质量和广告竞争等。

(4) 进入该行业的限制性极大。由于市场中垄断因素的存在,因而造成了其他企业进入该行业的障碍。在某些情况下,行业内势均力敌的企业往往相互串通和共谋,刻意构筑起较高的进入壁垒,以阻止新的竞争对手进入,谋求实现最大的利润。

形成寡头垄断的原因很多,例如技术垄断、产品的专利权、政府颁发的特许权和原材料的控制等,其中主要原因是规模经济。某些行业,如汽车、石油行业,固定资产投资大,只有很大的生产规模,平均成本才能降低,这就促使寡头垄断企业提高产量、降低成本和增加市场份额。还有是某些自然障碍,如受自然资源的限制,只能在少数资源丰富的地方由几家企业生产。

综上所述,我们可以把这四种类型的市场结构的特点用表 6-1 来加以概括。

表 6-1　市场结构及其特点

市场结构类　型	企业数目	产品差别的程　度	企业对价格的控制程度	企业进入行业的难易	现实中接近的行业
完全竞争	很多	无差别	没有	完全自由	农业
完全垄断	一个	唯一产品无相近替代品	很大,但常受政府管制	不能	公用事业
垄断竞争	很多	有些差别	有一些	比较自由	零售业
寡头垄断	几个	有或没有差　别	相当程度	比较困难	汽车制造业

第二节　完全竞争条件下企业的经营决策

一、完全竞争市场的需求曲线

完全竞争市场的企业需求曲线和行业需求曲线有什么区别和联系?

在完全竞争市场条件下，每一个买者和卖者都无力影响产品的市场价格。产品的市场价格不是由单个企业自己决定的，而是由整个行业的供求关系决定的。企业只能接受由行业总需求和总供给决定的既定价格，不存在价格决策问题。

因此，企业的需求曲线是指单个企业面临的消费者对其产品的需求曲线，它与整个行业所面临的需求曲线是不同的。根据前面对完全竞争市场的假定，单个企业是市场价格的接受者，它改变销售量不会引起市场价格的变动，也就是说，它在既定的市场价格下可以改变销售量，可以出售任何数量的产品，既没有必要降价也不能提高价格，因为产品完全同质。如果某个企业把自己的销售价格抬至略高于市场价格，它的销售量便马上降为零。所以，单个企业面对的是一条具有完全价格弹性的水平需求曲线。如图 6-1(a)所示，完全竞争市场中单个企业的需求曲线是一条水平直线 P。而我们知道 $TR=PQ$，故：

$$AR = \frac{TR}{Q} = \frac{PQ}{Q} = P \tag{6-1}$$

根据定义我们看到，$AR=P$ 在任何市场下均成立。但是，在完全竞争市场中，企业是价格的接受者，其产品价格是常数，因此企业销售一单位产品所获得的边际收益等于价格，即在完全竞争市场中有：

$$AR = P = MR \tag{6-2}$$

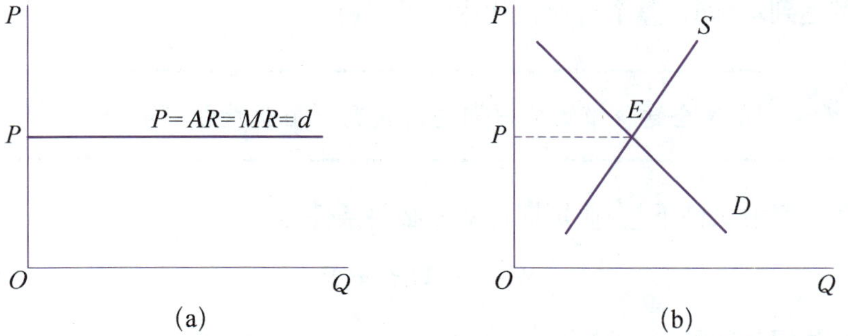

图 6-1　完全竞争市场中企业的需求曲线

与完全竞争企业不同，完全竞争行业的需求曲线是一条向右下方倾斜的曲线，为该行业所有企业的需求曲线之和。相对于行业的总体产品，消费者的总需求量会因价格水平的变动而变化，行业总需求量与价格水平成反比，如图 6-1(b)中的

需求曲线 D 所示。

在图 6－1(a)中，企业的需求曲线 d 是相对于图 6－1(b)当中行业的市场需求曲线(D)和行业的市场供给曲线(S)的交点 E 所决定的价格 P 而言的。也就是说，完全竞争市场中行业的需求曲线与供给曲线的交点决定了市场的均衡价格。

需要说明的是，完全竞争企业作为既定价格的接受者，面临水平的需求曲线，但这并不意味着价格永远不变，而仅仅意味着单个企业自身的行为不会影响现行价格。如果完全竞争行业的均衡点因为某种原因移动(与第二章谈论的需求和供给的均衡变动类似)，市场价格就会发生变动，企业也将面临新的需求曲线。但是，每一次变动后的市场价格，对单个企业来讲仍表现为一种既定价格。

二、完全竞争条件下企业的短期产量决策

如前所述，短期是指在这段时间内，企业的厂房、设备等固定资产不变，企业只能通过调整可变要素(如劳动)的使用量来调整产量。另外，从整个行业来看，短期内不仅行业内已有企业设备规模固定不变，且行业内的企业数量不变，在这段时间内新的企业来不及加入到该行业。那么，在这种状态下，企业的生产决策是如何作出的呢?

企业随着需求情况的变化，在一定范围内调整可变投入和产销量，以求利润最大或亏损最小。当利润极大时，企业将不再调整其产量，从而达到均衡状态，当每个企业都达到均衡时，整个行业也就达到了均衡。

在完全竞争市场的短期均衡状况下企业是否一定会盈利?

在完全竞争条件下，企业短期均衡的必要条件是：

$$MC = MR = P \tag{6-3}$$

下面我们分四种情况讨论。

第一，存在经济利润或超额利润。如图 6－2 所示，企业根据 $MR = MC$ 这一利润最大化原则确定的 A 点来生产 Q_0 产量，价格为 P_0，平均成本为由 B 点决定的 C_0，企业在短期内获得的经济利润为矩形 P_0ABC_0 的面积。显然，在价格既定的条件下，企业生产产品的平均成本越低，经济利润越丰厚。

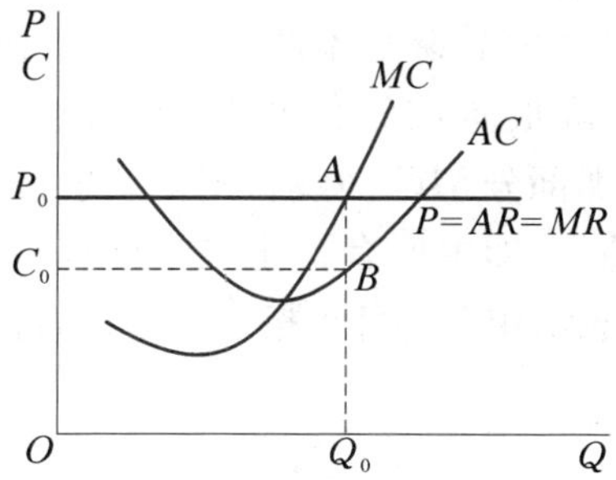

图 6－2 存在超额利润的情况

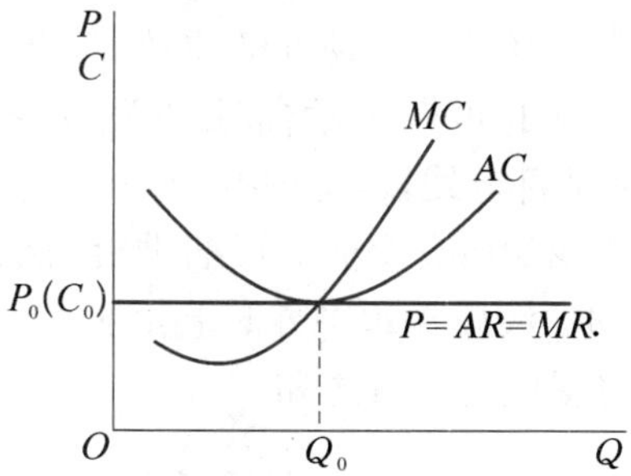

图 6－3 超额利润为零的情况

第二，既不存在亏损，也不存在经济利润，企业只获得正常利润。图 6－3 显示了这种情况。为了追求利润最大化，企业的产量为 Q_0，此时总收益与总成本相等，经济利润为零。

第三，有亏损，但继续生产。在图 6－4 中，平均收益小于平均成本，所以企业肯定是亏损的，但由于价格 P_0 高于平均可变成本 C_1，所以企业的收益不仅能弥补可变成本，还可以弥补一部分固定成本，企业应选择继续生产，其亏损最小化的产量为 OQ_0，亏损额为矩形 C_0BAP_0 的面积。如果企业选择停产，亏损额会更大，为矩形 C_0BCC_1 的面积。

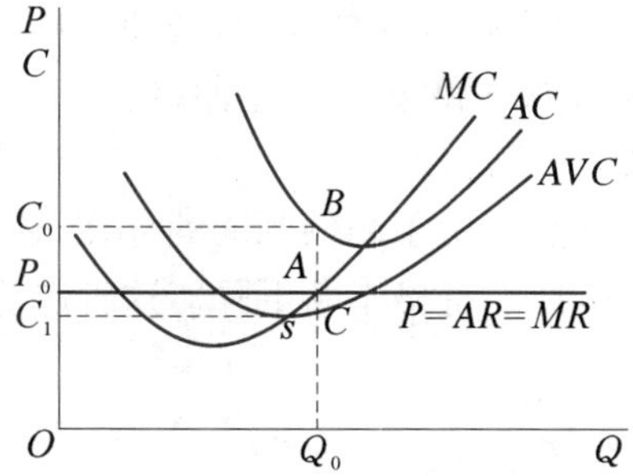

图 6－4 存在亏损继续生产的情况

第四，有亏损，并停止生产。当企业有亏损，且产品价格等于或低于 AVC 时（把图 6－4中的 P_0 线移至 C 点或 C 点以下），企业选择继续生产不仅损失了全部固定成本，同时还可能损失可变成本，而停止生产损失的仅仅是固定成本，因此企业选择停止生产是理性的选择。

综上所述：$\begin{cases} P > AC,\ \pi > 0 \\ P = AC,\ \pi = 0 \\ P < AC,\ \pi < 0 \rightarrow \begin{cases} P > AVC,\text{可以生产} \\ P \leqslant AVC,\text{停止生产} \end{cases} \end{cases}$

下面，我们还要讨论一下完全竞争市场上企业的短期供给曲线。企业供给曲线是指在不同的销售价格水平上，企业愿意生产和销售的产量变动曲线，它表示的是短期内企业最有利润可图（或亏损最小）的产量水平与产品价格之间的关系。随着市场价格的变动,企业为使利润最大,必将遵循 $MR=MC$ 原则,使自己产品的边际成本恰好等于市场价格,即均衡的产量点总在边际成本曲线上变动。因此,完全竞争企业的短期供给曲线即为该企业边际成本曲线停止营业点以上($P>AVC$)的那部分线段,即图 6-4 中 s 点以上那部分 MC 曲线。完全竞争行业的短期供给曲线为所有企业的短期供给曲线之叠加,即由所有企业的停止营业点以上部分的 MC 线段在水平方向上相加而成,它表示相对各种价格水平来说,行业内所有企业将提供的产量之和。

三、完全竞争条件下企业的长期产量决策

在完全竞争市场的长期均衡状况下企业能获得超额利润吗?

以上在讨论企业的短期均衡时,没有考虑企业的生产规模变动和企业数目的变化,因为在短期中,企业来不及扩大或缩小生产规模,也来不及进入或退出某一行业,而在分析长期均衡时则要考虑这些变化。

如果行业的产品价格高于平均成本水平,企业就可以获得超额利润,此时企业就会追求扩大生产规模,增加产量。企业在长期中选择的生产规模,是长期边际成本(LMC)和边际收益曲线的交点所决定的最优生产规模,以确保超额利润的获得。

但是,由于超额利润的存在,还会吸引新的企业不断进入,使行业的总供给量增加,产品价格不断下降。这种趋势会一直保持到超额利润消失为止。此时,市场价格等于长期平均成本曲线的最低点。在这一点,企业长期平均成本等于长期边际成本,也等于最优规模的短期平均成本,企业的超额利润为零,只获得正常利润。这一点就是企业的长期均衡点。当行业的产品价格低于平均成本水平时,企业就会缩小生产规模,也会有一部分企业退出这一行业,直到亏损额消失为止。总之,在完全竞争市场条件下,如图 6-5 所示,企业的长期均衡条件为:

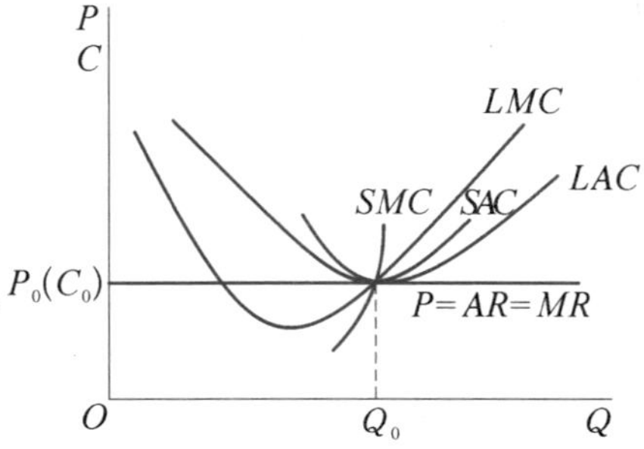

图 6-5 完全竞争企业的长期均衡

$$MR=AR=LMC=LAC=SMC=SAC \tag{6-4}$$

四、完全竞争市场行业的长期供给曲线

完全竞争市场行业的长期供给曲线有哪几种情形?

当整个行业的产量由于企业的进出发生变动时,行业中企业的长期平均成本曲线会受其影响。根据行业的产量变动对行业成本的影响,我们可以把行业划分为成本递增型、成本不变型和成本递减型行业。

1. 成本递增型行业的长期供给曲线

成本递增型行业是指当整个行业的产量增加后,产品的平均成本上升的行业。成本上涨可以由多种因素引起,如新企业的进入造成生产要素的短缺,从而生产要素价格上升。成本递增行业的长期供给曲线是一条随着产量的增加逐渐向右上方倾斜的曲线,图 6－6 说明了这种情况。

从图 6－6 可知,市场原来的均衡点在 A 点,P_1 和 Q_1 分别为原来的均衡价格和均衡产量。当市场需求增加后,需求曲线从 D_1 移动到 D_2,产品的市场价格也随之提高到 P_2。市场价格的提高使得完全竞争企业能获得超额利润,从而吸引新企业进入,这样导致了整个行业的扩张。行业扩张导致对生产要素的需求增加,要素价格上涨,结果使企业的平均成本增加。行业产量的增加使市场的供给曲线从 S_1 移至 S_2,在 B 点达到新的均衡,这时企业只能得到正常利润。A、B 两点的连线即为行业的长期供给曲线 LS,是企业长期平均成本最低点的轨迹,它向右上方倾斜。

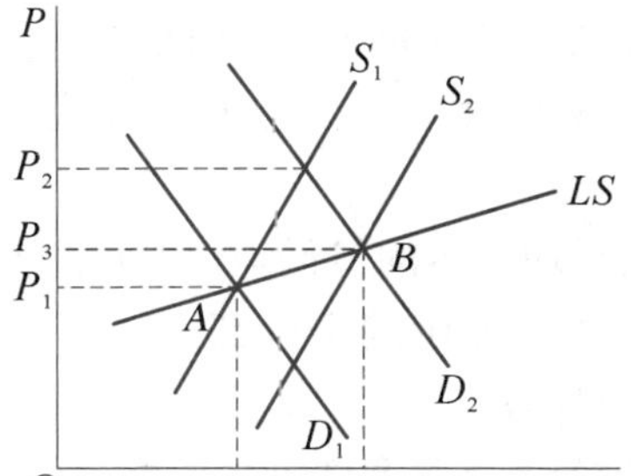

图 6－6　成本递增型行业的长期供给曲线

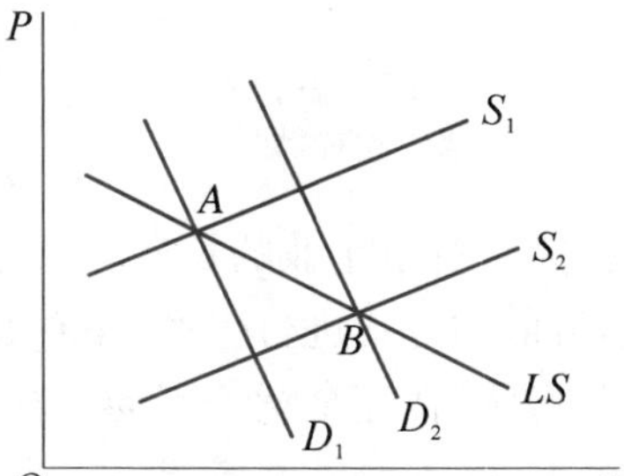

图 6－7　成本递减型行业的长期供给曲线

2. 成本递减型行业的长期供给曲线

成本递减型行业是指行业产量增加时,生产要素的价格下降,从而导致产品

成本下降。成本递减型行业的长期供给曲线是一条随着产量的增加逐渐向右下方倾斜的曲线。如图 6－7 所示,其具体形成过程与成本递增型行业正好相反,并且供给曲线向右方移动的幅度大于需求曲线的移动幅度(请读者自己分析总结)。

成本递减现象为什么会出现呢?一种原因是,对某些资源或要素投入来说,当需求增强的时候,其供给方面的反应可能十分强烈,以至于供给的增加比需求的增加更强,从而导致该资源的价格下降。供给的强烈反应可能来自新的资源的发现,也可能来自新技术的发明与采用。另一种原因可能来自原材料市场上的过度竞争,即当这种产品的需求大幅度增加,导致其原材料的生产也存在高利润时,就将吸引大量企业进入该原材料市场,从而导致原材料价格的下跌,使得该产品生产企业的成本下降。

3. 成本不变型行业的长期供给曲线

成本不变型行业是指行业的产量增加时,生产要素价格不变。行业内企业的平均成本曲线并不随着行业产量的变化而移动。成本不变型行业的长期供给曲线为一条水平线,如图 6－8 所示。

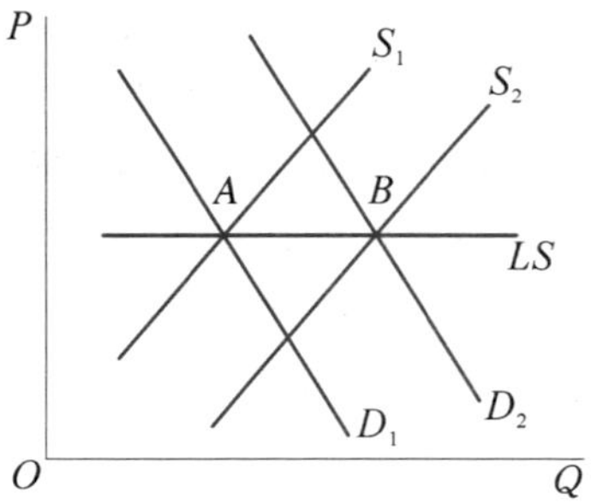

图 6－8 成本不变型行业的长期供给曲线

上面我们谈论了完全竞争市场均衡的一些基本情况,从经济学角度而言,完全竞争市场是最理想的市场结构,因为它的经济效率最高。

首先,完全竞争企业按照 $P=MC$ 进行生产,这一原则使资源能够得到最优配置。当价格高于边际成本时,企业就应该增加生产;反之,就应该减少生产。均衡代表着最优的产量。

其次,完全竞争企业的长期均衡位于长期平均成本的最低点,保证了整个行业能以成本最低的方式进行生产,留存在完全竞争行业中的企业都是最有效率的企业。“优胜劣汰”在完全竞争市场中发挥得淋漓尽致。

最后,长期平均成本最低决定了产品的价格也是最低的,这对消费者是有利的。

当然,完全竞争市场也有其缺陷,比如生产无法形成规模、研发创新能力缺少资金支持以及产品品种过于单一等。

第三节　不完全竞争条件下企业的经营决策

上一节我们讨论了完全竞争条件下的企业经营决策，本节我们来讨论不完全竞争条件下的企业经营决策。除了完全竞争市场结构外，其余三种市场结构都属于不完全竞争的市场结构。

一、完全垄断条件下企业的经营决策

1. 完全垄断企业的需求曲线和收益曲线

完全垄断市场中企业的需求曲线和收益曲线有什么样的关系？

完全垄断行业只有一个供给者，因此完全垄断行业的需求曲线就是完全垄断企业的需求曲线，它是一条向右下方倾斜的曲线。垄断企业面临的需求曲线向右下方倾斜，意味着企业要增加一单位销售量，不仅最后增加的这个单位产品的卖价比以前低，而且全部销售量的卖价也将降低。增加一个单位产品带来的总收益的增量，即边际收益，总是小于产品的价格，等于产品的价格减去因降价所造成的全部销售产品中的非增量部分收益的减少。因此，边际收益不再是常数，而且也不再等于价格与平均收益，这一点完全不同于完全竞争企业。

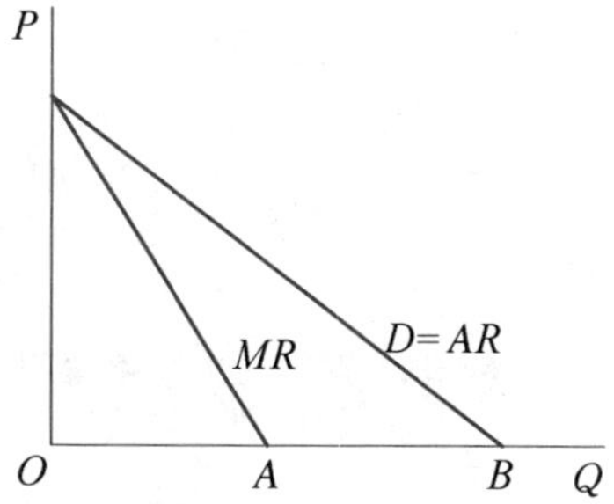

图 6－9　垄断企业的需求曲线和边际收益曲线

图 6－9 描述的是垄断企业的需求曲线和边际收益曲线。当需求曲线是线性曲线时，其表达式可写为：

$$P = a - bQ \tag{6-5}$$

这时，企业的平均收益是：

$$AR = \frac{TR}{Q} = \frac{PQ}{Q} = P = a - bQ \tag{6-6}$$

可见,企业的平均收益曲线与企业面临的需求曲线重合。

边际收益表示为:

$$MR=\frac{\mathrm{d}TR}{\mathrm{d}Q}=\frac{\mathrm{d}(PQ)}{\mathrm{d}Q}=\frac{\mathrm{d}(aQ-bQ^2)}{\mathrm{d}Q}=a-2bQ \tag{6-7}$$

容易看出,当需求曲线为线性时,边际收益曲线也是线性的,而且边际收益曲线斜率的绝对值等于需求曲线斜率绝对值的两倍(在图 6-9 中,A 点为 OB 的中点)。

2. 完全垄断企业的短期均衡与长期均衡

完全垄断企业为了实现利润最大化,在生产中遵循 $MR=MC$ 的原则进行生产。在短期内,企业可以通过对价格和产量的同时调整来实现利润最大化,这不同于完全竞争企业只能通过调整产量来实现既定价格下的利润最大化。

在短期中,垄断企业一定会盈利吗?

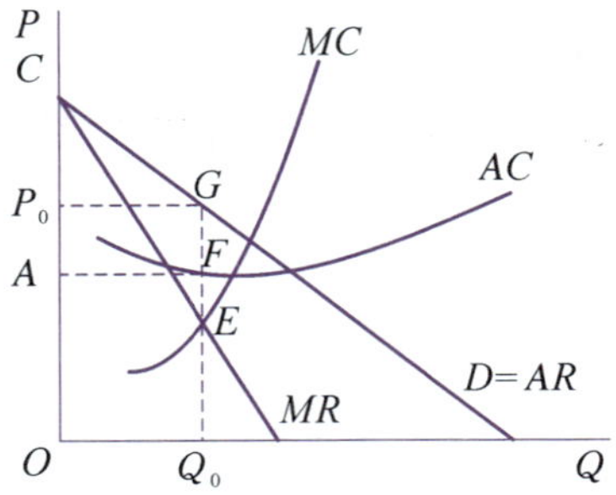

图 6-10 垄断企业获得短期超额利润的情况

假如某垄断企业有如图 6-10 所示的需求曲线和成本曲线,那么它将根据 $MR=MC$ 的原则来找到边际收益曲线和边际成本曲线的交点 E,由 E 点确定的产量 Q_0 是均衡产量,价格 P_0 是均衡价格。在 Q_0 基础上无论是增加产量还是减少产量,边际收益都不等于边际成本,都会使利润下降。

在短期中,垄断企业究竟是盈利还是亏损,主要取决于需求曲线与平均成本的相对位置,产品价格和平均成本的关系决定了利润的有无和大小。这种关系与完全竞争市场类似,即:

$$\begin{cases} P>AC,\ \pi>0 \\ P=AC,\ \pi=0 \\ P<AC,\ \pi<0 \rightarrow \begin{cases} P>AVC,\text{可以生产} \\ P\leqslant AVC,\text{停止生产} \end{cases} \end{cases}$$

图 6-10 反映垄断企业获得超额利润的情况,在垄断企业的均衡产量上,平均成本为 OA,而价格为 OP_0,平均成本曲线决定了总成本为矩形 $OAFQ_0$ 的面积,需

求曲线决定了总收益为矩形 OP_0GQ_0 的面积，所以超额利润就是矩形 AP_0GF 的面积，这也是企业短期内可能达到的最大超额利润。

图 6－11 中两幅图分别说明了垄断企业获得正常利润和亏损最小时的短期均衡，请读者根据前面所学知识自己分析。

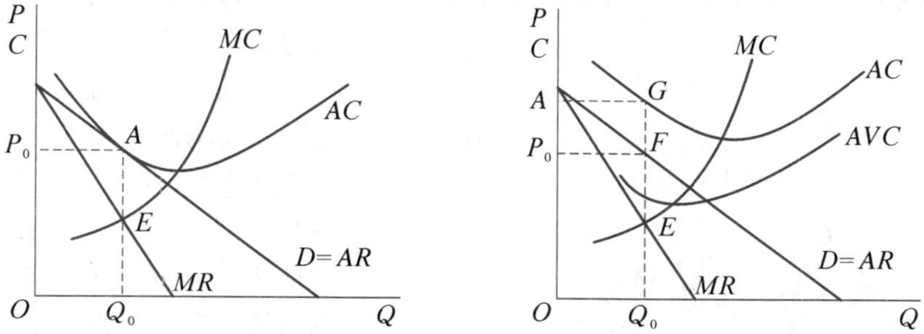

盈亏相抵　正常利润
(a)

亏损最小
(b)

图 6－11　短期中垄断企业获得正常利润和亏损最小的情况

在长期中，垄断企业一定能获取超额利润吗？

就长期而言，由于所有的投入都是可变的，垄断企业与完全竞争企业一样也可以调整其生产规模，以达到长期均衡。所不同的是，完全垄断市场的长期均衡并不伴随着超额利润的消失，因为完全垄断者独占经营，如果它在短期内能获得利润，由于不会受到新进入企业的竞争，它的利润将继续保持。而如果它在短期内亏损，垄断企业可以改变生产规模以获取超额利润，否则企业会因长期亏损而退出该行业。因此，完全垄断企业长期均衡常以存在超额垄断利润为特征。

在长期内，完全垄断企业均衡条件是：

$$MR = LMC = SMC \qquad SAC = LAC \tag{6-8}$$

在完全垄断市场中，企业正是通过上面这个原则来安排生产经营的。

图 6－12 描述了一个垄断企业的长期均衡调整过程。企业在短期选择一定的生产规模，短期平均成本曲线和边际成本曲线是 SAC_1 和 SMC_1，根据 $MR = SMC_1$ 确定的均衡产量为 Q_1，产品价格 OP_1＞平均成本 OF，企业能获得相当于矩形 $AEFP_1$ 面积的超额利润。但是从长期看，SAC_1 和 SMC_1 所代表的生产规模并不是最优的，因为长期边际成本曲线 LMC 低于边际收益曲线 MR，扩大生产规模

可以使利润增加。当规模扩大到边际收益等于短期边际成本,也等于长期边际成本时,达到最优。如图所示,在 MR 与 SMC_2 和 LMC 交于一点处,相对应的产量和价格分别为长期均衡产量 Q_2 和长期均衡价格 P_2,这时企业实现了长期利润最大化。值得注意的是,在产量为 Q_2 时,短期平均成本曲线 SAC_2 恰好与长期平均成本曲线 LAC 相切,表明产出水平是最合适的生产规模,这时企业获得的超额利润为矩形 $BGHP_2$ 的面积。

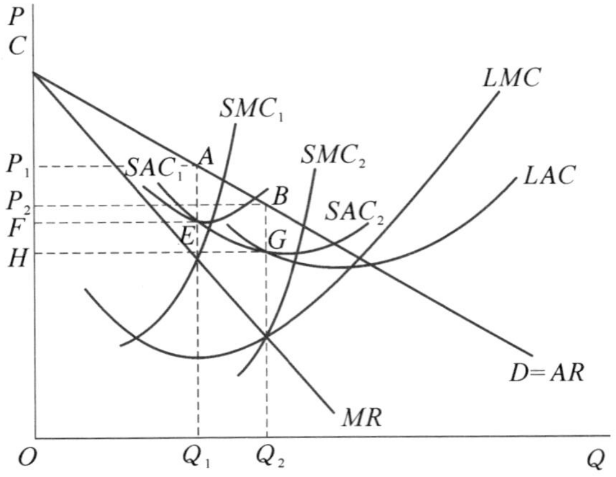

图 6-12　垄断企业的长期均衡

由图 6-12 易见,垄断企业处于长期均衡时并未在 LAC 最低点处生产,这一点与完全竞争企业不同。企业在长期均衡中只是选择了对其利润和产量来说的最优生产规模,并在选定产量上达到了短期平均成本最低。但若垄断企业超过均衡点扩大产量,它的平均成本会更低。因此,完全垄断企业最大利润的产量点出现在长期平均成本曲线下降段的某一点。

在垄断市场条件下,企业为了确保获得超额利润总是力图使自己的产品稀缺一些,从而使价格高于边际成本,因而在完全垄断的条件下,企业的产量是不足的,从而影响了资源的分配,导致了垄断市场生产效率相对低下。

垄断既然对社会造成危害,政府会对其在一定程度上进行管制,一般有税收管制、价格管制、公共管制、道义劝告和制定反垄断法等方法。

二、垄断竞争条件下企业的经营决策

1. 垄断竞争企业的需求曲线

垄断竞争市场上企业所面临的需求曲线与完全垄断企业的需求曲线相比,哪条曲线更为平坦呢?

由于垄断竞争企业的产品存在差别,企业面临的需求曲线就不会像完全竞争企业那样是一条具有完全价格弹性的水平线,而是一条向右下方倾斜的曲线。企业要增加销售量，就要降低价格，产品差别越大，替代性越小，要增加同样的销售量需要降价的幅度越大，需求曲线就越陡。由于垄断竞争市场上产品不是完全不能替代的，因此企业所面临的需求曲线斜率绝对值小于完全垄断企业的需求曲线斜率的绝对值。换言之，垄断竞争市场上企业所面临的需求曲线要比完全垄断企业的需求曲线平坦得多，企业的垄断程度越高，需求曲线越陡。

垄断竞争市场中，各企业生产的产品存在差别，因此无法得到市场的需求曲线和供给曲线。但为了简化起见，可以用“代表性”企业的行为来描述整个市场，尽管各企业的产品在消费者看来是有差别的，但所有企业的收益、成本和极大化行为都是相同的。

2. 垄断竞争市场的短期均衡和长期均衡

在垄断竞争市场条件下，企业短期均衡和长期均衡的利润情况分别如何？

垄断竞争条件下，企业关于短期均衡产量和均衡价格的原则还是要满足 $MR=MC$，只是与完全垄断企业的需求曲线相比，垄断竞争企业的需求曲线要平坦一些。具体来说，垄断竞争企业在短期可能出现以下几种情况：获得超额利润、获得正常利润、有亏损但继续生产和有亏损停产。图 6－10、图 6－11 虽然是针对完全垄断企业短期均衡的，但对于垄断竞争企业也同样适用。图 6－10 也可以用来显示垄断竞争企业获得超额利润的情况，而图 6－11 也可以分别用来显示其获得正常利润和亏损（亏损最小），但可继续生产的情况。

由于垄断竞争市场中企业进出行业比较容易，因此当企业获得超额利润时，其他行业的企业就会进入以分享超额利润，如此，供给量的增加导致产品价格的下降，这一过程直至超额利润消失为止。反之，如果垄断竞争企业短期内亏损，则企业会退出该行业，供给量的下降会导致产品价格上升，同样这一过程直至亏损消失为止。因此，垄断竞争企业的长期均衡条件为：

$$MR=LMC=SMC \qquad AR=LAC=SAC \tag{6-9}$$

3. 垄断竞争企业的非价格竞争策略

垄断竞争企业的非价格竞争策略主要有哪些？

由于垄断竞争企业产品间有一定的替代性,垄断竞争企业制定价格的能力就受到一定限制,而且当企业实现长期均衡后,只能得到正常利润。由于企业影响和控制价格的能力较弱,改善利润状况在很大程度上就依靠各种各样的非价格竞争手段,努力造成产品的差别性。通过产品的差别性,可以在一段时间内取得垄断利益。一般垄断竞争企业更着重于产品质量、服务竞争及广告竞争等非价格竞争手段。

产品变异就是非价格竞争的重要手段之一。产品变异指通过变换产品的颜色、款式、质地、做工和附加服务等来改变原有产品,以形成产品差别,提高市场占有率。产品变异会在一定程度上影响产品成本和产量,但关键是要看经过变异,能否形成较大的需求从而给垄断竞争企业带来更大的超额利润。一般来说,通过产品变异应该既达到区别于其他企业产品的目的,同时又达到提高自身产品品质的目的,这样才能击败竞争对手,获得更大的市场份额。

促销竞争也是非价格竞争的重要手段之一。在垄断竞争市场上,企业还常常要以广告竞争、营销策划等促销活动来开展促销竞争。一般消费者由于缺乏足够的信息,对市场上各种产品的特点、功能等了解不够,很难对各种产品进行全面的识别。企业通过促销活动,向消费者提供各种产品信息,展示本企业产品的差别性,从而提高消费者的购买欲望,达到扩大产品销路的目的。但是,企业开展促销竞争会增加广告支出等成本费用,因此要适可而止,不是越多越好。边际收益递减规律对广告费用等支出也同样适用。此外,从全社会角度看,过度的促销竞争会造成资源的浪费和产品价格的提高,这些都是不利的方面。

企业采取非价格竞争手段也会引起行业内其他企业的反应。但是,这种反应比起价格竞争的反应要慢得多。这是因为非价格因素的变化一般不易被对手察觉;即使对手察觉,要作出反应也需要一个过程。此外,非价格竞争的效果比较持久,企业一定的广告成本支出取得的回报较为长远。非价格竞争的效果集中到一点,就是培养了消费者对企业产品的忠诚度,使消费者对企业产品有了良好印象。一旦企业在竞争中取得了这种效果,就有了忠实的顾客群和牢固的市场占有率,使对手难以超越。

三、寡头垄断条件下企业的经营决策

在寡头垄断市场上,各个企业一般都能够认识到彼此之间的相互依存性,它们在进行决策时必须要考虑各自的决策方案实施之后对其他企业的影响及其反应,企业各种决策和行为所产生的结果也具有很大的不确定性。这样,就使得寡头企业们的行为方式错综复杂,各个寡头之间可能采用价格战,也可能是非价格战,可能是彼此勾结以控制市场，也可能是各自独立行动……以上所有这些不确定性的因素均会影响到寡头垄断企业所面临的需求曲线形状。因而，在寡头垄断市场条件下，企业的均衡产量和产品的均衡价格至今为止尚没有一套完整的理论模型。

但是，我们可以在一系列假定条件下，研究寡头垄断市场企业的行为均衡。就目前而言，比较常见的是以寡头企业是否存在勾结性为标准，将寡头垄断市场区分为勾结性寡头垄断市场与非勾结性寡头垄断市场进行分析研究。由于涉及的知识相对比较复杂，这里就不再作详细的介绍，有兴趣的读者可以通过阅读西方经济学的相关教材进一步学习。

本章小结

(1) 从竞争程度来划分，市场可以分为完全竞争、完全垄断、垄断竞争和寡头垄断这四种市场结构类型。其中，第一种是完全竞争条件下的市场结构，后三种是不完全竞争条件下的市场结构。

(2) 买者和卖者众多、产品同质无差别、生产要素自由流动和市场信息充分畅通，是完全竞争市场的基本特征；企业与行业完全重合、企业的产品没有任何相近的替代品和其他企业进入市场存在着极大的障碍，是完全垄断市场的基本特征；买者和卖者足够多、产品之间存在差别、进入市场比较容易和信息不完全，是垄断竞争市场的基本特征；企业之间相互依存、企业行为的结果具有不可预知性、市场相对稳定和进入市场的限制极大，是寡头垄断市场的基本特征。

(3) 完全竞争市场中，单个企业的需求曲线是一条水平直线 $P = AR = MR$，即需求曲线、平均收益曲线以及边际收益曲线这三条线是重合的。而行业需求曲线为一条向右下方倾斜的曲线，为该行业所有企业的需求曲线之和。完全竞争市场行业的长期供给曲线，有成本递增型、成本不变型和成本递减型三种情形。完全竞争市场行业的需求曲线与供给曲线的交点，决定了市场的均衡价格。完全竞争企业只能接受由行业总需求和总供给决定的既定价格，不存在价格决策问题。

(4) 在完全竞争市场条件下，企业短期均衡的必要条件为 $MC = MR = P$。在均衡点处，可能存在下列情形：当 $P > AC$ 时，企业获得超额利润；当 $P = AC$ 时，企业利润为零；当 $AVC < P < AC$ 时，企业亏损，但可继续生产；当 $P \leqslant AVC$ 时，企业停止营业。完全竞争企业实现长期均衡的条件为 $MR = AR = LMC = LAC = SMC = SAC$，企业通过对生产规模的不断调整，逐渐消除利润和亏损，实现均衡。

(5) 在完全垄断市场条件下，企业的平均收益曲线与需求曲线重合，是一条向右下方倾斜的曲线,企业的边际收益曲线 MR 也向右下方倾斜,并且低于 AR 曲线。完全垄断企业的短期均衡遵循 $MR = MC$ 原则。在均衡点处,可能存在下列情形:当 $P > AC$ 时,企业获得超额利润;当 $P = AC$ 时,企业利润为零;当 $AVC < P < AC$ 时,企业亏损,但可继续生产;当 $P \leqslant AVC$ 时,企业停止营业(这与完全竞争相同)。完全垄断企业长期均衡条件为 $MR = LMC = SMC$, $SAC = LAC$。垄断企业依此逐渐调整生产规模,实现在长期内获得最大利润。一般而言,垄断主要来自对资源的控制、专利所有权、显著的规模经济性、特许权和品牌忠诚度等因素。

(6) 在垄断竞争市场条件下,企业短期均衡条件依然要满足 $MR = MC$,只是与完全垄断企业的需求曲线相比,垄断竞争企业的需求曲线要平坦一些。具体来说,垄断竞争企业在短期也可能出现以下几种情况:获得超额利润、获得正常利润、有亏损但继续生产和有亏损停产。垄断竞争企业长期均衡条件为 $MR = LMC = SMC$, $AR = LAC = SAC$。在企业的长期均衡产量上,企业的经济利润为零。一般来说,垄断竞争企业更着重于产品质量、服务竞争及广告竞争等非价格竞争手段。

(7) 在寡头垄断市场条件下,企业的均衡产量和产品的均衡价格至今为止尚没有一套完整的理论模型。就目前而言,比较常见的是以寡头企业是否存在勾结性为标准,将寡头垄断市场区分为勾结性寡头垄断市场与非勾结性寡头垄断市场进行分析研究。

(8) 从管理经济学的视角来看,完全竞争市场是最理想的市场结构,它的经济效率最高。随着市场中垄断因素的加强,经济效率逐渐下降。在垄断竞争的市场条件下,最能够促进技术创新,有利于经济效率的提高;而完全垄断和寡头垄断的市场结构比较有利于规模经济效应的发挥,对于那些规模经济十分显著的产品,有必要安排一种完全垄断或寡头垄断的市场类型。

案例分析

案例 6-1

可可产业与竞争模型

人们常说,如果不存在诸如价格支持和种植面积限制的政府干预,完全竞争模型会很好地适用于农业产业。人们还认为,如果不存在旨在稳定市场的国际商品协定,某些世界商品市场也非常接近完全竞争型市场。

然而,可可市场的情况却完全不是如此。多年以来,总部位于伦敦的世界可可组织(ICCO)曾为世界可可产业提供了价格支持。该组织在可可生产过剩时收购多余产品,而在产品短缺时出售可可。然而到了20世纪90年代,可可市场的情况仍是一团糟。可可价格水平从1977年的最高峰每吨5 500美元降低到每吨不到850美元,而且可可生产者们仍旧看不到市场状况改善的迹象。1977年的可可短缺,不仅导致了每吨5 000多美元的天价以及巨大的产业利润,而且促使很多热带地区国家新的生产者大面积种植可可树。当这些可可树长成之时,可可供给曲线迅速右移,致使可可价格急剧下降。

人们都知道,可可生产主要发源于一些大型可可种植园,这些种植园的所有者的祖先在一个多世纪之前作为探险者来到热带国家,并开发这里的土地。然而,与这些第三代或第四代富有的种植园主共存的,还有很多更小的种植者。仅仅在巴西东北部的贫困地区,便有2万多个可可种植园。在西非、马来西亚以及印度尼西亚,也存在很多小型可可种植园。

正如前面提到的,20世纪70年代末的暴利导致了新企业对可可产业的进入。当新种植的可可树长成之时,价格便开始走下坡路,因为有太多的新种植者向市场提供了太多的产品。国际可可组织和各可可生产国政府所作出的努力,对市场供给状况只产生了很有限的影响。

20世纪90年代初,国际可可组织经过艰苦的努力,签订了调控可可供给的新的《可可协定》,1994年又签订了5年期的条约。然而,很多观察家当时就认为,这些都不会起到多大作用,主要是因为世界上最大的可可生产者印度尼西亚并没有加入国际可可组织。到1998年,国际可可组织已售出其全部的用于稳定可可市场的库存,而印度尼西亚仍旧不是世界可可组织的成员国。一些供应商已经退出市场,可可价格稳定在每吨1 500美元的水平。然而,在进入新千年之际,可可价格又下降到每吨900美元以下。国际可可组织显然无法控制市场,生产者的进入和退出将仍旧是决定可可长期价格的主要因素。

资料来源:吴汉洪,董红霞编著. 管理经济学. 清华大学出版社,2005.

【案例思考】

1. 可可产业接近完全竞争模型吗?为什么?
2. 决定可可长期价格的主要因素是什么?请简要加以说明。

案例 6－2

广告与眼镜

垄断竞争理论强调销售开支(包括广告支出)的重要性。大城市的眼镜市场具有许多垄断竞争的特征：有大量的眼镜销售者，每个销售者的产品与其他销售者具有细微差别。美国一些州曾禁止眼镜销售商做价格广告。表 6－2 列出了当时在这些州和其他没有广告限制的州中眼镜的平均价格。

表 6－2　有无广告禁令与眼镜价格

所在州法律性质	平均价格(美元/副)	
	眼　镜	眼镜和验光
有广告禁令	33.04	40.96
无广告禁令	26.34	37.10

资料来源：吴汉洪，董红霞编著．管理经济学．清华大学出版社，2005.

【案例思考】

1. 既然广告是一种需要使用资源的销售开支，那么认为不做广告将减少企业成本的说法有道理吗？

2. 如果广告会增加成本，为什么没有广告禁令的州中眼镜价格却较低？(从消费者获得信息角度考虑)

3. 1978 年，联邦贸易委员会(FTC)宣布对眼镜广告的禁止是非法的。FTC 为什么采取此措施？

案例 6－3

石家庄一居民小区预收 5 年水费引质疑

2011 年 3 月某日，石家庄阀门一厂家属院宿舍门口贴出了物业公司的通知，让居民预交 5 年水费，并与之前小区居民所欠水费一并缴纳，合计每户居民需缴纳至 2016 年的水费共计 7 000 多元，否则便不能保证用水。阀门一厂有关部门还将本单位离退休人员医药费报销等事宜与是否缴纳水费挂钩。

“这不是电影《让子弹飞》里，‘鹅城’的收费方法吗?”部分居民表示强烈质疑。一住户称，他们老两口每月用水只有三四吨，按照一吨水3.9元，7 000多元水费也足够他们吃40多年。一退休职工称，一些家属楼都是有二三十年楼龄的老旧楼房，房屋年久失修，自来水管网老化破损，却一直维修不力。2005年之前水费一直由单位收缴，2005年后就再也没人来。

对此，负责当地供水的石家庄东方龙供水有限责任公司方面表示，“供水公司只与阀门一厂存在贸易结算关系，根据小区总水表向阀门一厂收缴水费。阀门一厂公司在供水集团立户贸易结算水表共计9块，2005年以后，阀门一厂家属院一直无法正常缴纳水费，累计欠缴水费已高达64万多元，供水公司始终努力向阀门一厂进行追缴，然而却‘收效甚微’。”对于阀门一厂采取的“鹅城”式预收水费办法，供水公司声称并不知情，也与公司没有直接关系。

然而，按照新出台的物业管理条例，供水、供电、燃气等物业收费要到居民终端。同时，国家规定水表每隔6年应强制检测，而事实上，一些水表自20世纪80年代安装后就没有动过，计量准确率很差。

资料来源：根据2011年3月21日出版的《新民晚报》的相关报道整理而成。

【案例思考】

1. 你认为案例中“鹅城”式水费预收事件发生的根本原因是什么？同时请你结合案例谈谈解决水费拖欠问题的思路。

2. 供水部门应该说是资金、人才相对比较集中的部门，效率一定会很高吗？什么决定效率？

案例6-4

北京的花炮为什么这么贵

2010年春节前夕，毗邻北京的河北省三河市车满为患，到此地购买花炮的“京”字牌车辆排起蔚为壮观的“车龙”。“便宜”，是不少北京市民不惜雪后驱车上百公里，赶往这里购买花炮的最大动力，这不仅扰乱了市场秩序，更增大了北京的安全隐患和危险品管控难度。

自2月7日北京开始销售虎年花炮以来，市场的价格大致是这样的：1 000响鞭炮售25～35元，10 000响的盘炮售120～150元，烟花“难忘今宵”售250元左右……鞭炮和烟花的整体价格较2009年下降约5%。

毋庸置疑,降价是遏制"非法"花炮流入北京的最好办法。为此,北京市政府通过增设零售点、增大供应量等手段力求驱走"非法"花炮:形成了"湖南熊猫""湖南逗逗"和"北京燕龙"三大批发商三足鼎立之势;共批准2 418个花炮零售点,比2009年增加约10%;80万箱的花炮供应量也创历史新高。

然而,即便如此,不少消费者仍认为5%的降幅是杯水车薪,与赴河北购买非法花炮的价差巨大。在河北省三河市,1 000响鞭炮和烟花"难忘今宵"分别仅售10元和80元,都不到北京的1/3。河北三河、固安等北京周边市县已成为廉价花炮销售地。

那么,为减少市民异地购买"非法"花炮带来的安全隐患,就不能再降降北京的花炮价格?

"花炮从出厂到消费者手中,要经过进货、批发和零售三大环节,'每个环节加价50%'已形成业内'行规'。"北京烟花鞭炮(燕龙)有限公司总经理武立雨说,三家批发商为了在仅有的2 418个零售点中争取更多的独家专营点,零售商即便加价超过50%,也只能默许。

一些北京市民认为,由于基本垄断了北京市区的花炮市场,因此,北京的花炮供货商和批发商,甚至零售商的销售"暴利"是导致价格居高不下的罪魁。"除了这些所谓的'销售点',市民在市区根本就别想在别地买到花炮,市场被他们垄断了,价格自然就由他们说了算,一个成本几元钱的花炮动辄上百元也就不难理解了!"一位北京市民如是说。

资料来源:根据2010年2月11日出版的《新华每日电讯》的相关报道整理而成。

【案例思考】

1. 案例中的北京花炮市场接近何种市场结构?这种市场结构具有哪些特点?

2. 北京的花炮为什么那么贵呢?试从市场结构的角度加以分析。

3. 从市场监管的角度来看,你认为政府可以采取哪些措施来解决花炮价格畸高的问题?

练习与思考

一、名词解释

完全竞争市场　完全垄断市场　垄断竞争市场　寡头垄断市场

二、单项选择题

1. 完全竞争企业不能控制(　　)。

A. 产量　　B. 价格

C. 成本　　D. 生产技术

2. 对于一个垄断企业而言,它的边际收益(　　)。

A. 大于价格　　B. 等于价格

C. 小于价格　　D. 曲线是水平线

3. 下列行业中,最接近完全竞争模式的是(　　)。

A. 飞机制造业　　B. 农业

C. 汽车制造业　　D. 日用品行业

4. 在任何市场上,产品的平均收益曲线可以由(　　)。

A. 它的产品供给曲线表示　　B. 行业的产品供给曲线表示

C. 它的产品需求曲线表示　　D. 行业的产品需求曲线表示

5. 某完全竞争企业正在生产每日总收益为5 000元的产量,这是其利润最大化的产量。该企业产品的平均成本是8元/单位,边际成本是10元/单位,则该企业的每日产量是(　　)。

A. 500单位　　B. 200单位

C. 625单位　　D. 1 000单位

6. 完全垄断企业短期均衡时,(　　)。

A. 企业一定能获得超额利润

B. 企业一定不能获得超额利润

C. 企业只能获得正常利润

D. 取得超额利润、取得正常利润和亏损三种情况都可能发生

7. 如果以利润最大化为目标的企业的边际收益小于边际成本,那么该企业(　　)。

A. 应增加其产量　　B. 应减少其产量

C. 必然获得经济利润　　D. 必然亏损

8. 垄断企业能够成为价格的制定者,原因在于(　　)。

A. 该行业有许多企业

B. 在市场价格下,垄断企业可以销售它希望销售的任何数量的产品

C. 垄断企业的需求曲线弹性无穷大

D. 垄断企业生产了该行业的全部产品

9. 在一般情况下,企业产品的市场价格若低于(　　),就应该停止生产。

A. 平均成本　　B. 平均可变成本
C. 边际成本　　D. 平均固定成本

10. 行业产量增加时生产要素的价格下降,从而导致产品成本下降,则该行业是(　　)。
A. 成本递增行业　　B. 成本不变行业
C. 成本递减行业　　D. 以上任何一个

三、多项选择题

1. 下列选项中,属于完全竞争市场特点的有(　　)。
A. 市场上有许多销售者和购买者
B. 同类商品同质无差别
C. 各种生产要素可自由流动
D. 市场信息可在市场中自由流动
E. 企业可以自主定价

2. 在完全竞争市场条件下,企业在长期均衡时(　　)。
A. 企业可能发生亏损
B. 企业的所有投入要素都是可变的
C. 企业既无盈利也无亏损
D. 企业可能会盈利
E. 行业内企业的进入和退出不复存在

3. 经济学家们在分析问题时常用的四种市场结构包括(　　)。
A. 完全竞争　　B. 完全垄断　　C. 垄断竞争　　D. 寡头垄断
E. 适度竞争

4. 大部分市场都是不完全竞争市场,主要原因是(　　)。
A. 企业有追求规模经济的倾向　　B. 消费者的数量太多
C. 进入壁垒的出现　　D. 企业的数量太多
E. 完全竞争市场所应具备的条件无法完全满足

5. 寡头垄断行业一般具有的特点是(　　)。
A. 企业数目极少,新的企业加入该行业比较困难
B. 产品既可同质,也可存在差别
C. 企业之间相互依存
D. 企业的行为具有不确定性
E. 非价格竞争变得更加重要

四、判断题

1. 完全竞争企业面对的需求曲线由市场价格所决定，故其完全缺乏弹性。(   )

2. 垄断企业可以任意制定价格。(   )

3. 垄断企业出现亏损是不可能的。(   )

4. 垄断竞争市场的资源配置效率要高于完全竞争市场。(   )

5. 垄断竞争与完全竞争的关键区别是前者存在产品差别。(   )

6. 不完全竞争市场的共同特征是企业产品的市场价格低于边际成本。(   )

7. 完全竞争企业实现长期利润最大化时，就不可能出现亏损。(   )

8. 与完全竞争市场相比，垄断市场的产量较大而价格较高。(   )

9. 企业之间关系最密切的市场是垄断竞争市场。(   )

10. 虽然很高的固定成本是企业亏损的原因，但永远不会是企业停产的原因。(   )

五、简答题

1. 为什么完全竞争市场中的企业不愿为产品做广告而花费任何费用？

2. 为什么利润最大化原则 $MC = MR$ 在完全竞争条件下可以表述为 $MC = P$？

3. 在长期均衡点，完全竞争行业中每个企业的超额利润均为零，因而当产品持久性需求减少而导致价格下降时，所有这些企业都将无法继续经营。这种说法对吗？为什么？

4. 请解释为什么在成本递增型完全竞争行业中，企业的退出很可能引起产品价格的下降。企业的退出可能是什么原因造成的？

5. 垄断企业是价格的制定者，这是否意味着成为垄断者的企业可以任意定高价？为什么？

6. 许多城市都成功建有颇具地方特色的风味小吃一条街，但却很少有能够成功建设旅馆一条街的。为什么？

六、计算题

1. 假设完全竞争市场中某商品的需求函数和供给函数分别为 $Q_d = 50\,000 - 2\,000P$ 和 $Q_s = 40\,000 + 3\,000P$，其中，Q_d、Q_s 均以千克为单位，P 以百元/千克为单位。试求：

(1) 该商品的市场均衡价格和均衡销售量。

(2) 企业的需求函数。

2. 完全竞争行业中某企业的短期成本函数为 $TC = Q^3 - 6Q^2 + 30Q + 40$，假设产品价格为 66 万元/台。求该企业利润最大时的产量及利润总额。

3. 一家完全垄断企业，它的总成本函数为 $TC = Q^3 - \frac{3}{2}Q^2 + 60Q$，它的需求曲线为 $P = 180 - 6Q$，其中 Q 以台为单位，P 以万元/台为单位。如果该企业谋求利润最大化，应如何确定它的最优价格和最优产量？此时的总利润是多少？

第七章

企业定价与广告决策

学习目标

学完本章,你应该能够:

(1) 了解定价目标与企业目标的关系,掌握价格目标的设置程序,熟悉价格目标的优化原则和优化内容;

(2) 了解影响定价的主要因素,掌握成本加成定价法和目标投资回报率定价法的基本步骤和计算方法;

(3) 掌握差别定价法的含义和分类,熟悉一级差别定价和二级差别定价的基本原理和适用行业,了解三级差别定价的基本原理和随行就市定价的基本方法;

(4) 掌握新产品定价策略、心理定价策略、产品组合定价策略和中间产品转移定价策略的基本类型与基本技巧;

(5) 了解广告的内涵和特点,能够正确理解广告的作用;

(6) 理解产品特性和广告类型的对应关系,掌握利润最大化的广告支出量的原则。

基本概念

成本加成定价法　目标投资回报率定价法　差别定价法　随行就市定价法　撇脂定价策略　渗透定价策略　中间产品的转移价格　广告

在市场经济中,价格竞争是一种重要的竞争。从理论上讲,追求利润最大化的企业应该遵循边际收益等于边际成本($MR = MC$)的定价原则。但是在实践中,情况要复杂得多。比如,企业产品面临的不止是一种市场,而是好几个市场,如国内市场和国际市场,这些市场具有不同的竞争程度。企业往往不止生产一种产品,而且在各种产品的生产或需求之间可能具有密切联系。企业的近期目标也不一定是追求利润最大化,其追求的可能是最大的市场份额、信誉或满意的利润等。另外,在实际生活中企业可能难以掌握准确的需求和成本信息,因此,准确地确定边际成本和边际收益变得相对困难,这就决定了在现实生活中定价方法和策略的多样化。另外,科学的广告行为也是企业竞争力的重要构成因素。本章将对企业这两类决策行为进行分析和探讨。

第一节 企业定价概述

一、企业目标与定价目标

一般来讲,我们笼统地认为企业的目标就是追求利润最大化,这当然没有错,但不同的企业也有其各自不同的目标,一般并不与利润最大化目标相矛盾。比如,有的企业着力于树立品牌形象,有的企业希望占有更大的市场份额,等等。企业的不同经营理念会导致不同的企业目标,而不同的目标又会引导出不同的企业行为。企业目标就是企业在经营活动中所要达到或希望达到的目标或效果。企业目标规定和制约着企业的一切经营行为,是企业各项职能活动的总纲。但从企业性质来讲,任何企业的最终目标都是要获得一定的利润,以维持和促进企业自身的生存和发展。

价格目标是指企业的定价目标,是企业在定价过程中所要达到的目标要求,也就是企业通过价格制定所要实现的经营意图。价格目标是指导企业定价行为的专门化目标,在企业的价格决策活动中发挥着重要的主导作用。因此,企业所有产品的定价,都要根据价格目标的要求来进行。例如,当企业是以稳定价格为定价目标时,在经营过程中对价格的升降就会比较慎重,通常不会随便对价格进行调整,而是通过改变生产经营活动的其他方面来努力保持价格的稳定。一般来说,企业的定价目标都比较具体,而且具有较强的针对性。

定价目标与企业目标的关系如何?

企业目标规定着企业的整体行为方向,而价格目标仅反映企业定价过程中的期望和追求。这样,二者的关系是:价格目标服从和受制于企业的整体目标,而整体目标则指导和约束着企业定价目标的内容。价格目标是为企业整体目标服务的,是实现企业整体目标的手段和途径。企业整体目标包含着产品价格方面的要求，因此企业制定整体目标时，要考虑产品价格方面的情况。价格目标一般都是按照企业目标的要求来制定的，因而二者之间的关系也协调一致。

二、价格目标的设置程序

企业在制订价格目标时，会遇到不同的情况和约束条件，而且每一个企业的价格目标又可能包含着多重要求，因此价格目标的设置是一项相当复杂的工作。为了提高企业定价的效果，企业决策者应该按照一定的程序来确定产品的定价目标。一般来说，价格目标的设置程序如图 7-1 所示。

价格目标的设置程序应该分为哪些步骤？

价格目标的设置程序可以分为以下几个步骤。

（1）分析企业整体目标。即对企业整体目标进行分解细化，找出其对产品价格方面的要求。也就是说，分析企业应如何确定产品的定价目标，才能保证整体目标的实现。

（2）提出各种定价目标。企业的定价目标有多种选择。在这一过程中，企业决策者应根据企业确定的整体目标，提出满足整体目标要求的定价子目标。其中，关键是要从企业整体目标出发，寻找符合条件的定价目标。

（3）对各种定价目标进行可行性分析。可行性分析包括三个方面内容：是否适应外部环境；是否适应内部条件；是否适应产品本身的要求。通过对各种定价目标进行分析和判断，剔除那些不具有可行性的目标，为企业提供切合实际的定价参考。

（4）目标优化。在确定可行的定价目标的基础上，进一步对企业定价目标进行系统优化，以获取最优定价效果。

（5）确定目标。根据优化后的结果，确定最

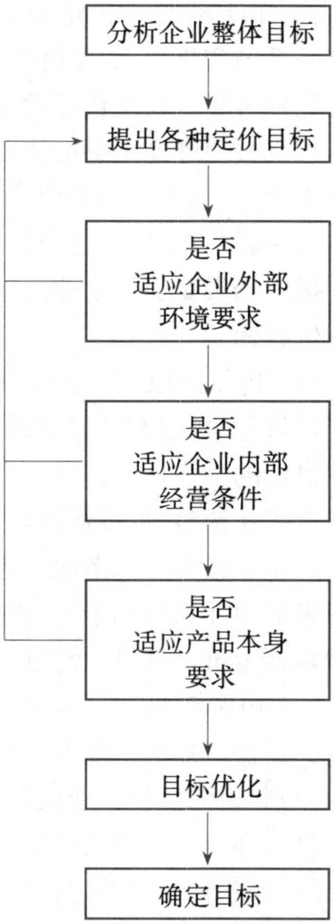

图 7-1 价格目标的设置程序

终的企业定价目标。

三、定价目标的优化

目标优化是企业确定价格目标过程中的一项重要环节。对定价目标进行优化,可以进一步提高产品定价的针对性和有效性,使企业的价格目标更加切实可行。而且,定价目标制定得越合理,企业整体目标的实现也就越有保障,经营效果就越好。下面,我们从优化原则和优化内容两个方面来讨论。

1. 优化原则

定价目标的优化原则有哪些?

(1) 市场性原则。定价的市场性原则是指企业在定价过程中,始终把握市场供求关系的变化动态,坚持以市场为导向,根据市场的动态变化不断完善和优化企业的定价目标。在现代经营条件下,市场是企业一切生产经营活动的基础,因而企业定价也必须遵循市场的要求。根据市场原则优化定价目标,具体来说就是要在产品生产前、生产中和生产后的全过程中贯穿市场的要求,将产品价格的形成紧密地与市场联系在一起,在产品价格产生的每一个环节都体现市场的要求。总之,就是要把市场机制引入企业定价过程的始终,在全面跟踪市场变化的基础上优化企业定价目标。

(2) 边际性原则。边际分析是管理经济学中的一种重要分析方法。在优化企业定价目标时,我们同样应该遵循边际分析原则。如上所述,定价工作是实现企业整体目标的手段,定价目标也是为企业的整体目标服务的。因此,对企业的价格目标进行优化调整,可以从边际原理的分析方法出发,只要定价目标的每一次调整都不会对企业整体目标造成损害,就可以认为这种调整是有效的,直到改变价格目标所带来的边际收益趋于零,就可以确定企业的价格目标处于最优区域。按照边际原理调整定价,可以使企业产品价格体系达到或接近最优状态。

(3) 协调性原则。由于大多数企业所生产的产品不止一种,因此企业对各种产品的定价目标有可能不一致。协调性原则就是指处理这些不同定价目标之间关系的原则,目的是使企业的各种定价目标之间保持协调有序的关系。一方面,各种定价目标都应与企业的整体目标相适应;另一方面,各种价格目标本身也要互相匹配,以确保各种产品的定价能够为企业带来最大收益。这里需要注意的是,协调只是一种相对状态,由于环境及企业自身的变化,各种价格目标之间常常会处于“协调一矛盾"这样一个过程。这就要求我们不断根据情况的变化调整各种定价目标之间的关系，使之实现动态平衡。

2. 优化内容

定价目标的优化主要包括哪些内容？

定价目标的优化主要包括以下三个方面的内容。

（1）从时间方面进行优化。定价目标并不是永远不变的，随着时间的推移，各种价格要素会发生相应的变化，因此各种产品的价格目标也要随之而改变。在优化企业定价目标时，考虑到时间上的衔接和转移是十分重要的。这是因为，如果企业能够事先对价格的未来波动作出准确的预测，并提前制订价格目标的应变计划，就能比较好地避免市场价格变化所带来的影响，保证企业整体经营目标的实现。对定价目标进行时间上的优化，就是要规划好各个时间段上的定价目标的合理搭配及动态衔接，以确保价格目标的长期效用。

（2）从结构方面进行优化。如果企业的定价目标不止一个，那么价格目标本身也形成一个有机体系。为了使价格目标体系完善合理，就有必要对其结构进行调整优化。优化价格目标的结构，就是要在明确各种不同的价格目标之间关系的基础上，合理配置，优化选择，使企业由高、中、低等不同档次产品所组成的价格体系协调规范。

（3）从效果方面进行优化。定价不是企业的目的，企业的竞争目的是通过定价来实现企业的整体经营目标。因此，优化定价效果，实际上就是要提高企业定价行为对实现整体经营目标的贡献度。价格目标制定得再怎么精细明确，如果不能有助于企业经营目标的实现，那么定价行为的效果也是差的。只有当价格目标反映了企业整体目标的要求，并且价格目标的实现对企业整体目标的完成有促进作用时，定价行为的效果才是好的。由此可见，优化定价效果，应重点把握价格目标和经营目标的关系，以定价为手段，促进企业经营目标的实现。

四、影响定价的主要因素

影响定价的主要因素

- 成本因素
- 市场因素
- 政府关于企业定价的政策与法令

企业定价要考虑的因素很多,这里我们讨论几个主要的因素。

1. 成本因素

成本是企业定价时要考虑的首要因素,一般来说,成本是产品定价的下限。如果价格定得低于成本,企业就要亏本。所以说,企业定价时首先考虑的是收回成本。因此,成本低,企业产品的定价就可以较低;而成本高,企业产品的价格也相应较高。产品成本包括很多方面,如开发成本、生产成本、管理成本、销售成本和储运成本等。成本低的企业在与其他企业竞争中,明显处于有利地位。它可以与其他企业定同样的价格,但获得更多的利润;也可以实行低价政策,排挤别的企业的产品。企业的生产成本与产量有密切的关系。当产量很小时,设备利用不足,这时候固定成本分摊到每个单位产品上的成本较高,所以,此时单位产品成本较高。当产量达到一定水平时,设备恰好充分利用,此时成本最低。超过这一产量水平,设备超负荷运转,磨损较大,工人工资支出也可能增加,这时单位产品成本又会提高。所以,如前所述,企业的成本曲线呈 U 形。因此,为了给定价提供准确依据,在定价时,不能仅了解一种产量水平上的成本,还应当了解不同产量水平上成本的变动情况。如果目前企业因产量过大(生产能力已经超负荷)使成本过高,就应考虑提价,以便减少销售量,降低成本,提高利润;如果目前因企业产量不足而使成本较高,则应考虑降价,以增加产量,提高生产能力的利用程度。

2. 市场因素

第一,市场需求。市场需求就是消费者对企业产品的需求,体现在需求曲线和价格弹性两方面。产品需求曲线反映该产品的价格和顾客对产品需求量之间的关系。一般来说,二者按相反方向变动。因此,价格不是定得越高越好,如果定得过高导致需求量大量减少,企业的销售收入反而将减少,利润就会随之下降。价格弹性反映需求量对价格变动的敏感程度,它可以用来分析价格变动对产品销售量的可能影响。因此,价格弹性的大小是企业确定价格政策的重要依据。

第二,市场结构。通过上一章的讨论,我们知道市场结构与产品定价有直接的关系。在不同的市场结构中,产品定价的规律截然不同。在完全竞争市场中,买卖双方都是既定价格的接受者,而不是决定者,价格完全由产品的市场供求关系决定。在完全垄断市场,由于产品完全被一个企业垄断控制,又没有替代品市场,因此产品的价格完全操纵在垄断者手里。在垄断竞争条件下,少数买者或卖者拥有较为优越的条件,可以对产品的市场价格施以较大影响。个别大企业可以通过自己的影响力,在一定程度上决定产品价格。在寡头垄断条件下,产品的价格则主要由几家大企业通过协议或默契来决定。在现实中,企业所面对的往往不是上述纯粹的、典型的市场结构,而是介于它们之间的混合型市场结构。企业应比照不同市场结构进行相应分析，确定自己产品的价格。

第三，市场竞争。竞争是市场经济的本质特征。在实际生活中，完全垄断的市场几乎是不存在的。因此，竞争状态是商品定价时必须考虑的一个重要因素。在研究产品的竞争状态时，重点应把握竞争对手的实力、产品特点及价格水平，替代品的功能及价格的状况。由于竞争是一个动态过程，因此企业在分析市场竞争状况时，也应采取动态的方法，及时捕捉和发现最新的市场竞争信息，并根据实际的市场竞争状况，确定或调整自己的产品价格，以赢得市场竞争中的价格优势。

3. 政府关于企业定价的政策与法令

定价时必须要明确政府规定的企业定价权限。我国目前有国家定价、国家指导定价和市场调节价格三种。除国家定价外，后两种均属于企业定价范围。其中，第三种商品定价权完全属于企业，而第二种则只能在国家规定的范围和程度内行使定价权。

第二节　企业常用的定价方法

确定了价格目标，并对影响定价的各因素进行了分析之后，就应该对定价的方法进行选择。下面我们讨论一些常用的企业定价方法。

一、成本加成定价法

成本加成定价法

按照单位成本加上一定百分比的加成来制定产品销售价格的定价方法。

成本加成定价法是按照单位成本加上一定百分比的加成来制定产品销售价格的一种定价方法。在零售企业中，采用成本加成定价法的企业比较普遍。这种定价方法的关键在于确定总成本和一个合适的加成率。企业在确定加成率时，应考虑商品的需求弹性和企业的预期利润。在实际操作中，同行业往往形成一个为大多数企业所接受的加成率，以确保企业的预期利润。按照这种定价方法，产品的价格分三步来确定：

第一步,根据财务报表,得出产品单位可变成本的数据;

第二步,估计固定成本,然后按照产量把固定成本分摊到单位产品上去,求出单位固定成本;

第三步,将单位可变成本与单位固定成本相加,得到单位总成本,在单位总成本基础上加上一个预期目标利润加成,即得出价格。用公式表示就是:

$$P = AC + AC \cdot r = AC(1 + r)$$

式中:P 为待定的产品价格;r 为加成率。

例 7.1 某企业年生产 A 产品 10 000 件,总固定成本为 80 000 元,单位产品可变成本为 50 元/件,加成率标准为 25%。问 A 产品的价格应当怎样确定?

解: 单位产品固定成本　80 000/10 000=8(元/件)

单位产品可变成本　50 元/件

单位产品总成本　8+50=58(元/件)

产品单价　58×(1+25%)=72.5(元/件)

从例 7.1 中我们看到,成本加成定价法首先要求正确计算成本,除了根据财务报表计算外,还应该考虑决策期价格和工资的预期变动情况;其次,一定要确定合适的利润率。不同产品的利润率应当有所不同。特别需要指出的是,产品的需求价格弹性不同,利润率也应当有所不同。弹性大,利润率应当低一些;弹性小,则应当高一些。

虽然成本加成定价法简单易行,但其明显的不足是没有考虑市场供求关系和竞争状况,仅仅是根据企业自己的利润预期来确定价格。

二、目标投资回报率定价法

目标投资回报率定价法

单位成本加上按目标投资回报率所计算的一定利润来制定产品销售价格的定价方法。

目标投资回报率定价法与成本加成定价法有相似之处,二者都是在全部成本的基础上加上一笔利润,不同的是成本加成定价法加的利润是按成本利润计算的,而目标投资回报率定价法加的利润是按目标投资回报率计算的。按照目标投资回报率定价法确定产品价格分为三个步骤。

第一步,根据企业投资总额和投资回报期,计算出每年必须收回的投资额。其计算公式为：

$$年投资回收额 = 总投资额/投资回收期(年)$$

第二步，根据目标投资回报率确定目标利润额。其计算公式为：

$$目标利润额 = 年投资回收额 \times 目标投资利润率$$

第三步，根据总成本、目标利润额及预期销售量计算出产品价格。其计算公式为：

$$产品单价 =(总成本+目标利润额)/预期销售量$$

例 7.2　某企业总投资额为 5 040 万元，投资回收期为 18 年，目标投资回报率为 10%，年度总成本为 500 万元，年度预期销售量为200 000件。问产品单价应该定为多少？

解：年投资回收额　　5 040/18＝280(万元)

目标利润额　　280×10%＝28(万元)

产品单价　　(500＋28)/200 000＝0.002 64(万元/件)

＝26.4(元/件)

这种定价方法的优点是可以保证实现企业既定的目标投资回报率和目标利润。但是，其缺点也是十分明显的。这种方法只考虑利润的实现而不考虑市场需求状况和竞争状态。另外，该方法是在先确定产量(销售量)之后，再计算和确定价格，这在理论上难以说得通，因为任何产品的市场销售量都是由价格决定的。所以，目标投资回报率定价法一般只适合市场占有率很高的企业或垄断性企业，尤其适合大型的公用事业型企业。因为这类企业一般投资额都很大，业务具有垄断性，产品需求弹性较小。

三、差别定价法

差别定价法

又称为价格歧视，是指企业生产的同一种产品在不同的场合索取不同的价格。

1. 差别定价法的含义

差别定价法又称为价格歧视，是指企业生产的同一种产品在不同的场合索取不同的价格。这里,不同的场合可指不同的消费者群体、不同的市场、不同的时间或者是不同的消费数量。例如,风景旅游点对学生实行优惠票价,对成人实行标准票价;对工业用电和生活用电制定不同的价格;对同一产品在国内市场和国际市场制定不同的价格;长途电话费在夜间和白天收费标准不同;大包装商品的平均价格低于小包装同样商品,等等。

一般来说,企业实行差别定价需要满足以下三个条件。

(1) 企业必须有一定的垄断能力,没有垄断能力的企业实行差别定价就会失去顾客。

(2) 企业必须能够有效地分割市场。比如,市场之间信息不畅通、交通不便利,或者存在贸易壁垒。换言之,分割的市场之间存在相当大的交易费用,使得产品无法或不值得被倒卖,否则不同市场的价格很快就会被拉平,从而无法实行差别定价。

(3) 不同市场价格弹性不同。垄断企业根据不同市场的需求弹性对同一产品制定不同的价格,可获得更多的利润。

2. 差别定价法分类

(1) 一级差别定价

所谓一级差别定价,是指企业对其所销售的每一单位产品都索取最高的可能价格。如果具有一定垄断能力的企业知道每一个消费者买进每一单位产品愿意付出的最高价格,并按照需求曲线确定每一单位产品的售价,这就表示该企业实行的是一级差别定价。一级差别定价的显著特点是每一个消费者购买每一单位的产品的价格各不相同,并且符合市场需求曲线。正是在这样的意义上,一级差别定价也称为完全差别定价。

哪些行业适宜采用一级差别定价的方法?

实行一级差别定价的难度在于企业必须非常清楚地了解消费者的需求曲线,知道每个消费者愿意支付的价格。但是,这样的情况比较少见,上海私车牌照的拍卖市场相对比较典型。在这一市场中,当所有对所拍卖的私车牌照有兴趣的消费者都参与竞价时,他们所报出的价格就是他们愿意支付的价格,从而完全相同的车牌额度就会以不同的价格卖给不同的消费者。

在实践中,某些实行个别服务的行业经常采用这种定价方法,包括个体行医的医生、律师和个体摊主等,他们对服务对象的需求状况充分了解,从而就可能根据每一个服务对象的支付能力和服务内容分别定价。例如，在小商品市场出售鞋子的个体户，偏好于同每位顾客讨价还价，而不是明码标价。他们总是倾向于先向顾客提出较高的价格，然后征求顾客的意见，试探顾客的心理。双方经过几次你来我往的心理搏斗，如果顾客愿意支付的价格能够满足卖者对利润的预期，买卖便成交。

（2）二级差别定价

二级差别定价是把消费者的产品购买量划分为几个等级，对各个不同的等级实行不同的价格，而在每一个等级范围内实行相同的价格。以电力公司收取电费为例，在图7－2中，用户的用电量在 O 到 Q_1 之间时，按价格 P_1 收费；当用电量从 Q_1 增加到 Q_2 时，增加的部分 Q_1Q_2 按价格 P_2 收费；当用电量再从 Q_2 增加到 Q_3 时，新增加的部分 Q_2Q_3 按价格 P_3 收费。

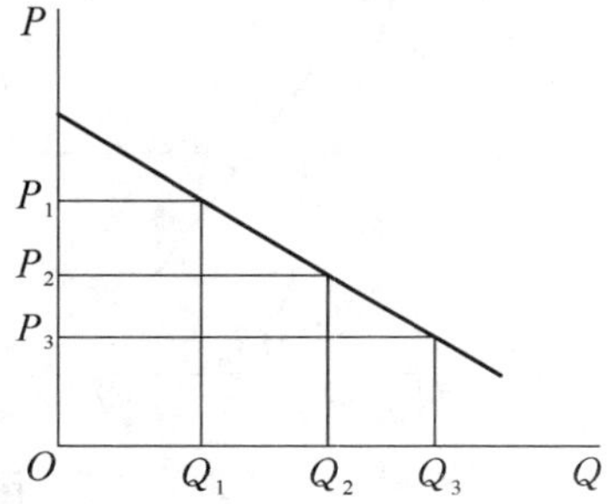

图7－2　电力供给的二级差别定价

哪些行业适宜采用二级差别定价的方法？

显然，实行二级差别定价后，垄断企业的收益比实行单一价格时增加了。二级差别定价较多地出现在社会公用事业中，即消费量可以用某种方式加以测量的产品，如电力、煤气、自来水和电信等部门。

（3）三级差别定价

三级差别定价中是如何来确定各个子市场的产品价格的呢？

三级差别定价是指企业对同样的产品在不同的市场上以不同的价格出售，以获取最大利润的定价方法。采用这种定价方法首先要把市场分为若干个子市场，然后企业按照利润最大化原则，将产品分配到每个子市场，并按各个子市场的需求价格弹性确定产品价格。因此，实行三级差别定价的市场必须具备两个条件：同一产品的市场可以被分割成相互独立的子市场；分割后的子市场具有不同的需求价格弹性。

如图7－3，我们以两个子市场的情况为例。已知某产品在A、B市场上的需求曲线 D_A 和 D_B，可以分别求出市场A和市场B的边际收益曲线 MR_A 和 MR_B。

MR_A和MR_B水平叠加可得总边际收益曲线MR_T。MR_T与已知的边际成本曲线相交，确定市场总销售量水平为Q_T。根据总销售量水平Q_T求出该产品在A、B两个子市场上的最优销售量Q_A和Q_B，进而确定其价格分别为P_A和P_B。

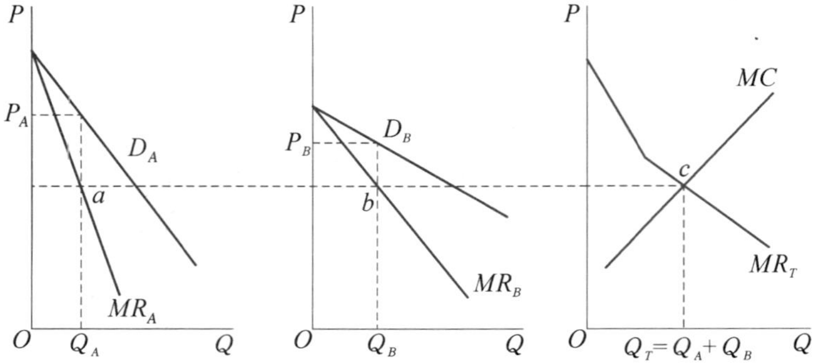

图 7-3　三级差别定价

在两个子市场上分配总销售量的原则是每个子市场上的边际收益相等。因为，如果两个子市场上的边际收益不等，那么在总销售量不变的情况下，减少边际收益小的市场上的销售量，增加边际收益大的市场上的销售量，就可以使总收益提高，直到两个子市场上的边际收益相等。当各市场上的边际收益相等且等于边际成本时，企业利润达到最大。图7-3中，从c点画水平直线向左与MR_A和MR_B分别相交于a点和b点，使$MR_A=MR_B=MR_T=MC$。相应的两个子市场的销售量分别为a点和b点所对应的销售量Q_A和Q_B($Q_A+Q_B=Q_T$)，相应的价格分别为P_A和P_B。

由于两个子市场的需求价格弹性不同，因而确定的价格P_A和P_B也不同。市场A的需求价格弹性比市场B的需求价格弹性小，因而对市场A制定的价格P_A比对市场B制定的价格P_B就要高些。

总的来说，差别定价法与单一定价法相比较，前者能使具有一定垄断能力的企业获取更多的利润，企业在这一价格政策下比单一价格政策生产和销售更多的产品。

四、随行就市定价法

随行就市定价法

按同行业竞争者的产品价格定价，即根据同行业其他企业的平均现行价格水平来确定产品价格。

随行就市定价法是按同行业竞争者的产品价格定价，即根据同行业其他企业的平均现行价格水平来确定产品价格。当然，如果卖者认为自己的产品在质量、性能和外观等方面优于同行业竞争者，也可以适当高于竞争者价格。

随行就市定价法的基本程序是先研究竞争者的状况，确定本企业在同类产品市场中的地位，然后确定同类产品的平均价格和平均成本，再根据产品的行业平均成本来确定企业生产该产品的成本水平，进而确定企业的产品价格和利润水平。

在竞争激烈而产品需求弹性较小或供求基本平衡的市场上，随行就市定价法是一种比较稳妥的定价方法。这种定价方法可以减少风险，避免引起行业内的过度竞争，有利于同行之间的和平相处。一般来说，企业在下列三种情况下适宜采用随行就市定价的方法：① 产品成本难以估算，而现行价格水平是全行业共同采用的，大致反映了行业的生产成本和应得利润；② 要使消费者了解本企业产品与其他企业产品的区别很困难，价格的差异不容易被消费者认可；③ 避免因价格竞争引起行业内的过度竞争。

第三节　企业常用的其他定价策略

企业对于产品的定价除了应该根据不同情况灵活采用各种定价方法以外，还应当针对产品特点和市场情况采用一些定价策略和技巧，以提高企业的定价水平，促进产品的销售，进而获取更大的利润。

一、新产品定价策略

新产品定价是企业定价策略的一个关键环节，它关系到企业开发并投放的新产品能否顺利进入市场，以及今后能否有力地占领市场。下面介绍两种新产品定价策略：一种是基于高价的撇脂定价策略；另一种是基于低价的渗透定价策略。实际上它们都是一种时间上的差别定价。

1. 撇脂定价策略

撇脂定价策略

在新产品最初上市时，把产品的价格定得很高，以便在较短的期间内获取最大利润。

撇脂定价是指在产品生命周期最初阶段，即新产品最初上市时，把产品的价格定得很高，以便在较短的期间内获取最大利润，就好像从鲜奶中撇取奶油一样。这种策略的着眼点是：尽快收回投入资金，补偿企业消耗；新产品刚刚投放市场，竞争者来不及跟进，企业可以保持一段时间的垄断地位；如果以后有竞争者进入市场，企业可以比较从容地适当降低价格，排挤竞争对手。生命周期比较短的高新科技产品或时尚潮流产品较多采用这种定价策略。

撇脂定价策略的优点主要表现在以下几个方面。

(1) 新上市的产品，常常缺少同类的替代产品，其需求价格弹性相对较小。这时企业可以趁竞争者尚未进入之际，利用消费者的求新心理，以较高的价格抬高产品身价，有助于新产品的销售。同时，较高的价格容易给消费者造成商品质量优良的感觉，容易引起消费者的注意。

(2) 由于产品价格高出成本较多，有条件实行消费者差别定价。企业可以根据消费者的购买力水平和地区差异对市场进行细分，消费者购买力较强的地区定价可以稍高，消费者对价格较为敏感的地区定价则可以稍低。

(3) 企业在产品价格方面有较大的回旋余地。如果企业发现新产品价格偏高，购买者较少，可以主动降价，争取更多的消费者，同时也可以为以后同竞争者争夺市场进行降价打下埋伏。

这种定价策略也有不足之处，如价格过高可能会引起消费者的不满，不利于企业长远发展。此外，如果企业产品没有市场影响力，那么采取这种定价策略不利于打开产品的销路。再就是，产品定价过高会吸引竞争者的涌入，因此较高的产品价格难以长期维持。所以，采用这种定价策略，要注意相关的环境条件，避免不利的影响。

2. 渗透定价策略

渗透定价策略

在新产品刚上市时，把价格定得很低，使产品很快被市场接受，迅速渗透到市场，占据较大的市场份额，使其他企业难以进入。

与撇脂定价策略相反，渗透定价策略是在新产品刚上市时，把价格定得很低，使产品很快被市场接受，迅速渗透到市场，占据较大的市场份额，使其他企业难以进入。这种定价策略常用于竞争比较激烈的日用小商品领域。渗透定价策略的优点是：一方面可以利用低价迅速打开产品销路，占领市场，以薄利多销来获利；另一方面还可以建立价格壁垒，阻止竞争者进入，有利于企业控制市场。

在激烈的市场竞争环境下，渗透定价策略一般适用于下列情况：

(1) 需求弹性大的商品，购买者对价格敏感，低价有利于刺激需求，从而扩大销路。

(2) 潜在市场大，竞争者容易进入市场，实行低价薄利可使竞争者望而却步，市场地位巩固以后，再通过产品质量改进或改型，逐步提高价格。一般来说，采用这种定价策略的公司实力都较雄厚，有一定实力支撑新产品。

(3) 为了打开某一较低收入的消费市场，企业采用这种定价策略，易于使消费者接受。

(4) 产品存在较大的规模经济性，需要大批量的生产才能大大地降低单位产品成本。

当企业达到了它的市场渗透目标，就有可能逐步提高价格，把注意力转移到增加利润上来。渗透定价策略是一种为了实现长期目标而牺牲一定短期利润的定价策略。但是，企业在实行这种策略时，应充分估计这种产品的市场进入壁垒，如果除了低价格外没有其他明显的进入壁垒，那么企业日后一旦提价，就可能导致大量的竞争者进入市场，从而使原企业的市场地位受到影响，可能失去大量的市场份额。此外，企业还应该充分考虑到用渗透定价策略能够迅速打开市场的可能性，如果最终不能依靠低价打开市场或遇到强大的竞争对手，那么企业将遭受重大损失。

撇脂定价与渗透定价各具所长、各有弊端。撇脂定价是一种短期营销策略，渗透定价是一种长期营销策略，企业具体采用哪种定价策略应该比较其利弊，全面分析。下面我们通过表 7-1 进行具体对比说明。

表 7-1 撇脂定价策略与渗透定价策略的对比

影响因素	撇脂定价	渗透定价
市场潜在需求	小	大
商品差异性	显著	不显著
价格的敏感性	弱	强
产品仿制难易程度	难	易
投资回收期	短	长

二、心理定价策略

心理定价策略就是根据消费者的购买心理来调整产品的价格。在实践中,零售商较多地采用心理定价策略。由于零售企业经常与消费者个人发生关系,因此在定价时必须充分利用顾客的心理特点。一般常用以下几种心理定价策略。

在实践中,比较典型的心理定价策略有哪些?

1. 整数定价

整数定价,就是采取合零凑整的办法,把产品价格定在整数或者整数水平上,给消费者以产品档次较高的感觉。比如,将产品价格定在1 000或1 050元,而不是999元,消费者认为自己购买的是较高档次的产品,能够得到一种心理上的满足。在消费者心目中已经有一定声望和信誉的名牌企业或名牌商品经常采用这种定价策略。此外,质量不易鉴别的商品和“炫耀性”商品也比较适合采用此策略。

2. 尾数定价

尾数定价就是保留尾数,采用零头标价,如21.8元、105.5元等。尾数定价容易使消费者主观感觉该产品价格是通过认真计算得出来的,合理公道,而如果以8字结尾,还容易给消费者带来吉利的感觉。对于需求弹性较大的产品,尾数定价往往能带来需求量的大幅度增加。在美国有人做过调查,零售价为0.49美元的商品,销售量比0.5美元的同样商品要高出许多。

3. 折扣定价

折扣定价,就是企业在向消费者出售产品时,以原来价格的百分比打折出售,如按照产品原价的90%或80%出售。除明码标价直接折扣之外,折扣定价通常还会以优惠券和货价返还的形式来提供价格折扣。价格折扣往往会吸引新的消费者(新的第一次使用的消费者或从其他品牌转移过来的消费者),或者增加现有消费者的购买量或购买次数。但是,现在有些商家在销售时往往先提高标价,然后再采用折扣,在增加销售量的同时利润却没怎么减少。当然,这是违反诚信经营规则的,不应该提倡。

4. 促销定价

有些企业利用多数顾客贪便宜的心理,利用节庆日或换季时机将某几种商品定低价(低于正常价格甚至低于成本),以招揽顾客、带动客流,从而促进全部商品的销售。实践中,这种定价策略在大型超市或卖场经常被使用。

5. 分档定价

一些花色品种复杂的商品，如果根据不同品种、式样等分别标价，必然会出现一个复杂的价格系列，这样会给顾客挑选商品造成很多麻烦，影响顾客购买。因此，很多企业把众多的商品分成若干档次，每档内的商品都统一价格，简化价格的庞杂程度，从而促使顾客在购买时不按价格，而是按档次购买商品，以帮助顾客挑选商品，缩短购物过程，方便顾客。

三、产品组合定价策略

现实中许多企业往往不止生产一种产品，而是多种产品，在这些产品之间往往存在一定的联系(如具有相互替代性或互补性等)，这样就要求在这些产品的价格之间保持一定的关系。当一系列产品组成一个产品组合时，对这个产品组合中的每个产品的定价需要加以调整，以便确定一组使整个产品组合能够获得最大收益的价格体系。产品组合定价的过程一般比较复杂，因为组合内的各种产品，其需求和成本之间的关系以及受市场竞争影响的程度不完全一样。以下主要从三个方面来讨论。

常用的产品组合定价策略有哪些？

1. 系列产品定价

企业一般都希望生产经营系列产品，而不是只生产一种单一产品。比如，宾馆的客房分为豪华的、中等的和标准的等几个等级；再比如，大家熟知的数码相机从低端到高端分为若干个等级。对这种系列产品如何定价呢？也就是说，在一个产品组合中，不同产品之间的价差应该如何确定呢？常规来讲可采用成本定价，成本低的定低价，成本高的定高价，似乎很容易解决。但是，这样虽然有一定道理，却不能使企业利润达到最优。最优的定价方法应当根据系列中各种产品的价格弹性来确定，弹性大的商品利润率应该低一些，即价格低一些；弹性小的商品利润率应该高一些，即价格高一些。

2. 互补产品定价

有些企业同时生产与主要产品一同使用的配套产品，如生产照相机的企业同时生产胶卷，生产剃刀架的企业同时生产刀片，等等。对于这类互补产品，企业可以有意识地对主要产品制定较低的价格，而对附属产品制定较高的价格，通过附属产品的获利来补偿主要产品因低价而造成的损失，达到促进销售、整体获利的目的。但值得一提的是,产品的互补性一定要较强才能采用这种定价策略,否则企业可能得不偿失。

3. 互替产品定价

互替产品是指在使用过程中能够互相替代的产品,如洗衣粉和肥皂等。如果企业生产互替商品,一般来说应适当提高畅销品的价格,并适当降低滞销品的价格,使二者销售相得益彰,以增加企业的总利润。

四、中间产品转移定价策略

中间产品的转移价格

现代化大公司下属的分公司与分公司之间进行中间产品的转让时使用的价格。

现代化的大公司,下面往往有许多分公司。这些分公司一般都自负盈亏、自主经营,有一定的价格和产量的决策权。转移价格是指当分公司与分公司之间进行中间产品的转让时使用的价格。转移价格对于出售中间产品的分公司来说,是它的收入;对于买入中间产品的分公司来说,则构成它的成本。所以,转移价格如果定得高,前方(出售方)分公司的利润会增加,后方(购买方)分公司的利润会减少;如果定得低,情况正好相反。从表面上看,转移价格的高低似乎不会对公司的总利润构成直接的影响。但是,如果转移价格定得不合理,每个分公司都分别按照各自的利润最大化原则进行决策,就可能会出现前方分公司不愿意多生产或后方分公司不愿意多购买中间产品的情形,从而影响最终产品的产量,最后,不可避免地影响到公司的总利润目标的实现。可见,合理确定一个企业内部中间产品的转移价格是非常重要的,它不仅有利于使得总公司的利润最大,重要的是,它还将有利于对各个分公司的经营绩效作出公正的评价,有利于调动各个分公司的积极性。

下面从有外部市场和无外部市场的两种情况,分别探讨中间产品的转移定价策略。

企业应当怎样确定中间产品的转移价格呢?

1. 中间产品有外部市场时的转移定价

有外部市场指的是,前方分公司 A 生产中间产品 T,既可以在外部市场(这里假定是完全竞争市场)上出售,也可以卖给后方分公司 B 用来生产最终产品 F。分公司 B 为了生产最终产品 F,既可以从市场上购买中间产品 T,也可以从分公司 A 购买。在这种情况下,中间产品将只能以市场价格销售,即中间产品的价格等于市场价格。因为如果定得高于市场价格,分公司 B 就只会从市场购买,而不向分公司 A 购买;如果定得低于市场价格,分公司 A 就只会向市场出售,而不卖给分公司 B。严格来说,这里已经不存在转移价格问题,转移价格将由整个市场的供需状况来决定。

例 7.3 假定某公司拥有两个自负盈亏、自主经营的分公司 A 和 B,后者需向前者购买一种中间产品。外部市场的其他公司也在生产和销售该中间产品,市场价格为每单位 90 元。分公司 A 生产该中间产品的全部成本为每单位 95 元。那么,这种中间产品的转移价格应定为多少?

在这个例子里,在中间产品有外部市场的条件下,其转移价格只能定在市场价格上,即只能定在每单位 90 元上。如果中间产品的转移价格超过市场价格的话,分公司 B 就会以每单位 90 元的价格从外部市场购买中间产品,而不会向分公司 A 购买该中间产品。同样地,分公司 A 也不可能以低于市场的价格向分公司 B 转让该中间产品。当然,将这种中间产品的转移价格定在每单位 90 元上,分公司 A 不仅不能获得利润,甚至连成本也收不回来。这可能是因为分公司 A 在经营管理上存在问题,竞争力弱,不能达到该中间产品的部门平均成本和平均效率,需要从改善企业管理、降耗增效等方面来努力挖潜与提升。

2. 中间产品无外部市场时的转移定价

在中间产品没有外部市场时,前方分公司生产的中间产品只能全部供应给后方分公司,后方分公司所需的中间产品必须全部购自前方分公司。在这种情况下,既然没有外部市场,也就没有市场价格,当然也就不可能按市场价格来定价。那么,究竟应该如何来确定中间产品的转移价格呢?

其实,从短期决策的角度看,转移价格的确定应当使对总公司有贡献的生产经营活动,对分公司来说,也是有贡献的。这样,就可以使总公司愿意承担的生产经营活动,分公司也都愿意承担。但从长期看,它们的经济利益又要求必须都有"利润",也就是说,转移价格的确定应当使对总公司有利润的生产经营活动,对每个分公司来说,也都有利润。只有这样,各个分公司为总公司的总目标服务的积极性才有可能保持下去。因此,在无外部市场的条件下,对中间产品应实行双重定价的策略,即除了用变动成本定价外(目的是为了使后方分公司的短期决策能与总公司的决策保持一致),还要在各分公司之间合理分配利润的基础上来定价(目的是为了调动所有分公司长期的生产经营积极性)。其中,在各分公司之间分配利润既可以是双方协议按成本大小分配,也可以是双方同意按其他的标准来分配。

例 7.4 某公司有两个分公司:制造分公司和销售分公司。制造分公司生产无外部市场的中间产品 T,卖给销售分公司供出售用,其单位变动成本为每件 6 元,生产总成本为 40 万元。销售分公司每年向制造分公司购买 4 万件中间产品 T,其销售总成本为 30 万元(不包括 T 的转移价格),出售的最终产品 F 的销售价格为每件 28 元。如果双方协议按成本大小分配利润,那么应如何给中间产品 T 定价?

解: 总公司的利润为:

$$28\times4-(40+30)=42(万元)$$

如果双方协议按成本大小分配利润,即按 40 万元∶30 万元=4∶3 的比例分配总利润 42 万元,则制造分公司应得利润 24 万元,销售分公司应得利润 18 万元。

制造分公司要得到 24 万元利润,其总收入应为(40 万元+24 万元=)64 万元。因此,每件中间产品的价格应定为:

$$\frac{64}{4}=16(元/件)$$

所以,对中间产品 T 应定双重价格:以单位变动成本 6 元/件确定转移价格,是为了销售分公司能正确地进行短期决策;以 16 元/件确定转移价格,是为了在两个分公司之间按成本大小合理地分配利润,正确地评价各分公司的绩效,调动它们长期生产经营的积极性,以实现企业的总目标。

如果读者欲进一步深入地了解中间产品转移价格的经济学原理,可参阅管理经济学的其他相关教材。

第四节 企业广告策略

在完全竞争市场上,由于所有企业的产品都是同质的,并且产品的销售没有需求的约束,因而厂商没有必要为自己的产品做广告。在完全垄断的行业,一个企业占据了所有的市场份额,在这种根本没有竞争对手的情况下,垄断企业一般缺乏做商业广告的动机,而且广告成本一般高于其能带来的收益,因此通常只可能做一些公益广告来作为一种改善公共关系的努力。垄断竞争和寡头垄断行业则不同,由于存在显著的产品差异性,广告能够显著地将某种商品的需求曲线向外移动,因而在这类行业中广告往往大行其道。然而,在市场经济的大潮中,广告也是一柄双刃剑:“成也广告,败也广告”,很多企业因为做广告不科学而惨遭“滑铁卢”。

一、广告的内涵及作用

1. 广告的内涵

广　告

广告是由特定广告主以付费方式对于构思、产品或劳务的非人员介绍及推广。

一般来说,广告是由特定广告主以付费方式对于构思、产品或劳务的非人员介绍及推广。这个定义包括的面较广,既包括营利组织(如企业)的广告,也包括非营利组织(如宗教团体、慈善机构和政府部门等)的广告。这里我们要讨论的主要是各种营利组织的广告,即商业广告。

广告一般有如下特点:

(1) 公众性。广告是一种高度大众化的信息传递方式。这一特点表明,广告比较适用于供应大众的标准化产品的宣传推广。

(2) 渗透性。广告是一种渗透性的信息传递方式,可多次重复同一信息,使购买者易于接受和比较各企业所传播的信息。

(3) 表现性。广告是一种富有表现力的信息传播方式。广告通过对文字、音像以及色彩的艺术化运用,将企业及其产品的信息传递给听众或观众。

(4) 非人格性。广告不像人员推销那样具有人格性,听众和观众没有义务去注意广告并对广告作出反应。一般而言,广告只能是独白,而不能是对话。

2. 广告的作用

应该如何正确理解企业广告的作用?

从企业角度来说,广告可以让企业的产品被更多的人知晓,使人们对其产生兴趣和购买欲,从而导致购买行为的发生,企业因此而获利。其作用可以作如下归纳。

(1) 广告是企业、商品和服务与受众之间的认知桥梁。广告以表现企业、商品和服务的精神、理念以及特性为内容,经过时间、空间的流传就成了企业、商品和服务与受众之间的认知桥梁。

(2) 广告加强受众对企业、商品和服务的一贯印象。广告在使用过程中统一的、反复不断的、长期的表现,能在人们的心目中留下一贯的、不变的印象。这个一贯的、不变的印象可以使受众心目中的企业、商品或服务体现出各自的个性特点和形象特征,使得它们能从众多的同类中突出自己,给受众一个深刻而长久的印象和记忆。

(3) 通过多层次传播,形成口碑效应。口语化的语言风格形成流畅、明了、通俗易懂的表现特征,利于人们的接受和记忆,也利于口头传播。人们可以在轻松的状态下完成人与人之间的多频度、多层次传播,形成一种波及效应,产生口碑力量。

(4) 广告在改变消费指向的同时,产生长远的销售利益。广告的表现内容不外乎企业的理念和商品的特性。广告在表现企业特征、商品特性的同时也体现了消费新观念。

其实,在广告作用路径的认识上还存在着不同的意见争论。传统观点认为,企业是为消费者服务的,消费者决定生产者,消费者在市场上用货币投票,企业提供产品对消费者需求作出反应,而广告则是生产者向消费者提供信息的一个手段。但是,随着现代商品经济的发展和媒体作用的日益增强,有的经济学家开始提出新的见解,如美国哈佛大学教授加尔布雷斯对广告功能提出了一个不同的解释,他认为是企业而不是消费者坐在驾驶员的操纵位置上,是大企业决定什么是最便宜和最容易生产的产品,然后再通过广告和其他促销手段来创造出消费者的需求。

需要指出的是,广告并不是万能的,广告并不足以决定消费。事实上存在这样一个客观规则:好产品总是比坏产品容易销售。再成功的广告运作,充其量只能鼓动消费者试用某种产品,如果该产品因为其过硬的品质得到消费者的肯定评价,那么消费者极有可能再次消费并形成消费习惯,还可能向其他人推荐,从而使该产品在市场上真正形成持久热销。反之,如果消费者通过广告试用该产品后不满意,那么全部过程便告终结,广告也不会再发挥作用。所以说,产品质量的重要性远远大于广告。如果企业盲目相信广告能够超越产品本身性能和其他市场约束条件,无限制地创造出消费需求并给企业带来利润,则很可能事与愿违并遭受损失。20世纪90年代,中央电视台酒类标王和VCD标王,有的因为数以亿元的巨额广告费用而加剧了企业财务困难,甚至导致企业破产,就是令人警醒的事例。

因此,广告应当被看作企业整个生产经营链条中的一个环节。促销重头产品的广告通常要耗费巨额资金,明智的企业在进行广告决策时,需要考虑哪些产品在性能、质量和价格上具有综合市场竞争力,因而较有可能被消费者接受、喜爱甚至向其他人推荐,然后选择最有可能给它们带来利润的产品大做广告。实际上,大多数企业也正是如此行事的。

二、产品特性与广告分类

产品特性和广告类型之间存在什么样的对应关系？

因为广告（商业广告）的对象是产品，所以对不同企业的产品进行分类就可以给广告分类。根据消费者在购买之前对产品信息掌握的情况，企业的产品可以分为两类：一类是搜索型产品，即消费者在购买前能够相对准确地了解其属性的物品，例如铅笔、个人电脑和公共汽车服务等；另一类是经验型产品，即人们只有在消费过程中才能了解其属性的物品，例如小说、电影、洗发水和 MBA 课程等。与此相适应，可以把广告分成两种类型：一类是信息性广告，功能主要在于提供产品是否存在、产品属性以及出售条件等方面的信息，这类广告通常与搜索型产品相联系；另一类是说服性广告，功能在于改变消费者的偏好，强调自己的产品更能满足消费者的需要，这类广告更多与经验型产品相联系。

相关的实证研究表明，针对经验型产品的说服性广告比针对搜索型产品的信息性广告在销售率上高出 3 倍。企业为何会采取、市场为何会接受这类被称为“烧钱”行为的“说服性广告”呢？一个解释是这类广告具有市场信号的作用。在一个信息不对称的市场上，高额广告支出具有向消费者传达产品质量信息的信号功能。由于广告在吸引消费者购买后，只有高质量产品才能保证较高的重复购买率，低质量产品的重复购买率较低，所以企业从自身利益出发，会对高质量产品做高成本广告，因而在均衡的意义上，上述广告作为显示产品质量的信号具有显著的可信度。

三、广告效益分析与广告支出原则

利润最大化的广告支出量原则是什么？

利用前面章节介绍的知识可以设计一个简单框架，对广告效益产生机制进行分析。如图 7－4 所示，企业不做广告时，其产品需求曲线为 $d(=AR)$，边际收益曲线为 MR，平均成本与边际成本曲线分别为AC和 MC，根据 $MR=MC$ 原则，企业利润最大化时产量和价格分别为 Q_0 和 P_0，利润为阴影部分 π_0。企业做广告后会

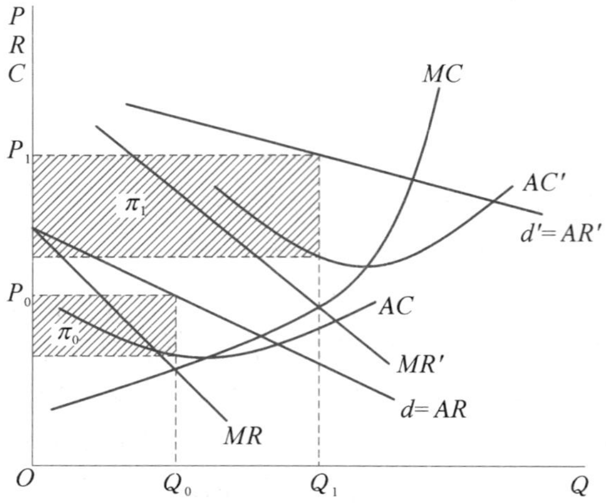

图 7－4　广告效益的经济学分析

扩大销售量,使需求曲线 $d(=AR)$和 MR 曲线向右上方移动到 $d'(=AR')$和MR'。由于广告是一种固定成本支出,所以企业边际成本曲线不变,仍为 MC,但平均成本曲线上升到 AC'。同样根据 $MR=MC$ 原则,做广告后的利润最大化产量和价格分别为Q_1 和 P_1,利润为阴影部分 π_1。图 7－4 便表示广告支出使得利润增加。

如何确定广告支出量呢?一般可以根据下述公式给出广告支出量的确定原则(这里略去证明)。

$$\frac{A}{PQ}=-\frac{E_A}{E_P} \tag{7-1}$$

式中:A 表示广告支出;PQ 是总收益;E_A 是需求的广告支出弹性;E_P 是需求价格弹性。

式(7－1)表示广告支出对销售收入的比率应等于需求广告弹性与需求价格弹性比率的负值。这就告诉我们,需求的广告弹性越大,企业的广告就应该做得越大;反之,企业产品的需求价格弹性越是充足,那么企业的广告支出就应该越少。如果通过市场调研得到这两个弹性,企业便可以检验其广告支出量是否适当,并及时调整。

例如,一家年销售额为 1 亿元的企业,广告支出为销售额的 1%,即 100 万元。如果广告弹性为 0.1,即广告支出从 100 万元增加到 200 万元能够把销售额提高 10%,并且知道企业产品的需求价格弹性为－5,这时企业是否应该增加广告支出呢?根据上述公式可知,回答是肯定的。因为广告支出对销售收入的比率应为－[0.1/(－5)]=2%,所以企业应该把广告预算增加到占销售额的 2%,即 200 万元的水平。

本 章 小 结

(1) 价格目标是指企业的定价目标,是企业在定价过程中所要达到的目标要求，也就是企业通过价格制定所要实现的经营意图。企业目标规定着企业的整体行为方向，而价格目标仅反映企业定价过程中的期望和追求。

(2) 价格目标一般按照分析企业整体目标、提出各种定价目标、对各种定价目标进行可行性分析、目标优化、确定目标等程序进行设置，并按照市场性原则、边际性原则和协调性原则进行时间、结构和效果这三个方面的优化。

(3) 成本、市场和政府关于企业定价的政策与法令是影响定价的主要因素。企业常用的定价方法有成本加成定价法、目标投资回报率定价法、差别定价法和随行就市定价法等。

(4) 成本加成定价法，是按照单位成本加上一定百分比的加成来制定产品销售价格的一种定价方法，在零售企业中比较普遍采用。按照这种定价方法，产品的价格分三步来确定，即确定单位可变成本、确立单位固定成本、将单位总成本加预期目标利润。目标投资回报率定价法与成本加成定价法类似，不同的是成本加成定价法加的利润是按成本利润计算的，而目标投资回报率定价法加的利润是按目标投资回报率计算的。

(5) 差别定价法又称为价格歧视，是指企业生产的同一种产品在不同的场合索取不同的价格，分为一级差别定价、二级差别定价和三级差别定价。按照这种定价方法，能够使具有一定垄断能力的企业获取更多的利润，并生产和销售更多的产品。而随行就市定价法即按同行业竞争者的产品价格定价，也就是根据同行业其他企业的平均现行价格水平来确定产品价格。

(6) 企业对于产品的定价除了应该根据不同情况灵活采用各种定价方法以外，还应当针对产品特点和市场情况采用一些定价策略和技巧，主要包括新产品定价策略、心理定价策略、产品组合定价策略和中间产品转移定价策略等。

(7) 新产品定价策略分为基于高价的撇脂定价策略和基于低价的渗透定价策略，实际上它们都是一种时间上的差别定价。生命周期比较短的高新科技产品或时尚潮流产品较多采用撇脂定价策略，而竞争比较激烈的日用小商品则较多采用渗透定价策略。

(8) 心理定价策略是根据消费者的购买心理来调整产品的价格，分为整数定价、尾数定价、折扣定价、促销定价和分档定价等。在实践中，零售商较多地采用心理定价策略。

(9) 当一系列产品组成一个产品组合时，对这个产品组合中的每个产品的定价需要加以调整，以便确定一组使整个产品组合能够获得最大收益的价格体系。产品组合定价策略分为系列产品定价、互补产品定价和互替产品定价。

(10) 中间产品的转移价格，是指现代化大公司下属的分公司与分公司之间进行中间产品的转让时使用的价格。转移价格的确定可分为两种情况：一种是有外部市场的情况，转移价格按市场价格来定；另一种是无外部市场的情况，这时对中间产品应实行双重定价的策略，即除了用变动成本定价外(目的是为了使分公司的短期决策能与总公司的决策保持一致)，还要在各分公司之间合理分配利润的基础上来定价(目的是为了调动所有分公司长期的生产经营积极性)。

(11) 商业广告的基本功能就是向消费者传递有关企业和产品的信息，扩大市场，促成交易。然而，广告并不是万能的，产品质量的重要性远远大于广告，广告应当被看作企业整个生产经营链条中的一个环节。根据消费者在购买之前对产品信息掌握的情况，可以把广告分成信息性广告和说服性广告两种类型，其功能各有所侧重。利润最大化的广告支出量原则为 $A/PQ=-(E_A/E_P)$。

案例分析

案例 7-1

温迪饭店的成本加成定价

许多经理在定价时使用成本加成定价法的一些变形，但是成本之上的加成必须根据市场的承受能力来确定。快餐店就是一个很好的例子。下面讲的是彼得·萨尔格的定价方法，他在科罗拉多拥有好几家温迪饭店。

为了确定菜单中各种菜肴的价格，萨尔格先生要计算成本，特别是食品的成本。他的目标食品成本约为一餐零售价格的 30%～31%，后来又调低到 28%～29%。萨尔格先生定的价格，务必使食品成本在价格中所占的百分比不超过目标。有些食品，如饮料，成本在价格中的比重只有 20%。另外一些食品，如汉堡包，成本约为销售价格的一半。如果他发现食品成本在价格中的比重超过了 31%，就提价，但是在这样做之前，他要去麦当劳走一走，看看他们是怎样定价的。

如果他发现麦当劳汉堡包的价格比他的价格高出 10 美分，他就试着把自己的价格提高 5 美分。如果涨价后没有达到他的目标成本，他就会再适当提高其他食品的价格。“除非不得已，我是不会提价的。”萨尔格先生说，“我每次涨价都会丢失顾客。”他尽量少提价，这样失去的顾客也少。

萨尔格先生还注意到，他的色拉柜台的需求对价格没有如此敏感。“生菜的价格波动很大，以至于有时候不得不把色拉的价格提高30美分。但是即使这样涨价，我的色拉销售量也没有减少多少。”

资料来源：李静江，刘治兰主编. 管理经济学. 华文出版社，2003.

【案例思考】

1. 为什么企业在产品定价时成本之上的加成必须根据市场的承受能力来确定？

2. 萨尔格先生将色拉的价格提高30美分的依据是什么？

案例7-2

杂货店定价方法

美国的杂货店通常使用加成定价法，典型的加成率如表7-2所示。

表7-2 美国杂货店的加成率

产　品	加成率(%)	产　品	加成率(%)
咖　啡	5	冻　肉	30
软饮料	5	新鲜水果	45
早餐食品	10	新鲜蔬菜	45
汤　类	10	调味品	50
冰淇淋	20	专卖药品	50

一般来说，商店很可能对那些价格弹性低的商品制定较高的加成率。它们认为，高加成率是很安全的。另一方面对那些价格弹性高的商品，商店认识到它们必须压低加成率。因为把加成率提高是十分愚蠢的做法，会使消费者跑到别处去。从专卖药品和新鲜蔬菜的价格弹性要低于咖啡和早餐食品的意义上说，这个定价体系将使杂货店的利润趋于最大化。

资料来源：陈收，毕少菲主编. 管理经济学. 湖南大学出版社，1999.

【案例思考】

1. 为什么软饮料和调味品的加成率会相差10倍？

2. 为什么说对那些价格弹性高的商品必须压低加成率,否则会失去消费者?

案例 7-3

上海稳步推行阶梯电价制度

上海居民阶梯电价已经自 2012 年 7 月 1 日起在全市范围内全面施行。上海市居民阶梯电价的实施方案,按照国家政策的总体要求和指导性意见确定,同时,充分考虑地方自然地理环境、经济发展程度、居民收入和用电水平等特点。

根据国家发展改革委《关于居民生活用电试行阶梯电价的指导意见》有关规定,居民阶梯电价将城乡居民用电量划分为三档:第一档电量满足基本用电需求;第二档电量满足正常合理用电需求;第三档电量满足较高生活质量用电需求。其中:

第一档电量,原则上按照覆盖本区域内 80%居民用户的户均用电量确定,即保证户均用电量在该档电量范围内居民户数占居民总户数的比例达到 80%;

第二档电量,按照覆盖本区域内 95%居民用户的户均用电量确定,即覆盖率在 80%~95%的用电量;

第三档电量,即为超出第二档的电量。

上海居民阶梯电价按照年度电量为单位实施,分档电量和电价水平如表 7-3 所示。

表 7-3 上海市居民电价表

分 档	电量水平(度/户·年)	时段	电价水平(元/度)
第一档	0~3 120(含)	峰时段	0.617
		谷时段	0.307
第二档	3 120~4 800(含)	峰时段	0.677
		谷时段	0.337
第三档	4 800 以上	峰时段	0.977
		谷时段	0.487

注:峰谷时段划分,6 时—22 时为峰时段,22 时—次日 6 时为谷时段。

资料来源:根据上海市发展和改革委员会发布的《上海阶梯电价实施方案》(沪发改价管〔2012〕020 号)整理而成。

【案例思考】

1. 本案例中上海居民电价属于何种定价方法？实行这种定价方法的条件是什么？

2. 在现阶段应该如何来理性地看待居民阶梯电价制度？请谈谈你的看法。

案例 7-4

加多宝的跌宕命运

2012 年 5 月 11 日，广药集团收到中国国际经济贸易仲裁委员会日期为 2012 年 5 月 9 日的裁决书，该裁决书明确指出：广药集团与加多宝母公司鸿道（集团）有限公司签订的《“王老吉”商标许可补充协议》和《关于“王老吉”商标使用许可合同的补充协议》无效；鸿道（集团）有限公司停止使用“王老吉”商标，该裁决为终局裁决，自作出之日起生效。

痛失“王老吉”之后，加多宝（鸿道集团）随即展开新闻公关，召开新闻发布会，信息内容围绕四个方面：事实举例为正宗凉茶的品牌形象正名，如加多宝做凉茶 17 年的历史、拥有凉茶创始人的祖传秘方等；承诺改名过后配方工艺品质不变等，争取消费者的同情理解和支持；多次强调现在的加多宝就是以前的王老吉，传播改名概念；会场摆设加多宝凉茶，向记者赠送正宗凉茶等，推广加多宝品牌。此外，加多宝还开始大规模的广告营销，争夺央视广告第一标，冠名与正宗凉茶品牌形象契合的《中国好声音》，以及 2012 年“红动伦敦”体育赞助活动等。随后，加多宝很快地“起死回生”，迅速获得了显赫的销售战绩和丰厚的经济效益，在一些地方喝加多宝甚至成为一种社交表达。

2012 年 12 月广药集团状告加多宝虚假宣传，2013 年 1 月 31 日法院裁定加多宝停止使用“全国销量领先的红罐凉茶改名加多宝”的广告语进行广告宣传；2013 年 8 月广药又起诉加多宝“中国每卖 10 罐凉茶，7 罐加多宝”的广告涉嫌不正当竞争，要求法院不必经过审理先裁定加多宝公司停止使用该广告语，随后加多宝被多地工商局调查并立案查处。

资料来源：根据 2013 年 8 月 7 日出版的《京华时报》和 2013 年 12 月 20 日出版的《南方周末》的相关报道整理而成。

【案例思考】

1. 痛失"王老吉"之后,加多宝为什么能够很快地"起死回生"?
2. 加多宝因广告语而遭起诉,你从中得到了什么启示?

练习与思考

一、名词解释

成本加成定价法　目标投资回报率定价法　差别定价法　随行就市定价法　撇脂定价策略　渗透定价策略　中间产品的转移价格　广告

二、单项选择题

1. 企业要正确制定产品价格,首先要正确选定企业的(　　)。
   A. 定价步骤　　B. 定价目标
   C. 定价方法　　D. 定价策略
2. 一般情况下,产品定价的下限是(　　)。
   A. 成本　　B. 顾客接受的价格
   C. 竞争对手产品的价格　　D. 正常利润
3. 成本加成定价法的定价基础是(　　)。
   A. 边际成本　　B. 不变成本
   C. 可变成本　　D. 全部成本
4. 电影院因座位位置不同而定不同的价格,这是采用了(　　)。
   A. 成本加成定价法　　B. 随行就市定价法
   C. 贡献分析定价法　　D. 差别定价法
5. 把新产品价格定得很低,以期尽快打入市场的定价策略是(　　)。
   A. 撇脂定价策略　　B. 渗透定价策略
   C. 心理定价策略　　D. 产品组合定价策略
6. 目标投资回报率定价法中,在全部成本的基础上加的利润是(　　)。
   A. 按平均利润率计算的　　B. 按最大利润率计算的
   C. 按成本利润率计算的　　D. 按目标投资回报率计算的
7. 把新产品价格定得很高,以期在短时间内把本钱赚回来的定价策略是(　　)。
   A. 撇脂定价策略　　B. 渗透定价策略

C. 心理定价策略　　D. 产品组合定价策略

8. 将一件商品的价格定成99.9元,而不定成100元,这是采用了(　　)。

A. 撇脂定价策略　　B. 渗透定价策略

C. 产品组合定价策略　　D. 心理定价策略

9. 整数定价策略属于(　　)。

A. 新产品定价策略　　B. 渗透定价策略

C. 心理定价策略　　D. 系列产品定价策略

10. 打长途电话,白天和夜间收费不同,这是采用了(　　)。

A. 成本加成定价法　　B. 差别定价法

C. 贡献分析定价法　　D. 随行就市定价法

三、多项选择题

1. 价格目标的优化原则有(　　)。

A. 市场性原则　　B. 边际性原则

C. 强制性原则　　D. 普遍性原则

E. 协调性原则

2. 决定价格的主要因素有(　　)。

A. 消费者心理因素　　B. 生产者心理因素

C. 成本因素　　D. 市场因素

E. 政府影响

3. 下列选项中,属于企业常用的产品定价方法的有(　　)。

A. 成本加成定价法　　B. 目标投资回报率定价法

C. 差别定价法　　D. 随行就市定价法

E. 讨价还价定价法

4. 下列说法中,错误的有(　　)。

A. 系列产品中,价格弹性大的产品,价格应定得高一点

B. 系列产品中,价格弹性小的产品,价格应定得低一点

C. 互补产品中,对基本产品应定高价,对配套产品应定低价

D. 配套出售的商品价格应该定得比单个出售低

E. 配套出售的商品价格应该定得比单个出售高

5. 下列选项中,属于心理定价策略的有(　　)。

A. 整数定价策略　　B. 尾数定价策略

C. 成本定价策略　　D. 折扣定价策略

E. 促销定价策略

四、判断题

1. 企业整体目标是为价格目标服务的,是实现价格目标的手段和途径。(　　)

2. 一般来说,成本是产品定价的上限。如果价格定得低于成本,企业就要亏本。(　　)

3. 价格尽可能制定得越高越好,因为这样企业就可以获得更多利润。(　　)

4. 在垄断性企业中,采用成本加成定价法的企业相对比较普遍。(　　)

5. 大包装商品的平均价格低于小包装同样商品,这属于差别定价方法。(　　)

6. 三级差别定价是把消费者的产品购买量划分为几个等级,对各个不同的等级实行不同的价格,而在每一个等级范围内实行相同的价格。(　　)

7. 撇脂定价策略是一开始把价格定得很低,渗透定价是一开始把价格定得很高。(　　)

8. 对于互补性较强的产品,企业可以有意识地对主要产品制定较高的价格,而对附属产品制定较低的价格。(　　)

9. 在无外部市场的条件下,为了使买方分公司的短期决策能与总公司的决策保持一致,对中间产品的转移价格应按全部成本来确定。(　　)

10. 需求的广告弹性越大,企业的广告就应该做得越小。(　　)

五、简答题

1. 价格目标的设置程序有哪些?

2. 企业实行差别定价应该满足什么条件?

3. 撇脂定价策略的优缺点各有哪些?

4. 在什么情况下适用渗透定价策略?

5. 企业应当怎样确定中间产品的转移价格?

6. 要看电视,就不能不看广告。就社会资源配置来说,广告作用是正还是负?

六、计算题

1. 假定某企业生产某种产品的变动成本为每件 10 元,预期产量为 500 000 件,总固定成本为 2 500 000 元。如果企业的目标成本利润率定为 33.3%,问产品价格应定为多少?

2. 某公司投资 2 000 000 元生产产品 A,年产量为 180 000 件,单位产品的变动成本为 32 元/件,总固定成本为 1 080 000 元。如该公司希望获得 25%的年投资回报率,那么该公司应该对其产品 A 定什么价格?

3. 某公司拥有 A 和 B 两个分公司,分公司 B 需向分公司 A 购买一种中间产品。该中间产品另有外部市场的其他公司也在生产和销售，市场价格为每单位100元。分公司A生产该中间产品的全部成本为每单位112元。

(1) 分公司A的负责人认为，向分公司B出售该中间产品的转移价格不应低于每单位112元，否则会连成本也收不回来。这种看法是否正确？为什么？

(2) 分公司B的负责人认为，向分公司A购买该中间产品的转移价格应定为每单位100元，否则就会增加不必要的支出。这种看法是否正确？为什么？

4. 某公司下属两个分公司A和B。分公司A生产无外部市场的中间产品T，其单位变动成本为每件12元，生产总成本为70万元。分公司B每年需要向分公司A购买5万件中间产品T用于生产5万件最终产品F，其生产总成本为90万元(不包括T的转移价格)，最终产品F的售价为每件80元。如果双方协议按成本大小分配利润，那么应如何给中间产品T定价？

第八章

企业投资决策分析

学习目标

学完本章,你应该能够:

(1) 了解投资的概念及其类型,理解投资决策的特点;

(2) 掌握关于货币的时间价值和净现金流的重要概念及其计算方法;

(3) 熟悉投资决策的过程,掌握投资决策的评价方法;

(4) 了解投资决策风险的概念,熟悉投资决策风险的衡量方法。

基本概念

投资　货币的时间价值　货币的现值　货币的终值　净现金流　投资回收期　净现值　内部收益率　决策风险

企业追求利润最大化的目标决定了企业在激烈的竞争环境中,除了搞好当前的企业经营管理,经营好现有企业资产外,还必须寻找企业的长期经营目标,这就不可避免地会涉及企业的投资决策行为。投资与本书前面章节所讨论的企业其他经营活动的不同之处在于,企业的投资属于中长期行为,往往更注重长远利益,其追求的目标由利润最大化转变为企业的市场价值最大化。企业的投资行为想要达到市场价值最大化这一目标,就需要在投资前进行投资决策以决定投资的方向和金额。投资决策是一项涉及企业销售、生产、财务等一系列部门的综合性决策事项,也是一个相对比较复杂的理论和实践问题。本章将介绍一些有关企业投资决策的基本理论和常用方法。

第一节 投资决策概述

一、投资的概念

投 资

当前的预期能够在以后较长的时间内(通常指1年以上)给投资者带来收益的一种支出。

广义的投资是指人们将一定的资源投入某项计划,以期获得未来收益的经济行为。其中,所投入的资源可以是资金,也可以是人力、技术和其他资源。换言之,投资是当前的一种支出,这种支出预期能够在以后较长时间内(通常指1年以上)给投资者带来收益。例如,购置设备将来可以给企业增加利润收入,购买房屋可以用于出租并带来租金收入,所以购置设备、购买房屋等都属于投资行为。有些支出,即使不是用来购买固定资产,但只要符合这个定义,也属于投资,例如用于员工教育和培训的资金支出、广告及研发费用,等等。

需要注意的是,投资与经营费用不同,虽然二者都是资金的支出,但经营费用的支出只能在短期内取得盈利。比如,人工费和材料费的支出,在产品售出后就可以收回,并取得盈利,这个时间一般较短,而且是一次性的;而投资带来的收益往往可以延续几年,甚至更长时间。

由于投资带来的效益延续的时间很长,因此投资决策有两个重要特点:第一,在投资决策中,需要将近期的现金收支与远期的现金收支相对比,因而必须考虑货币的时间价值;第二,在投资决策中,需要估计未来的收支,而未来总是具有很大的不确定性。因此,在投资决策中考虑风险问题就特别重要。

如果说经营决策的正确与否会影响企业当前利润的大小,那么投资决策的好坏会关系到企业很长一个时期内的效益,关系到企业将来的发展方向和速度。一旦企业投资决策失误,后果将是无可挽回的。正因为这样,正确地、科学地做好投资决策就十分重要。

二、投资的类型

重置投资和更新投资有何区别?

投资的范围很广,本章所讨论的投资行为一般都是指生产经营性投资,而并不包括日常生活中同样很常见的金融资产投资。从投资的经济用途角度,下面介绍几种比较常见的企业投资类型。

1. 重置投资

重置投资是指企业用于购买新设备以代替不能继续用于生产的老设备的支出。比如,某工厂车间的机床已使用多年,现陈旧老化,无法继续使用,这时购买新的机床以代替老的机床的支出就属于重置投资。

2. 更新投资

更新投资是指企业用于设备更新方面的支出。更新投资与重置投资不同,更新是设备的进步,而重置仅仅是设备的还原。更新投资一般有这样三个目的:降低产品的平均生产成本、提高产品质量和增加产品品种。比如,引进一条自动生产流水线以取代人工生产流水线就是一种更新投资,这样既可以降低产品的平均生产成本,又可以提高产品的质量。

3. 营销投资

营销投资是指企业用于营销活动的支出。企业的营销活动一般包括产品促销、开拓新兴市场和各类公益活动。营销投资的目的在于扩大产品需求。与前面两种投资不同的是,营销投资并不直接作用于生产过程,对企业的生产能力没有影响。营销投资一般也不会提高企业的固定资产价值,它往往是一种对企业无形资产的投资。比如,在中国2010年上海世博会的筹备和举办过程中,共有13家全球合作伙伴、14家高级赞助商和31家项目赞助商提供了资金和产品的支持,这些赞助企业通过此举获得了使用世博会标志进行营销推广的权利,受关注的程度得到了极大提升,迅速扩大了企业的知名度,进一步塑造了著名企业的品牌和形象。

4. 科研和人力资源投资

科研和人力资源投资是企业用于科技研究和员工培训等方面的支出。在科学技术已深入人们日常生活的今天,企业的竞争力在很大程度上取决于其科研投资的大小和科研能力的高低,而企业科研能力的高低直接取决于企业在科研方面人力资源的丰富程度。目前,国内的企业对科研和人力资源投资的重视程度远远落后于前三种投资，严重影响了企业自主创新能力的培养和形成。

三、货币的时间价值与净现金流

1. 货币的时间价值

货币的终值和现值分别应该如何计算得到？

如前所述，由投资决策引起的货币收入和支出往往不是在同一个时点上发生的，而不同时点上的收支是不能直接比较的。因为，今天的100元钱与1年后的100元钱是不等值的，若将这100元钱存入银行，年利率为2%，那么1年后除了可以收回100元的本金外，还可得到2元的利息，这2元钱就表示100元在过去1年中的时间价值。为了进行比较和分析，就需要把不同时点上的收支值折算成同一时点上发生的值，这就是计算货币的时间价值。通常的做法是，把所有时点上发生的收支值都折算为期初值（现值），或者把所有时点上的收支值都折算为期末值（终值）。在这两种计算中，尤以现值用得最多。

根据前面的讨论，我们引出几个关于货币时间价值的重要概念。

(1) 货币的终值(future value)，记作 FV。货币的终值可由下式计算：

$$FV = M_0(1+r)^t \tag{8-1}$$

式中：M_0 表示本金；r 表示利率；t 表示时间跨度。

现假设本金为1万元，年利率为2%，5年后的货币未来价值可由式(8-1)计算：

$$FV = M_0(1+r)^t = 10\,000 \times (1+2\%)^5 = 11\,041(\text{元})$$

(2) 货币的现值(present value)，记作 PV。货币的现值可由下式计算：

$$PV = \frac{M_t}{(1+i)^t} \tag{8-2}$$

式中：M_t 表示第 t 年的货币；i 表示贴现率；t 表示时间跨度。

现假设贴现率为5%，5年后的1万元的现值可由式(8-2)计算：

$$PV = \frac{M_t}{(1+i)^t} = \frac{10\,000}{(1+5\%)^5} = 7\,835(\text{元})$$

需要说明的是，利率的种类有很多，如企业存款利率、个人储蓄存款利率、个人贷款利率和贴现率，等等。我们主要讨论的是企业投资决策问题，所以前面提到的

利率 r 是指企业存款利率。我们常说的贴现率是利率的一种，而这里提到的贴现率 i 其实就是企业存款利率 r，只是为了突出“现值”的意义，在这里称其为贴现率。

上面的计算由于出现指数运算，单靠手工计算很不方便。除了使用计算器之外，还特别编有一元复利现值系数表(见本书附录二)。从这个表中，根据贴现率 i 和期数 t 的大小，就可以查出将来 1 元钱的现值是多少，现值系数等于 $\frac{1}{(1+i)^t}$。

因此，式(8－2)可以表示成 $PV=M_t\times$现值系数。同样是上面的问题，假设贴现率为 5%，5 年后的 1 万元的现值为：$PV=10\,000\times0.783\,5=7\,835$(元)，现值系数 0.783 5 即通过查询附录二中 $i=5\%$，$t=5$ 所对应的值得到。

2. 净现金流

净 现 金 流

净现金流是指每个时期现金流入量和现金流出量之差。

净现金流是指每个时期现金流入量和现金流出量之差，用 V 表示净现金流，那么这一概念可以用下式表示：

$$V_t = I_t - O_t \tag{8-3}$$

式中：V_t 表示第 t 期的净现金流；I_t 表示第 t 期的现金流入量；O_t 表示第 t 期的现金流出量。

如果只存在一个时期的话，正的净现金流就是企业的利润，负的净现金流就是企业的亏损。

第二节　投资决策的过程及评价方法

一、投资决策的过程

投资决策的过程

- 提出投资建议
- 收集和估计有关的数据
- 评价和选择投资方案
- 监控投资方案的实施

投资决策的过程一般包括以下几个阶段。

1. 提出投资建议

提出投资建议是进行投资决策的第一步。这一步之所以重要，是因为好的建议或主意是选出好的投资方案的前提。如果这一阶段提不出好的建议，就不可能从中评选出好的方案。投资的建议可以来自企业内外，一般涉及扩大现有产品的生产规模、设备更新或技术改造、发展新产品、拓展新市场、提高环保水平、改善安全条件，等等。企业管理者应当解放思想，依靠专家和群众，集思广益，并设立一定的奖励制度，鼓励人们提出好的方案。

2. 收集和估计有关的数据

投资方案提出后，要收集和估计评价方案所需要的数据。只有所收集和估计的数据是准确、可靠的，以此为依据作出的决策才有可能是正确的。为求数据的准确、可靠，这项工作必须由企业的各部门参与。例如，为了估计将来的销售量和销售收入，就必须依靠销售部门进行需求预测；为了估计将来的经营费用，就必须依靠生产、技术和采购部门提供有关的成本资料。在投资决策中，所需的数据是很多的，但与决策直接有关的数据有两类：一类是与决策相关的现金流量，即因实施投资方案而引起的货币收入和支出；另一类是资金成本，即企业为获得资金而必须向投资者支付的按百分率表示的成本。

现金流量是因实施投资方案而引起的货币收入和支出，它与会计上成本的收支是不完全相同的。具体表现在：① 现金流量应以增量为基础加以衡量；② 现金流量应以税后指标为基础加以衡量；③ 投资项目对整个企业所有的间接效应都应包括在现金流量的计算之中；④ 评价项目时不应考虑沉没成本；⑤ 项目中所使用的资源价值应按其机会成本来衡量，资产的机会成本就是这些资产若没有被使用在拟议方案中时所能产生的现金流量。

资金成本即企业为获得资金必须向投资者支付的按百分率表示的成本。资金成本涉及企业对资本（包括债券、股票）的支付额，用于向新的投资项目提供资金，也可视为投资者对企业证券投资所要求的收益率。企业的资金成本是由资本市场决定的，一般情况下，在投资者看来项目的风险越大，投资者所要求的收益就会越高，资金成本也会越高。

3. 评价和选择投资方案

与投资方案有关的数据估计出来以后，就可以根据这些数据对不同的方案进行评价，以便选出最有利于实现企业目标（企业价值最大化）的方案。由于因投资而引起的收入和支出往往是在不同的时间发生的，因此，评价投资方案对企业价值的影响，必须在计算货币时间价值的基础上进行。投资项目会形成企业的现金流量,即在未来若干年内形成一系列的现金流入量和流出量。一般情况下,一个项目先形成一个初始的流出量(投资),随后在以后的若干年份中形成一系列现金流入量(收益)。对具有相应现金流量的不同项目进行比较和选择,就要运用相应的评价方法对每个项目的预期结果加以衡量。

4. 监控投资方案的实施

最优投资方案选出之后,就要付诸实施。在实施过程中,要对实施情况进行监控。这里主要包括三项工作内容:① 把实际完成情况与预期的数据进行比较,看其是否有偏差;② 对较大的或系统的偏差进行分析和解释;③ 根据找出的原因,对正在实施的投资方案采取必要的措施,或对以后的投资决策提出改进意见,以保证企业目标的实现。

二、投资方案的评价方法

对投资方案进行评价和选择是投资决策过程的关键环节。这就要涉及评价方法的正确选用,下面介绍几种常用的评价方法。

1. 回收期法

投 资 回 收 期

从项目投建之日起,用项目各年的净收入将全部投资收回所需的年限。

投资回收期是指从项目投建之日起,用项目各年的净收入将全部投资收回所需的年限。投资回收期满足下列公式:

$$\sum_{t=1}^{n} NCF_t = I \qquad (8-4)$$

式中:NCF_t 表示第 t 年的净现金收益量;I 为初始投资总额;t 为年数;n 即为投资回收期。

式(8-4)适用于项目寿命期内年净现金收益量不等的情况,因此应用该式求回收期只有采用逐次推算的方法。

为了计算简便,可假定各年的投资收益相等,即先计算项目使用期内的年均投资回收额,再以此计算项目的投资回收期。其计算公式为:

$$n = \frac{I}{NCF} \qquad (8-5)$$

式中：NCF 为年平均投资回收额；I 为初始投资总额；n 即为投资回收期。

式(8－5)中的年均投资回收额有两种确定方式：一种是以年均现金净流量即税后利润与折旧之和作为年均投资回收额；另一种是以年均税后利润额作为年均投资回收额。

在采用投资回收期法评估投资方案的经济效益时，常需要适用于一个部门或行业的基准投资回收期作为衡量的尺度。当项目方案的投资回收期短于基准投资回收期时，该项目是可行的；反之，则不可行。然后再从多个可行方案中，选择投资回收期最短的方案。

该评估方法的优点是计算简便，容易理解；缺点是没有考虑货币的时间价值，没有考虑项目整个寿命期的盈利能力，而在投资回收完毕后，各项目的使用期长短及提供的净现金流入量水平还有很大差别。

2. 净现值法

净 现 值

投资项目的现金流入量现值减去现金流出量现值后的差额。

企业进行投资的目标是使其市场价值最大化，即 $\max\sum_{t=0}^{n}\frac{V_t}{(1+i)^t}$。一项投资方案是否可取，首先要看它能否增加企业的市场价值。由于企业的市场价值实际上是企业未来净现金流的现值总和，只有在由投资项目带来的现金流入量现值大于现金流出量现值时，投资才会增加企业的市场价值。投资项目的现金流入量现值减去现金流出量现值后的差额即为投资项目的净现值，用 NPV 表示，可由下式计算：

$$NPV=\sum_{t=1}^{n}\frac{I_t-O_t}{(1+i)^t} \tag{8-6}$$

式中：I_t 表示投资项目在第 t 期的现金流入量；O_t 表示投资项目在第 t 期的现金流出量；i 表示资金成本(贴现率)；t 表示投资方案的寿命。

显而易见，只要 NPV 大于零，投资就能提高企业的市场价值，投资方案就是可行的；NPV 等于零表明投资收益与成本现值相等，投资对企业的市场价值没有影响，投资方案不可取；当 NPV 小于零时，说明投资收支不抵，非但不能产生效益，反而会使企业的市场价值减少，投资方案必须放弃。

需要说明的是，很多情况下企业都是一次性投资，而以后每期都有一定的收益，那么计算净现值的式(8－6)可改写成：

$$NPV = \sum_{t=1}^{n} \frac{NCF_t}{(1+i)^t} - C_0 \qquad (8-7)$$

式中：NCF_t 表示第 t 期期末的净现金收益量；C_0 表示投资开始时的净现金投入量；i 表示资金成本(贴现率)；t 表示投资方案的寿命。

式(8－7)的情况是除了投资开始有 C_0 的净现金投入量外，以后投资寿命内每期都没有资金投入，而这也正是一般企业所面临的实际投资情况。

例 8.1 假定某投资方案的净现值投资量为 15 000 元，第一年末的净现金收益为 9 000 元，第二年末的净现金收益为 7 000 元，第三年末的净现金收益为 5 000 元，贴现率为 10%。问该方案的净现值是多少？该方案可否接受？

解： $$NPV = \sum_{t=1}^{n} \frac{NCF_t}{(1+i)^t} - C_0$$

$$= \frac{9\,000}{1+10\%} + \frac{7\,000}{(1+10\%)^2} + \frac{5\,000}{(1+10\%)^3} - 15\,000$$

$$= 2\,718(\text{元})$$

净现值为正，说明这个方案是可以接受的。

从上面这个例子我们可以看出，用净现值法评估投资方案有如下特点：净现值法反映了货币的时间价值，即反映今天持有货币的价值大于未来持有相同数量货币的价值。更进一步，根据式(8－6)、式(8－7)均可知贴现率 i 是以复利形式计算的，即用本金和前期累计利息总额之和进行计息，因而时间越往后，投资收益贴现后被折掉的部分就越大。由此可知，在现金流量相同的情况下，投资见效快的方案更好。另外，净现值法评估投资方案主要取决于投资方案的收益、成本等客观因素，一般不以投资决策者的主观意志为转移。但必须注意的是，贴现率的设定是决定一项投资方案是否可行的重要环节。一般来说，投资方案的贴现率是由投资所需的资金成本决定的。

3. 内部收益率法

内部收益率

使投资项目的净现值为零的贴现率。

内部收益率法是净现值法的延伸。通过对净现值法的介绍，我们知道一个方案的净现值大小与资金成本有关。如果投资方案的资金成本(贴现率)较高，在其他条件不变的情况下，项目方案所获取的净现值就会较小；反之，净现值较大。所以，当资金成本(贴现率)上升到一定程度，净现值会为零。所谓内部收益率，就是使投资项目的净现值为零的贴现率。因此，内部收益率可以根据下列方程式来确定。

$$\sum_{t=1}^{n}\frac{NCF_t}{(1+r^*)^t}=I \tag{8-8}$$

式中：NCF_t 表示第 t 年的净现金流量；n 为项目的寿命长度；I 为初始投资总额；r^* 为内部收益率。

在已知投资方案的项目寿命年限、各年的净现金流量和项目初始投资的条件下，可利用式(8－8)求解方案的内部收益率 r^* 。

显然，如果 n 大于 1，其计算过程是较为复杂的。当净现金收益为一系列不等的数值时，可以使用试算法求内部收益率，即先任意选一个贴现率并评估净现金流量的现值，如果现值大于成本，就提高贴现率再计算现值；如果现值小于成本，就降低贴现率再计算。通过对贴现率的逐步调整，最后就能够得出内部收益率。

采用内部收益率法进行投资方案评价的判别准则是什么？

采用内部收益率法进行投资方案评价和决策，必须始终把内部收益率同资金成本相联系。其判别准则是：在只有一个备选方案的采纳与否决策中，如果按方案计算出的内部收益率大于企业的资金成本或资金市场价格，方案即是可以接受的；如果内部收益率等于资金成本，则表明投资项目仅能收回投资，无盈利可言，故方案不可取；如果内部收益率小于资金成本，则项目收益不能抵偿成本，故方案应予拒绝。在有多个备选方案的互斥选择决策中，内部收益率大于资金成本且数值最高的方案为最优。

比较净现值法和内部收益率法，可以看出后者只是前者在净现值等于零时的一种特例，而且它们在确定各自方案变量的内部关系时还具有一种互逆的特征。可见，净现值法是先按等于或高于企业的资金成本来确定方案的贴现率，并以此为标准来计算项目使用期内净现金流量的现值；而内部收益率法则是在假定净现金收益现值等于净现金投资现值的前提下确定一个贴现率，再以此与实际的资金成本进行比较来判断方案优劣。显然，前者的贴现率是现实的，且计算过程简便，并可根据资金成本或资金市场价格进行灵活调整；而后者的贴现率既不现实，又计算繁琐，调整不便。因此，在投资方案评价中，净现值法比内部收益率法应用更普遍。

第三节　投资决策的风险分析

一、决策风险的概念

决 策 风 险

决策风险是指一种决策方案的结果的潜在变化。

决策总是面向将来的，但将来的事很多是不确定的，可能存在一定的决策风险。决策风险是指一种决策方案的结果的潜在变化。可能的结果变化越大，与此决策方案相关联的风险就会越大。如果一个决策只有一个可能的结果，就说它没有风险；如果有许多可能的结果，且这些结果回报的金额差别很大，就认为它的风险很大。例如，某企业经理准备投资 50 万元，有两个可选方案。第一个方案是购买国库券，年收益率为 6%，到年末，50 万元投资可收回 53 万元。这一投资唯一的风险是政府可能无力偿还，但这又是不大可能的，所以这一投资可以认为是无风险的(即一开始就知道投资只有一个结果)。事实上，人们常把国库券称为无风险投资，但相应的收益也较低。第二个方案是投资一个高科技项目，该领域竞争激烈，如果经济发展迅速并且该项目搞得好，取得较大市场占有率，利润会很大；否则，利润很小甚至亏本。这是一个风险投资，因为可能的结果变动范围很大。通常认为，结果的变动性越大，风险就越高，但高风险往往伴随着较高的回报率。

研究决策风险能克服决策的片面性和盲目性，增强决策的可靠性和科学性。决策方案的优选，不仅要分析比较各种方案的效益指标，还要分析比较各种方案的风险程度。

二、投资决策的风险衡量

如何衡量投资决策的风险程度?

比较衡量投资方案的决策风险，需要借助三个统计量：期望值、标准差及变差系数。下面通过例子来具体说明。

例 8.2　假定有两个投资方案，二者的初始投资相同。甲方案是投资矿产开发，根据地质部门预测找到有开采价值矿藏的概率为 0.6，找不到的概率为 0.4，找到的话每年可获利 1 000 万元，找不到则损失 1 000 万元。乙方案是投资办厂，预测市场销路好的概率为 0.8，获利为 220 万元，市场销路一般的概率为 0.2，获利为 120 万元。从甲、乙方案的收益期望值来判断：

甲方案：$1\,000\times0.6+(-1\,000)\times0.4=200$（万元）

乙方案：$220\times0.8+120\times0.2=200$（万元）

所以，甲、乙两个方案的期望值相等，但是两个方案的风险并不完全相等，甲方案收益的可能性在（1 000 万元，－1 000 万元）二者中出现，而乙方案收益的可能性是在（220 万元，120 万元）二者中出现。显然，两个方案虽然期望收益相等，但后者的风险小得多。

投资方案各种可能结果的规律分布的分散程度可以通过求标准差 σ 来测定，σ 越大说明风险越大。标准差 σ 的计算公式如下：

$$\sigma=\sqrt{\sum_{i=1}^{n}(R_i-\overline{R})^2P_i} \tag{8-9}$$

式中：σ 表示标准差；R_i 表示第 i 种结果的现金流量；$\overline{R}$ 表示现金流量的期望值；P_i 表示发生第 i 种结果的概率。

在例 8.2 中：

甲方案：$\overline{R}=200$ 万元，$R_1=1\,000$ 万元，$P_1=0.6$，$R_2=-1\,000$ 万元，$P_2=0.4$。

乙方案：$\overline{R}=200$ 万元，$R_1=220$ 万元，$P_1=0.8$，$R_2=120$ 万元，$P_2=0.2$。

则：$\sigma_{甲}=\sqrt{(1\,000-200)^2\times0.6+(-1\,000-200)^2\times0.4}$

$=980$（万元）

$\sigma_{乙}=\sqrt{(220-200)^2\times0.8+(120-200)^2\times0.2}$

$=40$（万元）

很明显，$\sigma_{乙}<\sigma_{甲}$，所以乙方案风险相对较小。

如果直接用风险大小作为决策依据，那么，期望值相同时，取标准差较小的方案，风险就较小。如果期望值不同，则要用变差系数来测定它们的相对风险，变差系数大说明方案的风险大。变差系数的计算公式为：

$$v=\frac{\sigma}{\overline{R}} \tag{8-10}$$

式中：v 表示变差系数；σ 为标准差；$\overline{R}$ 为现金流量的期望值。

例 8.3 假定某企业有两个投资方案,甲方案的期望现金流量为 100 万元,标准差为 1 000 元;乙方案的期望现金流量为 20 万元,标准差为 500 元。问哪个方案的风险较大?

解:甲方案的变差系数 $v_{甲}=\dfrac{\sigma}{R}=\dfrac{1\,000}{1\,000\,000}=0.001$

乙方案的变差系数 $v_{乙}=\dfrac{\sigma}{R}=\dfrac{500}{200\,000}=0.002\,5$

很明显,$v_{乙}>v_{甲}$,所以乙方案的风险比甲方案的风险要大。

总之,任何投资决策都可能或多或少地存在着一定的风险,风险的大小往往各不相同。在进行决策时,通常需要综合考虑和权衡各个方案的相对风险和报酬。在多数情况下,对方案的选择是通过使用经过风险调整后的贴现率来计算和比较而得到的。其方法是在计算每个方案的净现值时,依据它们各自相对风险的大小估算风险补偿率来提高其贴现率。

本章小结

(1) 广义的投资是指人们将一定的资源投入某项计划,以期获得未来收益的经济行为。其中,所投入的资源可以是资金,也可以是人力、技术和其他资源。换言之,投资是当前的一种支出,这种支出预期能够在以后较长时间内(通常指 1 年以上)给投资者带来收益。从投资的经济用途角度,可以区分出重置投资、更新投资、营销投资、科研和人力资源投资等几种比较常见的企业投资类型。

(2) 投资决策有两个重要特点:一是要计算货币的时间价值;二是要考虑风险因素。其中,货币的现值是把所有时点上发生的收支值都折算为期初时的值,货币的终值是把所有时点上的收支值都折算为期末时的值。

(3) 投资决策的过程包括提出投资建议、收集和估计有关的数据、评价和选择投资方案,以及监控投资方案的实施等几个阶段。

(4) 估计与投资项目相联系的现金流量是选择投资方案过程中最重要的步骤之一,应遵循增量、税后、重视间接效应、忽视沉没成本、计算机会成本等原则。净现金流是指每个时期现金流入量和现金流出量之差。

(5) 常用的投资决策评价方法有回收期法、净现值法和内部收益率法等。净现值法和内部收益率法都考虑货币的时间价值,因而是比较科学的方法,其中尤以净现值法最为常用。回收期法虽然不考虑货币的时间价值,但因使用起来方便,也为人们所常用。

(6) 投资结果的不确定性,称为投资决策的风险。衡量投资决策的风险,常常需要借助三个统计量:期望值、标准差及变差系数。当两个投资方案的期望收益相同时,可以直接用标准差来比较风险的大小,标准差愈大则风险愈大;当两个投资方案的期望收益不同时,就需用变差系数来测定它们的相对风险,变差系数越大则风险越大。在多数情况下,对投资方案的选择是通过使用经过风险调整后的贴现率来计算和比较而得到的。

案例分析

案例 8-1

风险、资本预算与 Kevlar

20 世纪 60 年代初,位于特拉华州威尔明顿的杜邦公司实验室中的一群化学家,开始研制一种由碳分子构成的超强度材料。一开始曾被称为纤维 B 的这种像布一样的材料,最终被命名为 Kevlar。该材料的开发过程经历了 25 年时间,总耗资量为 7 亿美元的初始投资外加 2 亿美元用于弥补运营亏损的开支。到 1987 年,其年销售额已达到 3 亿美元,而且杜邦公司估计,在今后 5 年中,销售额还将以每年 10%的速度增长。

然而事实证明,公司对 Kevlar 产品的销售预期是过于乐观了。到 1980 年,杜邦生产的 Kevlar 产品中有一半以上被用于生产汽车轮胎。一些人曾预期,Kevlar 最终将成为生产轮胎所使用的主要材料。由此,杜邦公司投资兴建了其第一座 Kevlar 产品生产厂,该厂每年可生产4 500万磅 Kevlar。然而在杜邦刚刚开始建设这一耗资 5 亿美元的工厂之时,轮胎生产厂商们便决定选用钢材而不是 Kevlar 进行轮胎生产。这些厂商声称,Kevlar 过于昂贵,消费者更愿意使用加有钢带的轮胎。这样,对新工厂的投资似乎已无盈利的可能。

Kevlar 仍被使用于跑车和卡车轮胎的生产。在这些生产中,Kevlar 为轮胎增加了耐久性,这使得各厂商愿意为其支付更高的价格。此外,杜邦公司还请求美国军队在防弹服的生产中用 Kevlar 取代尼龙,因为这样可以增强防弹服对弹片的防御能力。之后,军方对 Kevlar 进行了长达 7 年之久的检测,公司也对产品不断进行改进以满足军方的要求。军方最后进行了这样的试验,即用半英寸厚的 Kevlar

毯子覆盖在山羊身上,然后用0.38口径手枪对其进行射击,结果只引起了山羊皮肤的轻度损伤,军方对这一试验结果表示满意。由Kevlar制成的防弹背心,还被其他执法部门所订购。即便如此,专用轮胎市场和防弹背心市场仍不足以使杜邦公司的投资盈利。

鉴于上述情况,杜邦公司开始寻求那些愿意致力于为Kevlar产品寻找新市场的人才。公司还决定,将其市场营销战略由试图发现Kevlar产品本身的新用途转变为努力发现那些适合于Kevlar产品的消费要求,并不断地改进Kevlar产品,使其能够满足这些消费者需求。结果,公司已为Kevlar找到了多种新用途,包括用于做宇航材料、石棉替代品,以及光缆中的绝缘体。Kevlar现在还被用于手套、滑雪板、直升机、螺栓、桥梁缆绳,以及大型油轮停泊用缆绳的制造。杜邦公司还考虑用该材料加强袜子的耐磨性。已故的沃尔玛商店创始人萨姆·沃尔顿(Sam Walton)还曾经建议,用Kevlar制作狗靴以保护猎狗的脚。

到1987年,杜邦公司声称已经在过去两年中取得了营业利润。尽管Kevlar产品的内在价值已不再被怀疑,一些产业分析家仍对该投资最终是否有利可图表示怀疑。考虑到杜邦公司对该材料的专利将于1990年开始失效,以及出现了其他一些竞争材料,这种担忧便更加不是没有道理的了。

资料来源:吴汉洪,董红霞编著. 管理经济学. 清华大学出版社,2005.

【案例思考】

1. 杜邦公司Kevlar产品的开发经历说明了什么问题?
2. 如果某企业以较高的成本开发了一项高科技产品,那么你认为应该如何来考虑该新产品的定价问题?

案例8-2 阿斯特拉国际公司的起伏

印尼阿斯特拉国际公司创始人谢建隆,在印尼乃至东南亚可以说无人不知。30年前,谢建隆以2.5万美元起家,经过不懈努力,终于建立起一个以汽车装配和销售为主的王国。鼎盛时期,公司拥有15亿美元的资产,年营业额达25亿美元,55%的印尼汽车市场被它占领。公司股票上市后,不少投资者认为,经营上轨道,投资风险小,且获利稳定,颇有投资价值。而谢氏家族占有绝对控制权——直接持有76%的公司股票。

但自从著名的美国王安公司申请破产以来，与其“遥相呼应”的是印尼第二大集团企业——阿斯特拉国际有限公司也陷入了“泥潭”。一些有识之士毫不客气地指出：酿成这一悲剧的症结完全在于该公司的创业者、印尼华人富商谢建隆患上了严重的“家族企业症”。

这得从谢建隆的大儿子爱德华谈起。爱德华曾获企业管理硕士学位，回到印尼后，决心大干一番。1979 年，爱德华以 2.5 万美元成立了第一家企业——苏玛银行。当时印尼经济刚刚开始腾飞，政府信用扩充，天时配合，以及凭着“谢建隆”这个金字招牌所代表的信誉，他以很少的抵押就能贷到大笔资金。接着，他投资金融保险业务和房地产开发，资本迅速膨胀，10 年之内，以苏玛银行为中心的苏玛集团拥有 10 亿美元的资产，事业遍及欧美和东亚地区，成为与阿斯特拉集团相当的集团企业。

殊不知，巨大成功的背后潜伏着重重危机。从一开始，爱德华就犯了一个不可饶恕的错误：他的王国建立在债务上，而不是稳扎稳打上来的。爱德华这 10 年的经营，似乎只知道“以债养债”，不计代价的成长，基础极其脆弱，没有一些像样的经济实体与之配合。如果机会不再，危险便会接踵而来。果然，到了 1990 年底，印尼政府意识到经济发展过热，开始实行一系列紧缩政策，银根收紧便是其中之一。苏玛集团顿时陷入难堪的境地——苏玛银行的贷款无法回收，经营的房地产又不易脱手，而高达 5 亿美元的债务，单是 20%以上的利息就足够拖垮集团。当储户们听说苏玛银行有问题，便开始抢兑，从而一发不可收拾，苏玛集团岌岌可危。

爱德华大难临头，谢建隆唯一能采取的补救措施是以阿斯特拉的股票作抵押来筹措资金。想不到，“屋漏偏逢连夜雨”，阿斯特拉公司的股票又因印尼经济萎缩、汽车市场疲软而价格下跌，结果犹如推倒多米诺骨牌那样，不可逆转。这时，正好是 1992 年底。三十年辛劳半年毁，长使英雄泪满襟。本来，苏玛集团和阿斯特拉集团无所有权关系，“苏玛”的灾难不应拖垮谢氏集团，谢建隆完全可以不负连带责任。那么，究竟什么原因促使谢建隆下决心“拯救”呢？看来无非是两个原因：一方面是维持自家信用；另一方面难舍舐犊之情，不肯学壮士断腕。结果事与愿违，不但无济于事，反而将他的老本都赔光。

资料来源：孔英编著. 管理经济学. 北京大学出版社，2012.

【案例思考】

1. 谢氏家族企业的悲剧该归咎于何种原因？
2. 通过本案例，你对投资中的风险有何认识与体会？

案例 8-3

柯达百年沉浮史

2012 年 1 月 19 日，有着 130 多年历史的美国著名企业柯达公司提交了破产保护申请，此前该公司筹集新资金进行业务转型的努力宣告失败。2013 年 5 月，柯达公司正式提交退出破产保护的计划；当地时间 2013 年 8 月 20 日，美国联邦破产法院批准柯达公司脱离破产保护、重组为一家小型数码影像公司的计划；2013 年 9 月 3 日，柯达公司正式退出破产保护。

昨日辉煌

1880 年，当时还是银行职员的乔治·伊士曼开始利用自己发明的专利技术批量生产摄影干版，并在翌年与商人斯特朗合伙成立了伊士曼干版公司。1881 年末，伊士曼从罗切斯特储蓄银行辞职，投入全部精力经营自己的新公司，同时继续研究简化摄影术的方法。1883 年，伊士曼发明了胶卷，摄影行业发生了革命性的变化。随着柯达照相机在 1888 年推出，伊士曼奠定了摄影大众化的基础。几经变化之后，伊士曼的公司在 1892 年更名为伊士曼柯达公司。1964 年，立即自动相机上市，当年销售 750 万架，创下了照相机销量的世界最高纪录。1966 年，柯达海外销售额达 21.5 亿美元，当时位于感光界第二的爱克发销量仅及它的 1/6。1975 年，柯达垄断了美国 90%的胶卷市场以及 85%的相机市场。2002 年，柯达的全球营业额增值 128 亿美元，全球员工总数约 7 万人。

错失时机

在全球影像业快速迈入数字时代后，由于发展战略尚未厘清导致产业中心偏差，柯达公司的产品发展重点长期围绕着已有的胶卷、印像和冲洗业务打转，压制了数码相机的进步。即使在摄影技术从胶片化向数码化转型的趋势十分明显时，柯达依然沉溺于传统胶片。

其实，柯达进入数字摄影行业并不晚。1975 年，柯达就已研发出数码相机，却未能将其变成利润增长点。柯达 1995 年才发布首款傻瓜型数码相机供非专业摄影师使用；1998 年开始生产民用数码相机。数据显示，柯达曾参与数码相机崛起的每一个细节，在其拥有的超过 10 000 多项专利中，有 110 项的数字图像专利组合，远超过其他任何一个同行。

在 20 世纪 90 年代末，“影像数码化”的市场确实已经越来越明显，但是由于主营的胶卷业务占据了市场份额的半壁江山，作为行业龙头的柯达一再迟疑，导致错失数码转型的时机。从2000年起，数码相机市场高速增长，索尼、佳能、三星、尼康等数码企业纷纷杀入相机领域，对传统的胶片领域产生了势不可挡的替代威胁。2000年，全球数码成像市场翻了差不多两倍，但是彩色胶卷在此后则以每年10%的速度急速下滑。在该年度，柯达的数字产品只卖到30亿，仅占其总收入的22%。2002年柯达的产品数字化率也只有25%左右，而竞争对手富士已达到60%。

两次转型难挽颓势

柯达曾两次启动战略转型，但都没有让柯达的经营业绩峰回路转。2003年9月，柯达正式宣布放弃传统的胶卷业务，重心向新兴的数字产品转移，将原来的胶片影像部门、医学影像部门、商业影像部门重组为商业影像、商业冲印、医疗影像、数字及胶片影像系统、显像及零部件五大数字科技部门。但当时传统市场的巨额投资成了柯达转向数码市场的庞大包袱。2004年，柯达推出6款姗姗来迟的数码相机，但利润率仅1%，其82亿美元的传统业务的收入则萎缩了17%。2007年12月，柯达决定实施第二次重组，这是一个时间长达4年、耗资34亿美元的庞大计划。在该重组中，柯达裁员2.8万人，裁员幅度高达50%。不过，2008年的金融危机终结了柯达短暂的复苏势头。2010年，全球数码成像市场翻了差不多两倍，但柯达的数码业务收入却基本与1999年持平，只占营业额的21%。这一年，柯达收入近200亿美元，营业亏损高达5 800万美元，其主要的利润来源竟是专利技术的转让。

英雄末路

2012年初，柯达负债高达68亿美元，而其资产总额仅为51亿美元。十余年间，柯达总市值蒸发超过99%。自1997年后，除2007年一年外，柯达再无盈利记录。柯达作为感光行业的王牌品牌，曾经创造出一系列的辉煌成绩。在数码影像技术的冲击下，传统胶卷的辉煌时代一去不复返了。在胶片业务上分外执着的柯达，曾参与数码技术变革的每一个细节，但是其固执和数码时代的迟钝，最终导致了其百年辉煌后的陨落。

资料来源：根据2013年8月22日出版的《经济参考报》和2013年9月8日出版的《长江商报》的相关报道整理而成。

【案例思考】

1. 柯达何以会从曾经的行业龙头走到被迫重组？

2. 柯达百年辉煌的终结给了我们什么启示?

案例 8－4

自由资本

Flynt Fabrics 一度因为较高的库存量以及很长的提前期(lead time)而遭受损失。通过对该企业内部情况的分析发现,该公司的实际生产时间大约是 2 天,然而持有 19 天的库存。该公司主管知道,如果通过快速交付产品来降低他们的货物库存量,那么公司在市场上的竞争地位就能显著提高。

通过将边缘路由(edge routing)、以太网(ethernet),以及顾客管理网络(subscriber management)整合到一个可拓展(scalable)的网络平台上,Smartedge 多服务边缘路由器(MS－ER)使得企业能够在一个密集的多频率网络上传输视频音频以及数据资源。这个创新性的、目的明确的 Smartedge 平台通过减少网络元素、简化网络结构使公司交易成本的降低成为可能。Yankee Group 通过分析得出:建立一个多用户端的网络,并且公布路径、以太网,以及客户管理的整合方式,可以产生客观的总体拥有成本 TCO 优势。

Level 5 Networks 研制出了 Ether-Fabric(一种软件全面解决方案)、专用的硅芯片,以及高性能的 NIC 硬件。这些科技成果使得 Ether Networks 即使在将来对网络性能要求越来越高的情况下,也能算得上首屈一指的高性能处理器网络。按照 Genuine 公司的说法,Ether-Fabric 是目前唯一一个建立在以太网上具有较高处理容量的互联网络。它在现有的标准下具有 100%的二元兼容性,同时能够轻易实现 10 Gb/s 以上的拓展能力。

同时,Ether-Fabric 一个重要的特性便是对资本成本的控制。Ether-Fabric 除了在目前标准下能够提供完全的向后兼容性,从而极大地降低了运维成本,还将必需的服务器数量减少了 50%。这种成本降低的直接原因是 Ether-Fabric 在传输网络数据时对主服务器 CPU 资源占用量较少,同时还能够保证服务器之间更快捷的数据交换,以及更快的传输速度。

资料来源:[美] 威廉·博伊斯. 管理经济学:市场与企业(第 2 版). 李自杰,刘畅译. 中国人民大学出版社,2013.

【案例思考】

1. 为什么案例中的上述公司要致力于降低资本投入?

2. 企业应该如何有效地使用资本？

练习与思考

一、名词解释

投资　货币的现值　货币的终值　净现金流　投资回收期　净现值　内部收益率　决策风险

二、单项选择题

1. 投资与日常经营费用这两种支出的区别主要在于(　　)。

A. 支出数额不同　　B. 赢得收益的延续时间长短不同

C. 支出途径不同　　D. 支出主体不同

2. 投资决策不同于日常经营决策的特点主要表现在对(　　)的考虑上。

A. 货币的时间价值和风险因素　　B. 决策主体和决策时间

C. 决策环境和决策对象　　D. 决策环境和决策时间

3. 要进行投资决策,第一步是(　　)。

A. 提出投资建议　　B. 收集和估计数据

C. 评价投资方案　　D. 选择最优投资方案

4. 投资建议提出之后,能否正确决策的关键就在于(　　)。

A. 能否正确提出投资方案

B. 数据的收集和估计是否准确可靠

C. 能否科学评价投资方案

D. 能否选择出最优的投资方案

5. 下列选项中,表达正确的是(　　)。

A. $PV=\dfrac{M_0}{(1+i)^t}$　　B. $FV=\dfrac{M_t}{(1+i)^t}$

C. $PV=M_0(1+r)^t$　　D. $FV=M_0(1+r)^t$

6. 在不确定的环境里,决策者是否需要进一步搜集信息,主要取决于(　　)。

A. 信息重要性的大小

B. 信息价值的大小

C. 信息搜集成本的大小

D. 信息价值与信息搜集成本的比较

7. 当两个投资方案的收益期望值相同时,下列选项中可以直接用来比较它们的风险大小的是(　　)。

A. 标准差　　B. 变差系数

C. 现金流量　　D. 现金流量的期望值

8. 如果两个投资方案的收益期望值不同,那么下列选项中可以用来测定它们的相对风险大小的是(　　)。

A. 内部收益率　　B. 变差系数

C. 净现值　　D. 标准差

9. 下列说法错误的是(　　)。

A. 一个投资方案带来的结果变动性越大,则该方案的风险越小

B. 一个投资方案带来的结果变动性越大,则该方案的风险越大

C. 一个投资方案的标准差越大,则该方案的风险越大

D. 一个投资方案的变差系数越大,则该方案的风险越大

10. 计算变差系数 v 的公式是(　　)。

A. $v=\sqrt{\sum_{i=1}^{n}(R_i-\bar{R})^2 P_i}$　　B. $v=\sqrt{\sum_{i=1}^{n}(P_i-\bar{P})^2 R_i}$

C. $v=\dfrac{\sigma}{\bar{R}}$　　D. $v=\dfrac{\bar{R}}{\sigma}$

三、多项选择题

1. 生产经营性投资通常可以区分为(　　)。

A. 重置投资　　B. 更新投资

C. 营销投资　　D. 科研和人力资源投资

E. 国库券投资

2. 企业投资决策过程一般包括(　　)等几个阶段。

A. 募集资金　　B. 提出投资建议

C. 收集和估计有关的数据　　D. 评价和选择投资方案

E. 监控投资方案的实施

3. 下列选项中,属于投资方案评价方法的有(　　)。

A. 边际收益法　　B. 回收期法

C. 边际成本法　　D. 净现值法

E. 内部收益率法

4. 下列说法正确的是(　　)。

A. 从经济学角度来看,今天的 1 元钱和 10 年后的 1 元钱是不同的

B. 货币的现值可以这样计算：$PV = M_0(1+r)^t$

C. 货币的终值可以这样计算：$FV = M_0(1+r)^t$

D. 货币的现值可以这样计算：$PV = \frac{M_t}{(1+i)^t}$

E. 投资决策分析必须考虑货币的时间价值

5. 现金流量是因实施投资方案而引起的货币收入和支出，它与会计上成本的收支是不完全相同的，具体表现在：(　　)。

A. 现金流量应以增量为基础加以衡量

B. 现金流量应以税后指标为基础加以衡量

C. 投资项目对整个企业所有的间接效应都应包括在现金流量的计算之中

D. 评估项目时不应考虑沉没成本

E. 项目中所使用的资源价值应按其机会成本来衡量

四、判断题

1. 投资与经营费用其实就是一回事。(　　)

2. 营销投资直接作用于生产过程，是企业的一种有形资产的投资。(　　)

3. 更新投资实际上就是重置投资。(　　)

4. 资金成本即企业为获得资金必须向投资者支付的按百分率表示的成本。(　　)

5. 回收期法反映了货币的时间价值，因而比较科学而精确。(　　)

6. 内部收益率就是使投资项目的净现值最大时的贴现率。(　　)

7. 投资决策一般都会伴随一定的风险，因此决策者在进行投资决策时，一定要充分考虑风险因素的影响。(　　)

8. 一个投资方案带来的结果的变动性越大，则该方案的风险越小。(　　)

9. 投资风险总能够通过资产组合多样化的方法加以避免。(　　)

10. 为了提高决策的正确性，决策者应该尽可能多地搜集相关信息。(　　)

五、简答题

1. 什么是投资？它与经营费用有何区别？

2. 投资决策与经营决策相比，有哪些重要特点？

3. 投资决策的过程包括哪几个阶段？

4. 试比较净现值法和内部收益率法。

5. 影响人们对待风险态度的因素主要有哪些？怎样降低风险？

六、计算题

1. 有1万元钱，假定银行存款年利率为2%，那么2年之后共有多少钱？在同样的存款利率下，5年后的1万元钱的现值如何？

2. A公司要对某项目进行投资,初始投资总额为2 500万元,项目投产后年均可获净收益500万元。问:该项目的投资回收期需要多少年?若行业基准投资回收期为6年,该方案可否接受?

3. 某中国公司与国外一家公司在境外搞合作经营。按照协议,公司的总注册资本为81 290万美元,外国公司以商标品牌等无形资产作价31 290万美元投资,余下由中国公司直接注入资金。合作经营后,中国公司每年可得税后净现金收益10 000万美元,但8年后,企业全部资产归外国公司所有,合作中止。试问:

(1) 该合作投资方案的回收期是多少?

(2) 如果该中国公司的资金机会成本为10%,本合作投资方案的净现值是多少?这样投资是否合算?$\left(\text{已知：}\sum_{t=1}^{8}\frac{1}{(1+10\%)^t}=5.335\right)$

4. 假定有甲、乙两个投资方案都可用来生产某种产品,且它们的初始投资相同。方案甲在市场井喷时期(概率为0.2)年净收益为70万元,正常时期(概率为0.6)年净收益为55万元,衰退时期(概率为0.2)年净收益为15万元。方案乙在对应的各个时期的年净收益分别为115万元、45万元和0万元。试比较这两个方案风险的大小。

5. 有两个投资方案,初始投资额均为600 000元。在以后的10年中,方案A每年的收益期望值为120 000元,方案B每年的收益期望值为100 000元。方案A的变差系数为1.4,方案B的变差系数为0.9。企业根据两个投资方案变差系数的不同,规定风险较小的方案的贴现率为7%,风险较大的方案较风险较小的方案的风险补偿率为5%。问:(1) 如不考虑风险,哪个方案好?(2) 如考虑风险,哪个方案好?$\left(\text{已知：}\sum_{t=1}^{10}\frac{1}{(1+12\%)^t}=5.650;\ \sum_{t=1}^{10}\frac{1}{(1+7\%)^t}=7.024\right)$

第九章

市场失灵与政府微观经济政策

学习目标

学完本章，你应该能够：

(1) 理解市场效率的含义，熟悉市场效率的评价；

(2) 掌握市场失灵的含义，理解导致市场失灵的原因；

(3) 理解政府如何通过微观经济政策对市场进行干预，进而对企业进行引导和控制。

基本概念

市场效率　帕累托最优　市场失灵　外部性　公共物品　信息不完全　信息不对称　产权　科斯定理　逆向选择　道德风险

在社会主义市场经济条件下，市场的价格机制在资源配置中起着决定性作用，它像一只“看不见的手”引导着资源得到合理的配置和利用。但是，在现实经济生活中，由于一些因素的干扰，使这只“看不见的手”经常不能正常发挥作用，导致市场失灵，资源配置达不到最优状态。因此，经济的运行除了需要价格机制这只“看不见的手”调节外，还需要政府这只“看得见的手”进行调节。政府对企业的干预，主要不是直接的，而是间接的。即主要不是通过行政手段直接干预企业的日常经营决策，而是通过对企业生产经营决策活动所面临的外部社会经济条件施加影响，来控制和引导企业行为，以实现社会资源尽可能的优化配置。政府和企业的关系可以用“政府调控市场，市场引导企业”来概括。因此，企业在经营决策中不仅要努力掌握市场价格动态变化的趋势，还必须考虑国家经济政策的变化及其影响。这构成了本章分析和论述的重点。

第一节 市场效率与市场失灵

一、市场效率及其标准

1. 市场效率的概念

市 场 效 率

市场效率是指市场在配置资源方面的效率。

由于资源的稀缺性,人们一般希望资源能够得到充分的利用。市场效率就是指市场在配置资源方面的效率。虽然市场价格机制这只“看不见的手”每时每刻都在发挥作用,但由于各种因素的影响,资源配置并不总是高效率的。那么,衡量市场在资源配置上是否有效率的标准是什么呢?即怎样才是高效率的,怎样才是低效率的呢?目前主要有以下几种代表性观点:① 认为在投入和技术既定的条件下资源的利用能带来最大可能的满足水平时,市场最有效率;② 认为当资源使用无浪费现象时,资源配置最有效率;③ 认为能用最低的成本生产人们所需要的物品时,市场效率达到最优。这些观点,应该说有其一定的道理,但要综合衡量资源配置是否有效率,应该要看其在生产上和分配上是否都是高效率的,这样的视角才是全面的。19 世纪末 20 世纪初意大利经济学家帕累托提出的帕累托标准(或称帕累托最优)是至今仍被广泛接受的衡量市场效率的标准。

2. 帕累托最优

帕 累 托 最 优

“帕累托最优”是指这样一种状态,相对于这种状态来说,任何的改变都不可能使某个人的状况变好而不使其他人的状况变坏。

帕累托在其《政治经济学讲义》一书中首先提出了生产资源的最适度配置问题。他认为,在分配标准既定时,现状的改变如果使每个人的福利都增进了,那么这种改变就是有利的;如果使每个人的福利都减少了,那么这种改变就是不利的;如果使一些人的福利增进而使另一些人的福利减少了,那么对整个社会来说就不能认为这种改变是有利的。因此，帕累托认为资源配置最有效率的状态是指相对于这种状态来说，任何的改变都不可能使某个人的状况变好而不使其他人的状况变坏。这就是经济学上讲的"帕累托最优"。

帕累托最优为衡量市场效率提供了一个标准，即：如果产品在消费者之间的分配已达到这样一种状态，即任何重新分配都会至少降低某个消费者的满足水平，那么这种状态就是最优的或最有效率的状态；同样，如果生产要素在企业之间或企业内部的配置已达到这样一种状态，即任何重新配置都至少会降低某个企业或某种产品的产量，那么这种状态也是帕累托最优状态。

帕累托最优告诉我们，如果一种资源的配置还没有达到帕累托最优，那就存在着利用某种方法来改进资源配置的可能，至少可以使其中一些人的境遇变得更好，而同时又不损害其他人的利益。

因此，要使有限的资源达到效率最优，在配置上就应该：① 使生产资源分配给那些生产能力最强者；② 把产品资源分配给那些对产品效用评价最高的消费者；③ 持续进行帕累托改进。

一般认为，完全竞争市场经济可以导致帕累托最优，但遗憾的是完全竞争是以一系列严格的假设条件为前提的。在现实的经济活动中，总会发现这些假设前提条件有缺损，因此伴随着非帕累托最优状态而出现的市场失灵也就成了必然。

二、市场失灵及其原因

1. 市场失灵的概念

市 场 失 灵

市场机制在某些情况下不能正常发挥作用，使得社会资源的配置产生扭曲。

我们知道，市场机制充分发挥作用、优化资源配置是有前提条件的，即市场是完全竞争的，也就是要满足完全竞争市场所给定的假设条件。但是，由于完全竞争市场只是一种理论上的状态，在现实的经济生活中很难实现。在实际的市场体系中，或多或少地存在着各种限制，使市场机制在很多时候不能实现资源有效配置，从而出现所谓的"市场失灵"。简单说，市场失灵就是指市场机制在某些情况下不能正常发挥作用，使得社会资源的配置产生扭曲。

其实，对于什么是市场失灵，有各种不同的看法。前面对市场失灵进行的定义属于狭义的“市场失灵”，认为当市场不能实现资源的有效配置时，它就是失灵的。有不少观点则不同程度地把收入分配不公、周期失业扩大、通货膨胀加剧和生态环境恶化等现象也视为市场的失灵。还有一些人进一步扩大了市场失灵的范围，把市场不能实现的一些社会目标(如政治民主和道德高尚，等等)也算作是失灵。

在这里，我们主要讨论狭义的“市场失灵”，即低效率的市场失灵，其他意义上的市场失灵不作详细介绍，有兴趣的读者可以参阅相关的经济学教材。

2. 市场失灵的原因

市场为什么会失灵?

(1) 垄断因素。

在现实经济中，市场竞争的一个显著特点就是优胜劣汰。劣者在竞争的过程中不断被淘汰，而优者在竞争过程中则不断壮大，这就产生了集中的趋势，有的甚至导致垄断，再加上行政性垄断和自然性垄断的力量的存在，使得市场中的一部分企业能够不同程度地影响甚至操纵价格，并从中得到好处。这就削弱了市场机制配置资源的能力，造成了生产能力剩余和资源被闲置，破坏了帕累托最优的资源配置状态，导致了市场效率的相对低下，从而处于低效率的均衡之中。

(2) 外部性。

外　部　性

某个人的一项活动给其他人的福利造成了好的或坏的影响，但却并没有得到相应的报酬或者给予相应的补偿。

所谓外部性，是指某个人的一项活动给其他人的福利造成了好的或坏的影响，但却并没有得到相应的报酬或者给予相应的补偿。我们知道，完全竞争市场要能够实现资源的最优配置，需依赖于一个隐含的假定，即经济当事人的生产或消费行为不会对其他人的福利造成影响，也就是不存在所谓的“外部性”。换言之，单个经济单位从其经济行为中产生的私人成本和私人利益被看成等于该行为所造成的社会成本和社会利益。但是，在很多情况下，这个条件并不成立，因为在经济生活中，生产者和消费者是相互联系、相互作用的经济单位。当某生产者或消费者的一项经济活动给社会上其他成员带来危害，但他自己却并不为此支付足够抵偿这种危害的成本时，这个人为其活动所支付的私人成本就小于该活动所造成的社会成本，这种性质的外部性被称为外部不经济或负外部性。例如，工厂在生产产品时向外排放废气、废水影响周围居民健康，是外部不经济的典型例子。工厂的废气、废水不经治理便排出厂外，对工厂来说可以降低成本，然而社会由于承受了这种有害的外部影响而遭受到损失。在存在外部不经济的情况下，社会成本大于私人成本，但企业的产量决策只根据私人成本，不根据社会成本，这样可能会过多地生产社会成本较高的产品，这就会降低市场效率。

在另外一些情况下，某个生产者或消费者的一项经济活动可能会给社会上其他成员带来好处，但他自己却不能由此而得到补偿，这时，这个人从其活动中所得到的私人利益就小于该活动所带来的社会利益，这种性质的外部性被称为外部经济或正外部性。例如，养蜂人和养花人为邻，养蜂人得到了额外的好处，而养花人不能因此而索取回报。一个企业对其员工进行培训，而这些员工可能转到其他单位去工作，该企业往往并不能从其他单位索回培训费用或其他形式补偿。在存在外部经济的情况下，产品的社会利益大于私人利益，但在市场经济中，企业的产量决策只根据私人利益，不根据社会利益，这样企业就会较少地生产对社会有益的产品，这也会降低市场效率。

(3) 公共物品。

公 共 物 品

公共物品是指供整个社会共同享用的物品。

公共物品是指供整个社会共同享用的物品，如国防、警察、消防、公共道路、教育、公共卫生等；与公共物品相对，私人物品是指由市场提供给个人享用的物品，如商店里出售的食品、衣物、玩具等。公共物品一般由政府提供，市场往往无能为力，但某些公共物品也可由市场提供，如民办教育。

公共物品具有两个显著特点：第一，公共物品的消费不具有竞争性。即公共物品生产出来之后，增加一个消费者，并不会减少任何其他消费者所可能得到的消费水平；或者说，某人对该物品的消费或使用，并不妨碍他人对该物品的使用。例如，新生人口一样享受国防提供的安全服务，但原有人口对国防的“消费”水平不会因此而降低；在达到一定点之前，道路上多一辆汽车不会妨碍原有汽车的行驶；无线广播与公共电视也是完全类似的。从这一点看，公共物品的消费增加时，成本并不会增加，也就是说，增加向一个消费者提供公共物品的边际成本为零。第二，公共物品的消费不具有排他性。即公共物品一旦生产出来，不管人们是否付费，都能享用,无法排除一些人不支付便消费的"搭便车"行为。例如,无法禁止过往行人对公共路灯的利用,也没有办法对利用了公共路灯的过往行人收费。这样,公共物品的生产不能保证生产者实现利益性的交换,追逐利润的私人企业也就不会生产这种产品,只能由政府来作出安排。其实,在边际成本等于零的情况下,有效地配置资源的原则就是免费提供公共物品给想要它的任何人。

值得注意的是,有些公共物品同时具有非竞争性和非排他性,则称之为纯公共物品,最典型的例子是国防、无线广播和公共电视等。否则,称为非纯公共物品。比如,有些公共物品可能是竞争的但却非排他的,像公共渔业资源的使用,一部分人捕到的鱼越多,其他人能够捕到的鱼就越少;还有些公共物品则可能是排他的而非竞争的,如有线电视、付费宽带和收费高速公路就属于这种情况。

由于公共物品不同于私人物品,因此适用于私人物品的选择原则、市场定价和资源配置等原理,未必适用于公共物品。例如,私人物品的供给者是根据边际成本和边际收益来确定供给数量和价格,而由于公共物品的边际成本等于零,消费者就有理由认为可以免费享用公共物品。而且,一般情况下,很难要求公众真实而准确地说出他们对公共物品的偏好,从而无法得出公共物品的需求曲线。这样,公共物品的均衡数量和价格就无法由市场供求关系来确定。另外,即使公共物品有价格,也难以解决公共物品的收费及管理问题。换言之,在多数情况下,市场机制对公共物品的配置是无能为力的。

(4) 不完全信息。

信息不完全与不对称

- 信息不完全是指经济活动主体不能充分了解所需要的一切信息。
- 信息不对称是指经济活动双方对有关信息了解和掌握得不一样多。

上面在讨论市场效率时的一个重要假定是信息完全,市场的供求双方知道市场上的各种商品以及它们的价格,知道各种可供选择的消费和生产的机会。消费者知道商品的特性和特点,以及自己对各种商品组合的偏好,从而能作出最合理的选择;而生产者知道各种可供选择的生产技术,知道生产要素的生产能力,知道所用要素的价格和生产出来的产品的价格,因而也能作出最合理的选择。

但是,上述关于信息完全的假定并不符合实际情况。在现实经济生活中,信息常常是不完全和不对称的。信息不完全是指经济活动主体不能充分了解所需要的一切信息。信息不对称是指经济活动双方对有关信息了解和掌握得不一样多。信息不完全和不对称会妨碍市场的有效运转,影响资源优化配置。

信息不完全不仅是指那种绝对意义上的不完全,即由于认识能力的限制,人们不可能知道在任何时候、任何地方发生的或将要发生的任何情况,而且还指相对意义上的不完全,即市场经济本身不能够生产出足够的信息并有效地配置它们。这是因为信息作为一种商品,不同于普通的商品。人们在购买普通商品时,先要了解它的价值,看看是否值得购买。但是,购买信息商品却无法做到这一点。人们之所以愿意出钱购买信息,是因为还不知道它们,一旦知道了,就没有人会愿意再为此而进行支付了。这就出现了一个困难的问题:卖者让不让买者在购买之前就充分了解所出售信息的价值呢?如果不让,则买者就可能因为不知道究竟值不值得去购买而不去购买;如果让,则买者又可能因为已经知道了该信息而不去购买了。在此情形下,要能够做成“生意”,只能靠买卖双方并不十分可靠的相互信任:卖者让买者充分了解信息的用处,而买者则答应在了解信息的用处之后会购买它。显而易见,市场的作用在这里受到了很大的限制。

此外,在一般的商品市场中,买方和卖方所掌握的信息常常是不对称的,一方掌握的信息多些,另一方掌握的信息少些。在多数商品和生产要素市场上,卖方掌握的信息多于买方,比如,药品的卖者一般比买者更了解药品的性能;但在另一些市场上,买方所掌握的信息也可能多于卖方,保险和信用市场往往就是这种情况,比如,医疗保险的购买者显然比保险公司更了解自身的健康状况。以前我们在谈论市场均衡时,都是假定供求双方所掌握的信息是完全对称的,在供求双方都接受的价格下,供给方出售了他愿意出售的数量,需求方则购买了他愿意购买的数量,双方都没有欺骗对方,买卖双方的意愿在价格机制的作用下,通过市场的自由交易实现了。而一旦供求双方所掌握的信息不完全、不对称,市场将出现问题,卖方可能以假冒伪劣商品欺骗消费者,消费者也可能出现败德行为。

第二节 市场经济中政府的微观经济政策

由于市场的种种缺陷,经济活动仅靠市场来调节是不行的,还需要政府通过经济政策对市场进行干预,进而对企业进行引导和管理,而政府对市场的干预则直接关系着企业的行为和决策。

一、反垄断政策

反垄断政策

- 强行分拆
- 阻止合并
- 禁止勾结
- 有效竞争

由于垄断存在着诸多弊端,许多国家政府都不同程度地制定并执行了反垄断政策来反对垄断和保护竞争,其中反垄断法更是被称为"经济宪法"。例如,美国早在1890年就通过了反垄断法。反垄断法给予了政府各种反对垄断和促进竞争的办法,主要包括:① 对于已经形成垄断或接近垄断的公司,政府可以通过诉讼把它分解为若干个小公司,让它们相互竞争,以提高效率;② 对于那些可能会严重阻碍竞争的大公司之间的合并,政府可以加以阻止;③ 政府禁止企业之间进行以垄断市场为目的的勾结。

此外,还有一种反垄断的政策是有效竞争。它主张对不同的产业部门采取不同的反垄断政策。具体来说,对于主要由中小企业组成的轻工业部门与零售商业部门,自由竞争是有利的,政府应采用禁止性的反垄断政策;对于重工业部门,垄断有助于最优规模经济的实现,因此只宜于实行有限的反垄断政策,即允许垄断的存在,只是要对其行为进行适当的管制;对于公用事业和其他某些天然具有垄断性的部门,可以实行国家垄断,但是为了克服垄断带来的弊端,要对垄断企业实行管制,主要包括价格管制和限制新企业进入两个方面。

二、解决外部性问题的政策

解决外部性问题的政策

- 税收和补贴
- 企业合并
- 明确产权

由于外部性的存在,企业的决策往往导致资源配置的低效率。那么,如何来解决这个问题呢?

1. 税收和补贴

对造成外部不经济的企业,政府应该征税,其数额应该等于该企业给社会其他成员造成的损失，使企业私人成本和社会成本相等。比如，在生产污染的情况下，政府可以向造成污染的企业征税，其数额等于治理污染所需的费用，从而使得企业的成本提高到和社会成本相一致。这样，企业就会在进行生产决策时把污染的成本也考虑进来。反之，在存在外部经济的情况下，政府则可以采取补贴的办法，使企业的私人利益与社会利益相等，引导企业增加产量。无论是何种情况，只要政府采取措施使得私人成本和私人利益与相应的社会成本和社会利益相等，则企业的产量决策便能够符合资源合理配置的要求。当然，在实践中，要准确估计社会成本和社会利益的大小不是一件很容易的事情。

2. 企业合并

如果一个企业的生产影响到另一个企业，外部影响是显而易见的。倘若这种影响是积极的(外部经济)，则第一个企业的生产就会低于社会最优水平。反之，若这种影响是消极的(外部不经济)，则第一个企业的生产就会超过社会最优水平。但是，如果将两个企业合并为一个企业(例如，产生污染的上游企业与下游受损企业之间进行合并)，则此时的外部影响就"消失"了，即被"内部化"了。合并后的单个企业为了自己的利益，将使自己的生产确定在边际成本等于边际收益的水平上。由于此时不存在外部影响，合并企业的成本和收益就等于社会的成本和收益，于是资源配置达到帕累托最优状态。

3. 明确产权

科 斯 定 理

只要产权是明确的，并且其交易成本为零或者很小，则无论在开始时将产权赋予谁，市场均衡的最终结果都是有效率的。

所谓产权，是指通过法律程序确定的个体占有某种财富的权利。通过产权明晰化来解决外部性问题的思想是由芝加哥大学的科斯(Coase)于1960年提出来的，其理论被概括为科斯定理。科斯定理可表述如下：只要产权是明确的，并且其交易成本为零或者很小，则无论在开始时将产权赋予谁，市场均衡的最终结果都是有效率的。实际上，科斯定理进一步扩大了"看不见的手"的作用。按照这个定理，只要那些假设条件成立，市场力量足够强大，就总能使外部影响最终解决，从而仍能够实现帕累托最优状态。因为，明确的产权及转让可以使得私人成本(或利益)最终与社会成本(或利益)趋于一致。例如，以化工厂污染所造成的外部性为例，只要给予周围的农场不受污染的权利，化工厂就会因污染环境而受罚。在这种情况下,化工厂会同农场商量,将这种权利从农场那里购买过来,然后再让周围环境受到一定程度的污染。受到损害的周围农场也会使用其出售污染权而得到的收入来治理环境。总之,由于化工厂为其不好的外部影响支付了代价,故其私人成本与社会成本之间不存在差别。

值得注意的是,运用科斯定理解决外部性问题在实际中并不一定真的有效。因为科斯定理的前提是外部性所涉及的产权必须明确,而且谈判的交易成本不大。但在现实生活中,有时情况不是这样的。第一,资产的产权并不总是能够明确加以规定的。有的资源,如空气,自古以来就是大家均可使用的共同财产,很难将其产权具体分派给谁。有的资源的产权即使在原则上可以明确,但由于不公平问题、法律程序的成本问题等也变得实际上不可行。第二,已明确的产权并不总是能够转让的。这涉及信息的充分性以及买卖双方不能达成一致意见的各种原因,如谈判的人数太多、交易成本太高等。上例中,若受害者还包括很多农民,他们免受污染的权利很分散,受害程度也很难一一确定,那么,交易谈判费用就会很高,这时由政府出面代表社会来维护农场和居民的权利就可能更为有效。

三、公共物品的政策

既然公共物品的生产是无法获利的,那么它的生产和消费就不能由市场上的个人决策来解决,政府必须为公共物品的生产作出安排。政府的安排可以有各种形式,下面举些例子来加以说明。

对于国防那样的公共物品,由于其特殊的重要性和敏感性,必须由政府自己来“生产”。政府通过税收获得资金,国防开支在政府支出中必须占有足够的比例,以此组织起军队,构建起国防体系。税收尽管不是绝对平均,但绝对是强制的,至少就国防开支部分来说可以这样理解。

对于那些公共道路的建设,政府通常也是直接的投资者。但某些地方道路则不一定由政府投资,有时也采取集资建设的方法。关键是,道路这种公共物品很容易改变其非排他性的性质,只要设立一个收费站,就可以收取费用,因此其成本的回收并不是遥遥无期的,要谨防道路建设演变为敛财的工具,对此,政府应该加以严格的规制。

对于居民楼的路灯这种公共物品,通常应该由居民委员会或其他管理机构统一进行安装和维护,当然,相关的成本应该由居民分摊。在这里,社会公德是主要的一种约束,但政府的导向作用有时也是十分重要的。

在什么情况下政府不直接生产而通过向社会购买的途径来提供公共物品是比较合理的？

此外，政府在生产公共物品的过程中，由于缺乏竞争和利润动机，以及部门利益的冲突，往往也会产生低效率。因此，可适当分散政府部门对不涉及国家机密和安全的特殊领域的公共物品的生产决策的权力，并鼓励私人部门参与竞争，比如，用招标方式让私人部门投标承包公共物品的生产，就可以通过私人部门之间的相互竞争使政府部门以较少的成本购买同样数量的公共物品，从而提高公共物品生产和经营的效率。

四、促进市场信息传递的政策

逆向选择与道德风险

- 在信息不对称的情况下，掌握私人信息的一方就完全可能利用其有利地位来为自己谋求利益，造成劣质产品排挤优质产品，这种以次充好、以假乱真的现象就叫作“逆向选择”。
- 从更广泛的意义上说，道德风险是指从事经济活动的人在最大限度地增进自身效用的同时，做出不利于他人的行动。

信息的不完全会带来许多问题。例如，在商品市场上，往往卖方对所卖的商品情况了如指掌，而买方却很难了解产品的内在性质。在这种情况下，伪劣产品会堂而皇之地进入市场，局部市场内甚至会出现伪劣产品排挤优质产品而占据市场主角的“劣品驱逐优品”现象，优质产品在竞争中失败，市场选择了伪劣产品，这违背了市场竞争中优胜劣汰的选择法则。平常人们说选择，都是选择好的，而这里选择的却是差的，这就是由于信息不对称而造成市场资源配置扭曲的“逆向选择”现象。在保险市场上，处于相对信息优势的投保人在投保后，可能会降低对所投保标的的预防措施，从而使损失发生的概率上升，在给保险公司带来损失的同时降低了保险市场的效率，形成所谓的“道德风险”。从更广泛的意义上说，道德风险是指从事经济活动的人在最大限度地增进自身效用的同时，做出不利于他人的行动。

针对这些情况，就需要政府在信息方面进行介入和调控。信息调控的目的主要是保证消费者和生产者能够得到充分的和正确的市场信息,以便他们能够作出正确的选择。政府主要通过建立和完善相关的法律、法规(如反不正当竞争法、消费者权益保护法、广告法、商标法和生产许可证制度等),以及加大对假冒伪劣商品的打击力度,促进市场信息的正确传递,来切实维护市场主体的合法权益和恢复市场机制配置资源的能力。

本章小结

(1) 市场效率就是指市场在配置资源方面的效率,其最优状态为帕累托最优状态。帕累托最优状态是指如果产品在消费者之间的分配已达到这样一种状态,即任何重新分配都会至少降低某个消费者的满足水平,那么这种状态就是最优的或最有效率的状态。同样,如果生产要素在企业之间或企业内部的配置已达到这样一种状态,即任何重新配置都至少会降低某个企业或某种产品的产量,那么这种状态也是帕累托最优状态。

(2) 在实际的市场体系中,或多或少地存在着各种限制,使市场机制在很多时候不能实现资源有效配置,从而出现所谓的“市场失灵”。“市场失灵”就是指市场机制在某些情况下不能正常发挥作用,使得社会资源的配置产生扭曲。导致市场失灵的主要原因有垄断因素、外部性、公共物品和不完全信息等。

(3) 垄断因素的存在使得市场中的一部分企业能够不同程度地影响甚至操纵价格,导致市场机制配置资源能力的削弱和市场效率的相对低下。政府对付垄断的办法包括制定并严格执行反垄断法和促进有效竞争等,而反垄断法主要有强行分拆、阻止合并和禁止勾结等政策主张。

(4) 造成市场机制低效率的主要因素之一的外部性,既有“正”的,即外部经济;也有“负”的,即外部不经济。从社会的角度来看,私人活动的水平在存在外部经济时往往“太低”,而在存在外部不经济时又往往“太高”。解决外部性问题通常有三种办法:一是使用税收和补贴;二是通过企业合并;三是明确产权。最后这种办法的依据是“科斯定理”:只要产权是明确的,并且其交易成本为零或者很小,则无论在开始时将产权赋予谁,市场均衡的最终结果都是有效率的。

(5) 在多数情况下,市场机制对公共物品的配置是无能为力的。公共物品是指供整个社会共同享用的物品,具有消费上非竞争性和非排他性两个显著的特点。由于在公共物品场合存在着“搭便车”之类的现象,追逐利润的私人企业也就不会有兴趣来生产这种产品。因此，政府必须为公共物品的生产作出安排，安排的形式可以有多种。

(6) 在现实经济生活中，信息常常是不完全和不对称的。在这种情况下，市场机制的作用受到了很大的限制，容易形成所谓的“逆向选择”和“道德风险”。此时，需要政府在信息方面进行介入和调控，以保证消费者和生产者能够得到充分的和正确的市场信息，进而使他们能够作出正确的选择。

案例分析

案例 9-1

黄浦江死猪事件的警钟

2013 年 3 月 9 日，数千头死猪浮现在上海黄浦江面。多年来，黄浦江一直都有死猪出现，但爆发这样大规模的死猪漂浮事件，却是这一年才有的事情。该事件通过各大媒体和网络的迅速传播，引起上海市民极大关注，尤其是对水源安全的忧虑和担心，一度引发纯净水抢购风潮，还使净水器的需求大增。

黄浦江死猪漂浮事件发生之后，上海市政府迅速组织农业、环保、水务、卫生等部门，开展死猪打捞、无害化处理、抽样检测、水质和环境监测等工作。截至 3 月 12 日 15 时，上海全市共打捞死猪 5 916 头，黄浦江及相关水域漂浮死亡生猪数量明显减少，打捞量开始下降。

从 3 月 8 日开始，上海市有关方面就开始对“死猪来源”问题进行全面调查。到 11 日，上海市政府新闻办正式对外发布消息说，有关部门对松江水域收集的部分生猪耳标进行了信息核查，初步确定这些死猪主要来自浙江省嘉兴地区。嘉兴市随后也表示，2013 年以来，嘉兴市因养殖条件、养殖技术、气候等因素死亡了 7 万头猪，确实存在一些死猪乱扔的情况。

嘉兴地区生猪养殖看起来规模很大，实际上仍然属于小农经济，缺乏现代农业要素，特别是安全生产管理体系明显缺位，例如对病死猪进行无害化处理，花费成本问题界定不明确。嘉兴地区农户处理死猪每头可以获得 80 元补助，但在实际操作过程中，因为死猪数量太大，补贴不到位情况突出。同时，对病死猪的处理主要采取厌氧发酵，需要占用土地，而现有土地资源处在超负荷状态。

此次死猪事件，对粗放的养猪模式敲响了警钟。嘉兴市有关部门表示，要拿出壮士断腕的勇气推进养猪产业结构调整,实现养殖业发展与环境保护的有机统一,彻底解决猪粪围城、死猪围城的局面。一些专家指出,死猪事件不是偶然发生的,需要有长效应对之策:一是解决庞大的养殖量与管理能力不匹配的问题;二是建立联防机制防止死猪"顺流而下"。

资料来源:根据2013年3月20日出版的《人民日报》和《新华每日电讯》的相关报道及文章整理而成。

【案例思考】

1. 试分析本案例中嘉兴地区部分养殖户随意抛弃死猪行为的外部性。
2. 你认为应该如何防范和治理类似死猪事件的"跨界污染"问题?

案例 9-2 沃尔玛在德国

1962年,山姆·沃尔顿和他的哥哥巴德在阿肯色州罗杰斯城开设了第一家沃尔玛商店。从此,沃尔玛以两位数的年增长率增长,成为世界上最大的零售商。20世纪80年代后期,沃尔玛开始了雄心勃勃的国际化进程。在国际化舞台上,沃尔玛证明了美国的成功方程式。大量使用高新科技、精密的物流和存货管理技术降低成本,使得天天平价成为可能;强调客户服务、积极的员工。所有这些在拉丁美洲和加拿大都获得很大成效。

1997年年底,沃尔玛扩张到了德国。而这一扩张却是灾难性的。沃尔玛于2006年退出德国市场,在此期间,可以说沃尔玛没有赚到任何钱,因为它在竞争中输给了德国本土折扣零售商阿尔迪(Alid)和利德尔(Lidl)。此外,在1996年之前德国政府规定商店的营业时间为:平日关门时间为下午的6:30,周末为下午2点。1996年之后政府规定延后到晚间8时,周末则由下午2时延后到4时。2003年6月9日德国终于打破由来已久的传统,准许商家在周六的营业时间延长4小时,由原本的下午4点关门延后到晚上8点。沃尔玛的7天24小时服务理念由此也无法实施。《德国限制竞争法案》20(4)章节规定:"禁止具有市场影响力优势的企业提供价格低于成本的产品。"于是沃尔玛的低价策略也受到了限制。在美国,沃尔玛是完全无工会的雇主。在德国以及欧洲大陆的其他大部分国家,工会在政治上和公司内部都有巨大的影响力。德国工会反对沃尔玛的招聘做法,并且在德国有关工作场所的法律条款中添加了相应内容。德国人从政府得到了相当丰厚的福利。他们不工作能获得的政府福利和沃尔玛一个相对低工资职位的报酬差不多，于是他们问自己，何必去那儿工作呢？结果造成沃尔玛很难招聘到足够的员工去提供它的“优质服务”。由于文化差异，沃尔玛还无法说服德国本土的管理者实施美国式管理。

资料来源：[美] 威廉·博伊斯. 管理经济学：市场与企业(第 2 版). 李自杰，刘畅译. 中国人民大学出版社，2013.

【案例思考】

1. 为什么沃尔玛在美国和其他地方都获得了成功，但是在德国却惨遭失败？
2. 结合本案例分析政府管制对市场的影响。

案例 9-3

“一毛钱处方”引发的争议

如今一毛钱能买到什么？常州一位市民近日在市内一家医院给孩子看病时，仅花了一毛钱，孩子的病就痊愈了。这个“一毛钱处方”被病人家属誉为“世界上最便宜的处方”(《扬子晚报》6 月 9 日报道)。原来，常州这位市民有一个 16 个月大的婴儿得了细菌感染导致的腹泻，接诊医生只给开了 5 粒“痢特灵”，药费区区一毛钱，3 天后，孩子的病就好了。在许多医生丧失医德，为赚取回扣乱开高价药，让患者对“看病贵”叫苦连天的今天，该医院接诊医生的这种做法可谓特立独行，迅速成为媒体报道、网上热传的新闻，引来了无数的感慨、称赞和追捧。

2010 年 6 月 18 日，知名科普作家方舟子在《新华每日电讯》专栏中撰文指出，“痢特灵”有多种副作用，有的副作用还相当严重，例如对中枢神经系统能造成不可逆的损伤。即使是最低用量，也对身体有系统性的毒性。“痢特灵”所属的硝基呋喃类药物被美国食品药品管理局认定为属于致癌物和诱变剂，因此在 1991 年退出了美国市场，并禁止在饲料中添加。我国农业部也在 2002 年禁止“痢特灵”作为兽药使用。婴幼儿对“痢特灵”的毒性更为敏感，在婴儿身上使用能损害中枢神经系统，具有致癌、诱变作用的药物是极为不负责任的。开“痢特灵”是滥用药物，即使只要一毛钱也不应该。

资料来源：根据 2010 年 6 月 9 日出版的《扬子晚报》和 2010 年 6 月 18 日出版的《新华每日电讯》的相关报道及文章整理而成。

【案例思考】

1. 结合本案例,你认为当前医疗领域中可能会存在哪些市场失灵的现象?
2. 你对案例中的争议有些什么看法?

案例 9-4 产业政策还是创新政策

产业政策的本质就是政府在行业中挑选成功者和失败者,对成功者进行资助,而并不对失败者进行扶持。然而,目前有一种观点认为政府应该对新兴行业进行投资,因为这个行业的发展需要大量资金,无法仅仅依靠行业内企业的投资。持此观点的人援引美国国防部先进研究项目局(DARPA)对因特网的前身——阿帕网的开发赞助的例子。如果政府没有支持阿帕网的开发,那么我们现在可能都没有因特网。单个企业是不会对这些项目进行开发投资的,这主要是因为前期投资额太大,而从开发出技术到商业应用的时间周期太长,企业无法预测到其投资的货币化收益。他们还指出,这种情况在诸如生物技术、纳米技术、机器人技术等新兴基础性技术行业中非常普遍。这些新兴基础性技术的研发投资过于庞大,以致任何一个独立的私人部门都无法承担。因此,政府应该加强对于这类基础开发项目的支持。

如果美国政府未曾对 IBM、谷歌、甲骨文、Akamai、惠普等企业的技术研发进行初期投资,或大额采购这些公司最早生产的产品,它们最初甚至不能存活下来,更不要说拥有如今世界领先的行业地位了。政府应该在审慎研究的基础上,有目的、有策略地对一些经过挑选的新兴技术——那些能够带来产业、企业和就业市场全面繁荣,甚至能够推动经济今后 20～30 年发展的新兴技术进行投资,这类似于一种战略性的赌注。政府需要对诸如机器人技术、纳米技术、新能源技术、生物技术、生物合成技术、高性能计算技术、数字化平台技术、智能交通系统技术、移动互联网技术和健康信息技术等新兴技术产业进行足够的投资。

资料来源:[美] 威廉·博伊斯. 管理经济学:市场与企业(第 2 版). 李自杰,刘畅译. 中国人民大学出版社,2013.

【案例思考】

1. 政府甄选行业中的成功者和失败者是否有效?

2. 你对案例中提出的产业政策是否持反对意见？如果不是，你为什么支持政府选择行业的成功者和失败者？

练习与思考

一、名词解释

市场效率 帕累托最优 市场失灵 外部性 公共物品 科斯定理 逆向选择 道德风险

二、单项选择题

1. 人们对使用什么样的资源和生产什么样的产品进行经济选择是由（ ）决定的。
   A. 资源的稀缺性 B. 产品的稀缺性
   C. 资源的需求性 D. 产品的需求性
2. 为了提高资源配置的效率，政府对竞争性行业的企业的垄断行为（ ）。
   A. 是提倡的 B. 是限制的
   C. 是不管的 D. 有条件地加以支持
3. 某一经济活动存在外部不经济是指该活动（ ）。
   A. 私人成本大于社会成本 B. 私人成本小于社会成本
   C. 社会利益大于社会成本 D. 私人利益小于社会利益
4. 某一经济活动存在外部经济是指该活动（ ）。
   A. 私人利益大于私人成本 B. 私人成本小于社会成本
   C. 私人利益大于社会利益 D. 私人利益小于社会利益
5. 某人的吸烟行为属于（ ）。
   A. 生产的外部经济 B. 消费的外部经济
   C. 生产的外部不经济 D. 消费的外部不经济
6. 某项生产活动存在外部不经济时，其产量（ ）帕累托最优产量。
   A. 小于 B. 大于
   C. 等于 D. 以上三种都可能
7. 在下列物品（服务）中，属于纯公共物品的是（ ）。
   A. 公办大学 B. 有线电视
   C. 供应煤气 D. 城市绿化
8. 交易信息不对称，比如说买方不清楚卖方的一些情况，是由于（ ）。

A. 卖方故意要隐瞒自己的情况

B. 买方认识能力有限

C. 完全掌握情况所费成本太高

D. 以上三种都可能

9. 如果上游工厂污染下游居民的饮水,按照科斯定理,(　　),问题就可以解决。

A. 不管产权是否明确,只要交易成本为零

B. 只要产权明确,且交易成本为零

C. 只要产权明确,不管交易成本有多大

D. 不论产权是否明确,交易成本有多大

10. 政府提供的物品(　　)公共物品。

A. 不都是　　B. 一定是　　C. 不是　　D. 少部分是

三、多项选择题

1. 导致市场失灵的原因有(　　)。

A. 垄断因素　　B. 外部性　　C. 公共物品　　D. 信息不完全

E. 信息公开

2. 下列选项中,属于公共物品的有(　　)。

A. 国防　　B. 警察　　C. 消防　　D. 商品房

E. 公共教育

3. 政府为公共物品的生产作出安排的形式可以有(　　)。

A. 直接生产　　B. 向社会购买

C. 直接投资　　D. 让市场来调节

E. 让社会来解决

4. 为了消除外部影响,政府一般采用的政策是(　　)。

A. 税收　　B. 补贴　　C. 合并企业　　D. 拆分企业

E. 明晰产权

5. 为了消除垄断,政府一般采用的政策是(　　)。

A. 强行分拆　　B. 阻止合并　　C. 禁止勾结　　D. 有效竞争

E. 合并企业

四、判断题

1. 有“看不见的手”发挥作用,所以政府对经济干预根本就是多余的。(　　)

2. 如果存在不使至少一个人境况变坏就无法使任何一个人的境况变好的状态,那么就是达到了帕累托最优状态。(　　)

3. 温室效应是政府失灵的一种表现。(　　)

4. 同一种经济活动,既可能产生正的外部性,也可能产生负的外部性。(　　)

5. 某人种植鲜花,使周围的人也能免费享受鲜花的芳香,这就是正的外部性。(　　)

6. 在多数情况下,市场机制对公共物品的配置是可以发挥正常作用的。(　　)

7. 由于垄断会使效率下降,因此任何垄断都是要不得的。(　　)

8. 只要产权是明确的,则无论在开始时将产权赋予谁,市场均衡的最终结果都是有效率的,这就是著名的科斯定理。(　　)

9. 由于公共物品存在"搭便车"现象,所以就只能由政府直接从事生产。(　　)

10. 逆向选择与道德风险可以同时存在。(　　)

五、简答题

1. 什么是市场效率? 衡量市场效率的标准是什么?

2. 什么是市场失灵? 导致市场失灵的原因有哪些?

3. 如何判断生产的外部经济和外部不经济? 试举例说明。

4. 举例说明信息的不完全会给市场的运行带来什么问题? 政府应该如何作为?

5. 你怎样认识政府、市场和企业三者之间的关系?

附　　录

附录一：数 学 附 助

附助一：导　　数

1. 导数的定义

定义：设函数 $y=f(x)$ 在点 x_0 及其邻域内有意义，如果极限 $\lim\limits_{\Delta x\to 0}\dfrac{\Delta y}{\Delta x}$ 存在，则称函数 $y=f(x)$ 在点 x_0 处可导，并称此极限为函数 $y=f(x)$ 在点 x_0 处的导数，记作：

$$f'(x_0)=\lim_{\Delta x\to 0}\frac{\Delta y}{\Delta x}=\lim_{\Delta x\to 0}\frac{f(x_0+\Delta x)-f(x_0)}{\Delta x}$$

$f'(x)$ 又记作：

$$y' \text{ 或 } \frac{\mathrm{d}y}{\mathrm{d}x} \text{ 或 } \frac{\mathrm{d}f(x)}{\mathrm{d}x}$$

函数 $y=f(x)$ 在点 x_0 处的导数，就是曲线 $y=f(x)$ 在点 $(x_0,\ f(x_0))$ 处的切线的斜率，所以可利用导数求曲线的切线方程。

另外，函数 $y=f(x)$ 的二阶导数为：$[f'(x)]'=y''=f''(x)=\dfrac{\mathrm{d}^2y}{\mathrm{d}x^2}$（了解即可）。

2. 导数的计算

(1) 常用求导公式。

最常用的求导公式为 $(x^\alpha)'=\alpha x^{\alpha-1}$。

如：$(x)'=1$，$(x^4)'=4x^3$，$\left(\dfrac{1}{x}\right)'=-\dfrac{1}{x^2}$；另外，常数的导数为零。

此外，了解下列公式：

$$(a^x)'=a^x\ln a；(\mathrm{e}^x)'=\mathrm{e}^x；(\log_a x)'=\frac{1}{x\ln a}；(\ln x)'=\frac{1}{x}；$$

$$(\sin x)'=\cos x；(\cos x)'=-\sin x；(\tan x)'=\sec^2 x；(\cot x)'=-\csc^2 x。$$

(2) 和(或差)的导数。

函数和(或差)的导数等于各函数导数的和(或差)。

以 u，v 代表不同的函数，则：$(u\pm v)'=u'\pm v'$。

如：$(x^3+x^2)'=3x^2+2x$。

(3) 积的导数。

$$(uv)'=u'v+uv'$$

如：$(x^5y^3)'=5x^4y^3+3x^5y^2$。

(4) 商的导数。

$$\left(\frac{u}{v}\right)'=\frac{u'v-uv'}{v^2}$$

如：$\left(\dfrac{x^5}{y^2}\right)'=\dfrac{5x^4y^2-2x^5y}{y^4}$。

3. 导数在管理经济学中的应用

(1) 弹性分析。

把函数 $y=f(x)$ 的导数 y' 乘上 $\dfrac{x}{y}$ 称为函数 y 对自变量 x 的弹性，记为 $E_y(x)$，即：

$$E_y(x)=\frac{x}{y}\cdot y'$$

因此，$E_y(x)=\dfrac{x}{y}\cdot\lim\limits_{\Delta x\to 0}\dfrac{\Delta y}{\Delta x}=\lim\limits_{\Delta x\to 0}\dfrac{\frac{\Delta y}{y}}{\frac{\Delta x}{x}}$。

从而，$E_y(x)\approx\dfrac{\Delta y}{y}/\dfrac{\Delta x}{x}$。

即，$\dfrac{\Delta y}{y}\approx E_y(x)\cdot\dfrac{\Delta x}{x}$。

$\frac{\Delta x}{x}$ 表示当自变量从 x 增加到 $x+\Delta x$ 时，x 增加的百分数；$\frac{\Delta y}{y}$ 表示因变量 y 相应增加的百分数。所以，函数弹性的实际意义就是当自变量在 x 的水平上增加一个百分点时，因变量 y 相应增加的百分点。

(2) 边际分析。

经济函数的导数称为它们各自的边际函数。如：

成本函数 $TC(x)$ 对产量 x 的变化率 $TC'(x)$ 称为边际成本，记作 $MC(x)$；

收益函数 $TR(x)$ 对产量 x 的变化率 $TR'(x)$ 称为边际收入，记作 $MR(x)$。

以边际成本为例，说明边际函数的经济意义。

由于 $MC(x)=TC'(x)\approx\frac{\Delta TC}{\Delta x}$，考虑到经济物品在多数情况下是不可分割的，即当 $\Delta x=1$ 时，$\Delta TC\approx MC(x)$ 成立。

因而，边际成本表示在 x 的水平上再多生产一个单位产品所需要增加的成本。若边际成本 $TC'(x)$ 较大，则产量在 x 水平上增产所需要增加的成本也较大，表明增产潜力较小；若边际成本 $TC'(x)$ 较小，则产量在 x 水平上增产所需要增加的成本也较小，表明增产潜力较大。

(3) 最值分析。

① 极值。

如果函数 $f(x)$ 在点 x_0 的某邻域内有定义，对于该邻域内任意异于 x_0 点的 x，都有 $f(x)\geqslant f(x_0)$，则称 $f(x_0)$ 为函数的一个极小值；如果有 $f(x)\leqslant f(x_0)$，则称 $f(x_0)$ 为函数的一个极大值。极大值和极小值统称为函数的极值。使函数取得极值的点称为函数的极值点。

极值存在的必要条件(费马定理)：如果函数 $y=f(x)$ 在点 x_0 处可导，且在点 x_0 处有极值，则 $f'(x_0)=0$。

导数为零的点称为驻点。

函数在可导点取得极值时，则在该点的切线平行于 X 轴。函数的极值点是驻点或导数不存在的点。

极值存在的第二充分条件(省略第一充分条件，由于其在经济分析中很少使用)：

设函数 $y=f(x)$ 在点 x_0 处有二阶导数，且 $f'(x_0)=0$，$f''(x_0)\neq 0$，则：当 $f''(x_0)>0$ 时，$f(x_0)$ 为 $f(x)$ 的极小值；当 $f''(x_0)<0$ 时，$f(x_0)$ 为 $f(x)$ 的极大值。

② 最值。

如果函数在$[a, b]$上连续，则函数在该区间上一定有最大值和最小值。且极值和最值存在如下关系：极小值≥最小值；极大值≤最大值。

求函数最值的一般步骤与方法如下。

首先求函数的导数；然后在给定区间（或定义域）内找出所有的驻点及一阶导数不存在的点；最后计算函数在上述点处的函数值，以及在端点处的函数值，并比较其大小，其中最大者即为函数在区间上的最大值；最小者即为函数在区间上的最小值。

以上介绍的是数学中较严密的最值求法，在经济学中由于实际意义，只需按照如下步骤求经济函数的最值。

求目标函数驻点，如果只有唯一驻点，并且是极小（大）值点，那么该点就是所求的最小（大）值点。

附助二：线性需求曲线上点价格弹性证明方法

1. 代数证明方法

为了阐述方便，我们将线性需求曲线方程写为：

$$P = a - bQ$$

式中：Q为需求量；P为价格；a，b为系数，而b也是需求曲线斜率的绝对值。

附图1所示是一条线性需求曲线，它与横轴和纵轴的交点分别记为D点和C点，由此可知，C点坐标为$(0, a)$，D点坐标为$(a/b, 0)$。在需求曲线上任取一点记为A，我们就来计算这一点的弹性。

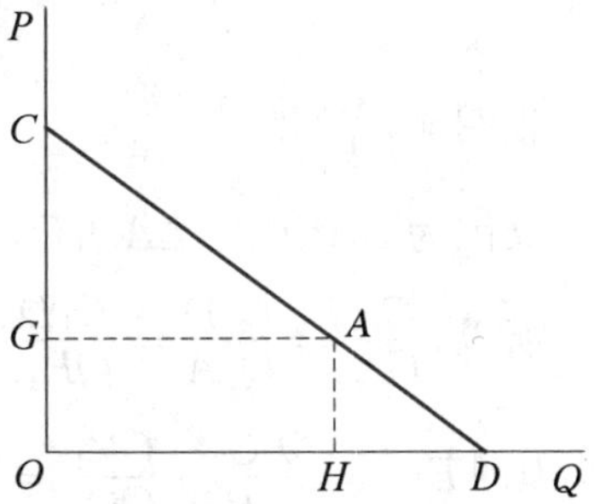

附图1　需求曲线点弹性代数求法示意

由点弹性的定义式知道，需先求出dQ/dP，即需求曲线斜率的倒数。对于线性需求曲线来说，其斜率的倒数也应是一个常数，为$dQ/dP = -1/b$，因此：

$$E_P = -\frac{1}{b} \cdot \frac{P}{Q}$$

对于线性需求曲线上的任何一点，斜率相同，并且其倒数的绝对值等于线段

OD与线段OC的长度之比,对A点来说,又等于线段HD与HA的长度之比。而式$E_P=-\frac{1}{b}\cdot\frac{P}{Q}$中的$\frac{P}{Q}$即为$A$点的纵坐标到原点距离与横坐标到原点距离之比,为$\frac{OG}{OH}$。很明显,$OG=HA$,所以:

$$\begin{aligned}|E_P|&=\left|-\frac{1}{b}\cdot\frac{P}{Q}\right|\\&=\frac{HD}{HA}\cdot\frac{OG}{OH}=\frac{HD}{OH}\end{aligned}$$

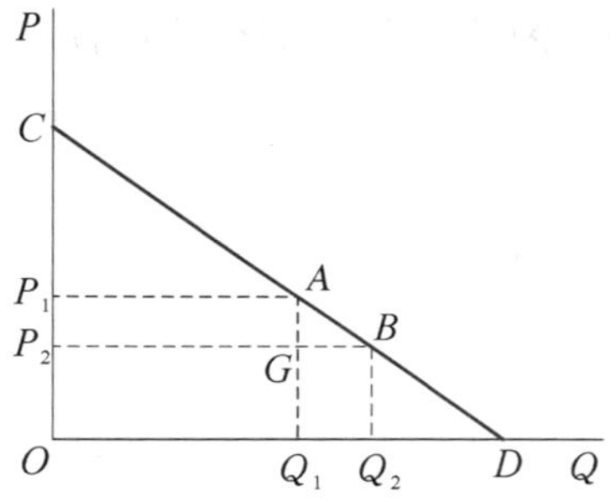

附图 2 需求曲线点弹性几何求法示意

又因为$\Delta DAH\backsim\Delta DCO$,所以$\frac{HD}{OH}=\frac{AD}{AC}$,即$|E_P|=\frac{AD}{AC}$。

证毕。

2. 几何证明方法

如附图 2 所示,我们欲求A点的需求价格弹性,现假定价格从OP_1下降到OP_2,则需求量从OQ_1增至OQ_2,因此$\Delta P=P_1P_2$,$\Delta Q=Q_1Q_2$。A点的弹性系数的绝对值为:

$$|E_P|=\left|\frac{\Delta Q/Q}{\Delta P/P}\right|=\left|\frac{\Delta Q}{\Delta P}\cdot\frac{P}{Q}\right|=\frac{Q_1Q_2}{P_1P_2}\cdot\frac{OP_1}{OQ_1}$$

很明显,$\frac{Q_1Q_2}{P_1P_2}=\frac{GB}{GA}$。

又因为$\Delta AGB\backsim\Delta AQ_1D$,

所以,$\frac{GB}{GA}=\frac{Q_1D}{Q_1A}=\frac{Q_1D}{OP_1}$。

则$|E_P|=\frac{Q_1Q_2}{P_1P_2}\cdot\frac{OP_1}{OQ_1}=\frac{GB}{GA}\cdot\frac{OP_1}{OQ_1}=\frac{Q_1D}{OP_1}\cdot\frac{OP_1}{OQ_1}=\frac{Q_1D}{OQ_1}$。

又因为$AQ_1\,/\!/\,OC$,所以$\frac{Q_1D}{OQ_1}=\frac{AD}{AC}$,即$A$点的弹性系数的绝对值为$|E_P|=\frac{AD}{AC}$。

证毕。

附助三：收益变化与需求价格弹性

设需求曲线为：

$$Q = f(P)$$

式中：P 为价格；Q 为需求量。

注意这里并不假定需求曲线是线性的。我们知道，总收益函数为：

$$TR = PQ$$

当价格变动的时候，总收益将如何变动？这种变动与需求价格弹性 E_P 之间又是怎样的关系呢？我们可以对总收益关于价格因素求导：

$$\begin{aligned}\frac{\mathrm{d}TR}{\mathrm{d}P} &= Q + P \cdot \frac{\mathrm{d}Q}{\mathrm{d}P} \\ &= Q + Q \cdot \frac{P}{Q} \cdot \frac{\mathrm{d}Q}{\mathrm{d}P} \\ &= Q + Q \cdot E_P \\ &= Q(1 + E_P)\end{aligned}$$

由于 Q 总是正值，E_P 总是负值，则上式可进一步改写为：$\frac{\mathrm{d}TR}{\mathrm{d}P} = Q(1 - |E_P|)$。由此可见：

当 $|E_P| > 1$，即富有弹性时，$\frac{\mathrm{d}TR}{\mathrm{d}P} < 0$，这意味着总收益 TR 的变动方向与价格 P 的变动方向相反。P 上升时，TR 将下降；P 下降时，TR 将上升。也就是说，降价会使总收益增加，涨价反而会使总收益减少。

当 $|E_P| < 1$，即缺乏弹性时，$\frac{\mathrm{d}TR}{\mathrm{d}P} > 0$，这意味着总收益 TR 的变动方向与价格 P 的变动方向一致。P 上升时，TR 也将上升；P 下降时，TR 也将下降。

当 $|E_P| = 1$，即单位弹性时，$\frac{\mathrm{d}TR}{\mathrm{d}P} = 0$，这就意味着总收益不随价格的变动而变动，因为此时需求量变动的百分比与价格变动的百分比相同。

进一步，我们还可以从边际收益与价格弹性之间的关系来证实这一点。

$$MR = \frac{\mathrm{d}TR}{\mathrm{d}Q}$$

$$=P+\frac{dP}{dQ}\cdot Q$$

$$=P+P\cdot\frac{dP}{dQ}\cdot\frac{Q}{P}$$

$$=P+\frac{P}{E_P}$$

$$=P\left(1+\frac{1}{E_P}\right)$$

由于 P 总是正值，E_P 总是负值，上式可进一步改写为：$MR=P\left(1-\frac{1}{|E_P|}\right)$。显而易见：

当 $|E_P|>1$ 时，$MR>0$，此时如果价格下降带来需求量 Q 增加，则总收益会上升；反之，当价格上升带来需求量 Q 减少，则总收益会下降。

当 $|E_P|<1$ 时，$MR<0$，此时 Q 增加，总收益反而下降。

当 $|E_P|=1$ 时，$MR=0$，此时 Q 增加，总收益不变。

总收益、边际收益与价格弹性 E_P 之间的关系可归纳如下。

当 $|E_P|>1$，即富有弹性时，则边际收益 $MR>0$，总收益 TR 与价格 P 变动方向相反。

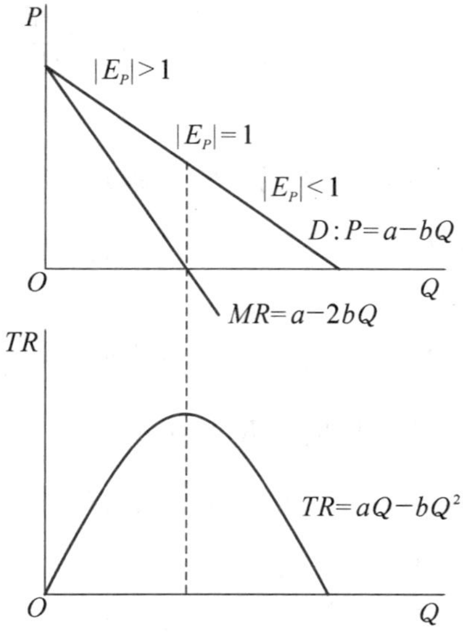

附图 3　总收益、边际收益和价格弹性之间的关系

当 $|E_P|<1$，即缺乏弹性时，则边际收益 $MR<0$，总收益 TR 与价格 P 变动方向一致。

当 $|E_P|=1$，即单位弹性时，则边际收益 $MR=0$，价格 P 的变动不会引起总收益 TR 变动。

当需求曲线为线性时，总收益、边际收益和价格弹性之间的关系可由附图 3 来表示。在附图 3 的上半幅图中，随着 P 的下降，需求量增加，此时边际收益下降但大于零，因此下半幅图中的总收益 TR 将不断上升。当价格下降到 $|E_P|=1$ 的位置时，边际收益已经下降到零，总收益 TR 达到最高。在这一点之后，边际收益为负，P 的下降及 Q 的增加会使总收益 TR 减少。

附助四：数 学 期 望

我们只给出离散型随机变量的数学期望。用 $E(X)$ 表示数学期望，则：

$$E(X)=\sum_{X}Xf(X)$$

式中：$\sum_{X}$ 表示对所有 X 求和；$f(X)$ 是 X 的概率密度函数，在离散的情况下，就是每个 X 的概率。

通俗地说，在离散情况下，随机变量的数学期望就是该变量的每个可能取值与其概率之积的累积。

附助五：最 小 二 乘 法

我们假设需求函数（回归方程）的形式为一元线性方程：

$$y=\alpha+\beta x$$

收集的数据有：(x_1, y_1)，(x_2, y_2)，…，(x_n, y_n)。

在 $x=x_i$ 时，y_i 的估计值为 $\hat{y}_i$；此时，y_i 与 $\hat{y}_i$ 之间的离差为 $\mu_i(\mu_i=y_i-\hat{y}_i)$。产生离差的原因是因为收集的数据存在随机因素，以及还有其他影响需求的因素未能包括在回归方程中。

用最小二乘法求参数 α 和 β，也就是使上述离差的平方和 $\sum_{i=1}^{n}\mu_i^2$ 的值最小。这时，回归方程 $y=\alpha+\beta x$ 就能最好地拟合收集的数据。

$$\mu_i=y_i-\hat{y}_i;\ \hat{y}_i=\alpha+\beta x_i$$

所以，$\mu_i=y_i-(\alpha+\beta x_i)=y_i-\alpha-\beta x_i$，可得到

$$\sum_{i=1}^{n}\mu_i^2=\sum_{i=1}^{n}(y_i-\alpha-\beta x_i)^2$$

根据微积分的知识，要使上式的值最小，α、β 必须满足下列条件：

$$\frac{\partial\sum_{i=1}^{n}\mu_i^2}{\partial\alpha}=-2\sum_{i=1}^{n}(y_i-\alpha-\beta x_i)=0$$

$$\frac{\partial \sum_{i=1}^{n} \mu_i^2}{\partial \beta} = -2\sum_{i=1}^{n} x_i(y_i - \alpha - \beta x_i) = 0$$

解上述两个方程,即可求得参数 α、β 的值如下:

$$\begin{cases} \beta = \dfrac{n\sum_{i=1}^{n} x_i y_i - \sum_{i=1}^{n} x_i \sum_{i=1}^{n} y_i}{n\sum_{i=1}^{n} x_i^2 - (\sum_{i=1}^{n} x_i)^2} \\ \alpha = \overline{y} - \beta\overline{x} \end{cases}$$

式中:n 为收集的成对数据的数目;

$\sum x_i$ 为数据 x 的总和;

$\sum y_i$ 为数据 y 的总和;

$\overline{y}$ 为数据 y 的算术平均值;

$\overline{x}$ 为数据 x 的算术平均值。

根据上面两个公式,只要我们收集了一组 x 和 y 的数据,就能算出这个一元回归方程的参数 α、β。这样求出的回归方程与 x 和 y 的实际关系最相符。

附助六:边际产量曲线在平均产量曲线的最高点与之相交

证明:此命题等价于平均产量最大时与边际产量相等。

我们假定只有一种可变投入要素 L,生产一种产品,生产函数的具体形式为:

$$TP = f(L)$$

由高等数学知识可知平均产量最大时其一阶导数等于零,即:

$$AP' = \left(\frac{TP}{L}\right)' = \frac{\frac{\mathrm{d}TP}{\mathrm{d}L} \cdot L - TP}{L^2} = \frac{MP \cdot L - TP}{L^2} = 0$$

得到:$\dfrac{MP}{L} = \dfrac{TP}{L^2}$。

即:$MP = \dfrac{TP}{L} = AP$。

这就表明,当平均产量最大时,$MP = AP$。

证毕。

附助七：*MC* 曲线与 *AC* 曲线的交点在 *AC* 曲线的最低点

证明：设总成本 TC 是产量 Q 的函数，那么

在 AC 曲线的极值点上，必有一阶导数 $AC'=0$，即：

$$AC'=\left(\frac{TC}{Q}\right)'=\frac{\frac{\mathrm{d}(TC)}{\mathrm{d}Q}\cdot Q-TC}{Q^2}=0$$

得到：$\frac{MC}{Q}=\frac{TC}{Q^2}$。

即：$MC=AC$。

证毕。

附助八：利润最大化的数学证明

证明：设企业获得的利润为 π，总收益 TR 和总成本 TC 都是产量 Q 的函数，而且利润 π 是总收益 TR 与总成本 TC 的差额，即：

$$\pi=TR-TC$$

要达到利润最大化就意味着企业要力求使总收益 TR 和总成本 TC 之间的差额最大，这样利润函数的极值点就是使其一阶导数为零，即：$\frac{\mathrm{d}\pi}{\mathrm{d}Q}=\frac{\mathrm{d}TR}{\mathrm{d}Q}-\frac{\mathrm{d}TC}{\mathrm{d}Q}=MR-MC=0$，则有：$MR=MC$。

证毕。

附录二：一元复利现值系数表

期数	1%	2%	3%	4%	5%	6%	7%	8%	9%	10%
1	0.990 1	0.980 4	0.970 9	0.961 5	0.952 4	0.943 4	0.934 6	0.925 9	0.917 4	0.909 1
2	0.980 3	0.961 2	0.942 6	0.924 6	0.907 0	0.890 0	0.873 4	0.857 3	0.841 7	0.826 4

续 表

期数	1%	2%	3%	4%	5%	6%	7%	8%	9%	10%
3	0.970 6	0.942 3	0.915 1	0.889 0	0.863 8	0.839 6	0.816 3	0.793 8	0.772 2	0.751 3
4	0.961 0	0.923 8	0.888 5	0.854 8	0.822 7	0.792 1	0.762 9	0.735 0	0.708 4	0.683 0
5	0.951 5	0.905 7	0.862 6	0.821 9	0.783 5	0.747 3	0.713 0	0.680 6	0.649 9	0.620 9
6	0.942 0	0.888 0	0.837 5	0.790 3	0.746 2	0.705 0	0.666 3	0.630 2	0.596 3	0.564 5
7	0.932 7	0.870 6	0.813 1	0.759 9	0.710 7	0.665 1	0.622 7	0.583 5	0.547 0	0.513 2
8	0.923 5	0.853 5	0.789 4	0.730 7	0.676 8	0.627 4	0.582 0	0.540 3	0.501 9	0.466 5
9	0.914 3	0.836 8	0.766 4	0.702 6	0.644 6	0.591 9	0.543 9	0.500 2	0.460 4	0.424 1
10	0.905 3	0.820 3	0.744 1	0.675 6	0.613 9	0.558 4	0.508 3	0.463 2	0.422 4	0.385 5
11	0.896 3	0.804 3	0.722 4	0.649 6	0.584 7	0.526 8	0.475 1	0.428 9	0.387 5	0.350 5
12	0.887 4	0.788 5	0.701 4	0.624 6	0.556 8	0.497 0	0.444 0	0.397 1	0.355 5	0.318 6
13	0.878 7	0.773 0	0.681 0	0.600 6	0.530 3	0.468 8	0.415 0	0.367 7	0.326 2	0.289 7
14	0.870 0	0.757 9	0.661 1	0.577 5	0.505 1	0.442 3	0.387 8	0.340 5	0.299 2	0.263 3
15	0.861 3	0.743 0	0.641 9	0.555 3	0.481 0	0.417 3	0.362 4	0.315 2	0.274 5	0.239 4
16	0.852 8	0.728 4	0.623 2	0.533 9	0.458 1	0.393 6	0.338 7	0.291 9	0.251 9	0.217 6
17	0.844 4	0.714 2	0.605 0	0.513 4	0.436 3	0.371 4	0.316 6	0.270 3	0.231 1	0.197 8
18	0.836 0	0.700 2	0.587 4	0.493 6	0.415 5	0.350 3	0.295 9	0.250 2	0.212 0	0.179 9
19	0.827 7	0.686 4	0.570 3	0.474 6	0.395 7	0.330 5	0.276 5	0.231 7	0.194 5	0.163 5
20	0.819 5	0.673 0	0.553 7	0.456 4	0.376 9	0.311 8	0.258 4	0.214 5	0.178 4	0.148 6
21	0.811 4	0.659 8	0.537 5	0.438 8	0.358 9	0.294 2	0.241 5	0.198 7	0.163 7	0.135 1
22	0.803 4	0.646 8	0.521 9	0.422 0	0.341 8	0.277 5	0.225 7	0.183 9	0.150 2	0.122 8
23	0.795 4	0.634 2	0.506 7	0.405 7	0.325 6	0.261 8	0.210 9	0.170 3	0.137 8	0.111 7
24	0.787 6	0.621 7	0.491 9	0.390 1	0.310 1	0.247 0	0.197 1	0.157 7	0.126 4	0.101 5
25	0.779 8	0.609 5	0.477 6	0.375 1	0.295 3	0.233 0	0.184 2	0.146 0	0.116 0	0.092 3
26	0.772 0	0.597 6	0.463 7	0.360 7	0.281 2	0.219 8	0.172 2	0.135 2	0.106 4	0.083 9
27	0.764 4	0.585 9	0.450 2	0.346 8	0.267 8	0.207 4	0.160 9	0.125 2	0.097 6	0.076 3
28	0.756 8	0.574 4	0.437 1	0.333 5	0.255 1	0.195 6	0.150 4	0.115 9	0.089 5	0.069 3
29	0.749 3	0.563 1	0.424 3	0.320 7	0.242 9	0.184 6	0.140 6	0.107 3	0.082 2	0.063 0
30	0.741 9	0.552 1	0.412 0	0.308 3	0.231 4	0.174 1	0.131 4	0.099 4	0.075 4	0.057 3

续 表

期数	11%	12%	13%	14%	15%	16%	17%	18%	19%	20%
1	0.900 9	0.892 9	0.885 0	0.877 2	0.869 6	0.862 1	0.854 7	0.847 5	0.840 3	0.833 3
2	0.811 6	0.797 2	0.783 1	0.769 5	0.756 1	0.743 2	0.730 5	0.718 2	0.706 2	0.694 4
3	0.731 2	0.711 8	0.693 1	0.675 0	0.657 5	0.640 7	0.624 4	0.608 6	0.593 4	0.578 7
4	0.658 7	0.635 5	0.613 3	0.592 1	0.571 8	0.552 3	0.533 7	0.515 8	0.498 7	0.482 3
5	0.593 5	0.567 4	0.542 8	0.519 4	0.497 2	0.476 1	0.456 1	0.437 1	0.419 0	0.401 9
6	0.534 6	0.506 6	0.480 3	0.455 6	0.432 3	0.410 4	0.389 8	0.370 4	0.352 1	0.334 9
7	0.481 7	0.452 3	0.425 1	0.399 6	0.375 9	0.353 8	0.333 2	0.313 9	0.295 9	0.279 1
8	0.433 9	0.403 9	0.376 2	0.350 6	0.326 9	0.305 0	0.284 8	0.266 0	0.248 7	0.232 6
9	0.390 9	0.360 6	0.332 9	0.307 5	0.284 3	0.263 0	0.243 4	0.225 5	0.209 0	0.193 8
10	0.352 2	0.322 0	0.294 6	0.269 7	0.247 2	0.226 7	0.208 0	0.191 1	0.175 6	0.161 5
11	0.317 3	0.287 5	0.260 7	0.236 6	0.214 9	0.195 4	0.177 8	0.161 9	0.147 6	0.134 6
12	0.285 8	0.256 7	0.230 7	0.207 6	0.186 9	0.168 5	0.152 0	0.137 2	0.124 0	0.112 2
13	0.257 5	0.229 2	0.204 2	0.182 1	0.162 5	0.145 2	0.129 9	0.116 3	0.104 2	0.093 5
14	0.232 0	0.204 6	0.180 7	0.159 7	0.141 3	0.125 2	0.111 0	0.098 5	0.087 6	0.077 9
15	0.209 0	0.182 7	0.159 9	0.140 1	0.122 9	0.107 9	0.094 9	0.083 5	0.073 6	0.064 9
16	0.188 3	0.163 1	0.141 5	0.122 9	0.106 9	0.093 0	0.081 1	0.070 8	0.061 8	0.054 1
17	0.169 6	0.145 6	0.125 2	0.107 8	0.092 9	0.080 2	0.069 3	0.060 0	0.052 0	0.045 1
18	0.152 8	0.130 0	0.110 8	0.094 6	0.080 8	0.069 1	0.059 2	0.050 8	0.043 7	0.037 6
19	0.137 7	0.116 1	0.098 1	0.082 9	0.070 3	0.059 6	0.050 6	0.043 1	0.036 7	0.031 3
20	0.124 0	0.103 7	0.086 8	0.072 8	0.061 1	0.051 4	0.043 3	0.036 5	0.030 8	0.026 1
21	0.111 7	0.092 6	0.076 8	0.063 8	0.053 1	0.044 3	0.037 0	0.030 9	0.025 9	0.021 7
22	0.100 7	0.082 6	0.068 0	0.056 0	0.046 2	0.038 2	0.031 6	0.026 2	0.021 8	0.018 1
23	0.090 7	0.073 8	0.060 1	0.049 1	0.040 2	0.032 9	0.027 0	0.022 2	0.018 3	0.015 1
24	0.081 7	0.065 9	0.053 2	0.043 1	0.034 9	0.028 4	0.023 1	0.018 8	0.015 4	0.012 6
25	0.073 6	0.058 8	0.047 1	0.037 8	0.030 4	0.024 5	0.019 7	0.016 0	0.012 9	0.010 5
26	0.066 3	0.052 5	0.041 7	0.033 1	0.026 4	0.021 1	0.016 9	0.013 5	0.010 9	0.008 7

续　表

期数	11%	12%	13%	14%	15%	16%	17%	18%	19%	20%
27	0.059 7	0.046 9	0.036 9	0.029 1	0.023 0	0.018 2	0.014 4	0.011 5	0.009 1	0.007 3
28	0.053 8	0.041 9	0.032 6	0.025 5	0.020 0	0.015 7	0.012 3	0.009 7	0.007 7	0.006 1
29	0.048 5	0.037 4	0.028 9	0.022 4	0.017 4	0.013 5	0.010 5	0.008 2	0.006 4	0.005 1
30	0.043 7	0.033 4	0.025 6	0.019 6	0.015 1	0.011 6	0.009 0	0.007 0	0.005 4	0.004 2
期数	21%	22%	23%	24%	25%	26%	27%	28%	29%	30%
1	0.826 4	0.819 7	0.813 0	0.806 5	0.800 0	0.793 7	0.787 4	0.781 3	0.775 2	0.769 2
2	0.683 0	0.671 9	0.661 0	0.650 4	0.640 0	0.629 9	0.620 0	0.610 4	0.600 9	0.591 7
3	0.564 5	0.550 7	0.537 4	0.524 5	0.512 0	0.499 9	0.488 2	0.476 8	0.465 8	0.455 2
4	0.466 5	0.451 4	0.436 9	0.423 0	0.409 6	0.396 8	0.384 4	0.372 5	0.361 1	0.350 1
5	0.385 5	0.370 0	0.355 2	0.341 1	0.327 7	0.314 9	0.302 7	0.291 0	0.279 9	0.269 3
6	0.318 6	0.303 3	0.288 8	0.275 1	0.262 1	0.249 9	0.238 3	0.227 4	0.217 0	0.207 2
7	0.263 3	0.248 6	0.234 8	0.221 8	0.209 7	0.198 3	0.187 7	0.177 6	0.168 2	0.159 4
8	0.217 6	0.203 8	0.190 9	0.178 9	0.167 8	0.157 4	0.147 8	0.138 8	0.130 4	0.122 6
9	0.179 9	0.167 0	0.155 2	0.144 3	0.134 2	0.124 9	0.116 4	0.108 4	0.101 1	0.094 3
10	0.148 6	0.136 9	0.126 2	0.116 4	0.107 4	0.099 2	0.091 6	0.084 7	0.078 4	0.072 5
11	0.122 8	0.112 2	0.102 6	0.093 8	0.085 9	0.078 7	0.072 1	0.066 2	0.060 7	0.055 8
12	0.101 5	0.092 0	0.083 4	0.075 7	0.068 7	0.062 5	0.056 8	0.051 7	0.047 1	0.042 9
13	0.083 9	0.075 4	0.067 8	0.061 0	0.055 0	0.049 6	0.044 7	0.040 4	0.036 5	0.033 0
14	0.069 3	0.061 8	0.055 1	0.049 2	0.044 0	0.039 3	0.035 2	0.031 6	0.028 3	0.025 4
15	0.057 3	0.050 7	0.044 8	0.039 7	0.035 2	0.031 2	0.027 7	0.024 7	0.021 9	0.019 5
16	0.047 4	0.041 5	0.036 4	0.032 0	0.028 1	0.024 8	0.021 8	0.019 3	0.017 0	0.015 0
17	0.039 1	0.034 0	0.029 6	0.025 8	0.022 5	0.019 7	0.017 2	0.015 0	0.013 2	0.011 6
18	0.032 3	0.027 9	0.024 1	0.020 8	0.018 0	0.015 6	0.013 5	0.011 8	0.010 2	0.008 9
19	0.026 7	0.022 9	0.019 6	0.016 8	0.014 4	0.012 4	0.010 7	0.009 2	0.007 9	0.006 8
20	0.022 1	0.018 7	0.015 9	0.013 5	0.011 5	0.009 8	0.008 4	0.007 2	0.006 1	0.005 3
21	0.018 3	0.015 4	0.012 9	0.010 9	0.009 2	0.007 8	0.006 6	0.005 6	0.004 8	0.004 0

续 表

期数	21%	22%	23%	24%	25%	26%	27%	28%	29%	30%
22	0.015 1	0.012 6	0.010 5	0.008 8	0.007 4	0.006 2	0.005 2	0.004 4	0.003 7	0.003 1
23	0.012 5	0.010 3	0.008 6	0.007 1	0.005 9	0.004 9	0.004 1	0.003 4	0.002 9	0.002 4
24	0.010 3	0.008 5	0.007 0	0.005 7	0.004 7	0.003 9	0.003 2	0.002 7	0.002 2	0.001 8
25	0.008 5	0.006 9	0.005 7	0.004 6	0.003 8	0.003 1	0.002 5	0.002 1	0.001 7	0.001 4
26	0.007 0	0.005 7	0.004 6	0.003 7	0.003 0	0.002 5	0.002 0	0.001 6	0.001 3	0.001 1
27	0.005 8	0.004 7	0.003 7	0.003 0	0.002 4	0.001 9	0.001 6	0.001 3	0.001 0	0.000 8
28	0.004 8	0.003 8	0.003 0	0.002 4	0.001 9	0.001 5	0.001 2	0.001 0	0.000 8	0.000 6
29	0.004 0	0.003 1	0.002 5	0.002 0	0.001 5	0.001 2	0.001 0	0.000 8	0.000 6	0.000 5
30	0.003 3	0.002 6	0.002 0	0.001 6	0.001 2	0.001 0	0.000 8	0.000 6	0.000 5	0.000 4

附录三：关键术语中英文对照表

B

边际报酬递减规律	law of diminishing marginal returns
边际分析	marginal analysis
边际成本	marginal cost(MC)
边际产量	marginal product(MP)
边际技术替代率	marginal rate of technical substitution(MRTS)
边际收益	marginal revenue(MR)
不完全信息	incomplete information
必需品	necessities
不完全竞争	imperfect competition

C

差别定价	price discrimination
沉没成本	sunk cost

成本	cost
成本函数	cost function
成本—收益分析	cost-benefit analysis
长期	long run
长期总成本	long-run total cost(LTC)
长期边际成本	long-run marginal cost(LMC)
长期平均成本	long-run average cost(LAC)
成本加成定价法	cost-plus pricing

D

点价格弹性	point price elasticity
短期	short run
短期边际成本	short-run marginal cost(SMC)
短期平均不变成本	short-run average fixed cost(SAFC)
短期平均可变成本	short-run average variable cost(SAVC)
短期平均总成本曲线	short-run total cost
等产量线	production isoquant
等成本线	isocost lines
道德风险	moral hazard

F

风险	risk

G

供给	supply
供给的变动	change in supply
供给的价格弹性	price elasticity of supply
供给定理	law of supply
供给量	quantity supplied
供给量的变动	change in quantity supplied
供给曲线	supply curve
供求定理	law of supply and demand
管理经济学	managerial economics

固定成本	fixed cost(FC)
规模经济	economies of scale
规模不经济	diseconomies of scale
规模收益	returns to scale
规模收益递增	increasing returns to scale
规模收益递减	decreasing returns to scale
规模收益不变	constant returns to scale
贡献毛利	contribution margin
公共物品	public goods
寡头垄断	oligopoly

H

弧价格弹性	arc price elasticity
互补品	complementary goods
货币时间价值	time value of money
货币现值	present value(PV)
货币终值	future value(FV)

J

机会成本	opportunity cost
价格弹性	price elasticity
交叉弹性	cross elasticity
经济利润	economic profit
经济成本	economic cost
净现值	net present value(NPV)
净现金流量	net cash flow(NCF)
技术进步	technological progress
价格歧视	price discrimination
价格上限	price ceiling
价格下限	price floor
均衡价格	equilibrium price

K

可变要素	variable input
可变成本	variable costs(VC)
科斯定理	Coase theorem
看不见的手	(Smith's) invisible hand

L

垄断	monopoly
垄断竞争	monopolistic competition
利润	profit
利润最大化	profit-maximizing
劣质品	inferior goods

N

耐用品	durable goods
内部收益率	internal rate of return
逆向选择	adverse selection

P

撇脂定价	skimming
排他性	excludability
平均可变成本	average variable cost(AVC)
平均固定成本	average fixed cost(AFC)
平均收益	average revenue(AR)
平均总成本	average cost(AC)

Q

期望值	expected value

S

收入弹性	income elasticity
生产	production

生产函数	production function
奢侈品	luxury
社会福利	social welfare
实证经济学	positive economics
市场	market
市场均衡	market equilibrium
市场需求	market demand
收入效应	income effect
收益	payoff；revenue
收益最大化	revenue maximization
生产可能性边界	production possibilities frontier
市场失灵	market failure

T

弹性	elasticity
替代品	substitute goods
替代效应	substitution effect
贴现率	discount rate
投资	investment
投资回收期	payback period
投资决策	investment decision making
投资收益率	rate of return

W

外部性	externalities
外部负效应	negative externality
外部正效应	positive externality
完全竞争	perfect competition
微观经济学	microeconomics

X

显性成本	explicit cost
需求	demand

需求的变动	change in demand
需求量	quantity demanded
需求量的变动	change in quantity demanded
需求的价格弹性	price elasticity of demand
需求的交叉弹性	cross-price elasticity of demand
需求的收入弹性	income elasticity of demand
需求定理	law of demand
需求函数	demand function
需求曲线	demand curve
稀缺性	scarcity
现金流出	cash outflow
现金流入	cash inflow
现金流量	cash flow
消费者均衡	consumer equilibrium
信息	information
信息不对称	asymmetric information

Y

隐性成本	implicit cost
盈亏平衡分析	break-even analysis
研究与开发	research and development(R&D)

Z

资金成本	cost of capital
自然垄断	natural monopoly
增量分析法	incremental analysis
正常品	normal goods
总产量	total product(TP)
总成本	total cost(TC)
总利润	total profit
总收益	total revenue(TR)

附录四："练习与思考"参考答案

第一章 绪论

一、略

二、1.（B） 2.（B） 3.（D） 4.（D） 5.（A）

三、1.（A,B,D） 2.（A,B,C） 3.（A,C,E）

四、1.（×） 2.（×） 3.（×） 4.（×） 5.（√）

五、略

第二章 市场供求分析

一、略

二、1.（D） 2.（C） 3.（B） 4.（D） 5.（B） 6.（A） 7.（C） 8.（A） 9.（D） 10.（D）

三、1.（B, C） 2.（A,C） 3.（A,D） 4.（A,C,E） 5.（A,B,C,E）

四、1.（×） 2.（×） 3.（×） 4.（√） 5.（×） 6.（×） 7.（×） 8.（×） 9.（×） 10.（√）

五、略

六、1. 联立需求曲线方程 $Q_d = 200 - 30P$ 和供给曲线方程 $Q_s = 100 + 20P$，可得：$P = 2, Q_d = Q_s = 140$；若 $P = 1$，则需求量 $Q_d = 200 - 30 \times 1 = 170$，供给量 $Q_s = 100 + 20 \times 1 = 120$，$Q_d > Q_s$，会出现商品供不应求的现象；若 $P = 3$，则需求量 $Q_d = 200 - 30 \times 3 = 110$，供给量 $Q_s = 100 + 20 \times 3 = 160$，$Q_d < Q_s$，会出现商品供过于求的现象。

2.（1）联立需求曲线方程 $Q_d = 10 - 2P$ 和供给曲线方程 $Q_s = 0.5P$，可得：$P = 4$(元／米)，$Q_d = Q_s = 2$(万米)。

（2）如果政府规定该商品的最高价格为 3 元/米，则该商品的供给将减少到 $Q_s = 0.5 \times 3 = 1.5$(万米)，同时该商品的需求将增加到 $Q_d = 10 - 2 \times 3 = 4$(万米)，市场会出现商品供不应求的现象。

（3）如果政府对生产该商品的企业直接征税，税额为每米 2 元，则会使该商品的供给曲线变为 $Q_s = 0.5(P - 2)$，但不会改变该商品的需求曲线。联立需求曲线方程 $Q_d = 10 - 2P$ 和供给曲线方程 $Q_s = 0.5(P - 2)$，可得 $P = 4.4$(元/米)，$Q_d = Q_s = 1.2$(万米)。

第三章　需求弹性分析

一、略

二、1.（B） 2.（A） 3.（A） 4.（C） 5.（D） 6.（C） 7.（D） 8.（A） 9.（C） 10.（C）

三、1.（A,B,C,D,E） 2.（B,C,D） 3.（C,E） 4.（A,D,E） 5.（A,C）

四、1.（×） 2.（×） 3.（×） 4.（×） 5.（×） 6.（×） 7.（×） 8.（√） 9.（×） 10.（√）

五、略

六、1.（1）由于 $E_P=\dfrac{\Delta Q/Q}{\Delta P/P}$，故 $\Delta Q/Q=E_P\cdot\Delta P/P=-1.2\times 3\%=-3.6\%$。即价格提高 3%，将导致需求量减少 3.6%。

（2）由于 $E_Y=\dfrac{\Delta Q/Q}{\Delta Y/Y}$，故 $\Delta Q/Q=E_Y\cdot\Delta Y/Y=3.0\times 2\%=6.0\%$。即收入增加 2%，将导致需求增加 6.0%。

（3）价格提高对需求的影响与收入增加对需求的影响相互抵消后，剩余的部分就是价格和收入均发生变化后对需求的影响，为 $-1.2\times 8\%+3.0\times 10\%=20.4\%$。所以，二者均发生变化后使需求增加 $800\times 20.4\%=163.2$（万辆），故预计明年汽车销售量为 $800+163.2=963.2$（万辆）。

2. 由题设，$P_1=1, P_2=2, Q_2=880$，则 $Q_1=\dfrac{880}{1-12\%}=1\,000$。

于是，$E_P=\dfrac{Q_2-Q_1}{P_2-P_1}\cdot\dfrac{P_1+P_2}{Q_1+Q_2}=\dfrac{880-1\,000}{2-1}\times\dfrac{1+2}{1\,000+880}=-0.19$。

3. 由题设，$E_P=-0.15, P=1.20$，假设汽油价格上涨 ΔP 才能使其消费量减少 10%，则由点弹性公式 $E_P=-0.15=\dfrac{\Delta Q/Q}{\Delta P/P}=\dfrac{-10\%}{\Delta P/1.20}$，得 $\Delta P=0.8$（美元）。

4.（1）由题设，$Q_x=100, Q_y=250$，则

$$P_x=1\,000-5Q_x=500,\ P_y=1\,600-4Q_y=600$$

于是，x 和 y 的需求价格弹性分别为：

$$E_{P_x}=\frac{\mathrm{d}Q_x}{\mathrm{d}P_x}\cdot\frac{P_x}{Q_x}=-\frac{1}{5}\times\frac{500}{100}=-1$$

$$E_{P_y}=\frac{\mathrm{d}Q_y}{\mathrm{d}P_y}\cdot\frac{P_y}{Q_y}=-\frac{1}{4}\times\frac{600}{250}=-\frac{3}{5}$$

(2) 由题设，$Q'_y = 300$，$Q'_x = 75$，则

$$P'_y = 1\,600 - 4Q'_y = 1\,600 - 4 \times 300 = 400$$

$\Delta Q_x = Q'_x - Q_x = 75 - 100 = -25$，$\Delta P_y = P'_y - P_y = 400 - 600 = -200$

于是，A 公司产品 x 对 B 公司产品 y 的需求交叉价格弹性为：

$$E_{xy} = \frac{\Delta Q_x}{\Delta P_y} \cdot \frac{P_y + P'_y}{Q_x + Q'_x} = \frac{-25}{-200} \times \frac{600 + 400}{100 + 75} = \frac{5}{7}$$

(3) B 公司的产品 y 的需求缺乏弹性，降价将减少收入，是不合理的。

5. 应该降价。因为当价格 $P = 3$ 时，其点弹性的绝对值为 1.5，说明该商品的需求富有弹性。根据收益与需求价格弹性的关系可知，降价有利于扩大企业的销售量，增加企业的销售收入。

第四章　投入-产出分析

一、略

二、1. (D)　2. (B)　3. (B)　4. (C)　5. (A)　6. (D)　7. (A)　8. (D)　9. (B)　10. (C)

三、1. (A,B,C,D,E)　2. (A,B,C,D)　3. (A,D)　4. (A,B,C,D)　5. (A,B,C)

四、1. (×)　2. (×)　3. (×)　4. (√)　5. (×)　6. (×)　7. (√)　8. (×)　9. (×)　10. (√)

五、略

六、1. 对于生产函数 $Q = KL - 0.5L^2 - 0.32K^2$，若 $K = 10$，则

$$Q = 10L - 0.5L^2 - 0.32 \times 10^2 = 10L - 0.5L^2 - 32;$$

$$AP = \frac{Q}{L} = 10 - 0.5L - \frac{32}{L};\ MP = \frac{\mathrm{d}Q}{\mathrm{d}L} = 10 - L。$$

2. (1) 对于方法 A：$C = LP_L + KP_K = 18 \times 6 + 2 \times 12 = 132$。

对于方法 B：$C = LP_L + KP_K = 13 \times 6 + 3 \times 12 = 114$。

对于方法 C：$C = LP_L + KP_K = 11 \times 6 + 4 \times 12 = 114$。

对于方法 D：$C = LP_L + KP_K = 8 \times 6 + 6 \times 12 = 120$。

所以，该企业为使要素组合最优，应该采用方法 B 或方法 C。

(2) 对于方法 A：$C = LP_L + KP_K = 18 \times 8 + 2 \times 12 = 168$。

对于方法 B：$C = LP_L + KP_K = 13 \times 8 + 3 \times 12 = 140$。

对于方法 C：$C = LP_L + KP_K = 11 \times 8 + 4 \times 12 = 136$。

对于方法 D：$C = LP_L + KP_K = 8 \times 8 + 6 \times 12 = 136$。

所以，当 P_L 上升到 8 时，该企业为使要素组合最优应该采用方法 C 或方法 D。

3. (1) $AP = \dfrac{Q}{L} = 21 + 9L - L^2$；$MP = \dfrac{dQ}{dL} = 21 + 18L - 3L^2$。

(2) 首先确定合理投入区间的左端点。令 $AP = MP$，即

$$21 + 9L - L^2 = 21 + 18L - 3L^2$$

求解得到 $L_1 = 0$(舍去)，$L_2 = 4.5$，所以合理区间的左端点应在劳动力投入为 4.5 个的时候。

再确定合理投入区间的右端点。令 $MP = 0$，即

$$21 + 18L - 3L^2 = 0$$

求解得到 $L_1 = -1$(舍去)，$L_2 = 7$，所以当使用劳动力为 7 个的时候，总产出最大。

于是，合理的劳动使用量应在 4.5 和 7 之间。企业目前使用 8 个劳动力，大于 7，所以是不合理的。

(3) 劳动投入最优的必要条件为：

$$(21 + 18L - 3L^2) \times 6 = 126$$

求解得到 $L_1 = 0$(舍去)，$L_2 = 6$，所以使用 6 个劳动力是最优的。

4. (1) 由题意，知

$$MP_L = \frac{dQ}{dL} = 4L^{-0.5}K^{0.5}$$

$$MP_K = \frac{dQ}{dK} = 4L^{0.5}K^{-0.5}$$

又知 $P_L = 90$ 元，$P_K = 160$ 元，根据多种可变投入要素最优组合的条件，有

$$\frac{4L^{-0.5}K^{0.5}}{90} = \frac{4L^{0.5}K^{-0.5}}{160}$$

整理得 $16K = 9L$。解方程组 $\begin{cases} 16K = 9L \\ 8L^{0.5}K^{0.5} = 2\,592 \end{cases}$，可得 $\begin{cases} L = 432(\text{单位}) \\ K = 243(\text{单位}) \end{cases}$。

所以，如果企业希望生产 2 592 单位的产品，它应该投入 L 和 K 分别为 432 单位和 243 单位才能使成本最低，此时的成本是 $90 \times 432 + 160 \times 243 = 77\,760$(元)。

（2）解方程组$\begin{cases}16K=9L\\90L+160K=103\,680\end{cases}$，可得$\begin{cases}L=576(\text{单位})\\K=324(\text{单位})。\end{cases}$

将此解代入$Q=8L^{0.5}K^{0.5}$，可得

$$Q=8\times 576^{0.5}\times 324^{0.5}=8\times 24\times 18=3\,456(\text{单位})$$

所以，如果企业打算在L和K上总共投入103 680元，那么，它在L和K上应各投入576单位和324单位才能使产量最大，最大产量是3 456单位。

第五章 成本-收益分析

一、略

二、1.（D） 2.（A） 3.（B） 4.（C） 5.（A） 6.（D） 7.（C） 8.（B） 9.（D） 10.（B）

三、1.（C,D） 2.（B,C,E） 3.（A,B） 4.（D,E） 5.（A,C,D）

四、1.（×） 2.（×） 3.（×） 4.（√） 5.（×） 6.（×） 7.（×） 8.（√） 9.（×） 10.（√）

五、略

六、1. 根据题意，可得

$$FC=2\,000;\ VC=5Q^4+4Q^3+3Q^2-10Q;$$

$$MC=\frac{\mathrm{d}TC}{\mathrm{d}Q}=20Q^3+12Q^2+6Q-10;$$

$$AC=\frac{TC}{Q}=5Q^3+4Q^2+3Q-10+\frac{2\,000}{Q};$$

$$AFC=\frac{FC}{Q}=\frac{2\,000}{Q};\ AVC=\frac{VC}{Q}=5Q^3+4Q^2+3Q-10。$$

2.（1）分别求出三种方案的总成本，总成本最低的方案最佳。

A方案：$TC=FC+VC=20\,000+2\times 12\,000=44\,000$（元）。

B方案：$TC=FC+VC=45\,000+1.0\times 12\,000=57\,000$（元）。

C方案：$TC=FC+VC=70\,000+0.5\times 12\,000=76\,000$（元）。

相比较之下，当预计销售量为12 000件时，采用A方案最佳。

（2）因为三种方案的固定成本逐步增大，平均可变成本逐步减小，所以只有产量不断增加，才能弥补因采用固定成本高的方案而增加的总成本。这样，可以通过使A、B两个方案的总成本相等，求出临界产量为25 000件；使B、C两个方案的总

成本相等,求出临界产量为50 000件;同时,企业总收益不能小于总成本,这样可以求出最低临界产量为 10 000 件。即:

A 方案适合的产量范围:10 000～25 000 件。

B 方案适合的产量范围:25 000～50 000 件。

C 方案适合的产量范围:大于 50 000 件。

3. (1) B 方案。因为 B 方案的平均成本为 14.25,A 方案的平均成本为 16。

(2) 如果选择 A,其平均成本至少应等于 B 或不高于 B,据此可求出市场需求量至少应该达到 10 单位产量。

(3) 为使该企业的总成本最低,必有 $MC_A = MC_B$。据此可求出应分配给 A、B 两厂的任务分别是生产 26 单位产量和 14 单位产量。

4. (1) $Q_0 = \dfrac{50 \times 10^4}{600 - 100}$

$=1\,000$(件)

即盈亏平衡产量为 1 000 件。

(2) $Q_{\pi=15万元} = \dfrac{(50 + 15) \times 10^4}{600 - 100}$

$=1\,300$(件)

即实现目标利润 15 万元时的产量为 1 300 件。

5. (1) $TR_0 = 1\,800 + \dfrac{350}{50\%} = 2\,500$(万元)

(2) $TR_{\pi=1\,000万元} = 5\,400 + \dfrac{1\,000 - 990}{20\%} = 5\,450$(万元)

具体解题过程可参考例 5.5。

6. 应选择外购。因为自制方案的增量成本为 94 500 元,外购方案的增量成本为 87 000 元。

7. 由题意,知

$$生产甲产品单位工时的贡献 = \frac{185 - 125}{80} = 0.75(元)$$

$$生产乙产品单位工时的贡献 = \frac{110 - 65}{90} = 0.5(元)$$

因 0.75 元>0.5 元,故生产甲产品单位工时的贡献大于乙产品单位工时的贡献。因此,该公司应首先把工时安排用于生产产品甲,也就是应生产甲产品达到其最大销售量 120 件。

剩余的工时用于生产产品乙，可生产

$$\frac{12\,300-80\times 120}{90}=30(\text{件})$$

所以，该公司应生产甲、乙两种产品分别为120件和30件。

第六章 市场结构与企业经营决策

一、略

二、1. (B) 2. (C) 3. (B) 4. (C) 5. (A) 6. (D) 7. (B) 8. (D) 9. (B) 10. (C)

三、1. (A,B,C,D) 2. (B,C,E) 3. (A,B,C,D) 4. (A,C,E) 5. (A,B,C,D,E)

四、1. (×) 2. (×) 3. (×) 4. (×) 5. (√) 6. (×) 7. (√) 8. (×) 9. (×) 10. (√)

五、略

六、1. (1) 市场均衡时，$Q_d=Q_s$，据此求出：均衡价格为 $P=2$(百元／千克)，均衡销售量为 $Q=46\,000$(千克)。

(2) 在完全竞争市场中，企业的需求曲线是由市场的均衡价格决定的，故企业的需求函数为 $P=2$。

2. 已知企业的短期成本函数为 $TC=Q^3-6Q^2+30Q+40$，则边际成本函数为：

$$MC=\frac{\mathrm{d}TC}{\mathrm{d}Q}=3Q^2-12Q+30$$

当利润最大时，则 $MC=P$，即 $3Q^2-12Q+30=66$，可得 $Q=6$(台)。

所以，$\pi=TR-TC=66\times 6-(6^3-6\times 6^2+30\times 6+40)=176$(万元)。

3. 由 $TC=Q^3-\frac{3}{2}Q^2+60Q$ 和 $P=180-6Q$，得

$$MC=\frac{\mathrm{d}TC}{\mathrm{d}Q}=3Q^2-3Q+60$$

$$TR=P\cdot Q=(180-6Q)Q=180Q-6Q^2$$

$$MR=\frac{\mathrm{d}TR}{\mathrm{d}Q}=180-12Q$$

当 $MR = MC$ 时,企业利润最大,即

$$180 - 12Q = 3Q^2 - 3Q + 60$$

可得 $Q = 5$(台)。将 $Q = 5$ 代入需求函数、总收益函数和总成本函数,得

$$P = 180 - 6 \times 5 = 150 \text{(万元)}$$

$$TR = 180 \times 5 - 6 \times 5^2 = 750 \text{(万元)}$$

$$TC = 5^3 - \frac{3}{2} \times 5^2 + 60 \times 5 = 387.5 \text{(万元)}$$

$$\pi = TR - TC = 750 - 387.5 = 362.5 \text{(万元)}$$

故该企业的最优价格为 150 万元/台,最优产量为 5 台,此时的总利润为 362.5 万元。

第七章　企业定价与广告决策

一、略

二、1. (B)　2. (A)　3. (D)　4. (D)　5. (B)　6. (D)　7. (A)　8. (D)　9. (C)　10. (B)

三、1. (A,B,E)　2. (C,D,E)　3. (A,B,C,D)　4. (A,B,C,E)　5. (A,B,D,E)

四、1. (×)　2. (×)　3. (×)　4. (×)　5. (√)　6. (×)　7. (×)　8. (×)　9. (×)　10. (×)

五、略

六、1. 单位固定成本 $= \dfrac{2\,500\,000}{500\,000} = 5$ (元/件)

单位变动成本=10 元/件

单位总成本=5+10=15(元/件)

产品单价=15+15×33.3%=20(元/件)

所以,该企业对其某种产品的价格应定为 20 元/件。

2. 单位固定成本 $= \dfrac{1\,080\,000}{180\,000} = 6$ (元/件)

单位变动成本=32 元/件

单位总成本=6+32=38(元/件)

单位产品利润 $= \dfrac{2\,000\,000 \times 25\%}{180\,000} = 2.78$ (元/件)

产品单价＝38＋2.78＝40.78(元/件)

所以,该公司对其产品A应定价为40.78元/件。

3.(1)分公司A负责人的看法不正确。因为在中间产品有外部市场的条件下,其转移价格只能定在市场价格上,在本题中只能定在每单位100元上。如果按照分公司A负责人的意见,中间产品的转移价格不应低于每单位112元的话,分公司B就会以每单位100元的价格从外部市场购买中间产品,而不会向分公司A购买该中间产品。至于将该中间产品的转移价格定在每单位100元上,分公司A不仅不能获得利润,甚至连成本也收不回来,这可能是因为分公司A在经营管理上存在问题,竞争力弱,不能达到该中间产品的部门平均成本和平均效率。但分公司A没有任何理由把自己的问题转移给分公司B,由分公司B替自己承担。

(2)分公司B负责人的看法是正确的。因为它在能从外部市场以每单位100元的市场价格购买到中间产品的情况下,如非要从分公司A购买转移价格定在每单位112元以上的中间产品,确实会增加不必要的支出,这不仅对分公司B是不利的,而且对总公司也是不利的,同时,也无法对分公司A和B的经营业绩作出合理公正的评价,更不利于促进分公司A改进管理、降耗增效。

4. 总公司的利润为:

$$80 \times 5 - (70 + 90) = 240\ (\text{万元})$$

如果双方协议按成本大小分配利润,即按7∶9(＝70万元∶90万元)的比例分配总利润240万元,则分公司A应得利润105万元,分公司B应得利润135万元。

分公司A要得到105万元利润,其总收入应为70万元＋105万元＝175万元。因此,每件中间产品的价格应定为:

$$\frac{175}{5} = 35(\text{元} / \text{件})$$

所以,对中间产品T应定双重价格:以单位变动成本12元/件确定转移价格,是为了分公司B能正确地进行短期决策;以35元/件确定转移价格,是为了在分公司A和B之间按成本大小合理地分配利润,正确地评价各分公司的绩效,调动两个分公司长期的生产经营积极性,以实现企业的总目标。

第八章　企业投资决策分析

一、略

二、1.(B)　2.(A)　3.(A)　4.(B)　5.(D)　6.(D)　7.(A)　8.(B)

9. (A) 10. (C)

三、1. (A,B,C,D) 2. (B,C,D,E) 3. (B,D,E) 4. (A,C,D,E) 5. (A,B,C,D,E)

四、1. (×) 2. (×) 3. (×) 4. (√) 5. (×) 6. (×) 7. (√) 8. (×) 9. (×) 10. (×)

五、略

六、1. 由题设,1 万元钱在年利率 2% 下存入银行 2 年后为:$FV = 10\,000 \times (1+2\%)^2 = 10\,404$(元)。

在同样的利率下,5 年后 1 万元钱的现值为:$PV = \dfrac{10\,000}{(1+2\%)^5} = 9\,057.3$(元)。

2. $n = \dfrac{2\,500}{500} = 5$(年)

由于该项目的投资回收期(5 年)小于行业基准的投资回收期(6 年),因此这个方案是可以接受的。

3. (1) $n = \dfrac{81\,290 - 31\,290}{10\,000} = 5$(年)

(2) $NPV = \sum\limits_{t=1}^{8} \dfrac{10\,000}{(1+10\%)^t} - (81\,290 - 31\,290)$

$= 53\,350 - 50\,000$

$= 3\,350$ (万美元)

由于净现值 NPV 为正值,所以这样投资是合算的。

4. 先计算两个方案的收益期望值,分别为:

$$\bar{R}_{甲} = 70 \times 0.2 + 55 \times 0.6 + 15 \times 0.2 = 50(万元)$$

$$\bar{R}_{乙} = 115 \times 0.2 + 45 \times 0.6 + 0 \times 0.2 = 50(万元)$$

可知,甲、乙两个方案的收益期望值都是 50 万元。然后,再计算这两个方案的标准差 σ 为:

$$\sigma_{甲} = \sqrt{(70-50)^2 \times 0.2 + (55-50)^2 \times 0.6 + (15-50)^2 \times 0.2}$$
$$= 18.44(万元)$$

$$\sigma_{乙} = \sqrt{(115-50)^2 \times 0.2 + (45-50)^2 \times 0.6 + (0-50)^2 \times 0.2}$$
$$= 36.88(万元)$$

很明显，$\sigma_{乙} > \sigma_{甲}$，所以乙方案的风险比甲方案大。

5.（1）如不考虑风险，在初始投资相同的情况下，方案 A 每年的收益期望值（120 000 元）大于方案 B 每年的收益期望值（100 000 元），所以方案 A 为优。

（2）如考虑风险，那么

$$NPV_A = \sum_{t=1}^{10} \frac{120\,000}{(1+7\%+5\%)^t} - 600\,000$$

$$= 678\,000 - 600\,000$$

$$= 78\,000(\text{元})$$

$$NPV_B = \sum_{t=1}^{10} \frac{100\,000}{(1+7\%)^t} - 600\,000$$

$$= 702\,400 - 600\,000$$

$$= 102\,400(\text{元})$$

因为 $NPV_B > NPV_A$，所以 B 方案为优。

第九章　市场失灵与政府微观经济政策

一、略

二、1.（A）　2.（B）　3.（B）　4.（D）　5.（D）　6.（B）　7.（D）　8.（D）　9.（B）　10.（A）

三、1.（A,B,C,D）　2.（A,B,C,E）　3.（A,B,C）　4.（A,B,C,E）　5.（A,B,C,D）

四、1.（×）　2.（√）　3.（×）　4.（√）　5.（√）　6.（×）　7.（×）　8.（×）　9.（×）　10.（√）

五、略

附录五：中共中央关于全面深化改革若干重大问题的决定

（2013 年 11 月 12 日中国共产党第十八届中央委员会第三次全体会议通过）

为贯彻落实党的十八大关于全面深化改革的战略部署，十八届中央委员会第三次全体会议研究了全面深化改革的若干重大问题,作出如下决定。

一、全面深化改革的重大意义和指导思想

(1) 改革开放是党在新的时代条件下带领全国各族人民进行的新的伟大革命,是当代中国最鲜明的特色。党的十一届三中全会召开三十五年来,我们党以巨大的政治勇气,锐意推进经济体制、政治体制、文化体制、社会体制、生态文明体制和党的建设制度改革,不断扩大开放,决心之大、变革之深、影响之广前所未有,成就举世瞩目。

改革开放最主要的成果是开创和发展了中国特色社会主义,为社会主义现代化建设提供了强大动力和有力保障。事实证明,改革开放是决定当代中国命运的关键抉择,是党和人民事业大踏步赶上时代的重要法宝。

实践发展永无止境,解放思想永无止境,改革开放永无止境。面对新形势新任务,全面建成小康社会,进而建成富强民主文明和谐的社会主义现代化国家、实现中华民族伟大复兴的中国梦,必须在新的历史起点上全面深化改革,不断增强中国特色社会主义道路自信、理论自信、制度自信。

(2) 全面深化改革,必须高举中国特色社会主义伟大旗帜,以马克思列宁主义、毛泽东思想、邓小平理论、"三个代表"重要思想、科学发展观为指导,坚定信心,凝聚共识,统筹谋划,协同推进,坚持社会主义市场经济改革方向,以促进社会公平正义、增进人民福祉为出发点和落脚点,进一步解放思想、解放和发展社会生产力、解放和增强社会活力,坚决破除各方面体制机制弊端,努力开拓中国特色社会主义事业更加广阔的前景。

全面深化改革的总目标是完善和发展中国特色社会主义制度,推进国家治理体系和治理能力现代化。必须更加注重改革的系统性、整体性、协同性,加快发展社会主义市场经济、民主政治、先进文化、和谐社会、生态文明,让一切劳动、知识、技术、管理、资本的活力竞相迸发,让一切创造社会财富的源泉充分涌流,让发展成果更多更公平惠及全体人民。

紧紧围绕使市场在资源配置中起决定性作用深化经济体制改革,坚持和完善基本经济制度,加快完善现代市场体系、宏观调控体系、开放型经济体系,加快转变经济发展方式,加快建设创新型国家,推动经济更有效率、更加公平、更可持续发展。

紧紧围绕坚持党的领导、人民当家作主、依法治国有机统一深化政治体制改革,加快推进社会主义民主政治制度化、规范化、程序化,建设社会主义法治国家,发展更加广泛、更加充分、更加健全的人民民主。

紧紧围绕建设社会主义核心价值体系、社会主义文化强国深化文化体制改革，加快完善文化管理体制和文化生产经营机制，建立健全现代公共文化服务体系、现代文化市场体系，推动社会主义文化大发展大繁荣。

紧紧围绕更好保障和改善民生、促进社会公平正义深化社会体制改革，改革收入分配制度，促进共同富裕，推进社会领域制度创新，推进基本公共服务均等化，加快形成科学有效的社会治理体制，确保社会既充满活力又和谐有序。

紧紧围绕建设美丽中国深化生态文明体制改革，加快建立生态文明制度，健全国土空间开发、资源节约利用、生态环境保护的体制机制，推动形成人与自然和谐发展现代化建设新格局。

紧紧围绕提高科学执政、民主执政、依法执政水平深化党的建设制度改革，加强民主集中制建设，完善党的领导体制和执政方式，保持党的先进性和纯洁性，为改革开放和社会主义现代化建设提供坚强政治保证。

(3) 全面深化改革，必须立足于我国长期处于社会主义初级阶段这个最大实际，坚持发展仍是解决我国所有问题的关键这个重大战略判断，以经济建设为中心，发挥经济体制改革牵引作用，推动生产关系同生产力、上层建筑同经济基础相适应，推动经济社会持续健康发展。

经济体制改革是全面深化改革的重点，核心问题是处理好政府和市场的关系，使市场在资源配置中起决定性作用和更好发挥政府作用。市场决定资源配置是市场经济的一般规律，健全社会主义市场经济体制必须遵循这条规律，着力解决市场体系不完善、政府干预过多和监管不到位问题。

必须积极稳妥从广度和深度上推进市场化改革，大幅度减少政府对资源的直接配置，推动资源配置依据市场规则、市场价格、市场竞争实现效益最大化和效率最优化。政府的职责和作用主要是保持宏观经济稳定，加强和优化公共服务，保障公平竞争，加强市场监管，维护市场秩序，推动可持续发展，促进共同富裕，弥补市场失灵。

(4) 改革开放的成功实践为全面深化改革提供了重要经验，必须长期坚持。最重要的是，坚持党的领导，贯彻党的基本路线，不走封闭僵化的老路，不走改旗易帜的邪路，坚定走中国特色社会主义道路，始终确保改革正确方向；坚持解放思想、实事求是、与时俱进、求真务实，一切从实际出发，总结国内成功做法，借鉴国外有益经验，勇于推进理论和实践创新；坚持以人为本，尊重人民主体地位，发挥群众首创精神，紧紧依靠人民推动改革，促进人的全面发展；坚持正确处理改革发展稳定关系，胆子要大、步子要稳，加强顶层设计和摸着石头过河相结合，整体推进和重点突破相促进，提高改革决策科学性，广泛凝聚共识，形成改革合力。

当前,我国发展进入新阶段,改革进入攻坚期和深水区。必须以强烈的历史使命感,最大限度集中全党全社会智慧,最大限度调动一切积极因素,敢于啃硬骨头,敢于涉险滩,以更大决心冲破思想观念的束缚、突破利益固化的藩篱,推动中国特色社会主义制度自我完善和发展。

到二〇二〇年,在重要领域和关键环节改革上取得决定性成果,完成本决定提出的改革任务,形成系统完备、科学规范、运行有效的制度体系,使各方面制度更加成熟更加定型。

二、坚持和完善基本经济制度

公有制为主体、多种所有制经济共同发展的基本经济制度,是中国特色社会主义制度的重要支柱,也是社会主义市场经济体制的根基。公有制经济和非公有制经济都是社会主义市场经济的重要组成部分,都是我国经济社会发展的重要基础。必须毫不动摇巩固和发展公有制经济,坚持公有制主体地位,发挥国有经济主导作用,不断增强国有经济活力、控制力、影响力。必须毫不动摇鼓励、支持、引导非公有制经济发展,激发非公有制经济活力和创造力。

(5) 完善产权保护制度。产权是所有制的核心。健全归属清晰、权责明确、保护严格、流转顺畅的现代产权制度。公有制经济财产权不可侵犯,非公有制经济财产权同样不可侵犯。

国家保护各种所有制经济产权和合法利益,保证各种所有制经济依法平等使用生产要素、公开公平公正参与市场竞争、同等受到法律保护,依法监管各种所有制经济。

(6) 积极发展混合所有制经济。国有资本、集体资本、非公有资本等交叉持股、相互融合的混合所有制经济,是基本经济制度的重要实现形式,有利于国有资本放大功能、保值增值、提高竞争力,有利于各种所有制资本取长补短、相互促进、共同发展。允许更多国有经济和其他所有制经济发展成为混合所有制经济。国有资本投资项目允许非国有资本参股。允许混合所有制经济实行企业员工持股,形成资本所有者和劳动者利益共同体。

完善国有资产管理体制,以管资本为主加强国有资产监管,改革国有资本授权经营体制,组建若干国有资本运营公司,支持有条件的国有企业改组为国有资本投资公司。国有资本投资运营要服务于国家战略目标,更多投向关系国家安全、国民经济命脉的重要行业和关键领域,重点提供公共服务、发展重要前瞻性战略性产业、保护生态环境、支持科技进步、保障国家安全。

划转部分国有资本充实社会保障基金。完善国有资本经营预算制度,提高国有资本收益上缴公共财政比例，二〇二〇年提到百分之三十，更多用于保障和改善民生。

(7) 推动国有企业完善现代企业制度。国有企业属于全民所有，是推进国家现代化、保障人民共同利益的重要力量。国有企业总体上已经同市场经济相融合，必须适应市场化、国际化新形势，以规范经营决策、资产保值增值、公平参与竞争、提高企业效率、增强企业活力、承担社会责任为重点，进一步深化国有企业改革。

准确界定不同国有企业功能。国有资本加大对公益性企业的投入，在提供公共服务方面作出更大贡献。国有资本继续控股经营的自然垄断行业，实行以政企分开、政资分开、特许经营、政府监管为主要内容的改革，根据不同行业特点实行网运分开、放开竞争性业务，推进公共资源配置市场化。进一步破除各种形式的行政垄断。

健全协调运转、有效制衡的公司法人治理结构。建立职业经理人制度，更好发挥企业家作用。深化企业内部管理人员能上能下、员工能进能出、收入能增能减的制度改革。建立长效激励约束机制，强化国有企业经营投资责任追究。探索推进国有企业财务预算等重大信息公开。

国有企业要合理增加市场化选聘比例，合理确定并严格规范国有企业管理人员薪酬水平、职务待遇、职务消费、业务消费。

(8) 支持非公有制经济健康发展。非公有制经济在支撑增长、促进创新、扩大就业、增加税收等方面具有重要作用。坚持权利平等、机会平等、规则平等，废除对非公有制经济各种形式的不合理规定，消除各种隐性壁垒，制定非公有制企业进入特许经营领域具体办法。

鼓励非公有制企业参与国有企业改革，鼓励发展非公有资本控股的混合所有制企业，鼓励有条件的私营企业建立现代企业制度。

三、加快完善现代市场体系

建设统一开放、竞争有序的市场体系，是使市场在资源配置中起决定性作用的基础。必须加快形成企业自主经营、公平竞争，消费者自由选择、自主消费，商品和要素自由流动、平等交换的现代市场体系，着力清除市场壁垒，提高资源配置效率和公平性。

(9) 建立公平开放透明的市场规则。实行统一的市场准入制度，在制定负面清单基础上，各类市场主体可依法平等进入清单之外领域。探索对外商投资实行准入前国民待遇加负面清单的管理模式。推进工商注册制度便利化，削减资质认定项目，由先证后照改为先照后证，把注册资本实缴登记制逐步改为认缴登记制。

推进国内贸易流通体制改革,建设法治化营商环境。

改革市场监管体系,实行统一的市场监管,清理和废除妨碍全国统一市场和公平竞争的各种规定和做法,严禁和惩处各类违法实行优惠政策行为,反对地方保护,反对垄断和不正当竞争。建立健全社会征信体系,褒扬诚信,惩戒失信。健全优胜劣汰市场化退出机制,完善企业破产制度。

(10) 完善主要由市场决定价格的机制。凡是能由市场形成价格的都交给市场,政府不进行不当干预。推进水、石油、天然气、电力、交通、电信等领域价格改革,放开竞争性环节价格。政府定价范围主要限定在重要公用事业、公益性服务、网络型自然垄断环节,提高透明度,接受社会监督。完善农产品价格形成机制,注重发挥市场形成价格作用。

(11) 建立城乡统一的建设用地市场。在符合规划和用途管制前提下,允许农村集体经营性建设用地出让、租赁、入股,实行与国有土地同等入市、同权同价。缩小征地范围,规范征地程序,完善对被征地农民合理、规范、多元保障机制。扩大国有土地有偿使用范围,减少非公益性用地划拨。建立兼顾国家、集体、个人的土地增值收益分配机制,合理提高个人收益。完善土地租赁、转让、抵押二级市场。

(12) 完善金融市场体系。扩大金融业对内对外开放,在加强监管前提下,允许具备条件的民间资本依法发起设立中小型银行等金融机构。推进政策性金融机构改革。健全多层次资本市场体系,推进股票发行注册制改革,多渠道推动股权融资,发展并规范债券市场,提高直接融资比重。完善保险经济补偿机制,建立巨灾保险制度。发展普惠金融。鼓励金融创新,丰富金融市场层次和产品。

完善人民币汇率市场化形成机制,加快推进利率市场化,健全反映市场供求关系的国债收益率曲线。推动资本市场双向开放,有序提高跨境资本和金融交易可兑换程度,建立健全宏观审慎管理框架下的外债和资本流动管理体系,加快实现人民币资本项目可兑换。

落实金融监管改革措施和稳健标准,完善监管协调机制,界定中央和地方金融监管职责和风险处置责任。建立存款保险制度,完善金融机构市场化退出机制。加强金融基础设施建设,保障金融市场安全高效运行和整体稳定。

(13) 深化科技体制改革。建立健全鼓励原始创新、集成创新、引进消化吸收再创新的体制机制,健全技术创新市场导向机制,发挥市场对技术研发方向、路线选择、要素价格、各类创新要素配置的导向作用。建立产学研协同创新机制,强化企业在技术创新中的主体地位,发挥大型企业创新骨干作用,激发中小企业创新活力,推进应用型技术研发机构市场化、企业化改革,建设国家创新体系。

加强知识产权运用和保护,健全技术创新激励机制,探索建立知识产权法院。

打破行政主导和部门分割，建立主要由市场决定技术创新项目和经费分配、评价成果的机制。发展技术市场，健全技术转移机制，改善科技型中小企业融资条件，完善风险投资机制，创新商业模式，促进科技成果资本化、产业化。

整合科技规划和资源，完善政府对基础性、战略性、前沿性科学研究和共性技术研究的支持机制。国家重大科研基础设施依照规定应该开放的一律对社会开放。建立创新调查制度和创新报告制度，构建公开透明的国家科研资源管理和项目评价机制。

改革院士遴选和管理体制，优化学科布局，提高中青年人才比例，实行院士退休和退出制度。

四、加快转变政府职能

科学的宏观调控，有效的政府治理，是发挥社会主义市场经济体制优势的内在要求。必须切实转变政府职能，深化行政体制改革，创新行政管理方式，增强政府公信力和执行力，建设法治政府和服务型政府。

(14) 健全宏观调控体系。宏观调控的主要任务是保持经济总量平衡，促进重大经济结构协调和生产力布局优化，减缓经济周期波动影响，防范区域性、系统性风险，稳定市场预期，实现经济持续健康发展。健全以国家发展战略和规划为导向、以财政政策和货币政策为主要手段的宏观调控体系，推进宏观调控目标制定和政策手段运用机制化，加强财政政策、货币政策与产业、价格等政策手段协调配合，提高相机抉择水平，增强宏观调控前瞻性、针对性、协同性。形成参与国际宏观经济政策协调的机制，推动国际经济治理结构完善。

深化投资体制改革，确立企业投资主体地位。企业投资项目，除关系国家安全和生态安全、涉及全国重大生产力布局、战略性资源开发和重大公共利益等项目外，一律由企业依法依规自主决策，政府不再审批。强化节能节地节水、环境、技术、安全等市场准入标准，建立健全防范和化解产能过剩长效机制。

完善发展成果考核评价体系，纠正单纯以经济增长速度评定政绩的偏向，加大资源消耗、环境损害、生态效益、产能过剩、科技创新、安全生产、新增债务等指标的权重，更加重视劳动就业、居民收入、社会保障、人民健康状况。加快建立国家统一的经济核算制度，编制全国和地方资产负债表，建立全社会房产、信用等基础数据统一平台，推进部门信息共享。

(15) 全面正确履行政府职能。进一步简政放权，深化行政审批制度改革，最大限度减少中央政府对微观事务的管理，市场机制能有效调节的经济活动，一律取消审批，对保留的行政审批事项要规范管理、提高效率；直接面向基层、量大面广、由地方管理更方便有效的经济社会事项,一律下放地方和基层管理。

政府要加强发展战略、规划、政策、标准等制定和实施,加强市场活动监管,加强各类公共服务提供。加强中央政府宏观调控职责和能力,加强地方政府公共服务、市场监管、社会管理、环境保护等职责。推广政府购买服务,凡属事务性管理服务,原则上都要引入竞争机制,通过合同、委托等方式向社会购买。

加快事业单位分类改革,加大政府购买公共服务力度,推动公办事业单位与主管部门理顺关系和去行政化,创造条件,逐步取消学校、科研院所、医院等单位的行政级别。建立事业单位法人治理结构,推进有条件的事业单位转为企业或社会组织。建立各类事业单位统一登记管理制度。

(16) 优化政府组织结构。转变政府职能必须深化机构改革。优化政府机构设置、职能配置、工作流程,完善决策权、执行权、监督权既相互制约又相互协调的行政运行机制。严格绩效管理,突出责任落实,确保权责一致。

统筹党政群机构改革,理顺部门职责关系。积极稳妥实施大部门制。优化行政区划设置,有条件的地方探索推进省直接管理县(市)体制改革。严格控制机构编制,严格按规定职数配备领导干部,减少机构数量和领导职数,严格控制财政供养人员总量。推进机构编制管理科学化、规范化、法制化。

五、深化财税体制改革

财政是国家治理的基础和重要支柱,科学的财税体制是优化资源配置、维护市场统一、促进社会公平、实现国家长治久安的制度保障。必须完善立法、明确事权、改革税制、稳定税负、透明预算、提高效率,建立现代财政制度,发挥中央和地方两个积极性。

(17) 改进预算管理制度。实施全面规范、公开透明的预算制度。审核预算的重点由平衡状态、赤字规模向支出预算和政策拓展。清理规范重点支出同财政收支增幅或生产总值挂钩事项,一般不采取挂钩方式。建立跨年度预算平衡机制,建立权责发生制的政府综合财务报告制度,建立规范合理的中央和地方政府债务管理及风险预警机制。

完善一般性转移支付增长机制,重点增加对革命老区、民族地区、边疆地区、贫困地区的转移支付。中央出台增支政策形成的地方财力缺口,原则上通过一般性转移支付调节。清理、整合、规范专项转移支付项目,逐步取消竞争性领域专项和地方资金配套,严格控制引导类、救济类、应急类专项,对保留专项进行甄别,属地方事务的划入一般性转移支付。

(18) 完善税收制度。深化税收制度改革,完善地方税体系,逐步提高直接税比重。推进增值税改革，适当简化税率。调整消费税征收范围、环节、税率，把高耗能、高污染产品及部分高档消费品纳入征收范围。逐步建立综合与分类相结合的个人所得税制。加快房地产税立法并适时推进改革，加快资源税改革，推动环境保护费改税。

按照统一税制、公平税负、促进公平竞争的原则，加强对税收优惠特别是区域税收优惠政策的规范管理。税收优惠政策统一由专门税收法律法规规定，清理规范税收优惠政策。完善国税、地税征管体制。

(19) 建立事权和支出责任相适应的制度。适度加强中央事权和支出责任，国防、外交、国家安全、关系全国统一市场规则和管理等作为中央事权；部分社会保障、跨区域重大项目建设维护等作为中央和地方共同事权，逐步理顺事权关系；区域性公共服务作为地方事权。中央和地方按照事权划分相应承担和分担支出责任。中央可通过安排转移支付将部分事权支出责任委托地方承担。对于跨区域且对其他地区影响较大的公共服务，中央通过转移支付承担一部分地方事权支出责任。

保持现有中央和地方财力格局总体稳定，结合税制改革，考虑税种属性，进一步理顺中央和地方收入划分。

六、健全城乡发展一体化体制机制

城乡二元结构是制约城乡发展一体化的主要障碍。必须健全体制机制，形成以工促农、以城带乡、工农互惠、城乡一体的新型工农城乡关系，让广大农民平等参与现代化进程、共同分享现代化成果。

(20) 加快构建新型农业经营体系。坚持家庭经营在农业中的基础性地位，推进家庭经营、集体经营、合作经营、企业经营等共同发展的农业经营方式创新。坚持农村土地集体所有权，依法维护农民土地承包经营权，发展壮大集体经济。稳定农村土地承包关系并保持长久不变，在坚持和完善最严格的耕地保护制度前提下，赋予农民对承包地占有、使用、收益、流转及承包经营权抵押、担保权能，允许农民以承包经营权入股发展农业产业化经营。鼓励承包经营权在公开市场上向专业大户、家庭农场、农民合作社、农业企业流转，发展多种形式规模经营。

鼓励农村发展合作经济，扶持发展规模化、专业化、现代化经营，允许财政项目资金直接投向符合条件的合作社，允许财政补助形成的资产转交合作社持有和管护，允许合作社开展信用合作。鼓励和引导工商资本到农村发展适合企业化经营的现代种养业，向农业输入现代生产要素和经营模式。

(21) 赋予农民更多财产权利。保障农民集体经济组织成员权利，积极发展农民股份合作,赋予农民对集体资产股份占有、收益、有偿退出及抵押、担保、继承权。保障农户宅基地用益物权,改革完善农村宅基地制度,选择若干试点,慎重稳妥推进农民住房财产权抵押、担保、转让,探索农民增加财产性收入渠道。建立农村产权流转交易市场,推动农村产权流转交易公开、公正、规范运行。

(22) 推进城乡要素平等交换和公共资源均衡配置。维护农民生产要素权益,保障农民工同工同酬,保障农民公平分享土地增值收益,保障金融机构农村存款主要用于农业农村。健全农业支持保护体系,改革农业补贴制度,完善粮食主产区利益补偿机制。完善农业保险制度。鼓励社会资本投向农村建设,允许企业和社会组织在农村兴办各类事业。统筹城乡基础设施建设和社区建设,推进城乡基本公共服务均等化。

(23) 完善城镇化健康发展体制机制。坚持走中国特色新型城镇化道路,推进以人为核心的城镇化,推动大中小城市和小城镇协调发展、产业和城镇融合发展,促进城镇化和新农村建设协调推进。优化城市空间结构和管理格局,增强城市综合承载能力。

推进城市建设管理创新。建立透明规范的城市建设投融资机制,允许地方政府通过发债等多种方式拓宽城市建设融资渠道,允许社会资本通过特许经营等方式参与城市基础设施投资和运营,研究建立城市基础设施、住宅政策性金融机构。完善设市标准,严格审批程序,对具备行政区划调整条件的县可有序改市。对吸纳人口多、经济实力强的镇,可赋予同人口和经济规模相适应的管理权。建立和完善跨区域城市发展协调机制。

推进农业转移人口市民化,逐步把符合条件的农业转移人口转为城镇居民。创新人口管理,加快户籍制度改革,全面放开建制镇和小城市落户限制,有序放开中等城市落户限制,合理确定大城市落户条件,严格控制特大城市人口规模。稳步推进城镇基本公共服务常住人口全覆盖,把进城落户农民完全纳入城镇住房和社会保障体系,在农村参加的养老保险和医疗保险规范接入城镇社保体系。建立财政转移支付同农业转移人口市民化挂钩机制,从严合理供给城市建设用地,提高城市土地利用率。

七、构建开放型经济新体制

适应经济全球化新形势,必须推动对内对外开放相互促进、引进来和走出去更好结合,促进国际国内要素有序自由流动、资源高效配置、市场深度融合,加快培育参与和引领国际经济合作竞争新优势,以开放促改革。

(24) 放宽投资准入。统一内外资法律法规,保持外资政策稳定、透明、可预期。推进金融、教育、文化、医疗等服务业领域有序开放，放开育幼养老、建筑设计、会计审计、商贸物流、电子商务等服务业领域外资准入限制，进一步放开一般制造业。加快海关特殊监管区域整合优化。

建立中国上海自由贸易试验区是党中央在新形势下推进改革开放的重大举措，要切实建设好、管理好，为全面深化改革和扩大开放探索新途径、积累新经验。在推进现有试点基础上，选择若干具备条件地方发展自由贸易园(港)区。

扩大企业及个人对外投资，确立企业及个人对外投资主体地位，允许发挥自身优势到境外开展投资合作，允许自担风险到各国各地区自由承揽工程和劳务合作项目，允许创新方式走出去开展绿地投资、并购投资、证券投资、联合投资等。

加快同有关国家和地区商签投资协定，改革涉外投资审批体制，完善领事保护体制，提供权益保障、投资促进、风险预警等更多服务，扩大投资合作空间。

(25) 加快自由贸易区建设。坚持世界贸易体制规则，坚持双边、多边、区域次区域开放合作，扩大同各国各地区利益汇合点，以周边为基础加快实施自由贸易区战略。改革市场准入、海关监管、检验检疫等管理体制，加快环境保护、投资保护、政府采购、电子商务等新议题谈判，形成面向全球的高标准自由贸易区网络。

扩大对香港特别行政区、澳门特别行政区和台湾地区开放合作。

(26) 扩大内陆沿边开放。抓住全球产业重新布局机遇，推动内陆贸易、投资、技术创新协调发展。创新加工贸易模式，形成有利于推动内陆产业集群发展的体制机制。支持内陆城市增开国际客货运航线，发展多式联运，形成横贯东中西、联结南北方对外经济走廊。推动内陆同沿海沿边通关协作，实现口岸管理相关部门信息互换、监管互认、执法互助。

加快沿边开放步伐，允许沿边重点口岸、边境城市、经济合作区在人员往来、加工物流、旅游等方面实行特殊方式和政策。建立开发性金融机构，加快同周边国家和区域基础设施互联互通建设，推进丝绸之路经济带、海上丝绸之路建设，形成全方位开放新格局。

八、加强社会主义民主政治制度建设

发展社会主义民主政治，必须以保证人民当家作主为根本，坚持和完善人民代表大会制度、中国共产党领导的多党合作和政治协商制度、民族区域自治制度以及基层群众自治制度，更加注重健全民主制度、丰富民主形式，从各层次各领域扩大公民有序政治参与，充分发挥我国社会主义政治制度优越性。

(27) 推动人民代表大会制度与时俱进。坚持人民主体地位，推进人民代表大会制度理论和实践创新，发挥人民代表大会制度的根本政治制度作用。完善中国特色社会主义法律体系,健全立法起草、论证、协调、审议机制,提高立法质量,防止地方保护和部门利益法制化。健全"一府两院"由人大产生、对人大负责、受人大监督制度。健全人大讨论、决定重大事项制度,各级政府重大决策出台前向本级人大报告。加强人大预算决算审查监督、国有资产监督职能。落实税收法定原则。加强人大常委会同人大代表的联系,充分发挥代表作用。通过建立健全代表联络机构、网络平台等形式密切代表同人民群众联系。

完善人大工作机制,通过座谈、听证、评估、公布法律草案等扩大公民有序参与立法途径,通过询问、质询、特定问题调查、备案审查等积极回应社会关切。

(28) 推进协商民主广泛多层制度化发展。协商民主是我国社会主义民主政治的特有形式和独特优势,是党的群众路线在政治领域的重要体现。在党的领导下,以经济社会发展重大问题和涉及群众切身利益的实际问题为内容,在全社会开展广泛协商,坚持协商于决策之前和决策实施之中。

构建程序合理、环节完整的协商民主体系,拓宽国家政权机关、政协组织、党派团体、基层组织、社会组织的协商渠道。深入开展立法协商、行政协商、民主协商、参政协商、社会协商。加强中国特色新型智库建设,建立健全决策咨询制度。

发挥统一战线在协商民主中的重要作用。完善中国共产党同各民主党派的政治协商,认真听取各民主党派和无党派人士意见。中共中央根据年度工作重点提出规划,采取协商会、谈心会、座谈会等进行协商。完善民主党派中央直接向中共中央提出建议制度。贯彻党的民族政策,保障少数民族合法权益,巩固和发展平等团结互助和谐的社会主义民族关系。

发挥人民政协作为协商民主重要渠道作用。重点推进政治协商、民主监督、参政议政制度化、规范化、程序化。各级党委和政府、政协制定并组织实施协商年度工作计划,就一些重要决策听取政协意见。完善人民政协制度体系,规范协商内容、协商程序。拓展协商民主形式,更加活跃有序地组织专题协商、对口协商、界别协商、提案办理协商,增加协商密度,提高协商成效。在政协健全委员联络机构,完善委员联络制度。

(29) 发展基层民主。畅通民主渠道,健全基层选举、议事、公开、述职、问责等机制。开展形式多样的基层民主协商,推进基层协商制度化,建立健全居民、村民监督机制,促进群众在城乡社区治理、基层公共事务和公益事业中依法自我管理、自我服务、自我教育、自我监督。健全以职工代表大会为基本形式的企事业单位民主管理制度,加强社会组织民主机制建设,保障职工参与管理和监督的民主权利。

九、推进法治中国建设

建设法治中国，必须坚持依法治国、依法执政、依法行政共同推进，坚持法治国家、法治政府、法治社会一体建设。深化司法体制改革，加快建设公正高效权威的社会主义司法制度，维护人民权益，让人民群众在每一个司法案件中都感受到公平正义。

（30）维护宪法法律权威。宪法是保证党和国家兴旺发达、长治久安的根本法，具有最高权威。要进一步健全宪法实施监督机制和程序，把全面贯彻实施宪法提高到一个新水平。建立健全全社会忠于、遵守、维护、运用宪法法律的制度。坚持法律面前人人平等，任何组织或者个人都不得有超越宪法法律的特权，一切违反宪法法律的行为都必须予以追究。

普遍建立法律顾问制度。完善规范性文件、重大决策合法性审查机制。建立科学的法治建设指标体系和考核标准。健全法规、规章、规范性文件备案审查制度。健全社会普法教育机制，增强全民法治观念。逐步增加有地方立法权的较大的市数量。

（31）深化行政执法体制改革。整合执法主体，相对集中执法权，推进综合执法，着力解决权责交叉、多头执法问题，建立权责统一、权威高效的行政执法体制。减少行政执法层级，加强食品药品、安全生产、环境保护、劳动保障、海域海岛等重点领域基层执法力量。理顺城管执法体制，提高执法和服务水平。

完善行政执法程序，规范执法自由裁量权，加强对行政执法的监督，全面落实行政执法责任制和执法经费由财政保障制度，做到严格规范公正文明执法。完善行政执法与刑事司法衔接机制。

（32）确保依法独立公正行使审判权检察权。改革司法管理体制，推动省以下地方法院、检察院人财物统一管理，探索建立与行政区划适当分离的司法管辖制度，保证国家法律统一正确实施。

建立符合职业特点的司法人员管理制度，健全法官、检察官、人民警察统一招录、有序交流、逐级遴选机制，完善司法人员分类管理制度，健全法官、检察官、人民警察职业保障制度。

（33）健全司法权力运行机制。优化司法职权配置，健全司法权力分工负责、互相配合、互相制约机制，加强和规范对司法活动的法律监督和社会监督。

改革审判委员会制度，完善主审法官、合议庭办案责任制，让审理者裁判、由裁判者负责。明确各级法院职能定位，规范上下级法院审级监督关系。

推进审判公开、检务公开，录制并保留全程庭审资料。增强法律文书说理性，推动公开法院生效裁判文书。严格规范减刑、假释、保外就医程序，强化监督制度。广泛实行人民陪审员、人民监督员制度，拓宽人民群众有序参与司法渠道。

(34) 完善人权司法保障制度。国家尊重和保障人权。进一步规范查封、扣押、冻结、处理涉案财物的司法程序。健全错案防止、纠正、责任追究机制，严禁刑讯逼供、体罚虐待，严格实行非法证据排除规则。逐步减少适用死刑罪名。

废止劳动教养制度，完善对违法犯罪行为的惩治和矫正法律，健全社区矫正制度。

健全国家司法救助制度，完善法律援助制度。完善律师执业权利保障机制和违法违规执业惩戒制度，加强职业道德建设，发挥律师在依法维护公民和法人合法权益方面的重要作用。

十、强化权力运行制约和监督体系

坚持用制度管权管事管人，让人民监督权力，让权力在阳光下运行，是把权力关进制度笼子的根本之策。必须构建决策科学、执行坚决、监督有力的权力运行体系，健全惩治和预防腐败体系，建设廉洁政治，努力实现干部清正、政府清廉、政治清明。

(35) 形成科学有效的权力制约和协调机制。完善党和国家领导体制，坚持民主集中制，充分发挥党的领导核心作用。规范各级党政主要领导干部职责权限，科学配置党政部门及内设机构权力和职能，明确职责定位和工作任务。

加强和改进对主要领导干部行使权力的制约和监督，加强行政监察和审计监督。

推行地方各级政府及其工作部门权力清单制度，依法公开权力运行流程。完善党务、政务和各领域办事公开制度，推进决策公开、管理公开、服务公开、结果公开。

(36) 加强反腐败体制机制创新和制度保障。加强党对党风廉政建设和反腐败工作统一领导。改革党的纪律检查体制，健全反腐败领导体制和工作机制，改革和完善各级反腐败协调小组职能。

落实党风廉政建设责任制，党委负主体责任，纪委负监督责任，制定实施切实可行的责任追究制度。各级纪委要履行协助党委加强党风建设和组织协调反腐败工作的职责，加强对同级党委特别是常委会成员的监督，更好发挥党内监督专门机关作用。

推动党的纪律检查工作双重领导体制具体化、程序化、制度化，强化上级纪委对下级纪委的领导。查办腐败案件以上级纪委领导为主，线索处置和案件查办在向同级党委报告的同时必须向上级纪委报告。各级纪委书记、副书记的提名和考察以上级纪委会同组织部门为主。

全面落实中央纪委向中央一级党和国家机关派驻纪检机构，实行统一名称、统一管理。派驻机构对派出机关负责，履行监督职责。改进中央和省区市巡视制度，做到对地方、部门、企事业单位全覆盖。

健全反腐倡廉法规制度体系，完善惩治和预防腐败、防控廉政风险、防止利益冲突、领导干部报告个人有关事项、任职回避等方面法律法规，推行新提任领导干部有关事项公开制度试点。健全民主监督、法律监督、舆论监督机制，运用和规范互联网监督。

(37) 健全改进作风常态化制度。围绕反对形式主义、官僚主义、享乐主义和奢靡之风，加快体制机制改革和建设。健全领导干部带头改进作风、深入基层调查研究机制，完善直接联系和服务群众制度。改革会议公文制度，从中央做起带头减少会议、文件，着力改进会风文风。健全严格的财务预算、核准和审计制度，着力控制“三公”经费支出和楼堂馆所建设。完善选人用人专项检查和责任追究制度，着力纠正跑官要官等不正之风。改革政绩考核机制，着力解决“形象工程”“政绩工程”以及不作为、乱作为等问题。

规范并严格执行领导干部工作生活保障制度，不准多处占用住房和办公用房，不准超标准配备办公用房和生活用房，不准违规配备公车，不准违规配备秘书，不准超规格警卫，不准超标准进行公务接待，严肃查处违反规定超标准享受待遇等问题。探索实行官邸制。

完善并严格执行领导干部亲属经商、担任公职和社会组织职务、出国定居等相关制度规定，防止领导干部利用公共权力或自身影响为亲属和其他特定关系人谋取私利，坚决反对特权思想和作风。

十一、推进文化体制机制创新

建设社会主义文化强国，增强国家文化软实力，必须坚持社会主义先进文化前进方向，坚持中国特色社会主义文化发展道路，培育和践行社会主义核心价值观，巩固马克思主义在意识形态领域的指导地位，巩固全党全国各族人民团结奋斗的共同思想基础。坚持以人民为中心的工作导向，坚持把社会效益放在首位、社会效益和经济效益相统一，以激发全民族文化创造活力为中心环节，进一步深化文化体制改革。

(38) 完善文化管理体制。按照政企分开、政事分开原则，推动政府部门由办文化向管文化转变，推动党政部门与其所属的文化企事业单位进一步理顺关系。

建立党委和政府监管国有文化资产的管理机构,实行管人管事管资产管导向相统一。

健全坚持正确舆论导向的体制机制。健全基础管理、内容管理、行业管理以及网络违法犯罪防范和打击等工作联动机制,健全网络突发事件处置机制,形成正面引导和依法管理相结合的网络舆论工作格局。整合新闻媒体资源,推动传统媒体和新兴媒体融合发展。推动新闻发布制度化。严格新闻工作者职业资格制度,重视新型媒介运用和管理,规范传播秩序。

(39) 建立健全现代文化市场体系。完善文化市场准入和退出机制,鼓励各类市场主体公平竞争、优胜劣汰,促进文化资源在全国范围内流动。继续推进国有经营性文化单位转企改制,加快公司制、股份制改造。对按规定转制的重要国有传媒企业探索实行特殊管理股制度。推动文化企业跨地区、跨行业、跨所有制兼并重组,提高文化产业规模化、集约化、专业化水平。

鼓励非公有制文化企业发展,降低社会资本进入门槛,允许参与对外出版、网络出版,允许以控股形式参与国有影视制作机构、文艺院团改制经营。支持各种形式小微文化企业发展。

在坚持出版权、播出权特许经营前提下,允许制作和出版、制作和播出分开。建立多层次文化产品和要素市场,鼓励金融资本、社会资本、文化资源相结合。完善文化经济政策,扩大政府文化资助和文化采购,加强版权保护。健全文化产品评价体系,改革评奖制度,推出更多文化精品。

(40) 构建现代公共文化服务体系。建立公共文化服务体系建设协调机制,统筹服务设施网络建设,促进基本公共文化服务标准化、均等化。建立群众评价和反馈机制,推动文化惠民项目与群众文化需求有效对接。整合基层宣传文化、党员教育、科学普及、体育健身等设施,建设综合性文化服务中心。

明确不同文化事业单位功能定位,建立法人治理结构,完善绩效考核机制。推动公共图书馆、博物馆、文化馆、科技馆等组建理事会,吸纳有关方面代表、专业人士、各界群众参与管理。

引入竞争机制,推动公共文化服务社会化发展。鼓励社会力量、社会资本参与公共文化服务体系建设,培育文化非营利组织。

(41) 提高文化开放水平。坚持政府主导、企业主体、市场运作、社会参与,扩大对外文化交流,加强国际传播能力和对外话语体系建设,推动中华文化走向世界。理顺内宣外宣体制,支持重点媒体面向国内国际发展。培育外向型文化企业,支持文化企业到境外开拓市场。鼓励社会组织、中资机构等参与孔子学院和海外文化中心建设,承担人文交流项目。

积极吸收借鉴国外一切优秀文化成果，引进有利于我国文化发展的人才、技术、经营管理经验。切实维护国家文化安全。

十二、推进社会事业改革创新

实现发展成果更多更公平惠及全体人民，必须加快社会事业改革，解决好人民最关心最直接最现实的利益问题，努力为社会提供多样化服务，更好满足人民需求。

(42) 深化教育领域综合改革。全面贯彻党的教育方针，坚持立德树人，加强社会主义核心价值体系教育，完善中华优秀传统文化教育，形成爱学习、爱劳动、爱祖国活动的有效形式和长效机制，增强学生社会责任感、创新精神、实践能力。强化体育课和课外锻炼，促进青少年身心健康、体魄强健。改进美育教学，提高学生审美和人文素养。大力促进教育公平，健全家庭经济困难学生资助体系，构建利用信息化手段扩大优质教育资源覆盖面的有效机制，逐步缩小区域、城乡、校际差距。统筹城乡义务教育资源均衡配置，实行公办学校标准化建设和校长教师交流轮岗，不设重点学校重点班，破解择校难题，标本兼治减轻学生课业负担。加快现代职业教育体系建设，深化产教融合、校企合作，培养高素质劳动者和技能型人才。创新高校人才培养机制，促进高校办出特色争创一流。推进学前教育、特殊教育、继续教育改革发展。

推进考试招生制度改革，探索招生和考试相对分离、学生考试多次选择、学校依法自主招生、专业机构组织实施、政府宏观管理、社会参与监督的运行机制，从根本上解决一考定终身的弊端。义务教育免试就近入学，试行学区制和九年一贯对口招生。推行初高中学业水平考试和综合素质评价。加快推进职业院校分类招考或注册入学。逐步推行普通高校基于统一高考和高中学业水平考试成绩的综合评价多元录取机制。探索全国统考减少科目、不分文理科、外语等科目社会化考试一年多考。试行普通高校、高职院校、成人高校之间学分转换，拓宽终身学习通道。

深入推进管办评分离，扩大省级政府教育统筹权和学校办学自主权，完善学校内部治理结构。强化国家教育督导，委托社会组织开展教育评估监测。健全政府补贴、政府购买服务、助学贷款、基金奖励、捐资激励等制度，鼓励社会力量兴办教育。

(43) 健全促进就业创业体制机制。建立经济发展和扩大就业的联动机制，健全政府促进就业责任制度。规范招人用人制度，消除城乡、行业、身份、性别等一切影响平等就业的制度障碍和就业歧视。完善扶持创业的优惠政策，形成政府激励创业、社会支持创业、劳动者勇于创业新机制。完善城乡均等的公共就业创业服务体系,构建劳动者终身职业培训体系。增强失业保险制度预防失业、促进就业功能,完善就业失业监测统计制度。创新劳动关系协调机制,畅通职工表达合理诉求渠道。

促进以高校毕业生为重点的青年就业和农村转移劳动力、城镇困难人员、退役军人就业。结合产业升级开发更多适合高校毕业生的就业岗位。政府购买基层公共管理和社会服务岗位更多用于吸纳高校毕业生就业。健全鼓励高校毕业生到基层工作的服务保障机制,提高公务员定向招录和事业单位优先招聘比例。实行激励高校毕业生自主创业政策,整合发展国家和省级高校毕业生就业创业基金。实施离校未就业高校毕业生就业促进计划,把未就业的纳入就业见习、技能培训等就业准备活动之中,对有特殊困难的实行全程就业服务。

(44) 形成合理有序的收入分配格局。着重保护劳动所得,努力实现劳动报酬增长和劳动生产率提高同步,提高劳动报酬在初次分配中的比重。健全工资决定和正常增长机制,完善最低工资和工资支付保障制度,完善企业工资集体协商制度。改革机关事业单位工资和津贴补贴制度,完善艰苦边远地区津贴增长机制。健全资本、知识、技术、管理等由要素市场决定的报酬机制。扩展投资和租赁服务等途径,优化上市公司投资者回报机制,保护投资者尤其是中小投资者合法权益,多渠道增加居民财产性收入。

完善以税收、社会保障、转移支付为主要手段的再分配调节机制,加大税收调节力度。建立公共资源出让收益合理共享机制。完善慈善捐助减免税制度,支持慈善事业发挥扶贫济困积极作用。

规范收入分配秩序,完善收入分配调控体制机制和政策体系,建立个人收入和财产信息系统,保护合法收入,调节过高收入,清理规范隐性收入,取缔非法收入,增加低收入者收入,扩大中等收入者比重,努力缩小城乡、区域、行业收入分配差距,逐步形成橄榄型分配格局。

(45) 建立更加公平可持续的社会保障制度。坚持社会统筹和个人账户相结合的基本养老保险制度,完善个人账户制度,健全多缴多得激励机制,确保参保人权益,实现基础养老金全国统筹,坚持精算平衡原则。推进机关事业单位养老保险制度改革。整合城乡居民基本养老保险制度、基本医疗保险制度。推进城乡最低生活保障制度统筹发展。建立健全合理兼顾各类人员的社会保障待遇确定和正常调整机制。完善社会保险关系转移接续政策,扩大参保缴费覆盖面,适时适当降低社会保险费率。研究制定渐进式延迟退休年龄政策。加快健全社会保障管理体制和经办服务体系。健全符合国情的住房保障和供应体系,建立公开规范的住房公积金制度,改进住房公积金提取、使用、监管机制。

健全社会保障财政投入制度，完善社会保障预算制度。加强社会保险基金投资管理和监督，推进基金市场化、多元化投资运营。制定实施免税、延期征税等优惠政策，加快发展企业年金、职业年金、商业保险，构建多层次社会保障体系。

积极应对人口老龄化，加快建立社会养老服务体系和发展老年服务产业。健全农村留守儿童、妇女、老年人关爱服务体系，健全残疾人权益保障、困境儿童分类保障制度。

(46) 深化医药卫生体制改革。统筹推进医疗保障、医疗服务、公共卫生、药品供应、监管体制综合改革。深化基层医疗卫生机构综合改革，健全网络化城乡基层医疗卫生服务运行机制。加快公立医院改革，落实政府责任，建立科学的医疗绩效评价机制和适应行业特点的人才培养、人事薪酬制度。完善合理分级诊疗模式，建立社区医生和居民契约服务关系。充分利用信息化手段，促进优质医疗资源纵向流动。加强区域公共卫生服务资源整合。取消以药补医，理顺医药价格，建立科学补偿机制。改革医保支付方式，健全全民医保体系。加快健全重特大疾病医疗保险和救助制度。完善中医药事业发展政策和机制。

鼓励社会办医，优先支持举办非营利性医疗机构。社会资金可直接投向资源稀缺及满足多元需求服务领域，多种形式参与公立医院改制重组。允许医师多点执业，允许民办医疗机构纳入医保定点范围。

坚持计划生育的基本国策，启动实施一方是独生子女的夫妇可生育两个孩子的政策，逐步调整完善生育政策，促进人口长期均衡发展。

十三、创新社会治理体制

创新社会治理，必须着眼于维护最广大人民根本利益，最大限度增加和谐因素，增强社会发展活力，提高社会治理水平，全面推进平安中国建设，维护国家安全，确保人民安居乐业、社会安定有序。

(47) 改进社会治理方式。坚持系统治理，加强党委领导，发挥政府主导作用，鼓励和支持社会各方面参与，实现政府治理和社会自我调节、居民自治良性互动。坚持依法治理，加强法治保障，运用法治思维和法治方式化解社会矛盾。坚持综合治理，强化道德约束，规范社会行为，调节利益关系，协调社会关系，解决社会问题。坚持源头治理，标本兼治、重在治本，以网格化管理、社会化服务为方向，健全基层综合服务管理平台，及时反映和协调人民群众各方面各层次利益诉求。

(48) 激发社会组织活力。正确处理政府和社会关系，加快实施政社分开，推进社会组织明确权责、依法自治、发挥作用。适合由社会组织提供的公共服务和解决的事项，交由社会组织承担。支持和发展志愿服务组织。限期实现行业协会商会与行政机关真正脱钩,重点培育和优先发展行业协会商会类、科技类、公益慈善类、城乡社区服务类社会组织,成立时直接依法申请登记。加强对社会组织和在华境外非政府组织的管理,引导它们依法开展活动。

(49) 创新有效预防和化解社会矛盾体制。健全重大决策社会稳定风险评估机制。建立畅通有序的诉求表达、心理干预、矛盾调处、权益保障机制,使群众问题能反映、矛盾能化解、权益有保障。

改革行政复议体制,健全行政复议案件审理机制,纠正违法或不当行政行为。完善人民调解、行政调解、司法调解联动工作体系,建立调处化解矛盾纠纷综合机制。

改革信访工作制度,实行网上受理信访制度,健全及时就地解决群众合理诉求机制。把涉法涉诉信访纳入法治轨道解决,建立涉法涉诉信访依法终结制度。

(50) 健全公共安全体系。完善统一权威的食品药品安全监管机构,建立最严格的覆盖全过程的监管制度,建立食品原产地可追溯制度和质量标识制度,保障食品药品安全。深化安全生产管理体制改革,建立隐患排查治理体系和安全预防控制体系,遏制重特大安全事故。健全防灾减灾救灾体制。加强社会治安综合治理,创新立体化社会治安防控体系,依法严密防范和惩治各类违法犯罪活动。

坚持积极利用、科学发展、依法管理、确保安全的方针,加大依法管理网络力度,加快完善互联网管理领导体制,确保国家网络和信息安全。

设立国家安全委员会,完善国家安全体制和国家安全战略,确保国家安全。

十四、加快生态文明制度建设

建设生态文明,必须建立系统完整的生态文明制度体系,实行最严格的源头保护制度、损害赔偿制度、责任追究制度,完善环境治理和生态修复制度,用制度保护生态环境。

(51) 健全自然资源资产产权制度和用途管制制度。对水流、森林、山岭、草原、荒地、滩涂等自然生态空间进行统一确权登记,形成归属清晰、权责明确、监管有效的自然资源资产产权制度。建立空间规划体系,划定生产、生活、生态空间开发管制界限,落实用途管制。健全能源、水、土地节约集约使用制度。

健全国家自然资源资产管理体制,统一行使全民所有自然资源资产所有者职责。完善自然资源监管体制,统一行使所有国土空间用途管制职责。

(52) 划定生态保护红线。坚定不移实施主体功能区制度,建立国土空间开发保护制度,严格按照主体功能区定位推动发展,建立国家公园体制。建立资源环境承载能力监测预警机制,对水土资源、环境容量和海洋资源超载区域实行限制性措施。对限制开发区域和生态脆弱的国家扶贫开发工作重点县取消地区生产总值考核。

探索编制自然资源资产负债表，对领导干部实行自然资源资产离任审计。建立生态环境损害责任终身追究制。

(53) 实行资源有偿使用制度和生态补偿制度。加快自然资源及其产品价格改革，全面反映市场供求、资源稀缺程度、生态环境损害成本和修复效益。坚持使用资源付费和谁污染环境、谁破坏生态谁付费原则，逐步将资源税扩展到占用各种自然生态空间。稳定和扩大退耕还林、退牧还草范围，调整严重污染和地下水严重超采区耕地用途，有序实现耕地、河湖休养生息。建立有效调节工业用地和居住用地合理比价机制，提高工业用地价格。坚持谁受益、谁补偿原则，完善对重点生态功能区的生态补偿机制，推动地区间建立横向生态补偿制度。发展环保市场，推行节能量、碳排放权、排污权、水权交易制度，建立吸引社会资本投入生态环境保护的市场化机制，推行环境污染第三方治理。

(54) 改革生态环境保护管理体制。建立和完善严格监管所有污染物排放的环境保护管理制度，独立进行环境监管和行政执法。建立陆海统筹的生态系统保护修复和污染防治区域联动机制。健全国有林区经营管理体制，完善集体林权制度改革。及时公布环境信息，健全举报制度，加强社会监督。完善污染物排放许可制，实行企事业单位污染物排放总量控制制度。对造成生态环境损害的责任者严格实行赔偿制度，依法追究刑事责任。

十五、深化国防和军队改革

紧紧围绕建设一支听党指挥、能打胜仗、作风优良的人民军队这一党在新形势下的强军目标，着力解决制约国防和军队建设发展的突出矛盾和问题，创新发展军事理论，加强军事战略指导，完善新时期军事战略方针，构建中国特色现代军事力量体系。

(55) 深化军队体制编制调整改革。推进领导管理体制改革，优化军委总部领导机关职能配置和机构设置，完善各军兵种领导管理体制。健全军委联合作战指挥机构和战区联合作战指挥体制，推进联合作战训练和保障体制改革。完善新型作战力量领导体制。加强信息化建设集中统管。优化武装警察部队力量结构和指挥管理体制。

优化军队规模结构，调整改善军兵种比例、官兵比例、部队与机关比例，减少非战斗机构和人员。依据不同方向安全需求和作战任务改革部队编成。加快新型作战力量建设。深化军队院校改革，健全军队院校教育、部队训练实践、军事职业教育三位一体的新型军事人才培养体系。

(56) 推进军队政策制度调整改革。健全完善与军队职能任务需求和国家政策制度创新相适应的军事人力资源政策制度。以建立军官职业化制度为牵引,逐步形成科学规范的军队干部制度体系。健全完善文职人员制度。完善兵役制度、士官制度、退役军人安置制度改革配套政策。

健全军费管理制度,建立需求牵引规划、规划主导资源配置机制。健全完善经费物资管理标准制度体系。深化预算管理、集中收付、物资采购和军人医疗、保险、住房保障等制度改革。

健全军事法规制度体系,探索改进部队科学管理的方式方法。

(57) 推动军民融合深度发展。在国家层面建立推动军民融合发展的统一领导、军地协调、需求对接、资源共享机制。健全国防工业体系,完善国防科技协同创新体制,改革国防科研生产管理和武器装备采购体制机制,引导优势民营企业进入军品科研生产和维修领域。改革完善依托国民教育培养军事人才的政策制度。拓展军队保障社会化领域。深化国防教育改革。健全国防动员体制机制,完善平时征用和战时动员法规制度。深化民兵预备役体制改革。调整理顺边海空防管理体制机制。

十六、加强和改善党对全面深化改革的领导

全面深化改革必须加强和改善党的领导,充分发挥党总揽全局、协调各方的领导核心作用,建设学习型、服务型、创新型的马克思主义执政党,提高党的领导水平和执政能力,确保改革取得成功。

(58) 全党同志要把思想和行动统一到中央关于全面深化改革重大决策部署上来,正确处理中央和地方、全局和局部、当前和长远的关系,正确对待利益格局调整,充分发扬党内民主,坚决维护中央权威,保证政令畅通,坚定不移实现中央改革决策部署。

中央成立全面深化改革领导小组,负责改革总体设计、统筹协调、整体推进、督促落实。

各级党委要切实履行对改革的领导责任,完善科学民主决策机制,以重大问题为导向,把各项改革举措落到实处。加强各级领导班子建设,完善干部教育培训和实践锻炼制度,不断提高领导班子和领导干部推动改革能力。创新基层党建工作,健全党的基层组织体系,充分发挥基层党组织的战斗堡垒作用,引导广大党员积极投身改革事业,发扬“钉钉子”精神,抓铁有痕、踏石留印,为全面深化改革作出积极贡献。

（59）全面深化改革，需要有力的组织保证和人才支撑。坚持党管干部原则，深化干部人事制度改革，构建有效管用、简便易行的选人用人机制，使各方面优秀干部充分涌现。发挥党组织领导和把关作用，强化党委（党组）、分管领导和组织部门在干部选拔任用中的权重和干部考察识别的责任，改革和完善干部考核评价制度，改进竞争性选拔干部办法，改进优秀年轻干部培养选拔机制，区分实施选任制和委任制干部选拔方式，坚决纠正唯票取人、唯分取人等现象，用好各年龄段干部，真正把信念坚定、为民服务、勤政务实、敢于担当、清正廉洁的好干部选拔出来。

打破干部部门化，拓宽选人视野和渠道，加强干部跨条块跨领域交流。破除“官本位”观念，推进干部能上能下、能进能出。完善和落实领导干部问责制，完善从严管理干部队伍制度体系。深化公务员分类改革，推行公务员职务与职级并行、职级与待遇挂钩制度，加快建立专业技术类、行政执法类公务员和聘任人员管理制度。完善基层公务员录用制度，在艰苦边远地区适当降低进入门槛。

建立集聚人才体制机制，择天下英才而用之。打破体制壁垒，扫除身份障碍，让人人都有成长成才、脱颖而出的通道，让各类人才都有施展才华的广阔天地。完善党政机关、企事业单位、社会各方面人才顺畅流动的制度体系。健全人才向基层流动、向艰苦地区和岗位流动、在一线创业的激励机制。加快形成具有国际竞争力的人才制度优势，完善人才评价机制，增强人才政策开放度，广泛吸引境外优秀人才回国或来华创业发展。

（60）人民是改革的主体，要坚持党的群众路线，建立社会参与机制，充分发挥人民群众积极性、主动性、创造性，充分发挥工会、共青团、妇联等人民团体作用，齐心协力推进改革。鼓励地方、基层和群众大胆探索，加强重大改革试点工作，及时总结经验，宽容改革失误，加强宣传和舆论引导，为全面深化改革营造良好社会环境。

全党同志要紧密团结在以习近平同志为总书记的党中央周围，锐意进取，攻坚克难，谱写改革开放伟大事业历史新篇章，为全面建成小康社会、不断夺取中国特色社会主义新胜利、实现中华民族伟大复兴的中国梦而奋斗！

附录六：关于进一步深化上海国资改革促进企业发展的意见

（二〇一三年十二月十七日）

为深入贯彻落实党的十八大、十八届三中全会和习近平总书记一系列重要讲话精神,切实加强党对国资国企改革发展的领导,营造鼓励改革创新的良好环境,推动国资国企成为上海加快推进“四个率先”、加快建设“四个中心”和社会主义现代化国际大都市的重要力量,现就进一步深化上海国资改革、促进企业发展提出如下意见。

一、进一步深化国资改革、促进企业发展的重要意义和指导思想

(一) 重要意义。上海国资国企在全市经济社会发展中具有举足轻重的重要作用。深化国资改革、促进企业发展,是新形势下坚持公有制主体地位,增强国有经济活力、控制力、影响力的必然选择,对上海改革开放和社会主义现代化建设意义重大,对推进国家现代化、保障人民共同利益也具有积极影响。近年来,上海按照党中央、国务院的部署,坚持以体制机制创新为重点,全力推进国资国企改革发展,国资监管体系基本确立,国资布局结构不断优化,国有企业竞争力明显提高,国有经济实力得到增强。但是,国资监管体制机制仍需进一步完善,国有企业改革动力和发展活力仍需进一步增强。当前,上海面临改革开放的新机遇和新型发展的新挑战,已经到了没有改革创新就不能前进的阶段。上海国资国企必须以高度的责任感、使命感、紧迫感,抓住国家推进重点领域、关键环节改革和中国(上海)自由贸易试验区建设的机遇,更加主动地承担起推动上海改革发展的重要任务,坚持提升发展、开放发展、创新发展、内涵发展、和谐发展,为上海建设社会主义现代化国际大都市作出应有的贡献。

(二) 指导思想。高举中国特色社会主义伟大旗帜,以邓小平理论、“三个代表”重要思想、科学发展观为指导,认真贯彻落实党的十八大、十八届三中全会和习近平总书记一系列重要讲话精神,坚持“两个毫不动摇”,坚持创新驱动、转型发展,坚持开放促改革、改革促发展,以市场化、专业化、国际化为导向,以深化国资改革带动国企改革为着力点,以推进开放性市场化重组为途径,积极发展国有资本、集体资本、非公有资本相互融合的混合所有制经济,提高国有企业活力和国有经济整体竞争力,促进国有经济与其他所有制经济共同繁荣,实现上海经济社会全面协调可持续发展。

二、进一步深化国资改革、促进企业发展的基本原则和主要目标

(三) 基本原则。要坚持科学发展。强化企业的市场主体地位,促进国资国企在改革中调整提升,在开放中创新发展,实现有质量、有效益、可持续发展。要遵循市场规律。切实把握和遵循中国特色社会主义市场经济的一般要求和本质规律,借鉴国际先进经验,推动企业管理体制机制深度变革,增强国资监管的系统性、规

范性、有效性。要深化改革创新。勇于先行先试，分类完善国有企业治理结构、管理模式和激励约束机制，持续激发企业改革发展的动力和创新转型的活力。要承担社会责任。推动国有企业成为依法经营、诚实守信、节约资源、保护环境、保障民生和维护社会稳定的表率。

（四）主要目标。经过3—5年的扎实推进，国资管理体制机制进一步完善，国资布局结构进一步优化，国有企业活力和竞争力进一步提高，国有经济在全市经济社会中的带动作用进一步增强，加快形成对内合作、对外开放的新格局，努力成为全国国资国企改革发展的排头兵。

建成统筹协调分类监管的国资监管体系。正确处理政府与市场的关系，政府部门履行宏观调控、市场监管、行业管理等公共管理职能。国资监管机构依法履行出资人职责，分类推进改革调整和管理。形成规则统一、权责明确、分类分层、规范透明的市属经营性国资监管全覆盖体系。

形成适应现代城市发展要求的国资布局。将国资委系统80%以上的国资集中在战略性新兴产业、先进制造业与现代服务业、基础设施与民生保障等关键领域和优势产业。企业集团控制管理层级，加强对三级次以下企业管控。

建立健全具有中国特色的现代企业制度。确立法定代表人在公司治理中的中心地位，健全协调运转、有效制衡的法人治理结构。以规范经营决策、资产保值增值、公平参与竞争、提高企业效率、增强企业活力、承担社会责任为重点，进一步深化国有企业改革，形成企业优胜劣汰、经营者能上能下、人员能进能出、收入能增能减的市场化经营机制。

打造符合市场经济运行规律的公众公司。积极发展混合所有制经济，加快企业股份制改革，实现整体上市或核心业务资产上市。畅通国有资本合理流动渠道，形成企业融资发展、机制创新、管理提升、价值创造、回报社会的良性发展机制。

培育具有国际竞争力和影响力的企业集团。支持有条件的企业开展境外投资和跨国经营，提升国际化经营水平。形成2—3家符合国际规则、有效运营的资本管理公司；5—8家全球布局、跨国经营，具有国际竞争力和品牌影响力的跨国集团；8—10家全国布局、海外发展、整体实力领先的企业集团；一批技术领先、品牌知名、引领产业升级的专精特新企业。

三、加快国资与产业联动调整，优化国资布局和结构

（五）推进企业上市发展规范运营。利用国内外多层次资本市场，推动企业整体上市、核心业务资产上市或引进战略投资者，成为公众公司，实现投资主体多元化、经营机制市场化。借鉴上市公司管理模式和运作规则，建立企业真实、准确、完

整、及时披露相关信息的制度体系。

(六) 建立公开透明规范的国资流动平台。坚持统筹规划,优化完善国资流动平台运营机制,充分发挥市场配置资源功能,推动国有控股上市公司、非上市公司开放性市场化重组整合,实现资源、资产、资本、资金的良性循环,为培育发展战略性新兴产业、加快基础设施建设、保障服务民生等提供有力支撑。

(七) 调整优化国资布局结构。聚焦产业链、价值链,深化开放性市场化双向重组联合,加快调整不符合上海城市功能定位和发展要求的产业和行业。重点发展新能源汽车、高端装备、新一代信息技术、新能源等有一定基础和比较优势的战略性新兴产业。推进制造业企业创新发展和转型升级,促进服务业企业模式创新和业态转型,完善基础设施和民生保障领域企业持续发展的经营模式。围绕上海"四个中心"建设,推进企业向重点区域或功能性区域集聚。

(八) 健全国有资本收益保障机制。根据全市经济社会发展总体安排和国资战略布局,完善覆盖全部经营性国有资产、分级管理的国有资本经营预算制度。逐步提高国有资本收益上缴比例,到2020年不低于百分之三十。国资收益原则上按照产业调整发展、基础设施建设、民生社会保障各三分之一安排支出,建立国资收益资金使用评价制度。

四、规范法人治理结构,完善选人用人和激励约束机制

(九) 明确功能定位并实施分类管理。突出企业市场属性,兼顾股权结构、产业特征、发展阶段,逐步实现差异化管理。竞争类企业,以市场为导向,以企业经济效益最大化为主要目标,兼顾社会效益,努力成为国际国内同行业中最具活力和影响力的企业;功能类企业,以完成战略任务或重大专项任务为主要目标,兼顾经济效益;公共服务类企业,以确保城市正常运行和稳定、实现社会效益为主要目标,引入社会评价。功能类和公共服务类企业,按照市场规则,提高资源配置效率和公共服务能力。对涉及跨上述分类业务的企业,因企制宜、分类分层管理。按照国资布局结构和企业发展战略,企业分类可动态调整。

(十) 规范设置法人治理结构。竞争类企业,积极推进以外部董事占多数的董事会建设,强化董事会专门委员会功能,董事长为法定代表人,原则上兼任党委书记,与总经理分设。功能类和公共服务类企业,国有多元投资企业原则上董事长为法定代表人,经法定程序,兼任总经理,与党委书记分设;非多元投资企业可设1名执行董事任法定代表人兼总经理,与党委书记分设。履行出资人职责的机构委派或推荐监事会主席和外派监事,与企业内部监事组成监事会。功能类和公共服务类企业,外派财务总监。

（十一）推进市场化导向的选人用人和管理机制。全面推行国有企业领导人员任期制契约化管理，明确责任、权利、义务，严格任期管理和目标考核，保持合理的稳定性和必要的流动性。竞争类企业，按有关规定落实董事会选人用人、考核奖惩、薪酬分配权。合理提高市场化选聘比例，在市场化程度较高的企业，积极推行职业经理人制度，更好发挥企业家作用。加强对董事会市场化选聘经理层工作的指导，明确选人用人标准，规范管理办法，完善配套政策。完善企业领导人员发现培养、选拔任用、考核评价、激励约束机制，建立一支勇于创新、敢于担当、勤于思考、严于律己的企业家队伍。

（十二）完善注重长效的激励约束分配机制。坚持国有企业领导人员收入与职工收入、企业效益、发展目标联动，行业之间和企业内部形成更加合理的分配激励关系。建立健全企业核心骨干长效激励约束机制、与市场机制相适应的分配机制。符合法定条件、发展目标明确、具备再融资能力的国有控股上市公司，可实施股权激励或激励基金计划。人力资本密集的高新技术和创新型企业，可实施科技成果入股、专利奖励等激励方案。承担战略性新兴产业项目的投资公司，探索市场化项目收益提成奖励。国有创投企业鼓励采用项目团队参股股权投资管理公司的方式，探索建立跟投机制。完善市管国有企业领导人员薪酬体系，符合条件的竞争类企业实施股权、现金两种类型的中长期激励，功能类和公共服务类企业完成重大任务后，经考核配套实施专项奖励。健全与长效激励相配套的业绩挂钩、财务审计和信息披露、延期支付和追索扣回等约束机制。

五、鼓励企业立足本土融入全球，提高国际竞争能力

（十三）支持企业跨国经营、参与全球资源配置。以市场拓展、资源引入、技术提升、品牌输出为重点，支持企业面向国际国内两个市场配置资源，因时、因地、因企制宜开展跨国并购，建立境外科技研发、资源开发和加工贸易基地，构建符合国际市场竞争要求的管理和运营方式。增强企业在国际同行业中的竞争优势，具备条件的企业要努力成为国际标准的制定者、主导者。加大国际化人才培养和引进力度，鼓励企业结合实际，探索实施符合国际惯例的外派跨国经营管理人才薪酬制度。建立适应国际化经营的企业组织架构，完善境外投资决策、项目评估、过程监控、风险分担机制，严格投资经营效益考评，提升国际化经营能力和水平。

（十四）构建支持企业跨国经营的服务机制。完善境外投资合作国别（地区）指南和产业导向。简化投资合作核准手续。为企业人员赴境外开展投资合作项目提供便利。加强外汇金融支持，鼓励国有企业积极争取外汇资金集中运营管理试点。打造服务企业、联动发展平台，完善信息交流、资源配置、专业服务功能。培育

跨国经营的服务主体,形成集约集群优势。境外投资合作项目,经认定可在一定期限内单列考核。

(十五)增强创新动力、实现转型发展。聚焦核心主业、核心技术、核心竞争力,坚持专业化基础上的相关多元经营。发挥信息化在模式创新和业态转型中的重要作用,推进产业升级。加大技术研发、经营管理、人力资源管理等方面的创新和投入力度,增强企业研发能力,提升企业管理水平。对主动承接国家和本市重大专项、科技计划、战略性新兴产业领域产业化项目,收购创新资源和境外研发中心,服务业企业加快模式创新和业态转型所发生的相关费用,经认定可视同考核利润。

六、优化国资监管体系,提高国资监管效率

(十六)完善国资监管体制机制。坚持政企分开、政资分开、所有权与经营权分开,进一步转变政府职能。以管资本为主加强国资监管,完善市属经营性国资集中统一监管的国资管理体制,以产权为纽带,积极推进产业与金融结合,加快产业与金融等各类资本优化配置,切实履行资产收益、选择管理者和参与重大决策等出资人职责。加强对区县国资监管工作的指导。

(十七)优化国资监管方式方法。履行出资人职责的机构依法制定或参与制定公司章程,使之成为各类治理主体履职的主要依据之一。加强战略定位、发展目标、布局结构、公司治理、考核分配和风险控制等管理,构建科学合理的国资监管体系。减少审批事项,切实落实企业自主经营权。实施标准化操作流程,提高管理精细化水平。加强信用体系建设,鼓励和支持企业积极履行社会责任。

七、凝聚共识、营造氛围,形成推进改革发展的合力

(十八)充分发挥党组织政治核心作用。按照参与决策、带头执行、有效监督的要求,加强学习型、服务型、创新型党组织建设,充分发挥现代企业制度下企业党组织的政治核心作用。坚持领导班子建设与法人治理结构健全相结合,形成党组织参与重大问题决策的体制机制;坚持职工队伍建设与人力资源管理相结合,打造一支职业素养高、业务能力强、岗位业绩优的职工队伍;坚持思想政治工作与企业文化建设相结合,保障职工参与管理和监督的民主权利,培育体现企业特点、增强企业凝聚力、激发职工创造力的企业文化;坚持反腐倡廉建设与加强企业管控相结合,运用"制度加科技"方法,加强对权利运行的制约和监督,强化对重点领域和关键环节的监控,严格规范国有企业管理人员职务待遇、职务消费和业务消费。

(十九)完善各类配套政策措施。完善国有企业工资总额管理办法,落实国有企业自主分配权。鼓励张江国家自主创新示范区内符合条件的企业参与股权和分

红激励试点，示范区外的国有创新型企业、高新技术企业参照实施。创新优化国有创投企业评估管理方式。对符合国家政策规定的企业予以职工培训税收优惠。探索建立符合上海特点，特许经营、定价机制与政府财政投入相配套的公共产品管理体系。完善土地资产管理的配套政策，研究以国有划拨土地采用国家作价入股的方式支持企业发展，探索企业参与土地二次开发利益分配的机制。逐步落实国有企业退休职工社会化管理政策。

（二十）建立鼓励改革创新的容错机制。对法律法规规章和国家政策未规定事项，鼓励开展改革创新。积极参与国家改革创新试点，部市合作共建中国特色现代企业制度试验区。将改革创新工作纳入部门绩效考核，作为个人职务晋升和奖励的依据之一。改革创新工作未能实现预期目标，但有关单位和个人依照法律法规规章、国家和本市有关规定决策、实施，且勤勉尽责、未牟取私利，不作负面评价，依法免除相关责任。

有关部门、单位要按照本意见精神，结合实际，抓紧制定、认真落实完善分类监管、法人治理结构、长效激励约束、培育跨国公司、优化国资布局结构等配套文件。各企业集团、委托监管单位要从实际出发，大胆探索实践，抓紧制定贯彻落实本意见的工作方案。各区县国资国企改革可参照本意见执行。

参 考 文 献

1. [美] 威廉·博伊斯. 管理经济学：市场与企业(第 2 版). 李自杰，刘畅译. 北京：中国人民大学出版社，2013.
2. 任志安. 管理经济学. 北京：中国人民大学出版社，2013.
3. 孔英. 管理经济学. 北京：北京大学出版社，2012.
4. 毛蕴诗，张颖. 管理经济学理论与案例. 北京：机械工业出版社，2012.
5. [美] 詹姆斯·布里克利，克利福德·史密斯，杰罗尔德·齐默尔曼. 管理经济学(第 4 版). 张志强，王春香译. 北京：人民邮电出版社，2011.
6. 陈章武. 管理经济学(第 2 版). 北京：清华大学出版社，2010.
7. 吴德庆，马月才，王保林. 管理经济学(第 5 版). 北京：中国人民大学出版社，2010.
8. 陶虎，苏昕，赵海燕，李敬银. 管理经济学. 北京：中国经济出版社，2010.
9. [美] H·克雷格·彼得森，W·克里斯·刘易斯. 管理经济学(第 4 版修订版). 吴德庆译. 北京：中国人民大学出版社，2009.
10. [新加坡] 方博亮，武常岐，孟昭莉. 管理经济学(第 3 版). 北京：北京大学出版社，2008.
11. 李福学. 管理经济学(第 2 版). 北京：高等教育出版社，2007.
12. 徐玖平，黄云歌. 管理经济学概论. 北京：高等教育出版社，2006.
13. 于卫东. 管理经济学. 北京：化学工业出版社，2006.
14. 池仁勇. 管理经济学. 北京：科学出版社，2005.
15. 胡继灵，王家琪. 管理经济学. 武汉：武汉理工大学出版社，2005.
16. 吴汉洪，董红霞. 管理经济学. 北京：清华大学出版社，2005.
17. 郁义鸿，高汝熹. 管理经济学. 上海：上海三联书店，2005.
18. 尹伯成. 西方经济学简明教程(第 6 版). 上海：上海人民出版社，2008.
19. 尹伯成. 现代西方经济学习题指南：微观经济学(第 6 版). 上海：复旦大学出版社，2009.
20. 缪代文. 微观经济学与宏观经济学(第 3 版). 北京：高等教育出版社，2008.

图书在版编目(CIP)数据

管理经济学基础与应用/毛军权编著. —3版. —上海：复旦大学出版社，2014. 7(2024. 1重印)
(复旦卓越·21世纪管理学系列)
ISBN 978-7-309-10714-2

Ⅰ. 管…　Ⅱ. 毛…　Ⅲ. 管理经济学-高等学校-教材　Ⅳ. F270

中国版本图书馆CIP数据核字(2014)第114508号

管理经济学基础与应用(第3版)
毛军权　编著
责任编辑/岑品杰

复旦大学出版社有限公司出版发行
上海市国权路579号　邮编：200433
网址：fupnet@fudanpress. com　http://www. fudanpress. com
门市零售：86-21-65102580　团体订购：86-21-65104505
出版部电话：86-21-65642845
江苏句容市排印厂

开本787毫米×960毫米　1/16　印张20. 25　字数355千字
2024年1月第3版第12次印刷
印数33 601—39 700

ISBN 978-7-309-10714-2/F·2055
定价：60. 00元